U0573485

| 光明社科文库 |

"端棻后学"研究

以李端棻与梁启超的交往关系为中心

周术槐　刘纪荣◎主编

光明日报出版社

图书在版编目（CIP）数据

"端棻后学"研究：以李端棻与梁启超的交往关系
为中心 / 周术槐，刘纪荣主编 . —北京：光明日报出
版社，2024.2

　　ISBN 978-7-5194-7828-5

　　Ⅰ.①端… Ⅱ.①周… ②刘… Ⅲ.①教育史—研究
—中国 Ⅳ.① G529

中国国家版本馆 CIP 数据核字（2024）第 044193 号

"端棻后学" 研究：以李端棻与梁启超的交往关系为中心

"DUANFEN HOUXUE" YANJIU: YI LIDUANFEN YU LIANGQICHAO DE JIAOWANG GUANXI WEI ZHONGXIN

主　　编：周术槐　刘纪荣

责任编辑：舒　心　　　　　责任校对：曲建文
封面设计：中联华文　　　　责任印制：曹　净

出版发行：光明日报出版社
地　　址：北京市西城区永安路 106 号，100050
电　　话：010-63169890（咨询），010-63131930（邮购）
传　　真：010-63131930
网　　址：http://book.gmw.cn
E － mail：gmrbcbs@gmw.cn
法律顾问：北京市兰台律师事务所龚柳方律师

印　　刷：三河市华东印刷有限公司
装　　订：三河市华东印刷有限公司
本书如有破损、缺页、装订错误，请与本社联系调换，电话：010-63131930

开　　本：165mm×230mm
字　　数：404 千字　　　　　印　　张：25.5
版　　次：2024 年 2 月第 1 版　　印　　次：2024 年 2 月第 1 次印刷
书　　号：ISBN 978-7-5194-7828-5

定　　价：98.00 元

版权所有　翻印必究

编 委 会

主　　　编：周术槐　刘纪荣

编委会成员（按姓氏笔画排名）：

马筑生　王　利　冯祖贻　史继忠　刘　平

刘继平　张　明　郑永华　欧阳恩良　赵　青

梁家贵　彭　法　曾光光

写在前面的话

冯祖贻 [①]

近年来，贵州省的李端棻研究，在贵州省委、贵阳市委、贵阳市政协、南明区委等上级单位的帮助、关心下，在社会各界的大力支持下，贵阳学院李端棻研究院的组织协调下，研究呈上升趋势。2022年又组织召开了"'端棻后学'研究——以李（端棻）梁（启超）交往为中心"的全国学术研讨会。在本次会议上，许多来自外省市的学者、教授与会，与我省中国近代史研究者、贵州地方史研究者、教育工作者等人士，将中国近代关注度不高的"李、梁交往"这一主题提升到应有的位置。这对拓宽李端棻研究的视角及中国和贵州近代化研究均产生了积极影响。我粗略看过提交会议的70余篇论文，感到美不胜收。这里仅谈一下个人学习这些论文的粗浅体会。

一

中国近代名人交往，一直是研究者们关注的热点。近来，不少著名学者对康（有为）梁（启超）交往、翁（同和）张（謇）交往、孙（中山）黄（兴）交往都做过深入研究，并发表了不少力作，但对李（端棻）、梁（启超）交往却甚少提及。作为李端棻家乡的学者，这一主题的提出是值得关注的。

提到李、梁交往，人们熟知两人关系的由来如下：清光绪十五年（1889）李端棻以内阁学士身份赴广东主持该年乡试，梁启超得取第八名举人。其时梁启超年方17岁，知其未婚，李端棻即将堂妹李蕙仙许配给他，成就一段婚

---

① 冯祖贻，贵州省社会科学院原党委常委、副院长、研究员，享受国务院政府特殊津贴专家。主要从事中国历史文化、近代社会思潮的研究与教学工作。

姻佳话。李蕙仙父亲李朝仪，进士出身，曾任永定河道，署按察使，又升顺天府尹。朝仪病故后，李蕙仙随堂兄李端棻在京长大。原籍贵州，却长期住在北方。梁启超称李氏"累代清门，家学劭茂"一点儿没错。而梁启超则是"炎乡一农家子"，无论家世、门第、南北风尚、年龄（李蕙仙长梁启超4岁）都不相配，但李端棻却主动与新会梁家结姻。本次讨论会有不少论文由李、梁结姻论及贵筑李氏的家风、婚姻观，是很有见地的。由李氏家风又论及李蕙仙嫁给梁启超后，两人家庭生活中相互扶持、相濡以沫并延及梁氏子女的培养及成长，从中可以窥见清末至民国初年中国知识阶层（特别是梁启超这样的上层知识阶层）在婚姻、家庭、子女教育上的种种表现。这些对当时乃至今天都有值得借鉴的地方。

谈到李蕙仙，还需提及梁启超的如夫人王桂荃。王桂荃是四川人，自幼卖给贵阳李家当丫鬟。后随李蕙仙到梁家，可说是在李家长大的。因此，李家的家风也影响了王桂荃。王桂荃参与了梁启超的政治活动（如护国之役，陪同梁远赴广西）。在李蕙仙、梁启超相继去世后，又抚育梁的几位幼子女成人。梁的子女九人皆才俊，一门三院士，就有王桂荃的功劳。

二

李端棻和梁启超两人交往的思想基础是什么？这个问题是人们关注的热点。周术槐教授在《基于"救亡图存"视域下的李（端棻）、梁（启超）交往关系研究》中直指甲午战争前后，在国家处于危急时刻，"救亡图存"的爱国主义精神，既是近代中国的历史主题，也是两人从"相亲"到戊戌变法时共同投身变法维新活动即"相知"的重要纽带。这一过程的深刻阐述，完全符合李（端棻）、梁（启超）交往关系发展的历史逻辑，可谓抓住了李、梁双方交往的要害。

李端棻与梁启超因在"救亡图存"问题上的一致性，所以，1895年由康有为、梁启超组织领导的"公车上书"发生以后，李端棻的立场是支持的。其中，李端棻的堂弟李端棨还名列贵州籍上书名册上。由于李端棻曾"选司文炳，四为乡试考官，一为会试副总裁，喜欢奖掖后学"，在云南、四川、广东、山东等地士子中享有极高威望，因此，"公车上书"形成极大声势，李端棻的作用不可低估。第二年（1896年）由梁启超起草、李端棻所上《请推广学校折》，更是两人思想上的一次深入交流。当前，学界对《请推广学校折》到底是谁执笔的问题存有一定的争议。其实，关于此折究竟是梁起草或是李起草，并不重要。重要的是，此折内容所反映的变法应从何着手？两人（也包括康有为在内的维新人士）已取得一致意见。同年，梁启超撰写《变法通议》一文，总结了他们的共同思想及变法步骤："吾今为一言以蔽之曰：变法之本，在育人才；人才之兴，在开学校；学校之立，在变科举；而一切要其大成，在变官制。"《请推广学校折》"一经五纬"内容中最突出的是兴学校、育人才，这实际已经隐含有变科举、变官制之义。1898 年 3 月，国事日急，康有为、梁启超又在京成立保国会。据《京城保国会题名记》记载，当时入会者有 186 人，贵州籍入会者有 9 人，包括李端燊（李端棻堂弟）、李铭忠、李葆忠（李端棻的堂侄，后李葆忠为李端棻继子）、李启煌（李端棻侄孙辈），李氏族人有多人名列其中。值得一提的是，保国会第三次会议的地点就在北京贵州会馆召开。

李端棻虽在"救亡图存"上与康、梁思想上一致，但两者还是有区别的。贵阳学院陈立生教授引用陈寅恪先生的话称康有为"附会孔子改制以言变法"，与当时一批官员"历验世务欲借镜西国以变神州旧法"，两者"本自不同"。陈寅恪的话很值得我们深思。李端棻显然不可归为前一类，这是有事实依据的。根据后来发现的材料，康有为因写《孔子改制考》《新学伪经考》（梁启超自称参与了两书的写作）而被广东顽固派攻讦。对此，梁启超很紧张，写信向李端棻求解。李端棻的回复很有意思，不想出面向粤中大吏求情，而劝梁启超不必"张皇乃尔"，要梁"慎之又慎"。后来，事情解决果如李端棻所料，广东当局只是将《孔子改制考》等书籍销版而已。另一事是，梁启超将赴两湖活动，李端棻主动给湖广总督张之洞写了信。信中大为梁启超鼓吹。其中，特别提到梁启超写的《西学书目表》，即《西学提要》，并请张为梁的书作序。为什么要提这本书，我认为是有深义的。因为在这本书的"后序"中，梁启超总论了中学与西学的关系："要之舍西学而言中学者，其中学必为无用；舍中学而言西学者，其西学必为无本。无用无本，皆不足以治天下。虽庠序如林，逢掖如鲫，适以蠹国，无救危亡。"众所周知，张之洞作为洋务派中坚，在中学西学关系上是力主"中学为体，西学为用"的，梁启超的话必定深深打动了他。因此，梁启超的武昌之行大得张之洞欢迎，为梁以后在湖南的变法维新活动特别是初期起了推动作用。从这两件事可以看出，李端茱对梁启超以孔子改制作为维新变法的依据并不赞同。而梁启超的中西文化观与当时主张变法的大吏如张之洞（也应包括李端茱）却多有相同之处。李端茱的这两封信，贵州研究者知道，但外间知者不多，还是值得进一步推敲研究的。

三

本次研讨会还有不少文章探讨了戊戌变法前后，究竟是梁启超影响了李端茱，还是李端茱影响了梁启超？关于梁影响了李，已有不少资料可以证明。至于李影响了梁，大多只是推论。最近我仔细阅读了梁启超这时的书信、文章，有件事或可一说。

1897年（光绪二十三年）间，梁受康有为指派在京、沪后来又至湘，从事变法宣传鼓动的实际工作，发觉康有为计划过于庞大。所谓"一思变甲即须变乙，至欲变乙又须变丙"，作为宣传是可以的，但实际行动却有困难。在宣传中，最要害的又是"保教"问题，即宣传孔子为改制之先圣。这一层不仅广大士人不理解，一些支持维新变法的人士也多指出其中矛盾及不合时宜处（如黄遵宪、严复等均在不同场合做了批评）。所以，当康有为在这年正月到广西组织圣学会，特致信给梁。梁给康有为写了一封长信，对康在桂林的计划只赞成办学校一项，劝康有为著述立言时应持谨慎态度，指出康的著作（如《新学伪经考》《孔子改制考》等）"谤者所以日多"（该信原件藏广东省社科院历史研究所，后收录于《梁启超年谱长编》）。后来梁说过，他30岁以后便绝口不言改制考，这是梁启超思想变化的一大关键。以前论者谈及此事，多将梁态度转变归于黄遵宪、严复、章太炎等人的批评和规劝。今天论及李端茱与梁启超的交往，我们亦可看作李端茱的影响。因为通过李在之前广东销毁《孔子改制考》《新学伪经考》书籍一事中的态度上就看出，李并不赞同康有为此说，并劝梁要谨慎，与梁劝康有为的话是一致的。

李端茱受梁启超、康有为影响方面，虽然事例相当多，最重要的还应回归到康、梁变法的最初思路上。前引梁启超《变法通议》中已讲得很明白：先从教育改革入手，办学校、育人才，然后变科举，变官制。而由梁执笔、李端茱所上的《请推广学校折》，要解决的是变法的第一步：办学校、育人才，人才出路何在？要"等其荣途，一归科第，予以出身，一如常官"，已向旧官僚体制发起挑战。不过此折对旧科举、旧官制的挑战相当隐晦。这种表述很符合李端棻为人谨慎的特点。1898年（光绪二十四年）四月二十三日，在康有为等人的策动下，光绪帝正式下谕变法。六月十一日下《明定国是诏》，维新变法正式开始。考试废八股改策论推行了，李端棻上书三年后的京师大学堂也有了眉目，官制改革亦提上日程。要改革官制，就应从裁撤事权不清或滥竽充数的冗官下手。这时李端棻的表现正如梁启超所说："其督仓场也，睹漕运之极弊，抗疏尽撤漕仓诸官，而身乞退职以为之倡。"这封以"汰冗官之议"为中心的奏折，今已不传。但有一封传之今日，以裁撤事权不清衙门（如督抚同省）及六部、九卿及詹、道、科、翰中冗员为宗旨的奏折保留了下来。此折的上奏者是岑春煊。岑春煊是原云贵总督岑毓英之子，是李端棻在云南学政任上所收学生。岑春煊的奏折与李端棻有何关系？值得研究。

光绪帝和康梁要推行维新新政，人才缺乏是关键。光绪下诏命各大臣及督抚推荐新政人才，当时不仅李端棻等积极响应，张之洞、陈宝箴、徐致靖等也推荐了不少人才。关于李端棻推荐了谁，一共几次，这些人才的情况，已有多篇论文论及，此不赘述。李所荐人才中，多人与李端棻并不熟悉，但都是康有为、梁启超的维新同志。这是康、梁影响李的又一证明。

自1898年6月新政推行，遇到阻力最大的是因废旧八股取士而改用策论，又开经济特科，激起了旧式知识分子极大不满。康有为推崇孔子，实际是将孔子改塑为改革的圣人。一些康门弟子将康有为吹嘘为当今"圣人"（此事曾引起章太炎不满，几乎与康门弟子拳脚相加）。所以朝野中流行变法与不变法乃小人与君子之事。顽固派大臣与旧式士人自称"君子"，直贬康、梁等为小人。另外便是顽固派大臣千方百计阻挠变法推行，于是如何削弱顽固派大臣的权力，又是推行变法的症结所在。康有为先是发动支持变法的朝臣上书，请开制度局，"大征天下之贤才，广罗万国之宪法，参以本邦之情形，大加审定，兴利除害，使之觏若划一，有条不紊，然后见之施行"。实则剥夺王公大臣之权。王公大臣（庆亲王、刚毅、孙家鼐等）早知康、梁之意，自然通不过。于是，康、梁改变策略，由梁启超代草让李端棻上奏，这便是著名的《变法维新条陈当务之急折》。

《变法维新条陈当务之急折》原折今已找不到。20世纪八九十年代，经孔祥吉先生在原明清档案馆（今中央档案馆前身）找到庆亲王奕劻等为答复李端棻奏折而上光绪的"说片"（全文为《光绪二十四年六月初十日的说片》），我们方能大略看到李端棻奏折的模样。据"说片"，李端棻奏折共谈了四件事：（一）请皇上亲自晓谕君臣以息君子小人的争论，这也是康有为说的"御门誓群臣"，借助光绪权威，再定国是，摘除维新志士"小人"的恶名，为变法创造更好的内外环境；（二）本折最重要的便是"开懋勤殿，议制度"，实则是开制度局的翻版。康有为很重视，为减轻阻力，让谭嗣同找出康熙、乾隆、咸丰三朝故事企图说服慈禧同意；（三）改定六部则例，通过改则例作为"开局大修法制"的"嚆矢"；（四）鉴于办学校一事因顽固势力抵制，不见有成绩，建议京官士绅在本籍办理。以上四条的确是在维新变法关键时刻提出的，是应急之务。顽固派奕劻、孙家鼐、刚毅等自然清楚，"说片"经多方自身辩解后，也没了下文。

《变法维新条陈当务之急折》是变法维新过程中一份很重要的文件，但可惜的是，至今研究还不深入。李端棻是了解此义的，对其中的第二条以开懋勤殿代开制度局尤为赞赏。关于这点，梁启超后来说："康有为……请开制度局，诸臣前后上陈，盛名开新政局，或名开变法局，为枢臣所忌，皆未能行，至是李端棻立主是议，梁启超与之极言，李深然之，乃上言。"李端棻"力主是议"，表明了他是很清楚开制度局、开懋勤殿设顾问官的含义是什么，可能对找到开懋勤殿仪政的历史依据更感兴趣。此折与1896年《请推广学校折》是戊戌维新运动中很重要的两封奏折。两封奏折的参与者恰是李端棻、梁启超二人。可见李、梁两人的契合程度。

或许有人要问：李端棻与梁启超契合度如此之高，那么李端棻是否已进入康、梁核心圈了呢？我认为未必。李、梁的契合只是表明两人在变法思想乃至变法步骤上达成一致，康、梁的重要策划，李端棻就知之不多，甚至不知。如军机四卿的选拔任用及活动，礼部尚书怀塔布及整个礼部班子的改换，为对抗顽固派、慈禧废光绪的阴谋而提拔袁世凯，杀荣禄、围园（颐和园）、禁慈禧的策划等，李端棻就不知道。而上述行动的策划是在康、梁为首的更小圈子中，说他以李端棻的性格和为人处世的态度以及李当时任职在通州，距北京有一定距离，说他对维新派与顽固派斗争的激烈程度知之不多是可信的（这里可参考陈夔龙所著《梦蕉亭杂记》）。李端棻何以能参与机密？说

"随着变法的推进，李端棻受康、梁影响日益深化"，是能成立的。但说"李端棻已成为整个戊戌维新运动领袖阶层中的核心人物，任用超过了梁启超、谭嗣同"，则证据不足。

四

李（端棻）、梁（启超）交往对贵州近代产生了什么影响，理应是贵州学人关注的问题。

笔者曾多次谈及，清末影响贵州思想界的三个重要人物：李端棻、严修、吴嘉瑞。三人中，严修、吴嘉瑞是外地人，他们对贵州新思想传入都做过巨大贡献，但却是输入式的。李端棻不同，他支持梁启超发动"公车上书"，是将贵州知识精英96名举人一下子推到维新变法的中心舞台——北京，又让他们亲身感受到运动的气势和场景，这对引领贵州风气，将维新思想带入贵州所起到的作用是无与伦比的。其中，乐嘉藻便是很好的例证。

李端棻赦回贵阳后，李、梁两人并未断联系。李端棻在贵阳经世学堂任教时仍在宣传梁启超的思想，将《新民丛报》的文章让学生传抄并据以为题屡见不鲜。贵筑李氏是贵阳望族，与贵州众多望族多有戚谊关系。我们发现，从清末到民初，贵州许多名门望族后代留学日本时，多去拜访梁启超（时李蕙仙亦在日本），所以，梁启超在日本组织政闻社时，熊范舆、姚华、戴戡、陈国祥等都曾加入。蹇念益因年资较高，在日本曾任中国留学生总会干事，成为梁启超的好友。辛亥革命后，梁启超回国，组织进步党，上述人物大多成为进步党要员。提到这里，有人或许要问：政闻社曾与同盟会交恶，进步党与国民党争斗不已，梁又以清末的立宪党人自居，岂非是对立的一员？我认为，历史是复杂的。清末到民初，中国处于半殖民地半封建社会，反对外国列强，改革旧的、不合理的社会制度，是中华民族的共同愿望，党派之争是次要的。早期同盟会与梁启超立宪党人势如水火之时，就有孙（中山）、梁（启超）短期合作的出现。民初，当袁世凯妄图复辟帝制，开历史倒车时，梁启超为首的进步党人与孙中山为首的国民党人合作反袁，终于爆发了护国之役。肯定护国战争在维护共和、反对历史倒退中的进步意义，那么，也应当肯定梁启超与贵州的蹇念益、陈国祥、戴戡、王文华、王伯群等的贡献。

李端棻一生热爱祖国，力主改革旧制度（包括旧学制、官制、法制），贵州省将他的名字和事迹引入爱国主义教育基地中是完全正确的。2020 年在贵阳召开的"李端棻与近代教育创新研讨会上",周术槐教授提出,要加强"端棻文化"和"端棻后学"研究,我是十分赞同的。李端棻去世后,贵州不少人追随梁启超,对近代中国、近代贵州所做贡献的史实,就充分表明,这些人就应属于"端棻后学"的范围。其实不止上述,还有许多对贵州教育近代化、科技近代化做出贡献的人和事,都应属于这个范围。广义的"端棻文化"和"端棻后学"的范畴、领域是有更大研究空间的。

最后,我打算再回到贵筑李氏和新会梁氏两个家族关系上来。过去研究者都注意早期李端棻对梁启超的支持帮助,如梁流亡日本和在日办报资金,全出自李氏;李端棻去世后,梁启超对李家的反哺,则提之甚少。读《梁启超年谱长编》,发现不少李氏族人的情况,其中"四舅"无疑是李端棻,还有"十四舅""十五舅",出现次数更多。按《李氏家谱》排序,李端棻家排行第四。"朝"字辈有五房,李端棻的父亲李朝桢为老四房,李蕙仙的父亲李朝仪为老五房。"端"字辈则按年龄排,李端棻行四,家族中称"四爷"。"十四爷"叫李端燊即"十四舅"。"十五爷"叫李端棨即"十五舅",都是老五房中人,是李蕙仙的亲哥哥,李蕙仙为"十七姑奶"。《梁启超年谱长编》记"十四舅""十五舅"常住北京、天津,都有房子,与梁家来往密切。民初梁启超曾任司法总长,又任币制局总裁,还有多个兼职。"十四舅""十五舅"的职务便全由梁启超安排。有一次便安排了"二十个内外","十五舅"和"曼宣"(疑为某舅之女)都安排为秘书,注明"月薪百六十元,一文不欠"。又一次又安排"十五舅"到某银行兼差可得百元,都是高薪,可不去上班,拿干薪,并常来梁家吃饭、打牌。梁自称他安排下属单位人事是"一面为事择人,一面为人择事",显然安排"十四舅""十五舅"等李家亲戚是属于"为人择事"了。直至 1928 年北洋政府垮台,旧机构、旧官僚由"新贵"即南京政府接管,北京出现了一万多"灾官"。"十四舅""十五舅"面临失业,又来找梁启超。时梁已病卧在床(梁死于 1929 年),还打算"拼着我的老面子去碰碰看,可以保全得三两个不"?上述材料都录自梁启超给子女的书信,可信度极高。贵筑李氏与新会梁氏两家姻缘,在梁启超和李蕙仙安排下还在延续。李蕙仙的侄女李福曼便嫁给了梁启超的二子梁思永。《梁启超年谱长编》中提及李福曼上燕京大学时,学费由梁家筹措的事。李、梁两家关系的研究,近来已得到李氏后人的关心。本次讨论会有一篇"端棻后人"李启泰先生的专访很引人注意。李启泰是我省气象局总工程师李良骐之子。李良骐属"良"字辈，为"端"字辈的孙子辈。此篇谈及李良骐在一次李蕙仙返黔时将他这个侄孙带回天津读南开中学的事，后鼓励其考入清华大学气象专业，成为全国著名气象学家。根据李氏后人追忆，李氏后辈有多人担任教授、工程师，与梁启超后人的选择相当类似。此况是否反映李、梁两家门风和教育观在民国初年开始了新的转型？

总之，读完本论文集，我深感李端棻文化的研究的确在"李（端棻）、梁（启超）交往"这一主题下，得到了拓展与深化。在未来的日子里，我们期待在此基础上，在贵阳学院李端棻研究院的积极推动下，在社会各界特别是文史界朋友的大力支持下，李端棻的研究能百尺竿头，更进一步。

目录

附录 ／381

后记 ／387

专题一

李（端棻）、梁（启超）
交往关系研究

基于"救亡图存"视域下的李（端棻）、梁（启超）交往关系研究

周术槐①

（贵阳学院李端棻研究院，贵州贵阳，邮编：550005）

【摘　要】社会是由人组成的。人的本质是一切社会关系的总和。在近代中国的救亡图存中，李端棻与梁启超的关系，在人际交往的个体关系中，堪称典范。在变法维新，在教育改革，在人才培养，在报刊活动等诸多领域，为了"救亡图存，改造中国"，他们相互激励，相互切磋，不计名利，不计得失，心忧天下，情系故土，为救亡图存伟业做出了杰出贡献。研究李端棻与梁启超的交往关系，可以让我们从政治关系与社会关系的视角，深刻认识到，历史的发展与变迁离不开有情怀、有思想、有爱心的人之间的交往。正是因为成千上万的富有深厚家国情怀的人的交往活动，让历史变得更有温度、广度与深度。

【关键词】救亡图存；李端棻；梁启超；交往关系

近代中国，李端棻与梁启超的关系（以下简称李、梁关系）是我们研究近代中国历史绕不过的。这不仅因为他们是戊戌变法的决策者、参与者、推动者，而且因为他们的努力，改变了人们的思想观念和行为方式。其中，尤其是在教育领域，改变了近代中国的教育体制、教学内容与教学方法，有力地推动了近代中国的教育改革活动。他们的活动与举措，与"救亡图存，改

---

① 周术槐，贵阳学院历史学三级教授，李端棻研究院院长。主要从事中国历史文化的研究与教学工作。

造中国"有着密切的关系。李、梁的关系，在近代中国的个体关系中，具有一定的典型性、代表性。研究李、梁关系，不仅可以深化"端棻后学"的研究，而且还可以深化包括贵州在内的近代中国历史的研究。

一、何为"救亡图存"

"救亡图存"作为近代中国一个特定的名词，基本解释是："拯救国家的危亡，谋求国家的生存。"其中，"拯救"是前提，是手段；"生存"是目的，是归宿。"拯救"与"生存"之间相辅相成，缺一不可。在国家出现危亡的情形之下，必须有一批有志之士，即虔诚的爱国者凭借其扎实的学识与宽广的视野奋起，国家才不至于灭亡，才会有生存的可能，才会有更多的人在爱国志士英勇行为的感召下开展救亡运动，想方设法让国家趋于强大，实现中华民族伟大复兴。

二、近代中国的历史主题：救亡图存

"救亡图存"何以成为近代中国历史的主题？这与西方列强对中国的侵略有着密切的关系。两次鸦片战争、中法战争、甲午中日战争、八国联军瓜分中国的战争、日本发动的侵略中国的战争……让中国人民割地赔款成为家常便饭，让中华民族坠入亡国灭种的深渊。整整一部中国近代史，就是一部中华民族的屈辱史，也是一部中华民族的抗争史。对此，习近平总书记有着深刻总结。2011 年 9 月 1 日，时任中央党校校长的习近平同志在中央党校秋季学期开学典礼的讲话中指出："1840 年鸦片战争以来的中国近现代历史，是一部中国人民为实现中华民族独立、解放和伟大复兴而不懈奋斗的历史。……鸦片战争以后，中国逐步成为半殖民地半封建社会的历史，是中华民族遭受帝国主义侵略和压迫的屈辱史、苦难史。世界上的帝国主义国家，几乎都侵略和欺凌过中国。他们凭借坚船利炮，对中国发动一系列军事侵略，制造众多惨案，屠杀中国人民；他们迫使中国签订一系列不平等条约，破坏中国的领土、司法、关税、贸易、交通运输等主权；他们在中国领土上设立租界，强行驻军，扶植和收买代理人，培植亲帝国主义势力，控制中国政府；他们勒索赔款，抢劫财物，盗窃文物，控制交通口岸，对华进行商品倾销和资本输出，进而控制中国的经济命脉。帝国主义列强对中国的军事侵略、政治控制、经济掠夺、文化渗透，给中华民族和中国人民带来深重灾难，使中国的经济社会发展受到严重破坏。"① 面对中华民族面临的危亡局势，唯有"救亡图存，改造中国"，才是唯一正确的选择。

三、"救亡图存"视域下的维新主义思潮及其继承与发展

在"救亡图存"的历史主旋律中，先进的中国人，从林则徐、魏源开始，中经洪秀全、冯桂芬、张之洞、严复、李端棻、康有为、梁启超、孙中山，到以毛泽东为代表的中国共产党人，先后做出了艰苦卓绝的探索。在探索"救亡图存"的过程中，"改良"与"革命"是两个不容回避的政治词汇。"改良"与"革命"虽然方式不一，手段各异，但在"救亡图存"中的历史作用不容小觑。正如历史学家陈旭麓所言："要求改革，是推动社会前进，关心国家民族命运的表征。当人们发动改革运动时，民族矛盾逼了上来，主张改革的人，也往往是坚决主张抵抗、反对妥协投降的人。历史上的改革运动，不少就是由外迫强敌推动起来的，在近代中国更是如此。"② 我们以早期维新派冯桂芬为例。冯桂芬之所以能够倡议改革与创新，不仅有其前辈龚自珍、魏源的影响，更有着他对晚清政治现实的深入了解与理性观察。在冯桂芬的维新思想中，既有对现实的不满与批判的一面，又有倡言改革与创新的一面。在对现实的批判与揭露中，冯桂芬在《校邠庐抗议》一书中，从多方面揭露了封建政治的腐败现象。其中，对吏治的败坏揭露尤多。他甚至将谴责的矛头直指高高在上的皇帝。冯桂芬在 19 世纪 60 年代初即已意识到科举制的种种弊端，提出了改科举的要求。在倡言西学中，冯桂芬早就觉察到俄国和日本学习西方的实效，强调国家应"以夷务为第一要政"。其西学思想的侧重点与魏源所倡导的"师夷之长技以制夷"颇有相通之处，期在"自造、自修、自用"，要把西洋的长处变为自己的长处，以为这样才能"用西人而不为西人所用"③，也就是"用之乃所以攘之也"④。对于早期维新派代表人物冯桂芬改良

---

① 习近平：《领导干部要读点历史》，《中共党史研究》2011 年第 10 期，第 8 页。
② 陈旭麓：《论龚自珍思想》，转引自《陈旭麓文集》第 3 卷《思辨留踪》（下），上海：华东师范大学出版社 1997 年版，第 11 页。
③ 陈旭麓：《近代中国人物论》，北京：九州出版社 2019 年版，第 20–25 页。
④ 李济琛主编：《戊戌风云录》，北京：金城出版社 2014 年版，第 96 页。

思想的发展轨迹及其与戊戌前后李端棻、康有为、梁启超等所推行的变法维新思想与活动的关系，陈旭麓先生给予了一定的肯定。他在《论冯桂芬的思想》一文中指出："《校邠庐抗议》这本书，成为后来改良派的重要思想资料，郑观应、汤震、梁启超等人都称道这本书，康有为且将这本书送呈光绪帝作为维新变法的借鉴，这不是错觉，而是它所提出的问题和资产阶级改良主义的要求大体一致。"1897 年出刊的《湘学报》说："……《校邠庐抗议》，言人所难言，为三十年变法之萌芽。"①苑书义等人在其主编的《中国近代史新编》中也认为："早期资产阶级维新思想是鸦片战争时期以龚自珍、林则徐、魏源为代表的地主阶级改革派以及稍后的（从地主阶级改革派到行将出现的早期维新派之间的过渡性人物）冯桂芬的政治思想的继续和发展，又是其后的康有为领导的中国资产阶级变法维新的思想前驱。"②陈旭麓、苑书义等人对冯桂芬维新思想的评介表明，当"救亡图存"成为近代中国社会的主题时，在辛亥革命爆发以前，倡言维新属地主阶级改革派、维新官僚及士大夫们为改变国家危亡局势所秉持的一种基本立场。

在"救亡图存"历史主题的影响下，李端棻受爱国主义精神的驱使，不仅积极参加了变法维新活动，而且还多次向光绪帝上书建议，举荐变法维新人才。可以说，李端棻对维新主义思潮的发展从清政府官僚体制内发挥了助推的作用。但遗憾的是，由于长期以来受传统历史观的影响，李端棻在戊戌维新中的作用与影响力不为一般人所熟知。通常的历史教科书或近代历史人物传记中并没有将李端棻列入其中。甚至一些知名的学者在研究近代维新思潮或梁启超、康有为思想发展轨迹的课题与项目中，全然没有将李端棻在戊戌维新中的作用与贡献纳入研究中心或研究对象，更多的是忽略了李端棻在晚清史中的地位与作用。譬如，苑书义等人在其编著的《中国近代史新编》中，涉及戊戌变法的历史事实时，详细讲述了康有为、梁启超、谭嗣同等人的维新变法活动。对于李端棻的维新活动，仅以李端棻向光绪皇帝上《请推广学校折》一事作为光绪皇帝颁发新政"上谕"的案例简单写入其中。李端棻是谁？李端棻到底在戊戌维新中发挥了多大的作用？《请推广学校折》的主

---

① 参见陈旭麓：《近代中国人物论》，北京：九州出版社 2019 年版，第 20—25 页。
② 苑书义等著：《中国近代史新编》（中），北京：人民出版社 2007 年版，第 177 页。

体内容和重大影响、李端棻向光绪皇帝举荐康有为、梁启超等维新人才的历史事实等，在书中均没有具体的交代。又如，在吴雁南先生等人主持编写的国家哲学社会科学重点规划项目《中国近代社会思潮》（1840—1949）四卷本专著中，专章介绍了"变法维新思潮"。从其基本内容来看，主要对康有为、梁启超、严复等的变法维新思想及其活动做了详细阐述。而对于李端棻在维新期间的重要活动则只字未提。再如，董德福在专著《梁启超与胡适——两代知识分子学思历程的比较研究》一书中，谈及梁启超在成长过程中对其产生影响的人物中列举了八个人，关键人物李端棻对梁启超的影响居然缺失。该书说："在梁启超的成长过程中，对他的学问、政治提供过帮助和产生过影响的同时代人，除康有为外，还有严复、黄遵宪、夏曾佑、谭嗣同、汪康年、张之洞、李提摩太等，但他们均未能像康有为那样对梁启超的一生产生根本性的、转折性的影响。"① 当然，在指出研究成果中存在问题的同时，我们同样可以看到一些研究成果逐渐肯定李端棻在戊戌维新活动中的作用。譬如，贵州学者刘学洙先生认为："李端棻，乃一部读不尽的大书，其精神遗产值得今天再咀嚼，再解读。……他是康有为、梁启超等改革派进入中枢的密荐者。在变法斗争紧要关头，他帮助光绪皇帝采取非常规措施，使中枢权力层组织结构增加改革派比重。"② 贵州师范大学张羽琼女士认为："在清末急需进行教育改革，国家教育经费又十分匮乏的情况下，李端棻的《请推广学校折》的确是各种教育改革议案中最具操作性的改革方案。是时风气未开，李端棻敢于抨击旧教育之要害，第一次全面系统地提出改革传统教育、建立近代学制的具体方案，表现了中国优秀知识分子的责任担当和远见卓识。"③ 北京师范大学的闫长丽女士在《被遗忘的"百日维新"领袖》一文中对李端棻在戊戌维新中的作用给予了高度的肯定。该文指出："整个戊戌变法中，光绪皇帝是推行者，康有为是倡导者，真正谋划策略的则是李端棻，其是两者联系的桥梁，对变法起着关键枢纽作用，是领袖层的核心。李端棻自 1892 年始，以刑

---

① 董德福著：《梁启超与胡适——两代知识分子学思历程的比较研究》，吉林：吉林人民出版社 2011 年版，第 45 页。

② 刘学洙：《李端棻：一部改革者的大书》，《当代贵州》2006 年第 1 期，第 61 页。

③ 张羽琼：《李端棻与中国近代教育史上的"贵州声音"》，参见周术槐主编：《李端棻：近代教育改革的先驱》，成都：西南交通大学出版社 2020 年版，第 53 页。

部侍郎进入清廷中央权力层，以后又转任工部侍郎、仓场总督直至百日维新
中的礼部尚书。作为光绪皇帝的股肱之臣，李端棻能够直接就国家大事与光
绪皇帝对话，对于清廷的重要决策起了重要作用。倘若没有李端棻的牵线搭
桥，呕心沥血地努力争取，变法无疑是镜中花水中月，李端棻在戊戌变法中
的贡献，相对于康梁有过之而无不及，乃戊戌变法当之无愧的领袖人物。有
人曾说：'如果没有北大，中国的现代史就有可能重写。'那么如果没有李端
棻，戊戌变法的历史就有可能重写，北大的历史也会重写。"①

四、"救亡图存"的历史主题让李端棻与梁启超结缘

对于李端棻慧眼识梁启超的历史细节，相关研究中均有详细记载。万登
学在《慧眼识拔梁启超的礼部尚书李端棻》一文中描述了李端棻与梁启超相
识的过程。该文说："李端棻典试广东的时候，恰值新会县儒生梁启超参加该
科举人考试。端棻见其少年倜傥，俊秀儒雅，风度翩翩，在心里留下了好印
象。及至阅到他的文章，更觉其文熔经铸史，气势沛然，言辞犀利，思想见
地有人所未见处，遂将他点为第八名举人。端棻觉得梁的观点，与自己的心
思颇有默契，所以在考试结束后，多次约见启超……几经晤谈，端棻更加赏
识梁启超，认定他才华超群，必成大器，慨而作媒，将自己的堂妹李蕙仙相
许配，二人结为姻亲。"②李俊在《清代名人李端棻与梁启超》一文中亦描述
了李、梁相识的过程。该文指出："1889 年秋季，李端棻以内阁学士身份出
任广东乡试主考。这次乡试虽然仍沿袭科举旧制，但考题已有了变化，隐含
'经世致用'之意，即欲求国家富强，必兴工务实，颇有策论的性质。当时的
李端棻，正欲通过他主持的乡试，对科举试行变革，注入新的内容。阅卷时，
他看到一位名叫梁启超的考生，以'熔经铸史'的文笔应答考题，以为是饱
学宿儒，非常欣赏，于是将他录取，榜上排名第八。后来，年仅 16 岁的梁
启超前来拜见这位识才的主考官，才华横溢的梁启超给李端棻留下深刻的印
象，之后便将堂妹李蕙仙许配予梁为妻。"③金子在《"国士无双"梁启超》一
文中同样描述了李端棻初识梁启超的概况，称赞梁启超为"国士无双"。该文

---

① 闫长丽：《被遗忘的"百日维新"领袖》，《文史天地》2008 年第 4 期，第 8 页。
② 万登学：《慧眼识拔梁启超的礼部尚书李端棻》，《炎黄春秋》1995 年第 6 期，第 85 页。
③ 李俊：《清代名人李端棻与梁启超》，《贵阳文史》2020 年第 2 期，第 37 页。

指出："1889 年 8 月，广州进行乡试，正考官为内阁学士李端棻，副主考官为翰林院修撰王仁堪。试后，他们对这次中举的年纪最小、才 17 岁的一位考生的试卷非常欣赏。他们从他的文章中看出这个考生的才华、见识及胆略非比寻常。李端棻甚至说他是'国士无双'，也就是说他是国家中独一无二的人才！获得这个特殊评价的考生，就是日后名震天下的梁启超。"① 贵州省文史馆史继忠先生在《李端棻举才》一文中也对李、梁初识的情形有所着墨。该文指出："批阅启超考卷，端棻惊诧莫名，如此年少，竟有这般学问，这等见识，将来必堪大用，是为栋梁之材，于是取为举人第八名。言谈中，知启超胸怀四方之志，忧国忧民，与端棻心心相印，深爱其才而生联姻之意。……李端棻欲将其堂妹许配梁启超，但又不便启齿。何况，李氏为高门，梁家为寒族。更何况，两人初次见面，又是自己的门生。左思右想，便去托王仁堪作媒。王也有一千金，亦未婚配，也想许以梁启超。但李已先有托，不便再提，只好相视而笑。"② 王仁堪是晚清时期福州的文科状元，品德、政声、文章、书法都名重一时。两位优异的考官争相与表现优异的梁启超结亲，此事后来成为传颂一时的佳话。

对于与李端棻的初识过程，梁启超在自述中有所记载。他说："光绪十五年己丑，十七岁，举于乡，榜列八名。当时典试之正座，乃贵州之李苾园，副座乃福建王可庄。……李公以其妹许字焉。"③

综合研究成果与材料记载来看，李、梁的相识，纯属偶然。但偶然之中隐含着必然。所谓必然，即"救亡图存"的主题。李、梁因科举而相识、相亲到相知。李、梁的首次相见，李端棻的主动性远远大于梁启超。之所以如此，源于求才心切的李端棻对救亡时局的深刻认识，以及梁启超在科场考试中的优异表现。在"救亡图存"的时代背景下，两个年龄相差 40 岁的不同身份、不同经历、不同地域的饱学之士走到了一起。

---

① 金子：《"国士无双"梁启超》，《少男少女》2020 年第 10 期，第 59 页。
② 史继忠：《李端棻举才》，《贵州文史天地》1998 年第 4 期，第 47 页。
③ 吴天任著：《梁启超年谱》（第 1 册），广州：广东人民出版社 2018 年版，第 28 页。

五、"救亡图存"视域下李端棻与梁启超之间的交往关系及其重要影响

李、梁交往始于 1889 年秋季的广东乡试，终于 1907 年 11 月李端棻病逝。其间梁启超因戊戌政变而逃亡日本，但双方的交往一直没有间断过。他们相互交流，相互激励，相互影响，为近代中国的"救亡图存"做出了卓越贡献。至于两人交往的情感深度，一如梁启超所言："启超以光绪己丑受学贵筑李公，旋婿公妹，饮食教诲于公者且十年。……又十年，而公薨于里第，海内识与不识，匪不叹悼，顾哀感未有如启超深者也。"①

（一）李、梁结亲拓展了梁启超的社交空间

1873 年 2 月 23 日（清同治十二年正月二十六日），梁启超出生于广东省新会县茶坑村。梁启超的幼年是在一片"神童"的赞誉声中度过的。梁家祖祖辈辈务农，数百年栖于荒郊野岛，过着与世无争的清贫生活。到祖父梁维清时，始有读书进仕的记录。他中过秀才，成为府学生员，曾任管理一县文教事业的教谕差使，是一位民族主义思想极为强烈的乡绅，好"以宋明儒义理名节之教贻后昆"。父亲梁宝瑛（字莲涧），自小攻读，只是屡试不第，遂绝意仕途，做起了私塾先生的行当，长年教授乡里。他勤于教子，热心地方公益事业，富有调解矛盾的能力，贵乎淑身与济物，行为举止拘谨合礼，颇有理学家遗风。母亲赵氏，出身于读书人家，粗识诗书，勤劳干练，常教乡中诸姑姊妹识字及习工，为乡人所信赖。

梁启超才华早露，深受梁氏家族的宠爱。其父梁宝瑛一向视之为奇才，对之管教甚严。"言语举动稍不谨，辄呵斥不少假借，常训之曰：'汝自视乃如常儿乎！'"②祖父梁维清更是把他看作梁家出人头地的希望，在 8 个孙子中爱梁启超"尤甚"。母亲赵氏则教之如何立身做人的道理。少年梁启超正是在这样一个充满期盼的眼光和严格的训练中成长起来的。③

---

① 梁启超：《清光禄大夫礼部尚书李公墓志铭》，转引自张周全主编：《李端棻研究资料汇编》，北京：中央民族大学出版社 2021 年版，第 100 页。
② 崔志海编著：《梁启超自述》，郑州：河南人民出版社 2004 年版，第 8 页。
③ 以上参见董德福：《梁启超与胡适——两代知识分子学思历程的比较研究》，长春：吉林人民出版社 2011 年版，第 34–35 页。

1884年,12岁的梁启超到广州参加童子试,考中了秀才,补博士弟子员。这是中国科举考试有史以来难得一见的"童子秀"。1889年8月,梁启超参加广东乡试中举,1890年到北京参加进士会试落榜。1891年10月,梁启超到北京与李端棻堂妹李蕙仙完婚,成为李端棻的堂妹夫。之后,梁启超时常出入李端棻家,彼此交往尤为密切。因与李端棻结缘,梁启超得以结识全国各地的文人墨客与政界人士,交往圈子得到拓展。譬如,湖广总督张之洞、湖南巡抚陈宝箴、工部尚书王仁堪、为变法献身的谭嗣同、自立军首领唐才常、将进化论引入中国的知名启蒙思想家严复、著名诗人黄遵宪、晚清知名外交家黎庶昌……这些人都与梁启超有交集,或对梁启超的思想与活动产生过重要影响。正如钟家鼎先生所言:"从1890年春闱开始,梁启超凡在京师多寓李端棻宅。李端棻在北京为梁启超打开了社交界的大门,使他得以结交各界名流,为变法活动打下了社会基础。"①

李、梁结亲以后,梁启超的另一收获:跟夫人李蕙仙学习北京官话,为其克服社交场合的地方语言障碍创造了条件。我们知道,梁启超出生于广东农村。到北京生活以后,在与外界交流的过程中,浓厚的地方粤语腔调与北方普通话语系不相协调。这成为梁启超与他人交流的最大障碍,在一定程度上制约了梁启超与地方名流的交流与沟通。婚后,妻子李蕙仙不仅勤于家务,孝敬公婆,而且尽心尽力地教授丈夫梁启超学说北京官话,使之克服语言交流方面的障碍,尽快融入北方语系。这一情节,梁启超曾毫不掩饰地说:"我因蕙仙得谙习官话,遂以驰骋全国。"②当然,也有人直言,梁启超的命运,从认识李蕙仙那一刻开始。此言虽未必全面,但在一定程度上还是肯定了李家人对梁启超学业与事业的重要影响。

(二)共同的理想与志趣,丰富了李、梁之间关系的内涵

1890年秋季,梁启超离开广州的学海堂。梁启超拜康有为为师,深受其在学海堂的同学陈千秋(字通甫)的影响。当时陈千秋告诉梁启超:"吾闻南海康先生上书请变法,不达,新从京师归,吾往谒焉,其学乃为吾与子所未

---

① 钟家鼎:《李端棻评传——兼论维新官僚在戊戌变法中的地位与作用》,海口:海南出版社2004年版,第15页。

② 参见李俊:《清代名人李端棻与梁启超》,《贵阳文史》2020年第2期,第37页。

梦及，吾与子今得师矣。""于是乃因通甫修弟子礼事南海先生。"1891 年，"南海设教于广州长兴里之万木草堂，徇先生（梁启超，笔者注）与通甫之请也"①。对于在广州万木草堂的学习，梁启超有详细的追述。他说："先生（康有为，笔者注）为讲中国数千年来学术源流、历史政治沿革得失，取万国以比例推断之，余（梁启超，笔者注）与诸同学日答记其讲义，一生学问之得力皆在此年。"②在康有为的哲学思想体系中，倡言"变"，属其哲学思想体系的核心内容。"认为自然界和人类社会历史是不断变易、进化的，这是康有为哲学思想一个更带有时代特色、具有青春活力的部分，也是他倡导变法维新的主要哲学依据。"③他说："盖变者天道也，天不能有昼而无夜，有寒而无暑，天以善变而能久；火山流金，沧海成田，历阳成湖，地以善变而能久；人自童幼而壮老，形体颜色气貌，无一不变，无刻不变。……故孔子系易，以变易为义。"④在变易思想的指导下，康有为认为，要挽救清代的危亡局势，"变陈法"成为刻不容缓的时代命题。梁启超作为康有为的得意门生，深受康有为"变易"思想的影响，并成为康有为开展变法活动的坚定支持者与参与者。

康有为的"变易"思想与朝廷高官李端棻的改革思想不谋而合。李端棻贵为朝廷大员，关心时局，关注民生，关心国家发展大势。在李端棻看来，国家要走出当下的困境，就要大力培养人才，施行政治与教育改革。共同的理想与志趣，在李、梁联姻以后，让各类维新活动开展得如火如荼，风生水起。在戊戌变法正式启动之前，李、梁之间实际上就已经开始并肩战斗了。

1. "公车上书"中的李、梁关系

1895 年 5 月，在北京发生了著名的"公车上书"事件。什么是"公车上书"？目前学界主要有两派观点。一派观点认为，"公车"在古代指官车，汉朝时以公家车马递送应举的人，所以后来就以"公车"作为举人入京应试的

① 吴天任：《梁启超年谱》（第 1 册），广州：南方出版传媒、广东人民出版社 2018 年版，第 30—31 页。

② 吴天任：《梁启超年谱》（第 1 册），广州：南方出版传媒、广东人民出版社 2018 年版，第 32 页。

③ 邝柏林：《康有为的哲学思想》，北京：中国社会科学出版社 1980 年版，第 87 页。

④ 康有为：《进呈俄罗斯大彼得变政记序》，中国史学会主编：《戊戌变法》（三），上海：上海人民出版社 1957 年版，第 1 页。

代称。由于当时参与上书的举人有 1300 多人，因此称作"公车上书"①。史斌 1986 年发表在《四川师范大学学报》（社会科学版）第 3 期上的《"公车上书"新解》一文中也强调，"公车"是指入京应试的举人。另一派观点认为，所谓"公车"并非指官车，而应该是指官署衙门。该观点认为，在《西汉会要·选举上》文献中，提及"诣公车"的问题。所谓"诣公车"，不是指乘公家的车马，而是指应举之士到官署。"诣"为"到"之意；"公车"即官署之名称。因此，"公车上书"的解释应是指举人去官署请愿较为合适。事实上也是康有为、梁启超等人去官署——都察院呈递上书。② 综合相关观点与文献记载，笔者倾向于前一观点，即"公车"指入京参加科举考试的举人。

梁启超在"公车上书"中的表现，他曾有追述："甲午年，客京师，与京国所谓名士者多所往还。六月，日本战事起，愤慨时局，时有所吐露，人微言轻，莫之闻也。明年乙未（1895 年，笔者注），和议成，代表广东公车百九十人，上书陈时局。既而南海先生联公车三千人，上书请变法，余亦从其后奔走焉。"③

在"公车上书"中，李端棻没有直接参与。但从相关的史料记载来看，李端棻当属幕后的策划者与支持者。依据主要是从贵州举人的签名人数和李端棻家族的参与者来判定。据史料记载，参与"公车上书"的举人一说 1300余人，一说有 1200 余人。实际上文献当中有名有姓的举人共计为 603 人。其中，人数最多的为广西（99 人），排名第二的为贵州（95 人）。贵州签名的 95 名举人中，有李端棻的堂兄弟四人，分别是李端启、李端荣、李端慨、李端检。④ 此外，还有李端棻其他亲故，如堂表弟何庆崧也参与了这次活动。

在"公车上书"中，梁启超与老师康有为共同撰写了要求皇上实施变法迁都的奏折。据康有为记载："3 月 21 日（1895 年，笔者注）电，到北京，吾先知消息，即令卓如（梁启超，笔者注）鼓动各省，并先鼓动粤中公车，上折拒和议。……时以士气可用，乃合十八省举人于松筠庵会议。与名者

---

① 参见苏人：《康有为》，北京：民族出版社 2003 年版，第 38 页。
② 李正中：《公车上书新解》，《近代史研究》1984 年第 2 期，第 299 页。
③ 崔志海编著：《梁启超自述》，郑州：河南人民出版社 2004 年版，第 16 页。
④ 参见哀时老人未还氏记：《公车上书题名》，中国史学会主编：《戊戌变法》（二），上海：上海人民出版社 1957 年版，第 155–166 页。

千二百余人。以一书二夜草万言书，请拒和、迁都、变法三者。卓如孺博书之，并日缮写……遍传都下，士所愤涌。"①

梁启超之积极投身"公车上书"，以及李端棻在"公车上书"中的作用与分量，钟家鼎认为，与李端棻对维新活动的支持有着十分密切的关系。钟家鼎说："'公车上书'的组织者之一梁启超，不可能不将这次'公车上书'的行动预先与李端棻商议。……从各方面进行分析，《马关条约》签订的这一机密，应该是李端棻透露给康梁，从而导致了康有为领导的这次'公车上书'。理由：一是李为帝党重要成员，时任刑部左侍郎，有知道这一机密的政治身份。二是李与梁启超的特殊关系。另外，李端棻的四位堂兄弟及不少亲故参加了这次'公车上书'，不可能与李端棻无关。以中国的守法制度而言，李端棻既为李氏家族在京的长者，又系贵州旅京人士拥戴的领袖，不可能不预闻并干预这次上书行为。"②《贵州人与戊戌变法》一文的作者也认为："作为变法前奏的'公车上书'，康、梁是领导者、组织者，但如没有李端棻的参加，可以想象，占上书举人六分之一的贵州举人（其中有李的子侄及乡亲）以及来自云南、广东、山西等省（李曾主试这几省）的参加者是绝不会有这么多的，他们必然受到李的影响。"③

2.《请推广学校折》与李、梁关系

《请推广学校折》是戊戌变法时期近代中国教育改革的纲领性文献。因这一奏折提出创办京师大学堂（今北京大学）而蜚声中外，名垂青史。但该奏折的作者是谁？学界一直存在争议。一派认为，该奏折就是李端棻撰写的。一派认为，该奏折的撰稿人是梁启超。李端棻在奏折的上传过程中发挥了重要作用。

"《请推广学校折》撰稿人是李端棻"的观点认为，李端棻就是该奏折的撰稿人和递交人。该观点认为，李端棻本身就具有强烈的西学观念。其西学

① 《康南海自编年谱》，中国史学会主编：《戊戌变法》（四），上海：上海人民出版社1957年版，第130页。

② 钟家鼎：《李端棻评传——兼论维新官僚在戊戌变法中的地位与作用》，海口：海南出版社2004年版，第51页。

③ 《贵州人与戊戌变法》，转引自贵州省史学会、贵州省政协文史学习委员会编：《戊戌维新运动与贵州——纪念戊戌维新运动100周年学术研讨会论文集》，贵阳：贵州人民出版社1999年版，第308页。

思想因身份、地位及其在北京长期生活的良好条件而优于梁启超。据此,不应认为李端棻的西学思想是受梁启超的影响而产生的。如果说有影响的话,也应该是相互的。钟家鼎明确指出:"李端棻久居京师,为宦多年,对西学早有涉猎。再者李端棻与黎庶昌①、张荫桓②等外交家都有深交。"③在钟家鼎看来,《请推广学校折》就是李端棻教育改革的杰作。"《请推广学校折》经光绪皇帝批准后,即上升为国家意志,成为维新教育的纲领性文件。不久,该折刊登在《时务报》上而广为流传,成为全国各地兴办新式学堂和各类文教事业的根据,教育改革之风席卷全国。"④钟家鼎的研究表明,《请推广学校折》中的西学思想和教育改革主张,是李端棻设计并提出来的。余仁在《李端棻与戊戌变法》一文中也表达了类似观点。该文指出:"李端棻以满腔的爱国热情,全力支持康有为、梁启超等人的变法主张,并积极参加变法运动。李端棻深知变法主要在于人才,人才的培养又在于推行新教育。于是在光绪二十二年(1896),上了《请推广学校折》。为改革教育,他提出了整套维新的主张和具体措施,呈述了书院旧教育的弊端,主张除在京城建立京师大学堂外,并请在各省、府、州、县均建立新型的学堂。"⑤施欣在其对《请推广学校折》的研究论文中同样表达了这一观点,肯定了李端棻对学校教育改革的历史性贡献。施欣指出:"《请推广学校折》一文,是李端棻的代表作和传世名文,也是其改革以新国家、变法以图自强思想的集中反映,揭橥了以开风气、牖民智为先;以兴教育、育人才为本;以设书局、立报馆、建书楼为基的变法程途与革新步骤,思路赅括,见识透辟……该文是维新运动及维新派人士的指导性、纲领性、经典性的文献之一。""李端棻借鉴既往经验,参

---

① 黎庶昌(1837—1898),贵州省遵义县(今播州区)人,历任驻英吉利、德意志、法兰西、西班牙使馆参赞。归国后,又出任驻日公使多年。所著《西洋杂志》一书,成为清代黔北走出封闭"睁眼看世界"的第一人。

② 张荫桓(1837—1900),字樵野,广东广州府南海县(今佛山市城区)人。1885年被任命为特派出使美国、秘鲁、西班牙三国大臣,侨居华盛顿三年之久,办理华工被害案得赔偿,对西方社会进行全面考察,对西方社会有着深入的了解。

③ 钟家鼎:《李端棻评传——兼论维新官僚在戊戌变法中的地位与作用》,海口:海南出版社2004年版,第23页。

④ 钟家鼎:《李端棻评传——兼论维新官僚在戊戌变法中的地位与作用》,海口:海南出版社2004年版,第68页。

⑤ 余仁:《李端棻与戊戌变法》,《初中生辅导》2008年第1期,第92页。

考泰西成例，提出了深刻透析、切实可行的维新主张和政治措施，为挽救民族危亡与国家倾废开出了'一剂良方'。"① 贵州学者梁茂林先生亦提出过相同论断。梁先生在《重读李端棻〈请推广学校折〉》一文中指出："李端棻辞世已百余年，但他在《请推广学校折》中提出从教育切入进行政治改革的目标仍没有完全达到，这是值得今人深思的问题。"② 此外，梁启超撰写的相关文献也表明《请推广学校折》为李端棻所著。梁启超在《戊戌政变记》中说："乙未和议成后，士夫渐知泰西之强，由于学术，颇有上书言之者，而刑部侍郎李端棻之奏，最为深切详明，得旨允行。"但因守旧大臣的拖延，奏稿中"关于成立京师大学堂"的建议直至三年之后，军机大臣及总署大臣才派人吩咐梁启超落实制定京师大学堂办学章程的相关事宜。③

　　"《请推广学校折》撰稿人是梁启超"的观点认为，在《请推广学校折》发布的过程中，李端棻只不过是充当了递稿人的角色。最先质疑《请推广学校折》撰稿的是罗惇曧④。罗惇曧在《庸言》第 13 号上发表的《京师大学堂成立记》中推测是由梁启超代李端棻草拟的。罗文指出："甲午中日战后，士夫渐奋发言自强，康有为上书请变法，遂及兴学，梁启超为侍郎李端棻草奏，请立大学堂于京师。"⑤ 之后，闾小波在《李端棻〈请推广学校折〉为梁启超代拟》一文中，结合梁启超与相关人员（包括李端棻）的通信记录，断定"梁启超代拟此折很可能是黄（黄遵宪，笔者注）、梁（梁启超，笔者注）、汪（汪康年，笔者注）等五人（另两人分别是吴德潇、凌瀚，笔者注）等议

---

　　① 施欣：《论清季李端棻〈请推广学校折〉中考镜其教育及图书馆思想》，《图书馆研究与工作》2016 年第 5 期，第 18–22 页。

　　② 梁茂林：《"百日维新"悲剧前的理性思考——重读李端棻〈请推广学校折〉》，《生活教育》2011 年第 11 期，第 50 页。

　　③ 梁启超：《戊戌政变记》，参见《饮冰室合集》第 6 册《饮冰室专集之一》，北京：中华书局 1989 年版，第 27 页。

　　④ 罗惇曧（1872—1924），字孝遹，号以行，又号瘿庵，晚号瘿公。广东顺德大良人。晚清名士，与梁鼎芬等并称为"粤东四家"。早年就读于广雅书院，后康有为在广州万木草堂讲学，曾从康游，与陈千秋、梁启超并称"高弟"。光绪二十九年（1903）副贡，后屡试不中，报捐主事，调邮传部郎中。民国时期历任总统府秘书、参议、顾问、国务秘书等职。

　　⑤ 转引自郑永华：《〈请推广学校折〉：开启中国教育近代化进程的珍贵档案》，《北京档案》2019 年第 11 期，第 46 页。

《时务报》的过程中共同设计的一个方案"①。近期，北京市社会科学院历史所的郑永华先生从李、梁之间的特殊关系，结合《清史稿》中"李端棻"条目的相关记录，断定："思想上的志同道合，加上两人之间的密切关系，成为梁启超为李端棻草拟奏折的前提与基础。"在肯定梁启超为李端棻代拟《请推广学校折》的同时，郑永华先生对该奏折给予了高度评价。郑永华认为："李端棻奏呈的《请推广学校折》，第一次比较系统地提出在全国范围内普设新式学堂，同时在州、县、省城、京都自下而上构建三级教育机构的设想，其教育思想已与近代国民教育体系非常接近。其中的部分内容，即使过去了一百多年，仍不乏积极意义。该折表面上讲的是新型人才的培养，但实际上已经触及朝廷的选人、用人制度，在一定程度上涉及政治制度的变革。……教育改革在救亡图存的中国近代史上具有非同寻常的意义，仁人志士甚至将其上升到'教育救国'的高度。……正是在这个意义上，作为北京大学首倡者的李端棻，被后人誉为'中国近代教育之父'。由梁启超代拟、李端棻进呈的《请推广学校折》原件，更成为中国教育近代化进程的珍贵档案。"②

综合以上两种观点，《请推广学校折》到底是谁执笔其实并不重要，此皆属于形式层面的问题。重要的是，《请推广学校折》的内容，以及它在近代中国教育改革史中所发挥的重大作用。当然，李、梁之间作为姻亲关系，我们不排除《请推广学校折》在成文的过程中，李、梁之间或许进行了深入交流与切磋。甚至可以说，《请推广学校折》实际上是两人智慧的结晶，但这并不影响《请推广学校折》的价值。如果说《请推广学校折》是李、梁之间智慧的结晶，这恰恰反映出李、梁之间关系已非比寻常。

（三）李端棻是梁启超开展维新变法活动的"贵人"

在戊戌变法中，相关文字描述往往以"康梁"并称。"康梁"似乎已经成为戊戌变法的代名词。我们一谈到戊戌变法，自然要联想到康有为与梁启超。有人将整个戊戌变法概括为"光绪帝是推行者，康梁是倡导者，李端棻是策

---

① 闾小波：《李端棻〈请推广学校折〉为梁启超代拟》，《近代史研究》1993 年第 6 期，第 235-236 页。

② 郑永华：《〈请推广学校折〉：开启中国教育近代化进程的珍贵档案》，《北京档案》2019 年第 11 期，第 46-47 页。

划者"，这种角色定位正好表明三者之间关系的紧密性。将"康梁"定位为戊戌变法的倡导者，这不仅涉及"康梁"二人上书言事的问题，也涉及他们组织开展系列维新活动的问题，更涉及他们所提出的大量与维新变法有关的主张与改革举措的问题。就梁启超而言，作为来自广东新会的一介书生，是什么因缘让其进入京城，成为倡言新政的鼓动者与传播者？也许有人首先想到的是康有为。康有为作为梁启超在广州万木草堂的得意门生，其对梁启超变法维新思想的形成肯定产生过十分重要的影响。但实际上，要让梁启超的维新主张变为现实，或者落实到奏折中的具体文字，李端棻的作用无可替代。可以说，李端棻就是梁启超维新变法活动的"贵人"。

在戊戌变法中，为让变法举措得到贯彻落实，李端棻利用其在体制之内的便利，积极向光绪皇帝举荐了较多的维新人才。至于李端棻到底向光绪皇帝举荐了多少维新人才，有的说是 16 人，有的说是 18 人。据清代胡思敬（1869—1922 年，江西新昌人，1894 年进士）的《戊戌履霜录》（四卷本）记载，仓场侍郎李端棻举荐的维新人才有 16 人。[①] 李端棻爱天下之才，见有用之才皆予保举。梁启超属李端棻主持广东乡试时发现的英才，为什么在李端棻举荐的人才中没有梁启超的名字？有研究者认为："这很可能是为了避嫌吧！李、梁之间，有更深一层关系，他们有师生之谊，姻亲之情，是知己，是挚友，是忘年之交。对这一点，端棻心地坦然，梁任公也能充分理解。"[②] 也有研究者认为，在戊戌变法期间，李端棻实际上是向光绪皇帝密荐了康有为、梁启超的，只是没有大张旗鼓地向外界宣扬而已。有研究者明确指出："康有为是众所周知的维新变法风云人物，但是如果没有李端棻竭力保荐，使其与光绪皇帝相见，恐怕'百日维新'的昙花一现也只能是一厢情愿。李端棻与康有为结缘，自然始于梁启超。……康有为、梁启超等人虽多次上书，极言变法维新，由于位卑言轻，丝毫不起作用。光绪二十四年（1898）7 月 24 日，李端棻向光绪皇帝上奏，密保康有为、梁启超、谭嗣同等人。光绪阅后，认为李端棻所言属实，但因"公车上书"的事，慈禧恨透了康有为、梁启超，光绪不敢公开授官职，只任命谭嗣同、林旭、刘光第、杨锐四人充军机处章

---

① 胡思敬：《戊戌履霜录》（卷四），中国史学会主编：《戊戌变法》（一），上海：上海人民出版社 1957 年版，第 395 页。

② 史继忠：《李端棻举才》，《贵州文史天地》1998 年第 4 期，第 46 页。

京，由他们与康有为、梁启超联系变法事宜。因为引荐是秘密进行的，所以李端棻在戊戌变法中的保举之功鲜有人知。"①也有研究者直接指出："如果没有李端棻的极力保荐和暗中努力，光绪帝恐怕很难见到这位维新的旗手（指康有为，笔者注），而康有为等维新人士也就不可能进到变法的决策圈。"②其实，在朝廷举荐之风盛行之时，除李端棻的密荐之外，重臣张之洞、徐致靖等人同样赏识康、梁的才华，也曾举荐过康、梁。胡思敬的《戊戌履霜录》中记载，时任两江总督的张之洞向光绪皇帝保荐了18位人才，其中就有广东举人梁启超（当然，后来张之洞对维新派态度的转变另当别论）。③1898年4月25日，即光绪帝下达"明定国是"诏两天后，翰林院侍读学士徐致靖上奏《国是大定密保人才折》，保举湖南知府谭嗣同，浙江主事张元济，广东士人康有为、梁启超、黄遵宪五人。④汤志钧先生说，徐致靖的举荐，"使康、谭等直接参与新政，徐致靖功不可没"⑤。戊戌时期，康梁二人得到朝廷官员的举荐，这与甲午战后救亡图存的主题有着很大关系。甲午战后，尤其是1897年德国强占胶州湾事件后，清廷意识到国家的强大与人才的多寡密不可分。由此，光绪帝多次公开下诏求贤，命督抚廷臣保举人才，以备调用。在朝廷的鼓励下，一时朝野内外，保举人才的奏折纷至沓来。据统计，戊戌时期，"被保举者数百人，光绪皇帝差不多全部召见，政变发生之前一共召见了二十六人"⑥。康梁被纳入朝廷官员的举荐对象，就是在这种背景之下发生的。徐致靖所上的奏折，对康梁褒扬有加，建议光绪帝召见他们。在徐致靖的建议下，光绪帝先后于1898年农历四月二十八日、五月十五日分别召见了康有为和梁启超。"康梁"的维新变法主张获得光绪帝的肯定，两人各有所归：康有为获任"总理各国事务衙门章京"；梁启超赏六品衔，办理译书局事务。

李端棻对康有为的举荐，也有据可查。据胡思敬在《戊戌履霜录》中记

---

① 闫长丽：《被遗忘的"百日维新"领袖》，《文史天地》2008年第4期，第5—6页。

② 刘军：《李端棻与帝后党争》，《遵义师范学院学报》2011年第13期，第7页。

③ 详见胡思敬：《戊戌履霜录》（卷四），中国史学会主编：《戊戌变法》（一），上海：上海人民出版社1957年版，第391页。

④ 详见胡思敬：《戊戌履霜录》（卷四），中国史学会主编：《戊戌变法》（一），上海：上海人民出版社1957年版，第398页。

⑤ 汤志钧：《徐致靖与戊戌变法——读〈戊戌变法侧记〉》，《学术月刊》1986年第5期，第60页。

⑥ 谭霁旸：《清朝戊戌变法期间的保举活动研究》，《祖国》2016年第24期，第278页。

载，端棻"疑康有为真负济世伟略，可任宏艰，毅然具书保之，词甚壮。光绪召对时，一再保举"①。康有为也称："时李苾园（先生字）尚书奏荐甚力，上以忌西后未敢显然用，故用谭、林、杨、刘代之，上之意极苦矣。"② 有研究者指出，李端棻举荐的维新人才共有 18 人。增加的两人就是康有为和梁启超。我们以李德芳对李端棻举荐变法人才的考证为例。在李德芳的考证名单中，明明有 18 人，但列出的名单只有 17 人。③ 其中，康有为的名字赫然在列，独缺梁启超的名字。这显然系研究者的笔误所致。

此外，关于变法时期"开懋勤殿"的问题。在康有为向朝廷提出"开制度局"的建议遭遇守旧大臣的反对后，李端棻改向光绪帝提出"开懋勤殿"的建议。这一建议就是由梁启超代李端棻起草的。据康有为说："时言新政，皆小臣耳，无大臣言之者。于是，卓如为李苾园草折陈四事：一曰御门誓群臣；二曰开懋勤殿，议制度；三曰改定六部之则例；四曰派朝士归办学校。乃下之庆亲王及孙家鼐议。"④ 此处直接印证了梁启超在《戊戌政变记》中对李端棻的评价："屡上封事，请开学堂、定律例，开懋勤殿大誓群臣诸大事，二品以上大臣言新政者，一人而已。"⑤ 在朝野上下守旧势力占主体的情形下，李端棻据理力争，积极向光绪帝条陈变法举措，有力地配合与支持了康梁的变法维新活动。

历史的发展需要合力，也离不开核心人物的引领。在"百日维新"运动中，李端棻对康梁师徒的密荐不仅直接影响了光绪皇帝的维新立场与举措，而且对整个戊戌维新这一重大历史事件发挥了关键性的作用。我们在研究李、梁关系的过程中，不仅要看到微观层面的交往，更要看到宏观层面的作用与影响。需要大视野、大眼光来看待李、梁之间的交往关系。对此，刘军先生的总结可谓恰如其分，颇有见地。刘军在研究李端棻与帝后党争的关系中充分肯定了李端棻在维新派成员中的主体与核心作用。他说："李端棻充当了变

---

① 胡思敬：《戊戌履霜录》，上海：上海古籍出版社 1995 年版，第 53 页。

② 参见中国史学会编：《戊戌变法》（二），上海：神州国光社 1953 年版，第 86 页。

③ 李德芳：《戊戌变法时的李端棻》，《贵州文史丛刊》1984 年第 4 期，第 56 页。

④ 《康南海自编年谱》，中国史学会主编：《戊戌变法》（四），上海：上海人民出版社 1957 年版，第 153 页。

⑤ 梁启超：《戊戌政变记·新政诏书恭跋》，《饮冰室合集》第 6 册《饮冰室专集之一》，北京：中华书局 1989 年版，第 20 页。

法的核心运作员。戊戌变法是一场自上而下的改革运动。很明显，它需要维新人士组成一个集团，具体分工，然后才能够逐级推行。策划人和推行者的重要性自不必说，但在这两者之间必须得有人充当核心运作员，否则，这个集团就是一盘散沙。而在当时的特殊形势下，能演绎这个角色的只有李端菜。因为他是礼部尚书，唯有这个头衔才稍微能与后党势力相'抗衡'。所以，如果没有李氏参与到变法中来并具体运作关键的环节，及时沟通和传达重要信息，即便康、梁有万条良策，要想得到推行，自然是不可想象的。"① 由此观之，李端菜就是梁启超开展维新变法活动的"贵人"。此评表明戊戌时期李、梁关系的力度、深度与广度，为实不为虚。

（四）李端菜与梁启超之间的报刊交往活动及其社会影响

中国最早的报纸是邸报。邸报大约起始于唐朝，是封建王朝的政府机关报。到清朝时期，特别是晚清时期，报纸的功能发生了重大变化。"自鸦片战争以来，中国就是一个被外国侵略者所控制的半殖民地国家，近代化报刊在我国的出现是与西方国家的入侵和我国的半殖民地化同时开始的。最先用中文出版的近代化报刊，最先在我国境内出版的近代化报纸，都是外国侵略者首先创办起来的。"② 在变法维新时期，李端菜和以康有为、梁启超为代表的维新派热衷于报刊的创办，这也是"救亡图存"视域下的必然要求。他们期待通过报刊这个重要载体，传播新文化新知识，传播维新思想，启迪民智，改良社会风气，凝心聚力，达到救亡图存、改造中国之目的。

1. 李端菜的报业思想

李端菜虽然没有办过报纸，但他对报业的功能与重要性有着深刻的认识。这主要体现在他上奏的《请推广学校折》中。

（1）认为读报是获取时事新闻的重要途径。李端菜指出："欲博古者莫若读书，欲通今者莫若阅报，二者相须而成，缺一不可。"报纸以其简单、便捷、携带方便而为读者获取每日信息提供了一个重要载体。凭借这个载体，

---

① 刘军：《李端菜与帝后党争》，《遵义师范学院学报》2011年第13期，第8页。
② 方汉奇编著：《中国近代报刊史》，太原：山西教育出版社1981年版，第10页。

"阅报之人，上自君后，下自妇孺，皆足不出户，而于天下事了然也"①。

（2）认为西方国家之所以发达，根本原因在于报业发达，报馆多。李端棻指出："泰西每国报馆，多至数百所，每馆每日出报多至数万张。凡时局、政要、商务、兵机、新艺、奇技，五洲所有事故，靡所不言。"正是由于报纸的桥梁纽带作用，让政府上下信息互通。政府的管理者可以及时通晓下情，基层的普通民众能够及时了解上情。信息互通，消除误会，消除隔阂，社会和谐。"富强之原，厥由于是。"②

（3）强调报纸主笔人的素质关系到办报的成效。李端棻认为，上海、汉口、广州、香港等虽然已经办了十余家报馆，但由于"主笔之人不学无术"，直接影响了办报的成效，让民众"不足省览"。

（4）要求在京师、各省省会、各通商口岸、城镇广设报馆，让朝野内外和普通民众皆有读报的机会。其中，尤其应注重引进西方好的报纸，组织国内精干力量及时翻译，"除恭缮进呈御览并咨送京外大小衙门外，广印廉售，布之海内"③。与此同时，李端棻要求各报馆派人主动查验"各省政俗土宜"，随时在报纸上登载。这样，通过报纸的广泛传播，阅报人的每日阅读，通晓天下大事的人才就会多起来，治理国家的俊杰亦将大量出现，国家自然可以避免危亡的局势。表明李端棻对全国报馆的创办有着周到细致的思考。他不仅考虑到阅报的对象，还考虑到报纸的内容，更考虑到对西方报刊的引进与翻译，以及国内各地的政治习俗和风土人情等问题。其务实意识在其报业思想中得到充分的展现。

2. 梁启超的报刊活动

在戊戌变法时期，倡言创办报馆亦为维新派的举措之一。除前面所述李端棻持有此类主张之外，军机章京陈炽亦专门论述了创办报馆的重要性。陈炽在其政论专著《庸书·报馆》中以西方报馆为例，阐明报馆所具有的优势。

---

① 《刑部左侍郎李端棻奏请推广学校折》，北京大学校史研究室编：《北京大学史料》（第 1 卷 1898—1911），北京：北京大学出版社 1993 年版，第 22 页。

② 《刑部左侍郎李端棻奏请推广学校折》，北京大学校史研究室编：《北京大学史料》（第 1 卷 1898—1911），北京：北京大学出版社 1993 年版，第 22 页。

③ 《刑部左侍郎李端棻奏请推广学校折》，北京大学校史研究室编：《北京大学史料》（第 1 卷 1898—1911），北京：北京大学出版社 1993 年版，第 22 页。

他说："泰西报馆之设，其国初亦禁之，后见其公是公非，实足达君民之隔阂，遂听其开设，以广见闻。迄今数十年，风气日开，功效日著……耳目所经，聪明益濬（浚）。至于探一新地，行一新政，见一新理，得一新闻，皆可与天下之人，同参共证。所谓不出户庭，而周知天下之事者，非报馆无由也。"以中国为例，陈炽指出："比年各省水旱遍灾，重赖日报风行，有以感发善心，集捐巨款，明效大验，已如斯矣。"由此，陈炽得出的结论是：中国的事情，应该"一切均仿泰西报馆章程办理"①。

在办报思潮风起云涌的时期，梁启超积极地投身于办报大潮之中。根据梁启超的办报履历与办报成效，我们称其为近代报业巨子，亦不为过。这不仅因为他创办了多种报刊，而且还是各报刊的核心主笔，带头撰写了大量文笔犀利的优秀作品，为改变现实鼓与呼，产生了空前的社会反响。朱健华先生在研究梁启超的报刊活动时做了一个初步的统计："从1895年创办《中外纪闻》到1922年《改造》停刊，梁启超从事了27年的报刊活动。其间亲自创办、主编报刊11种，积极支持和暗中指挥报刊6种，共计达17种之多。这在中国近代报刊史上，实在是罕见的。当时中国社会历史中发生的所有重大政治事件，几乎都与他办的报刊有着直接的关系，这实在是难得的。"②梁启超的办报历程与办报成效由此可见一斑。1912年农历九月，梁启超自国外回来出席报界同人欢迎大会，明确表示："鄙人二十年来固以报馆为生涯，且自今以往，尤愿终身不离报馆之生涯者也。"③这表明，梁启超与报馆已经结下了不解之缘。综观梁启超的报刊活动，学界褒贬不一。但其亲历亲为的办报风格，欲行改变中国僵化的政治体制与积贫积弱落后面貌的爱国之举，实属难能可贵。

我们以《时务报》为例。1896年8月9日在上海创办的《时务报》，梁启超任总撰稿人，汪康年任总经理。该报为旬刊，每册20页，约3万字。该报是在李端棻向光绪帝上《请推广学校折》的两个多月后创办的，与李端棻

---

① 陈炽：《庸书》（选录），中国史学会主编：《戊戌变法》（一），上海：上海人民出版社1957年版，第244–245页。
② 朱健华：《中国近代报刊活动家传论》，贵阳：贵州民族出版社1998年版，第93页。
③ 梁启超：《鄙人对于言论界之过去及将来》，《饮冰室合集》第4卷《饮冰室文集之二十九》，北京：中华书局1989年版，第1页。

的报业思想相呼应。该报在梁启超的努力下，很快成为宣传维新变法的一面旗帜，行销上万份。这是报界从未有过之事，在全国引起轰动。梁启超在《时务报》上先后发表了《变法通议》《论中国积弱由于防弊》《论中国之将强》《论加税》等数十篇政论文章，猛烈抨击封建顽固势力，揭露帝国主义的侵华罪行，热情鼓吹变法维新。这些文章的发表，为维新变法制造了强大的社会舆论攻势，动人心魄。正如梁启超所评价的："甲午挫后，《时务报》起，一时风靡海内。数月之间，销行至万余份。为中国有报以来所未有。举国趋之，如饮狂泉。"①

对于《时务报》的办报功效，方汉奇评论说："《时务报》既是资产阶级改良派的重要宣传机关，也是他们推行变法新政开展维新运动的一个重要基地。……在当时的同情维新变法的士大夫知识分子中享有很高的声望。"② 陈玉申评论说："中国自有报以来，还没有哪家报纸像《时务报》这样刊行不久就风靡全国，产生如此强烈的社会影响。变法运动的高涨和'诏定国是'的实现，《时务报》无疑是起了很大作用的。"③ 毛泽东指出，梁启超的文笔颇具影响力与号召力。毛泽东说："他（梁启超，笔者注）最辉煌的时期是办《时务报》和《清议报》的几年。那时他同康有为力主维新变法。他写的《变法通议》在《时务报》上连载，立论锋利，条理分明，感情奔放，痛快淋漓。加上他的文章一反骈体、桐城、八股之弊，清新平易，传诵一时。他是当时最有号召力的政论家。"④

我们再以《新民丛报》为例。1902 年 2 月 8 日，梁启超在日本横滨创办了《新民丛报》，并任主要撰稿人。从报名来看，就很有新意，其破旧立新的定位十分明显。如何做到"破旧立新"？梁启超在《新民丛报》创刊号《本报告白》中指出："本报取《大学》新民之义，以为欲维新吾国，当先维新吾民，中国所以不振，由于国民公德缺乏，智慧不开，故本报专对此病而药治

---

① 梁启超：《〈清议报〉一百册祝辞并论报馆之责任及本馆之经历》，《饮冰室合集》第 1 卷《饮冰室文集之六》，北京：中华书局 1989 年版，第 52 页。

② 方汉奇编著：《中国近代报刊史》，太原：山西教育出版社 1981 年版，第 84-86 页。

③ 陈玉申：《晚清报业史》，济南：山东画报出版社 2003 年版，第 86 页。

④ 转引自《梁启超与现代中国——"南长街 54 号"藏梁氏重要档案》，北京：《梁启超与现代中国》档案管理方 2013 年版，第 13 页。

之，务采合中西道德以为德育之方针，广罗政学理论以为智育之原本。"① 基于这一指导思想，《新民丛报》用大量篇幅介绍西方国家的各种理论学说，宣传资产阶级的世界观、人生观和社会思想。譬如，卢梭的学说、培根和笛卡尔的思想等，均被纳入《新民丛报》的宣传内容。在介绍西方学说的同时，《新民丛报》还对中国封建统治者推行的文化专制政策钳制人民的思想进行了揭露和批判。这一办报风格很快就吸引了全国众多要求变法维新的社会名流，其中甚至不乏革命派人物。相关研究成果指出："《新民丛报》一出版就十分畅销，创刊号就曾 3 次加印，以后各期也都有因销罄补印的事，印刷机'每夜皆开至三四点钟且犹不及'。创刊不久，《新民丛报》就发行至 5000 份，最高发行数量曾达 1.4 万份，在国内发行到苏、浙、皖、湘、鄂、赣、粤、桂、川、闽、鲁、沪、津、冀等地，国外发行则除日本外，还在朝鲜、越南、暹罗、澳大利亚、檀香山、美国、加拿大等地设有销售处，成为资产阶级改良派最重要的舆论阵地。"② 《新民丛报》甚至还对中国新民主主义革命时期一些无产阶级革命家产生了重要的影响。如："青年毛泽东就将早期出版的《新民丛报》反复阅读，直到差不多倒背出来。吴玉章也非常喜欢看《新民丛报》，阅之爱不释手。而后来成为无产阶级新闻战士、报刊活动家的邹韬奋，在中学时看《新民丛报》也是到了入迷的程度。"③

梁启超的办报活动之所以会产生强大的社会反响，与其鲜明的办报理念有很大关系。在他看来，报纸具有两大天职：一是监督政府；一是向导国民。要监督政府，就必须反映现实，保持报纸的相对独立性。要讲真话，不能讲假话。要向导国民，就必须传播新文化新知识，让国民阅读以后能够开阔视野，增长新知识。这样，报纸才会有读者市场，才会充满生气与活力。

综观梁启超的报刊活动，朱健华先生在《中国近代报刊活动家传论》一书中给予了充分的肯定。朱健华认为，梁启超通过系列报刊活动，"开创了政治家办报的传统""推动了中国近代报刊迈向现代化"。其广泛而有效的启蒙宣传工作，"弥补了辛亥革命前资产阶级革命派舆论工作的不足，对中国先进的知识分子由不满清政府到走向革命、推翻清政府的转变发挥了重要的铺垫

① 转引自陈玉申：《晚清报业史》，济南：山东画报出版社 2003 年版，第 122 页。
② 朱健华：《中国近代报刊活动家传论》，贵阳：贵州民族出版社 1998 年版，第 81 页。
③ 朱健华：《中国近代报刊活动家传论》，贵阳：贵州民族出版社 1998 年版，第 85 页。

作用"。[①]

3. 李端棻与梁启超之间的报刊交往活动及其影响

戊戌政变发生以后，梁启超迫于国内恶劣的政治形势，不得不远走他乡，东渡日本，继续开展政治宣传活动。据相关史料记载，梁启超出走日本前，为了支持梁启超的政治宣传活动，李端棻还资助了 200 两黄金。抵日本后，梁启超用李端棻资助的经费创办了改良派在海外的第一份机关报——《清议报》。此时，李端棻不管是在西北的甘肃，不是在西南的贵阳，与梁的关系并没有因万水千山的阻隔而中止。他们依然鸿雁传书，维系着彼此之间的关系。

（1）李端棻利用《新民丛报》传播新思想，培养新人才。

据传，李端棻自甘肃被朝廷特赦回贵阳后，其维新思想非但没有改变，相反还加紧了对新思想新学说的传播。一个突出的表现，就是李端棻收藏了大量的《新民丛报》，利用讲堂对《新民丛报》所刊发的西方学说和自由民主思想予以大力传播。尤其是卢梭的启蒙思想、孟德斯鸠的三权分立学说、达尔文的进化论、赫胥黎的天演论、亚当·斯密的政治经济学等，均被李端棻在课堂上予以宣讲。这一情节，在胡刚、吴雪俦撰写的《贵州辛亥革命史略》中有详尽的记载。该文指出："在贵州，封建的文化居于统治地位。直到戊戌政变以后，贵州的知识分子除了极少数能够接纳维新和革命的理论而外，绝大多数仍旧在封建文化的行列中。例如，一九〇三年（光绪二十九年），贵阳的李端棻（清朝礼部尚书，曾因赞同戊戌变法，被清室遣戍新疆，中道赦回）为经世学堂堂长，每月出题一次，考试贵阳文士，取中者按等酬送奖金。第一次出题为卢梭论；第二次为培根论。全场文士不知卢梭、培根为何人，李检出《新民丛报》，命其抄阅。"[②] 这一细节，后来被很多研究李端棻维新思想的研究者所引用。

梁启超作为李端棻的姻亲与门徒，加之两人又是同道之人，因此，梁启超在日本的情况，李端棻肯定十分关心与挂念。他们联络的途径与渠道，主要是书信。除了书信之外，梁启超从日本邮寄到贵阳的《新民丛报》，为李

---

① 朱健华：《中国近代报刊活动家传论》，贵阳：贵州民族出版社 1998 年版，第 100-105 页。

② 胡刚、吴雪俦：《贵州辛亥革命史略》，中国科学院历史研究所第三所编辑：《近代史资料》，北京：科学出版社 1956 年第 4 期，第 74 页。

端菜了解与掌握梁启超在日本的思想发展脉络提供了一个重要渠道。这也是远在当时偏僻落后的西南内陆城市——贵阳的李端菜颇感欣慰的事情。正因为如此，李端菜为梁启超在日本取得的成绩而欢欣鼓舞，写信告诉梁启超，欲以梁启超为榜样，为国家的发展尽自己绵薄之力。李端菜强调："吾年虽逾七十，志气尚如少年，天未死我者，犹将从诸君子之后，有所尽于国家矣。"①这表明，李端菜殷殷赤子情，拳拳报国心，在历经多年的挫折与磨难后，非但未减弱，反而更为强烈，令人肃然起敬！

（2）梁启超利用《新民丛报》揭露日籍教习的恶劣行径，传播贵阳师生的反日义举。

1904年2月至1905年9月间，日本帝国与俄罗斯帝国为了侵占我国东北和朝鲜半岛，在我国东北领土上发生战争。这种荒唐的事情也只有在腐朽无能的清政府统治时期才会发生。有评论指出："日、俄两个帝国主义强盗在中国领土上进行的这场为期长达一年多的战争，不仅是对中国领土主权的蹂躏，而且使东北人民遭受一场空前的浩劫。腐败无能的清政府竟置战区人民的苦难于不顾，允许大好河山任人践踏，在日、俄、美帝国主义的压力下公然宣布所谓'中立'，划辽河以东为'交战区'，辽河以西为中立区。这是中国历史上的奇耻大辱！"②战争以日本帝国的胜利、沙皇俄国的失败而告终。1905年9月5日，日俄双方在《朴茨茅斯条约》上签字。这是一个日俄两帝国主义强盗背着中国和朝鲜政府签订的分赃条约。通过这个条约，中国东北南部成了日本势力范围，俄国则继续保有东北北部作为自己的势力范围。

日本在日俄战争中取得胜利的消息传到贵阳以后，贵阳公立师范学堂的日籍教习金子辛太郎、清功忠清、木藤武彦等人"在学校寓所中置酒庆贺，并给学校同学写信，要求参加。同学们知道后都说：'这是外国军队在我国领土上交战，对我们是耻辱。'回信拒绝。日籍教师看后极为不满，打骂了写信的刘泽之等三名学生"③。

---

① 梁启超：《清光禄大夫礼部尚书李公墓志铭》，张周全主编：《李端菜研究资料汇编》，北京：中央民族大学出版社2021年版，第102页。

② 苑书义等著：《中国近代史新编》（下册），北京：人民出版社2007年版，第29页。

③ 何静梧、龙尚学主编：《金筑丛书·贵阳人物续》，贵阳：贵州教育出版社1996年版，第138页。

　　日籍教习殴打贵阳公立师范学堂学生的事件发生后，学校迅速采取行动应对这一恶劣事件。一方面，学校协理，曾在北京参加过康有为、梁启超发起的"公车上书"活动的乐嘉藻，立即约请学堂总理于德楷，协理李端棻、李裕增商讨此事的处理办法。四人认为，民族尊严不可侵犯，为维护民族尊严，决定停课，要求日本教习爱田猪之助等向刘姓学生赔礼道歉。然而，骄横自大的爱田猪之助等日籍教习拒不道歉。于是，四人一致决定，立即解聘贵阳公立师范学堂的全部日籍教习。同时组织撰写揭露日籍教习殴打学生和学校师生处理此事经过的文章，由李端棻出面，将文章寄往日本主持《新民丛报》的梁启超，由梁启超负责将事件真相公之于世。

　　梁启超收到李端棻从贵阳寄出的文章后，除全文发表外，还在文前写了简介，文末加了评语，痛斥日籍教师的野蛮无礼。报道长达 1.4 万字，真实记载了贵阳师生的反日爱国行动。

　　文章刊登在《新民丛报》1905 年第十三号上，出版日期为光绪三十一年（1905）十二月十五日，标题为《贵阳师范学堂日本教习殴辱学生事件》。内容包括：①师范学堂创办和聘请日本教习经过；②事件发生及学生罢课抗议情况；③双方谈判笔录；④函议（口头谈判破裂后，改用书面辩论），其中，日本教习提出许多侵略有理的强盗逻辑，至今值得人们警惕；⑤谢绝日人要求晤面［日人软硬手段用尽无效，要求与乐氏（乐嘉藻）晤面，被乐氏拒绝］。

　　梁启超写道："此函由贵阳邮局直寄本社，呜呼！读此文不扼腕切齿，惊心动魄者，其为无人性矣！不避繁冗，具录全文，加以短评，俾知人之待我者何如，普告国中有依赖根性之人，请视此文。"①梁启超对事件的介绍表明，日籍教师在贵阳的恶劣行径毫无人性，值得所有中国人深思。

　　在对整个事件的评论中，梁启超强调了三方面：

　　首先，肯定了贵阳师生在整个事件中的义举，指出日籍教习在贵阳的所作所为属恃强凌弱行径。梁启超说："所谓冈山某、金子某，以及某某等，不知其为何许人，此辈斗筲宁足以污余笔，顾今犹齿及之者，日本人之视我中

_____

　　① 何静梧、龙尚学主编：《金筑丛书·贵阳人物续》，贵阳：贵州教育出版社 1996 年版，第 140 页。

国人者，大半类是。此不过起于一地方之一事件，赖有强毅能文之士，能直折而发表之，故吾辈得知有此一事件而已。此外，类此之事，与夫视此更甚数倍之事，为吾辈意想所不能及者更何限。履霜坚冰，兔死狐悲，睹此安得不为四万万人前途一哭也。"[①]

其次，认为与侵略者谈公理纯属浪费口舌，强调吾辈当自强。梁启超说：与侵略者谈公理，"天下宁有公理，惟有强权。我不能自立而欲与虎狼谈尧舜之道，徒颜汗耳"[②]！

最后，指出日籍教习在贵阳的恶劣行径给予国人的三点启示："一曰知外国人万万不可依赖，媚外即为外侮之由；二曰外国人久不以独立国视中国，久不以独立人视中国人，我辈而非凉血也，其思所以一雪此言否也；三曰我辈因此当悟教育事业，万万不能仰助于外人。"[③]在这三点启示中，归结到一点，就是：国人当自强，教育是根本！没有强大的教育，就没有强大的人才队伍！没有强大的人才队伍，就没有强大的国家！

梁启超 100 多年前在《新民丛报》发表的评论，可谓主题鲜明，一针见血！它直指事件的实质与症结，告诉民众对事件应有的立场与态度，大大鼓舞了海内外同胞，引起空前反响。日本政府也意识到事件的严重性，不得不召回在贵阳胡作非为的本国教习。

六、结语

综上所述，李端棻与梁启超自 1889 年秋季相识之时，正值甲午中日战后救亡图存运动风起云涌的时代。基于救亡图存的迫切需要和对人才的渴求，李、梁之间的关系经历了由相识相亲到相知的过程。在这一过程中，特别是在戊戌变法时期，李端棻不顾个人安危，不仅亲自投身变法的洪流，而且还利用自己特殊的身份，大胆支持康、梁等人的变法维新活动。变法失败后，李、梁之间的关系愈益坚实。一方面，梁启超在日本办报，继续宣传西方资

---

① 何静梧、龙尚学主编：《金筑丛书·贵阳人物续》，贵阳：贵州教育出版社 1996 年版，第 140 页。

② 何静梧、龙尚学主编：《金筑丛书·贵阳人物续》，贵阳：贵州教育出版社 1996 年版，第 140 页。

③ 何静梧、龙尚学主编：《金筑丛书·贵阳人物续》，贵阳：贵州教育出版社 1996 年版，第 140 页。

产阶级的新知识、新思想、新理论，探索救国救民的大道；另一方面，李端棻在偏僻落后的贵阳继续践行其教育维新的思想与理念，致力于培养维新人才。尤其难能可贵的是，梁启超将《新民丛报》寄给贵阳的李端棻，为李端棻了解国外的新思想、新知识打开了一扇窗户。李端棻对在日本办报的梁启超的活动给予了充分的肯定，向梁启超表示："天未死我者，犹将从诸君子之后，有所尽于国家矣。"[①] 梁启超在李端棻去世以后，表达了对李端棻的敬重之情，称："盖其（指李端棻，笔者注）为民请命之心，历数十载如一日也。"这就是李、梁交往关系的真实写照！人同此心，心同此理！救国救民，此生无悔！

---

① 梁启超：《清光禄大夫礼部尚书李公墓志铭》，张周全主编：《李端棻研究资料汇编》，北京：中央民族大学出版社 2021 年版，第 102 页。

戊戌前后李（端棻）、梁（启超）交往关系研究

陈立生①

（贵阳学院，贵州贵阳，邮编：550005）

【摘　要】戊戌变法期间，李端棻属朝廷官僚体制中倡言变法的杰出代表，被康有为、梁启超师徒誉为"二品以上言新政者一人而已"。李端棻支持康、梁变法，主要源于对时局的清醒认识和改变现实的强烈要求。在这一过程中，李端棻对康、梁一派的保荐和支持是以光绪帝亟图改革创新为前提的。综观整个戊戌变法的前前后后，李端棻与梁启超的交往可谓十分密切。他们相互联系，相互交流，相互影响，为近代中国的发展做出了卓越贡献。研究戊戌前后李端棻与梁启超（以下简称李、梁）的关系，可以加深对近代中国历史的认识，知晓个体在历史变迁中的重要作用。

【关键词】李端棻；梁启超；康有为

李端棻、梁启超、康有为三人都是参与戊戌变法和维新运动的重要人物。在他们之间，也许开始是李端棻影响了梁启超，接着梁启超师从康有为，接受了康有为的变易观点，后来梁启超渐渐影响李端棻，李端棻支持维新变法。结果，康、梁二人都遵从李端棻的维新爱国理念，致力于推动中国社会的改革与发展。在梁启超全身心投入维新变法运动的过程中，李端棻一直是他最坚定的政治同盟和后盾之一。正如《清史稿》所描述的："自是颇纳启超议，

---

① 陈立生，贵阳市历史学会常务理事，贵阳学院退休教授。主要从事藏书文化和地方史研究。

娓娓道东西邦制度。"①

　　在李、梁的交往中，李、梁之间的婚姻关系是一个绕不开的话题。可以这样说，李端棻促成梁启超与其堂妹李蕙仙之间的婚姻，当属梁启超人生中重大的社会关系。这一关系直接促成了梁启超人生的重大转折。

　　众所周知，梁启超 9 岁中秀才，有"神童"之誉。光绪十五年（1889），梁启超赴广州参加乡考，以第八名中试，年 17 岁。主考官是刑部侍郎李端棻，副考官是翰林院修撰王可庄（字仁堪、福建人）。通过考试，李、王二人对梁启超在考试中的表现非常满意，断定梁启超日后必成国之重器。于是，李端棻先人一步，决定不顾梁启超的门第出身，要将堂妹李蕙仙（1869—1924）许配给他。李蕙仙出生于贵州省贵筑县，父亲京兆公李朝仪（李端棻叔父），家世"累代清门，家学劼茂"，为黔中名门。李蕙仙自小跟随堂兄李端棻从贵阳到北京，与堂兄一起长大，感情甚笃。对于堂兄的安排，李蕙仙满心欢喜。李、梁结亲，对于抱负远大的梁启超而言，当然也是乐见的。这桩婚姻无疑为梁启超打开了一扇通往实现理想的大门。

　　光绪十六年（1890），梁启超进京会试。虽然未考中进士，李端棻仍然安排堂妹与梁启超正式订婚。这时梁启超决定入"万木草堂"学习，师从康有为。老秀才康有为能收到举人梁启超做学生，这是荣誉。在教学中，康有为联系时事，要求学生们心怀天下，心忧国事。讲到列强侵入、丧权辱国、国家积弱积贫、民不聊生的时候，康有为哭泣流涕，感人至深。受康有为的影响，梁启超深刻地意识到，中华民族已到危险境地，变革事关国家的生死存亡。于是，梁启超接受了康有为的变易观点，思考国家未来的出路。

　　光绪十七年（1891）十月，梁启超入京与李蕙仙完婚，寓居于北京宣南永先寺西街的新会会馆。婚后，夫妻恩爱。梁启超初至北京，语言不通，贤妻教之以京话，帮助他消除语言上的障碍，尽快融入北京这个大环境。

　　居京期间，梁启超与李端棻朝夕相处，每相聚之时，谈"西学"，论"维新"。他们师友相待，无话不谈。李端棻与梁启超的关系达到情同父子的地步。梁启超曾说："启超以光绪己丑受学贵筑李公，旋婿公妹，饮食教诲于公

---

① 《清史稿·李端棻传》，转引自张周全主编：《李端棻研究资料汇编》，北京：中央民族大学出版社 2021 年版，第 90 页。

者数十年。"①字里行间表达了对李端棻的敬爱之情。1889 年至 1898 年的 10 年间,梁启超到京师多寓居李端棻府第,李端棻利用自己的关系为梁启超援引,使梁得以结交各界名流。梁启超由一个未经世事的年少书生成长为倡导变法维新的领军人物,与李端棻的一手栽培提拔息息相关。康有为亦因为梁启超而接触到李端棻,并与李端棻建立了密切的关系。李端棻为朝廷重臣,又长康有为 25 岁,故康有为对之一直是尊敬有加,以芯园老称之。毋庸置疑,李端棻开始时影响了梁启超,后来梁启超渐渐影响了李端棻。在戊戌变法期间,两人的相互影响、交流,直接影响了彼此的世界观与价值观。在梁启超全身心投入维新变法时,李端棻一直都是梁启超变法活动的坚定支持者。

在维新变法时期,康有为的思想主张受到守旧派官僚的攻击,被视为妖言惑众、奇端异说。面对此况,李家族人顾虑康有为的"旁门左道"影响梁启超的发展前程。李端棻主动向李家族人们解释康有为"身在江湖远,心忧楚怀王"的过人之处,打消李家族人的种种顾虑,直到得到李家族人的默认。李端棻的主动解释实际上为梁启超在变法维新期间跟随老师康有为"鼓"与"呼"大开了方便之门,也是李端棻力挺梁启超参与变法维新活动的重要佐证。

1895 年 4 月 17 日,丧权辱国的中日《马关条约》签订,遭到全国人民的强烈反对,也激起在京参加会试的各地举人的义愤。在梁启超的带领下,广东 190 个举人率先上书都察院,请代奏光绪皇帝,力陈不能割让台湾。在李端棻的默认和康有为的支持下,福建、四川、江西、台湾、贵州、山东、山西、云南、河南等省的举人纷纷上书,反对签订和约。康有为在一昼夜间拟就万余言的《上清帝第二书》,梁启超用 36 小时誊写和充实了《上清帝第二书》。奏折的主要内容是要求光绪帝"下诏、迁都、拒和、练兵、变法"。梁启超在达智桥松筠庵的谏草堂,在面对数千名举人的聚会上宣读了万言书——《上清帝第二书》。梁启超用经过贤妻调教的粤味官话,明语达意,宣读效果激动人心,众多举人泪流满面,振臂扼腕。举人们纷纷在万言书上签名,签名者达 1300 人。最后,举人们不畏主和派恐吓,保留签名的有 15 省

---

① 梁启超:《清光禄大夫礼部尚书李公墓志铭》,张周全主编:《李端棻研究资料汇编》,北京:中央民族大学出版社 2021 年版,第 100 页。

603 人。作为朝廷大臣的李端棻不便公开支持，但李氏一门参加上书的就有李端棻的堂兄弟四人：李端启、李端荣、李端慨、李端检。另外，其亲戚故旧若干人亦参与了这次上书活动。

李端棻于 1896 年 5 月上奏的《请推广学校折》引起了朝野相当的重视，光绪帝谕令总理衙门议复。李端棻的奏折恰逢其时，在当时类似的奏折中影响当属最大。当时"言新政"者盈廷，在言新政大员中，李端棻当为卓著者之一。其《请推广学校折》表明，李端棻是中国近代既有教育理念又有办学实践的改革先驱。他主张培养具有现代科学知识的经世致用人才，重视人格修养，继承文化传统，科学设置专业，学业与功名脱钩，加强师资力量，筹措办学经费，配套教育设施，建图书馆、实验室、实习工场，开办翻译书局，选派留学生，等等。要求教育服务社会，学生理论联系实际。这些观点构成了中国近代教育理论的基础。教育不仅需有经世致用的作用，更需加强提升人内在的涵养与人格完善的作用，这是李端棻教育理念的精髓。

在李端棻看来，推行其教育改革主张，终归是为了培养更多的有用人才。康、梁堪称时代所需要的有用人才，因此，向光绪帝举荐康、梁，也就成为李端棻支持变法维新的重要途径。我们可以从他们的思想渊源中找到问题的答案。孔祥吉先生认为康有为、梁启超及其一派有"民权"的提法，但他们对西方的"民权"思想，未有充分的了解和准确的认识。康有为在戊戌变法期间宣称"放弃"民权思想，光绪二十四年（1898）五月二十八日在《国闻报》发表《答人论议院书》公开宣示。戊戌政变后，康有为又多次有类似的说法。黄彰健先生认为，康有为在戊戌变法期间根本没有提出过君主立宪的建策，主张以君权来推行其改革举措。[1]事实上康、梁在出国后才开始形成民权、立宪等思想，其对民权的理解更多是附会传统学说，与严复相比尚浅陋得多，急切"得君行道"才应当是其思想的核心。只有"得君行道"才能理解为何李端棻没有和康、梁在思想上产生分化，反而鼎力支持康、梁的变法维新活动。李端棻支持康、梁，而以康、梁为首的维新派也不断将李端棻推向前台。戊戌年间康党策划的保举共有六次，从对康党领袖康有为的举荐来

---

[1] 参见黄彰健著：《戊戌变法史研究》，台北："中央研究院"历史语言研究所 1970 年版，第 601 页。

看，起主要作用的是翁同龢、高燮曾、李端棻、徐致靖四人。不过翁氏后来对康有为的态度变化颇大，在大力保举康、梁一派的朝廷大员中，唯有李端棻一人始终如一。但是，李端棻对康、梁一派的保荐和支持是以光绪帝急图振作为前提的。没有光绪帝对变法的支持，李端棻对康、梁的举荐无效。与此同时，康有为、梁启超利用李端棻在朝廷中特殊的关系，为他们结交上层官僚找到了重要的路径。

李端棻向光绪帝密荐康、梁是有成效的。据相关史料记载，光绪二十四年（1898）七月二十四日，李端棻上奏，密保康有为、梁启超、谭嗣同等人。光绪阅后，认为李端棻所言属实，但因"公车上书"的事，慈禧不满康有为、梁启超，光绪不敢公开授官职，只任命谭嗣同、林旭、刘光第、杨锐四人充当军机处章京，由他们与康有为、梁启超联系变法事宜。在变法期间，康有为如果没有李端棻的竭力保荐，使其与光绪帝相见，恐怕"百日维新"也只能是一厢情愿。

再如，光绪帝与梁启超之间的关系。光绪二十四年（1898）五月十五日（7月3日），光绪帝在颐和园勤政殿召见梁启超，"命进呈所著《变法通议》，大加奖励"，赏六品衔，并让梁启超负责办理京师大学堂译书局事务。这表明，作为光绪皇帝的股肱之臣，李端棻能够直接就国家大事与光绪皇帝对话，对于清廷的决策起了重要作用。倘若没有李端棻的牵线搭桥，以梁启超的社会地位，难以得光绪帝的召见。

戊戌变法失败以后，李、梁之间的交往并未因这场轰轰烈烈的政治运动的失败而中止。李、梁之间的交往不仅有物质上的，更有精神层面的。从物质层面来看，梁启超逃往日本时，李端棻资助了梁启超一定的路费，鼓励梁启超到日本后继续为国为民奋斗。梁启超到达日本后，将创办的《新民丛报》寄往贵阳办学的李端棻。从精神层面来看，李、梁之间时常有书信往来，相互交流、鼓励、促进。鲜明的事例如1907年，李端棻在给梁启超的信中明确表示："昔人称有三岁而翁，有百岁而童，吾年虽逾七十，志气尚如少年，天未死我者，犹将从诸君子之后，有所尽于国家矣。"[1] 李端棻明确肯定了梁启

---

① 梁启超：《清光禄大夫礼部尚书李公墓志铭》，张周全主编：《李端棻研究资料汇编》，北京：中央民族大学出版社 2021 年版，第 102 页。

超的爱国行为，表达自己向梁启超学习的愿望。同样，李端棻去世多年以后，梁启超仍未遗忘恩师李端棻的精神鼓励。1915 年 8 月，梁启超患赤痢病，居家卧床，对夫人李蕙仙说："李大人待我的恩情，没齿难忘！他升任礼部尚书不到一个月，就因为受我'连坐'被革职贬到新疆。他自己实践了'有所尽于国家'，虽然他去世八年，我也要学习他'有所尽于国家'！"① 在这里，"没齿难忘"明明白白地抒发了梁启超对李端棻的敬重之情。

李、梁之间的交往不仅对彼此的政治活动产生重大影响，而且对贵州学子也产生了重要影响。梁启超在日本，其政治理念和思想主张，也深深地影响了前往日本留学的贵州籍学子。贵州学者梁中美在《晚清民国时期贵州留日学生与贵州近代化》一书中指出："梁启超的思想对在日的贵州籍学生也有很大影响。不少学生纷纷加入其政闻社，如蹇念益、陈国祥、刘显治、张协陆、熊范舆、戴戡等。其中蹇念益和熊范舆是主要成员，与梁过从甚密。熊范舆在《立宪国民之精神》中曾表达了对立宪政治的渴望。并通过与在贵阳参与新政的任可澄、唐尔镛等联系将梁启超的思想遍传贵州。"②

---

① 黄团元著：《梁启超之路》，武汉：湖北人民出版社 2008 年版，第 128 页。
② 梁中美著：《晚清民国时期贵州留日学生与贵州近代化》，成都：西南交通大学出版社 2014 年版，第 151 页。

李端棻与梁启超交往关系研究述论

梁家贵　聂文环 ①

（阜阳师范大学，安徽阜阳，邮编：236041）

【摘　要】李端棻、梁启超都是中国近代史上的著名人物，二人关系密切，对时局产生了较大影响，但有关二人交往关系研究主要集中在李端棻慧眼识拔梁启超，以及李、梁二人的相互影响两方面，成果数量少，研究深度、广度有待进一步深化。造成李、梁二人交往关系研究现状的原因是多方面的，应该注重从史实的梳理与考证，以及研究的广度和深度等方面入手，进一步深化李端棻与梁启超交往关系研究。

【关键词】李端棻；梁启超；交往关系

李端棻（1833—1907），字苾园，贵阳人，晚清著名的教育家和政治思想家，戊戌变法的主要倡导者和主要参与者之一，享有“北京大学首倡者”“中国近代教育之父”等盛誉。梁启超（1873—1929），字卓如，号任公，又号饮冰室主人、饮冰子等，出生于广东新会茶坑村。中国近代著名思想家、政治家、教育家，中国近代维新派、新法家代表人物、戊戌变法领袖之一。二者都是中国近代史上举足轻重的人物。李端棻将堂妹许配梁启超，对梁多有关照，可谓具有“知遇之恩”。梁启超的西学思想也深深影响了李端棻，促使其“从顽固阵营中分化出来”，进而“从同情变法转向支持变法”，以及晚年在贵州传播新思想、开展近代教育实践。然而，据笔者目力所及，当前学术界对

---

① 梁家贵，山东茌平人，阜阳师范大学教授、历史学博士；聂文环，阜阳师范大学历史文化与旅游学院 2022 级硕士研究生。

于二者之间关系的研究不足，主要散见于学术专著或者学术论文中，专题研究甚少。[①] 笔者不揣浅陋，拟对二者的交往关系进行梳理，并提出几点建议，以期引起学术界更多关注，进一步推动该问题的研究。

一、研究的主要领域

当前学术界有关李端棻与梁启超的交往关系研究，整体而言，主要集中在两个领域。

（一）李端棻慧眼识拔梁启超

光绪十五年（1889），李端棻在广东主持乡试时遇梁启超，对梁的文采、见识和谈吐大加赞赏，故坚持将自己的堂妹许配梁。这段佳话广为流传，被学界津津乐道。[②] 有学者甚至提出："李端棻识拔梁启超是戊戌变法史上一件极其重要的大事，只不过长期以来未引起社会的高度重视而已。"[③]

然而，学界有关李、梁二人的交往关系有意或无意（即笔误）出现了不同观点。《梁启超诗文选》一书中《梁启超年谱简编》"1889 年（清光绪十五年己丑）17 岁"下写道："应广东乡试，中举人第八名。主考官贵州李端棻（苾园）以妹字之。""1907 年（清光绪三十三年丁未）35 岁"下则谓："十月，《政论》出版。同月，岳父李端棻卒。"[④]

有关李、梁二人的关系出现了两种说法，应该是笔误。有学者辩驳："李端棻（苾园）为梁启超的堂兄而非岳父。"[⑤]

（二）李、梁二人的相互影响

对于梁启超而言，李端棻给他提供了较大的发展空间，成为他宣传西学

---

① 据知网检索，专题研究成果主要有：罗文荣：《梁启超与李端棻》，《读书》1985 年第 7 期；万登学：《慧眼识拔梁启超的礼部尚书李端棻》，《炎黄春秋》1995 年第 6 期；李俊：《清代名人李端棻与梁启超》，《贵阳文史》2020 年第 2 期等。

② 如罗文荣：《梁启超与李端棻》，《读书》1985 年第 7 期；万登学：《慧眼识拔梁启超的礼部尚书李端棻》，《炎黄春秋》1995 年第 6 期；金炳亮：《梁启超家事外传》，《同舟共进》2019 年第 12 期；李俊：《清代名人李端棻与梁启超》，《贵阳文史》2020 年第 2 期。

③ 钟家鼎：《李端棻与梁启超》，《贵阳文史》2007 年第 5 期。

④ 方志钦、刘斯奋编注：《梁启超诗文选》，广州：广东人民出版社 1983 年版，第 632-633 页、637 页。

⑤ 罗文荣：《梁启超与李端棻》，《读书》1985 年第 7 期。

思想、开展维新活动的主要前提条件之一。李端棻为官多年，政治资源丰富。梁启超在京师期间，李端棻为梁启超提供了资源。梁启超在《三十自述》里提道："甲午年二十二，客京师，于京国所谓名士者，多所往还。"① 同时，李端棻还向一些著名的人士保荐梁启超，最具代表性的是致函促成梁、张结交。有关梁、张结识，曾流传两种说法：一是张之洞因对维新变法不满，在梁启超拜访时曾用对联予以刁难；② 二是张之洞主动结识梁启超。③ 不难看出，两种说法都有演绎、夸张成分。但是，有学者发现了李端棻为推荐梁启超而写给张之洞的信函。李不仅介绍了梁启超以及其与自己的关系，还请张为梁启超的《西学提要》作序："梁生并著有《西书提要》一书，仿《四库总目》之例，每书为解题一首，似于新学诸生不为无补。兹求执事一叙，以光卷帙。想承不弃，今嘱其一并呈览。"当然，"这封信梁最终是否递给张，已不得而知"④。

此外，梁家后人还回忆了李端棻对梁启超维新事业的支持、指点和关照。1895 年甲午战败后，清廷与日本签订《马关条约》。李端棻将清廷签订丧权辱国的《马关条约》的这一机密透露给梁启超，促成了康有为和梁启超发起的"公车上书"事件。慈禧发动政变后，李端棻筹集旅费，资助梁启超东渡

---

① 丁文江、赵丰田编：《梁启超年谱长编》，上海：上海人民出版社 2009 年版，第 22 页。

② 据称，梁启超路过武汉时，为寻求张之洞的支持前往拜访。张之洞看到梁启超拜帖的落款写着"愚弟梁启超顿首"心生不满，故在拜帖上书写上联："披一品衣，抱九仙骨，狂生无礼称愚弟。"梁看后在拜帖上写了下联："行千里路，读万卷书，侠士有志傲王侯。"二人见面后，张之洞又出了一个上联："四水江第一，四时夏第二，老夫居江夏，谁是第一，谁是第二？"梁启超从容应对："三教儒在前，三才人在后，小子本儒人，何敢在前，何敢在后。"见韩宗文：《饮冰文客梁启超》，呼和浩特：远方出版社 2019 年版，第 24 页。

③ 《戊戌变法的另面》载梁鼎芬发给梁启超电报一则："《时务报》馆梁卓如：南皮有要事奉商。明正第一轮来，住芬处。专待，盼复。芬。俭。"（茅海建：《戊戌变法的另面："张之洞档案"阅读笔记》，上海：上海古籍出版社 2014 年版，第 240-241 页。）发电时间为光绪二十二年十二月二十八日（1897 年 1 月 30 日）。此外，王伯恭《蜷庐随笔》曰："当戊戌变法之前，梁启超过武昌投谒，张令开中门及暖阁迎之，且问巡捕官曰，可鸣炮否？巡捕以恐骇听闻对，乃已。定制钦差及敌体官往见督抚者，始鸣炮开中门相迎，若卿贰来见，但开门而不鸣炮，余自两司以下，皆由角门出入。梁启超一举人耳，何以有是礼节。盖是时已有康梁柄国之消息，香翁特预为媚之耳。启超惶恐不安，因著籍称弟子。"（中国史学会主编：《中国近代史资料丛刊·戊戌变法 4》，上海：神州国光社 1953 年版，第 301-302 页。）均参见单凌寒：《国博藏梁启超重要信札四通解析》，《中国国家博物馆馆刊》2019 年第 8 期。

④ 单凌寒：《国博藏梁启超重要信札四通解析》，《中国国家博物馆馆刊》2019 年第 8 期。

日本，避免了清廷的迫害。①

学术界探讨了梁启超对李端棻的影响。

首先是政治方面。有学者指出，梁启超多次到北京活动，几乎都是住在李端棻家中。他们接触密切、交往频繁，梁启超在思想上深深地影响了李端棻，促使李端棻从同情变法转向支持变法。变法运动中，李端棻的许多奏折，都是梁启超代为起草的。而李端棻举荐的人才，如康有为、韩文举、宋梦槐等人，也大多与梁启超有着直接或间接的关系。在戊戌变法中，李端棻做了三件事：一是6月11日（农历七月二十九日）向光绪帝上《变法维新陈条当务之急折》；二是向光绪帝保举变法人才，共18人；三是向光绪帝秘密推荐康有为任迎接日本前首相伊藤博文专使，推荐黄遵宪为驻日本国公使。李的这些表现具有深厚的思想基础，与翁同龢、文廷式等为了加强光绪皇帝的势力、反抗慈禧的控制而支持变法是不一样的。②

梁启超还在其他方面深深地影响了李端棻。

一是教育思想。学界高度评价李端棻对近代中国教育发展的作用及影响，认为他"在中国的近代教育中，从理论到实践，都做出了开拓性的贡献"③。称其为"中国教育改革先驱"④"中国近代教育之父，北京大学首倡者、贵阳一中和贵阳师范学校创始人"⑤。李端棻近代教育思想的形成，明显受到了梁启超等维新人士的影响。梁启超等维新人士高度重视人才培养："变法之本，在育人才；人才之兴，在开学校。"但是人微言轻的梁启超等的言论并未引起清廷重视。为此，李端棻就向光绪帝递呈了著名的《请推广学校折》，提出了"自京师以及各省府州县皆设学堂"的建议，还提出了设藏书楼、创仪器院、开翻书局、广立报馆，选派游历五条措施，有力地推动了中国近代教育的发展。有学者指出："这是整个维新运动期间开展的推广西学运动的一个纲领性文献，

---

① 《祖父梁启超和舅公李端棻的交往》，梁柏有：《思文永在——我的父亲考古学家梁思永》，北京：紫禁城出版社2016年版，第20—21页。

② 李德芳：《戊戌变法时的李端棻》，《贵州文史丛刊》1984年第4期。

③ 何幼兰：《李端棻与近代中国教育》，《贵阳学院学报》2006年第4期。

④ 刘玮：《中国教育改革先驱——李端棻》，《兰台世界》2014年第13期。

⑤ 赵广示、胡承宁：《中国近代教育的先驱、北京大学首倡者——黔人李端棻》，《教育文化论坛》2017年第6期。

在草拟过程中曾接纳了梁启超等人的意见。"①此外,李端棻晚年在贵州进行的教育事业,可视为其戊戌维新时期教育思想的延续和实践。

二是藏书即设立新式图书馆。学界对李端棻的图书馆思想也给予充分肯定,这也是受到了梁启超等维新人士的影响。②康有为、梁启超等维新人士均重视公共藏书,即图书馆的重要性。他们认为,公共藏书的缺失是民智不开的重要原因,因此将"开大书藏"作为改良运动的核心内容,提出了以募捐办书藏、以书藏兴学会、以学会促改革的措施。有学者认为,戊戌维新时期,藏书一时风靡全国,促成了中国近代新式藏书思想的诞生。③梁启超等人的藏书思想深深影响了李端棻。后者在《请推广学校折》中提出"一经五纬"的改革措施,"五纬"第一项就是设藏书楼。有学者指出,李端棻、梁启超二人被视为推动中国新式藏书思想形成的关键人物;④李端棻的《请推广学校折》等"上层统治者的言论和观念"被视为"新型图书馆思想终于在中国形成并占据统治地位的一个重要标志",而梁启超则为"新式图书馆思想的主要旗手和奠基人"⑤。

三是报业方面。尽管李端棻没有办过报纸,但其报业思想也较鲜明,与同时代的维新名人相比,既有共性也有个性。"对当时国人办报高潮的形成、对中国近代新闻事业的发展起了重要的推动作用。"⑥这也来自梁启超等人的影响,或者说二人的相互影响。李端棻的《请推广学校折》中以西方列强为例,强调了报纸的重要性:

> 知今而不知古,则为俗士,知古而不知今,则为腐儒。欲博古者莫若读书,欲通今者莫若阅报,二者相须而成,缺一不可。泰西每国,报

---

① 潘云成:《论梁启超对贵州近代一些历史人物的影响》,《乐山师范学院学报》2014 年第1 期。

② 施欣:《论清季李端棻教育及图书馆思想——基于〈请推广学校摺〉一文的考察》,《现代教育论丛》2016 年第5 期。

③ 刘驰:《中国藏书史近代转向的内在理路——以"书藏"为线索》,《大学图书馆学报》2021 年第1 期。

④ 刘驰:《中国藏书史近代转向的内在理路——以"书藏"为线索》,《大学图书馆学报》2021 年第1 期。

⑤ 吴晞:《从藏书楼到图书馆》,北京:书目文献出版社1996 年版,第42—51 页。

⑥ 莫子刚:《简论李端棻的报业思想》,《贵阳学院学报》2018 年第2 期。

馆多至数百所，每馆每日出报多至数百万张，凡时局、政要、商务、兵机、新艺、奇技，五洲所有事故，靡所不言。阅报之人，上自君后，下自妇孺，皆足不出户而于天下事了然也。①

李端棻一直对梁启超等人的办报活动给予大力支持。梁启超逃亡日本横滨后，用李端棻资助的 200 两黄金创办了改良派在海外的第一份机关报——《清议报》。李端棻回到贵阳之后，兴办教育、创办学堂、设立报馆。他珍藏了大量的《新民丛报》，利用课堂讲台大力宣传自由民主思想。他还时常要求学生传阅抄录《新民丛报》的文章言论，并进行考查。② 他在去世前致函梁启超表示："昔人称有三岁而翁，有百岁而童，吾年虽逾七十，志气尚如少年，天未死我者，犹将从诸君子之后，有所尽于国家矣。"③ 足见梁启超对其影响之深。

二、研究的主要特点及其原因

综上所述，可以看出，有关李端棻和梁启超交往关系的研究成果数量等，无论是广度还是深度，都与李端棻的历史地位、影响严重不相符的。

李端棻享有"北京大学首倡者""中国近代教育之父"等盛誉，尽管近年来对其研究已取得了可喜的进展，但无论是广度还是深度，都与李端棻的历史地位、影响严重不相符。④

有学者读及学术界对李端棻的忽略：

范文澜《中国近代史》列举了参与和支持维新运动的各派代表人物达数十人，唯独对李端棻不着一笔。侯外庐《中国近代启蒙思想史》逐日罗列百日维新期间一系列变法举措和组织措施，独独未提及李端棻取

---

① 李端棻：《请推广学校折》，《变法自强奏议汇编》卷三，陈学恂主编：《中国近代教育文选》，北京：人民教育出版社，1983 年版，第 66 页。

② 莫子刚：《简论李端棻的报业思想》，《简论李端棻的报业思想》，《贵阳学院学报》2018 年第 2 期。

③ 梁启超：《清光禄大夫礼部尚书李公墓志铭》，1908 年，梁启超：《梁启超全集》第 9 册，北京：北京出版社 1999 年版，第 5193 页。

④ 梁家贵：《李端棻研究综述》，《周口师范学院学报》2022 年第 1 期。

代守旧派大臣，出任礼部尚书这一重要人事变动大事。费正清主编的《剑桥中国晚清史》，用大量篇幅记述维新变法，也基本上见不到李端菜的身影……为此，该学者发出感慨：历史的天平有时并不总是公平的。对于李端菜这个戊戌变法中重要人物，众多的中国近代史重要著作几乎都忽略未入视线，这是令人遗憾的。[①]

导致李端菜研究薄弱的原因是多方面的，笔者认为，主要是李端菜在戊戌政变前的表现所导致。

据陈夔龙的《梦蕉亭杂记》记载：

> 越日，公赴部履新，部中土地祠祀唐韩文公愈，例须行礼。公于行礼时，故为失足不起，众目共睹，匆匆扶归。即缮折请病假二十日……迨十五日，张侍郎荫桓奉旨遣戍。南城外士大夫群相议论论，全集矢于公。公不得已，具折自行检举。奈是日适有内监他案发生，东朝震怒，阅公奏疏，谓为有心取巧，仍从重论，发往新疆，效力赎罪。[②]

李端菜的上述行为被视为“耍滑头”，甚至被看作“投降变节”。清廷也不认可李的辩词，称其“今据事后检举，实属有意取巧”，故“著即行革职，发往新疆，交地方官严加管束”。[③] 有学者指出：“但是当顽固派群起而攻之，维新派处境危急之时，他们之中便有人投降变节，对维新派进行疯狂的反噬，以求洗刷自己的‘过失’，有的则落荒而逃，以求免祸。即使是变法意志比较坚定、与维新派联系比较密切的李端菜，在戊戌七月也连续请假。”[④]

李端菜遭革职发配新疆时，一度消沉，这从他的诗歌中可以看出来：

> 我本伤心人，选遭伤心事。垂老遭愈奇，一遭成往事诚已矣，来者

① 刘学洙：《清大臣言新政者第一人李端菜——纪念李端菜逝世一百周年》，《贵阳文史》2007年第6期。

② 陈夔龙：《梦蕉亭杂记》，北京：世界知识出版社2007年版，第33页。

③ 戴逸、李文海主编：《清通鉴》（第19册），太原：山西人民出版社1999年版，第8488页。

④ 孔祥吉：《杨深秀考论》，《晋阳学刊》1983年第4期。

略须计。但举一二端，其余皆琐碎。臣罪原当诛，扪心岂容避。所赖圣恩宽，祖宗余荫庇。以此两卜之，或可返南陬。彼时贱归来，合家欢无暨。非能学二疏，知足避荣位。但愿学温公，徒步归洛市。苦事与愿违，异方久羁滞。神明日以衰，精力日以悴。零丁几弱息，行止将谁恃。我命犯孤鸾，一家仅三四。致彼啼饥寒，飘零绝域地。昂昂七尺躯，俯仰真怍愧。更有关怀者，待了向平志。光阴驶若飞，眨眼庚子岁。蜀地远且遥，婚娶非容易。只此樱我心，思之时陨涕。如何筹两全，特以告群季。言尽意无穷，聊当音书寄。①

近年来，学界开始对李端棻在戊戌政变前后的表现进行分析。余小龙在《"二品以上大臣言新政者一人而已"——李端棻在戊戌变法中的角色再认识》中对传统的观点提出了质疑，认为甲午战后至戊戌变法期间言新政之大员颇多，李端棻为卓著者之一。但就康、梁称李端棻为"二品以上言新政者一人而已"的观点而言，应当从戊戌变法前后各派力量的复杂博弈中审视。李端棻支持康、梁，是因为他们在思想认识和倾向上有共同点，但从政变前后的一些环节来看，将李端棻说成是一个在思想和政治上彻底的康党派，尚有讨论的余地。②冯祖贻先生从分析陈夔龙《梦蕉亭杂记》的可靠性入手，考证了李端棻是否在戊戌政变前"托病"请假，认为"一些同志为尊者讳的作法，既不实事求是也无必要。李端棻的'托病'并不影响对他一生的正面评价"③。赵平略赞同冯祖贻先生的观点，他在《从〈戊戌十二月朔日寄九弟秦州〉看李端棻对百日维新的检讨》一文中，通过对《戊戌十二月朔日寄九弟秦州》一诗的解读，分析了李端棻在戊戌政变后思想的波动，指出："（李端棻）把反对新法的司马光作为自己的榜样，应该多少是对自己参与康有为等人的变法维新运动有一些后悔。李端棻对参与变法维新一度有所后悔，这样说也并不影响李端棻的形象，因为他毕竟是一个受封建正统教育的官员，是

---

① 李端棻：《戊戌十二月朔日寄九弟秦州》，许先德、龙尚学主编：《金筑丛书·贵阳五家诗钞》，贵阳：贵州教育出版社1995年版，第3页。

② 余小龙：《"二品以上大臣言新政者一人而已"——李端棻在戊戌变法中的角色再认识》，《贵阳学院学报》2018年第1期。

③ 冯祖贻：《李端棻是否在戊戌政变前"托病"请假——兼论陈夔龙〈梦蕉亭杂记〉的可靠性及其他》，《贵州社会科学》2008年第3期。

一个有家有室有感情的人。当维新派的手段超出了他可接受的范围时，当他的行为带给家人连累时，他的后悔就可以理解了。这与是否'投机'是不沾边的。"①

另外，李端棻晚年在贵州推进了一系列改革，特别是在教育方面，成效最大，学界对此予以高度评价。有学者指出："李端棻晚年在贵州致力于培养人才、传播思想，创办学堂、撰写著作等，打破了贵州教育思想长期闭塞的局面，为贵州近代教育的发展做出重大贡献。"② 有学者称"李端棻是贵州教育近代化的领袖、总设计师，张之洞是贵州教育近代化的导师、赞助家，严修是贵州教育近代化的领衔人、实干家。他们皆为贵州教育近代化做出巨大贡献，其精神值得发扬，其思想值得传承，其宝贵经验永远是贵州人民乃至全人类的财富"③。我们知道，贵州地处偏僻，文化相对落后，在较长的时间不为内地所重视，这应该也是李端棻研究薄弱的原因之一。

三、深化李端棻与梁启超关系研究的几点建议

某种程度上看，在历史研究领域中，李端棻与梁启超交往关系的研究仅是一个较小的领域。它既是李端棻研究的组成部分，同时也是梁启超研究的组成部分。但是，开展李、梁二人交往关系的研究，可反映近代中国志士仁人们在"数千年未有之变局"的背景下为救国救民而苦苦探索的心路历程；同时，也折射出他们之间，实则是新旧思想之间的相互影响及其演变轨迹。因此，深化李端棻与梁启超交往关系研究，有助于进一步深化李端棻研究、梁启超研究；相比较之下，对于前者的学术价值显得尤为重要。

笔者认为，要深化李端棻与梁启超交往关系研究，需要着重开展以下两方面的研究。

（一）史实的梳理与考证

据笔者目力所及，无论是梁启超的年谱，抑或是梁启超的传记，有关李、

① 赵平略：《从〈戊戌十二月朔日寄九弟秦州〉看李端棻对百日维新的检讨》，周术槐主编：《李端棻：近代教育改革的先驱》，成都：西南交通大学出版社 2020 年版，第 59—63 页。
② 陈业强、卯云：《李端棻与近代贵州教育探析》，《法制与社会》2015 年第 21 期。
③ 安尊华、张命春：《论张之洞、李端棻、严修与贵州教育近代化》，《贵州文史丛刊》2018 年第 2 期。

梁二人关系方面的记载均较少，李端棻就更少了。梁启超在《清光禄大夫礼部尚书李公墓志铭》所说，他"饮食教诲于公者且十年"①。当时也有人认为李"遭严谴"，是因受康有为、梁启超等人，尤其是梁启超蒙蔽，"尚书学问渊雅，性情笃厚，徒以为人所累，致罹党祸，都人士莫不怜而谅之。新会某孝廉，乃尚书典试粤东所得士，继之以婚姻。戊戌会试，寓尚书宅，地近则言易入。"②因此，如能将二人的交往做一梳理，并详加考证，无疑将有助于二人关系的研究。

此外，二人交往中部分史实也需要进一步考证。例如，学界对《请推广学校折》予以高度关注，并梳理了李端棻上《请推广学校折》的前前后后及主要内容、思想内涵③，并给予充分肯定和高度评价。④罗惇曧在《京师大学堂成立记》中称："甲午中日战后，士大夫渐奋发言自强，康有为上书请变法，遂及兴学。梁启超为侍郎李端棻草奏，请立大学堂于京师，御史王鹏运亦有是疏，中旨允行。"⑤金桂荪的《李端棻传略》中也有此说。⑥有学者通过四封信函的分析，认为"梁启超为李端棻代拟此折似可定谳"⑦。是否如此，确有必要进一步考证。

① 梁启超：《清光禄大夫礼部尚书李公墓志铭》，1908年，《梁启超全集》第9册，北京：北京出版社1999年版，第5193页。
② 陈夔龙：《梦蕉亭杂记》，北京：世界知识出版社2007年版，第32页。
③ 刘宗棠、谭佛佑、梁茂林：《李端棻上〈请推广学校折〉的前前后后》，《文史天地》2017年第7期。
④ 如郑永华：《〈请推广学校折〉：开启中国教育近代化进程的珍贵档案》，《北京档案》2019年第11期；王小依：《〈请推广学校折〉与中国近代学制改革》，《贵州师范学院学报》2014年第4期；张建新：《李端棻与中国近代教育改革》，《贵州民族学院学报》2007年第1期；敖以深：《教育改革视角下李端棻〈请推广学校折〉分析》，《贵阳文史》2017年4期；施欣：《李端棻〈请推广学校折〉中教育思想考察》，《云南师范大学学报》（对外汉语教学与研究版）2017年第1期；刘宗棠：《维新之艰难兮，公缔其始——纪念李端棻上〈请推广学校折〉一百二十周年》，《贵州文史丛刊》2016年第4期；施欣：《从清季李端棻〈请推广学校折〉中考镜其教育及图书馆思想》，《图书馆研究与工作》2016年第5期；付宏：《一百年后看李端棻的〈请推广学校折〉》，《六盘水师范高等专科学校学报》2011年第5期；钟家鼎：《李端棻与〈请推广学校折〉》，《教育文化论坛》2011年第4期。
⑤ 孙文光编：《中国历代笔记选粹》（上），上海：华东师范大学出版社1998年版，第136页。
⑥ 陈学恂主编：《中国近代教育文选》，北京：人民教育出版社1983年版，第66页。
⑦ 间小波：《李端棻〈请推广学校折〉为梁启超代拟》，《近代史研究》1993年第6期。

(二) 研究的广度和深度

面对"数千年未有之变局",近代中国的志士仁人由于思维方式及个人素养不同,在救国救民道路上做出了不同的选择。洋务派与顽固派、维新派与守旧派乃至革命派与改良派的论战便是不同时期、不同道路之间分歧激化的具体反映。尽管李端棻在戊戌政变前发生了动摇,政变后一度消沉,但毕竟走出了自己的阵营,支持、参与维新运动,以至晚年在家乡推行近代教育实践。李端棻接受西学,有个人因素,更主要的是来自梁启超的影响。这期间李端棻思想发生了怎样的变化,曾有过怎样的波动? 梁启超又是通过什么方式影响了李端棻? 二人思想观念上是否发生过冲突? 是否有过争执? 实际上,近代中国的志士仁人救国救民心情之迫切,导致各种救国救民方案层出不穷、更新极快,大有"李杜诗篇万口传,至今已觉不新鲜"之势,陈旭麓先生称之为"新陈代谢"。李端棻相比于梁启超,思想是保守的,但当革命风起云涌之时,梁启超的思想不也是同样保守了吗? 康有为、章太炎等莫不如此。正如吴雁南先生在论及近代中国社会思潮时所指出的,"各种政治思想的泉涌风发,形成中外历史上罕见的奇观,并带有紧迫性和某些超前现象":

> 在中国尚未出现民族资本主义近代企业的时候,洪仁玕撰著的学习西方的《资政新篇》即得到太平天国领袖洪秀全的批准颁行;在中国民族资本主义近代企业刚刚在中国的地平线冒一点点头的时候,王韬等早期维新派人士就主张在中国实行西方的"君民共主"制;当中国民族资产阶级尚未登上政治舞台之际,康有为、梁启超等就发动了举世瞩目的变法维新运动;在中国民族资产阶级尚远未革命化时,孙中山领导的辛亥革命就席卷神州大地,推翻了清朝,创建了亚洲第一个资产阶级共和国。在短短的几十年间,人们在亡国灭种的威逼下,急切地向西方寻求救国之方,匆匆向前迈过了西方几百年所经历的途程。

吴雁南先生对近代中国的这种现象做了客观评价,指出:"亡国灭种、救亡图存、振兴中华的急切呐喊,催促着英雄志士尽早地登上历史舞台,各种改造中国的方案尽速展现，政治运动一个接着一个。虽然，这些人物的活动、社会改革方案、政治学说、政治运动，在不同程度上超越了中国的社会条件，而学习西方、引进西方学理、改造中国的潮流却滚滚向前，一浪推逐一浪。"① 如果我们以近代中国"新陈代谢"为研究背景，以"中外历史上罕见的奇观，并带有紧迫性和某些超前现象"为研究思路，开展李端棻与梁启超交往关系之研究，将有助于该领域在研究广度、深度上的进一步深化。

① 吴雁南、苏中立：《绪论》，吴雁南等主编：《中国近代社会思潮 1840—1911》(1)，长沙：湖南教育出版社 1998 年版，第 6–7 页。

李（端棻）、梁（启超）关系对贵州人文历史的影响研究

李守明①

（贵阳市政协，贵州贵阳，邮编：550081）

【摘　要】李端棻与梁启超是在晚清科举考试中相识的。李瑞棻作为主考官典试广东，慧眼识才，并以堂妹许之为妻，缔结李、梁姻缘，使李、梁关系上升为师生、郎舅、同志关系。这一关系的建立，不仅使李、梁成为帝党官员与戊戌变法维新人士联系的重要纽带，而且对发挥李、梁在中国近代史上的作用，同时对贵州人文历史产生了积极的影响。本文认为，李、梁关系对近代贵州人文历史产生了重要影响。

【关键词】科举取士；李、梁关系；贵州人文历史

一、李端棻识拔俊才梁启超

李端棻（1833—1907），贵州贵筑县（今贵阳市）人。他在中国近代史中不但是一位著名的政治家、改革家、维新派大臣，而且是一位杰出的教育家，对中国近代教育、人才识拔，做出了积极贡献。李端棻于同治元年（1862）应顺天乡试中举，同治二年（1863）会试进士及第，同年入翰林院，授编修。后历任云南学政、内阁学士、刑部侍郎、礼部尚书。李端棻在学官位上20多年，先后任广东、山西、四川、山东乡试考官、会试副总裁。他对于学子们的成绩极为关注，并善于识拔人才。

---

① 李守明，男，贵阳市政协文史和学习委员会原主任，主要从事贵州地方历史文化的研究。

1898 年，李端棻以内阁学士典试广东。当年所主持的乡试是恩科，给考生的考题为：① "子所雅言诗书执礼" 至 "子不语怪力乱神"；② "来百工则财用足"；③ "离娄之明，公输子之巧"。诗 "荔实周天两岁星"，得星字。①

李端棻在这次乡试中发现了俊才。他在阅卷时，发现了一位叫梁启超的考生，其作文 "镕经铸史"，以为乃 "饱学宿儒"，非常欣赏。副考官王仁堪也有同感，遂将梁启超取为举人。这次乡试录取考生 100 名，梁启超位居第八名。

梁启超（1873—1929）字卓如，一字任甫，号沧江，又号饮冰室主人，广东新会人。梁启超天资聪颖，6 岁 "五经卒业"，8 岁学作文，9 岁能缀千言，11 岁中秀才，人称 "神童"。1885 年入学海堂读书，学海堂为当时华南著名的最高学府。1888 年，梁启超取得了学海堂正班生的资格，在专科生季课大考中，四季皆为第一名。"卓如十七岁从学海堂专科生。季课大考，四季皆第一。自有学海堂以来，自文廷式外，卓如一人而已。"② 在学海堂 4 年的苦读，使梁启超打下了坚实的基础。除研习科举考试外，还学习词章训诂、典章制度等方面的学问。1889 年考中秀才，补博士弟子员。③

李端棻赏识梁启超，不仅给予其合格的考评，更从他的文笔发现他的才华。这一赏识，为梁启超步入仕途铺平了道路。梁启超乃一年未弱冠的书生，李端棻预测其前途远大，不可估量，于是将堂妹李蕙仙许之为妻。副考官王仁堪亦想为待字闺中的女儿招之为婿，未承想到主考官已经发言在先，不好再开口。于是择吉日召见梁启超，转达主考官的美意。梁启超万万没有想到金榜题名之后，随之而来的竟是如此厚爱。大喜过望中，不免有点受宠若惊，对副考官说："齐大非吾偶也。" 当然，此乃梁启超的谦词，实际上其内心的真实想法则另当别论。不然，就不会有后面的李、梁联姻之实了。

李端棻回京后向叔娘禀报，接着又传话贵阳，征求意见。这门亲事，叔娘及族中不少人皆认为门第不相配，兼之李蕙仙年长梁启超 4 岁，且远嫁广

---

① 转引自钟家鼎：《李端棻评传——兼论维新官僚在戊戌变法中的地位与作用》，海口：海南出版社 2004 年版，第 3 页。

② 丁文江、赵丰田编：《梁启超年谱长编》，上海：上海人民出版社 1983 年版，第 22 页。

③ 钟家鼎：《李端棻评传——兼论维新官僚在戊戌变法中的地位与作用》，海口：海南出版社 2004 年版，第 3 页。

东有诸多不便。但李端棻态度坚决,指出梁启超乃当今国士第一,李、梁联姻实属天作之合。最终,李家亲属允诺了这门亲事。

光绪十七年(1891)冬,18岁的梁启超由父亲梁宝瑛带领,赴北京与李蕙仙完婚。临行,乃师康有为赠诗送别:

> 道入天人际,江门风月存。
> 小心结豪俊,内热救黎元。
> 忧国吾其已,乘云世易尊。
> 贾生正年少,诀荡上天门。[①]

康有为以一位变法者悲天悯人的情怀,对学生这一攀龙附凤的婚姻充满了期许;同时,也希冀他日后到京师一展身手,实现自己的政治抱负。

随着李端棻对梁启超这一俊才的赏识及李、梁关系的建立与加深,李端棻为梁启超快速进入政治舞台创造了重要条件。

二、李、梁关系对贵州人文历史的影响

李端棻与梁启超的关系,其维新变法思想及其人际关系直接或间接影响了贵州人文历史。具体表现为以下诸端。

(一)李、梁关系,增进了贵州学子在"公车上书"签名活动中的爱国情怀

光绪二十一年(1895)春,三年一度的会试在京举行。康有为、梁启超与全国各省的举子们齐集北京,准备应试。时值甲午战败,清政府派李鸿章为钦差大臣,赴日本谈判。李鸿章以战败国的身份,屈从于日方要求,欲与之签订《马关条约》。条文规定割让台湾等地,赔款白银两万万两。这是继鸦片战争以来,中国损失最为惨重的不平等条约。消息传来,全国上下包括举子们群情激愤,康有为更是悲痛欲绝。于是让他的弟子梁启超、麦孟华等人,分头联络各省在京会试的举人,共商对策。因为条约须经两国中央政府批准

---

① 康有为:《送门人梁启超任甫入京》。中国史学会主编:《戊戌变法》丛刊(四),上海:神州国光出版社1953年版,第339-340页。

始能生效，在皇帝还未盖上大印之前，尚有挽回的余地。按清朝官制，以科举取士，但规定"士子不能干政"，有冒犯者，杀无赦。多少士子死于"文字狱"。前车之覆，不可不慎。然而，国难当头，士子们敢冒天下之大不韪，挺身而出，要阻止签订不平等条约，已将身家性命置之脑后。这场签字活动，由梁启超草拟奏折，先有广东、湖南来京会试的举人 81 人签名，经梁启超上呈都察院。各省的举人闻讯，亦纷纷响应。先是福建、四川、江西、贵州等省，接着江苏、湖北、陕西、甘肃、广西、直隶、山东、山西、河南、云南等省的举人也联名上书，反对签约。

康有为被举子们的爱国热情所激，抓住这个有利时机，与梁启超等人商定将反签约的活动范围扩大。除了广东、湖南两省的举人签字外，更进一步联络在京应试的全国 18 省的举人，共同联名上书，以壮声势，务期必成，从而为变法开路。这一创意得到了全体举人的热烈响应，并推荐康有为起草奏书。康有为拟定了一份长达 18000 字的《上皇帝书》。光绪二十一年（1895年 5 月 1 日），18 省在京应试的 1300 名举人，气宇轩昂地向松筠庵进发。康有为在会上宣读了《上皇帝书》，阐明拒签《马关条约》的理由，并要求朝廷废约、迁都、练兵、变法，以求抵御外侮。与会的举人们纷纷在奏书上签下了自己的名字，这就是著名的"公车上书"。[①] 这次"公车上书"活动，贵州在京的举人 95 人参加签名，约占签名总数的六分之一，位列第二。其中，参加签字的贵阳举人 41 人，占贵州在京签字举人的 43.2%。李家有 4 人签名，分别是李端启、李端荣、李端慨、李端检。李家在贵阳的其他亲属也参与了签名。此次签名活动，在贵州近代历史进程中发挥了积极作用，促使更多贵州人的觉醒，增进了贵州在京学子的爱国主义情怀。

（二）李端棻和梁启超的维新变法活动，直接影响了贵州人文教育的发展

受李、梁维新变法活动的影响，贵州教育实现了近代化的转型。典型如贵阳达德学校、贵阳公立师范学校、贵州通省公立中学等。在这些学校教育的发展中，教学内容实现了大变革。譬如，把理化生物诸科学引入教学课程。

---

① 汉代以公家车马迎送应举的人，后以"公车"为举人入京应试的代称。引自秋阳：《李端棻传》，贵阳：贵州民族出版社 2000 年版，第 63 页。

同时，学校还订阅具有维新性质的《时务报》《新民丛报》等。达德学校倡议招收女生入校读书，并聘请女教师，倡导"天足"运动。学校创办人黄干夫应贵州巡抚林肇虞选派，赴日本考察教育。1907年从日本归来，带回一大批理科教学仪器，引发空前反响。达德学校采用新式教育方法，注意理论与实际的结合，为社会培养了数以万计的时代新人。其中，杰出的代表当属中共知名领导人王若飞。王若飞作为达德学校的杰出校友，对达德学校的人才培养产生了巨大的示范效应。更多的达德学子走上民主革命的道路，为贵州的民主革命做出了重大贡献。

（三）梁启超与贵州人的密切关系，推动了更多的贵州人投入反袁护国的系列正义活动之中

辛亥革命后，袁世凯窃取了辛亥革命的胜利果实。以孙中山为代表的革命党人遭到袁世凯的无情镇压或驱逐，孙中山等人不得不发动"二次革命"。然而，由于孙中山等人准备不充分，加之没有自己的军队，导致"二次革命"以失败而告终。于是，袁世凯越来越放肆，胆子越来越大，不仅出卖国家主权与利益，还想方设法开展复辟活动。此举引起国人的愤怒。梁启超与其学生蔡锷等人在云南发动护国运动。贵州人王文华等闻风而动，参加了护国运动。

在反袁复辟帝制的图谋和卖国行径中，以孙中山为首的中华革命党，以黄兴为代表的旧国民党的人和欧事研究会，以梁启超为代表的进步党，以唐继尧为代表的西南地方实力派，以蔡锷为代表的军政界知名人士，以白朗为代表的广大农民群众，以冯玉祥为代表的北洋军阀内部反对派以及海外爱国侨胞等，都在反对袁世凯复辟帝制的旗帜下行动起来。在反袁各派的大联合中，最重要的是资产阶级革命派与资产阶级改良派的联合，这是反袁大联合的核心力量。[1] 随着袁世凯卖国独裁和帝制活动的公开化，梁启超与蔡锷放弃对袁世凯的幻想，公开举起反袁旗号。梁启超在京津各大报上发表了长达万余言的长文：《异哉所谓国体问题者》。[2] "此文，一大半在绕弯子，反对袁世凯帝制自为的态度是明确的。它既是进步党的反袁宣言，也是进步党联合革

---

① 谢本书：《论反袁大联合》，《护国文集》编辑组：《护国文集——护国起义七十周年学术研讨会论文集》，石家庄：河北教育出版社1988年版，第1页。

② 梁启超：《饮冰室合集》专集三十三，北京：中华书局1989年版，第85—89页。

命党的表白。在某种意义上可以说，此文的发表标志着资产阶级改良派与革命派，在反袁的共同目标旗帜下联合起来。"① 梁启超主动寻求与各党派团结与合作。蔡锷表示："为四万万人争人格起见，非拼着命去干一回（指反袁斗争）不可。"② 蔡锷首先去天津找到他的老师梁启超策划反袁。他们分析云贵的人员关系，制定方针、目标和步骤，在云贵组织反袁力量。1915 年 10 月，电召贵州人戴戡、王伯群赴京，策划在西南发难。

在天津会议上，王伯群很有把握地表示，贵州"当局意向，文华能左右之，所部虽成军日浅，气锐，可以一战也"③。戴戡在天津会议上，把个人"许与诸同志，许与共和国家。要在何处死，就在各处死。皆惟诸同志及共和国家之命是也"④。

戴戡（1880—1917）字循若，贵州贵定人。在日本留学时即与梁启超接近，曾与陈国祥、蹇季常（蹇念益，遵义人）等贵州学生和梁启超有密切交往，一同参加梁在东京组织的"政闻社"。回国后，国祥办河南法政学堂，熊范舆任教务长，戡受聘在该校执教，兼办庶务。宣统二年（1910），熊范舆应李经羲之邀任云贵督府文案，荐戡为个旧锡业公司经理，又与云南新军三十七协协统蔡锷相识，交往甚厚。辛亥革命前被蔡安排在贵州办理盐务。宣统三年（1911），云南发动辛亥革命，成立军政府，推锷为都督，戴戡也进入贵州政界。1913 年任贵州巡抚使，1915 年解职入京任国民参政院参政，在京与蔡、梁关系密切。⑤

在贵州护国运动中，戴戡、王伯群、王文华贡献最大。这场运动主要是逼刘显世抗袁。先是从黔军青年军官中开始，最得力的是时任黔军第一团团长、贵州陆军首领王文华。

---

① 谢本书：《论反袁大联合》，《护国文集》编辑组：《护国文集——护国起义七十周年学术研讨会论文集》，石家庄：河北教育出版社 1988 年版，第 4 页。
② 梁启超：《护国之役回顾谈》，《饮冰室合集》文集之三十九，北京：中华书局 1989 年版，第 89 页。
③ 周素园：《贵州陆军史述要》，中国人民政治协调会议贵州省委员会文史资料研究委员会编：《贵州文史资料选辑》（第一辑），贵阳：贵州人民出版社 1980 年版，第 21—22 页。
④ 邹国彬：《护国战争期间的贵阳社会动态》，中国人民政治协调会议贵州省委员会文史资料研究委员会编：《贵州文史资料选辑》（第二辑），贵阳：贵州人民出版社 1979 年版，第 143 页。
⑤ 胡端楷：《戴戡先生事略》，贵州省政协文史与学习委员会编：《贵州省政协文史资料存稿选编》第二卷，贵阳：贵州人民出版社 2006 年版，第 229–237 页。

王文华（1888—1921），字电轮，号果严，为王伯群之胞弟，毕业于兴义笔山书院。1906 年考入贵州通省公立中学，后转入贵阳优级师范选科。1911年，任兴义高等小学堂堂长（校长）。1915 年任黔军总司令，跟随国父孙中山、蔡锷将军发起护国运动，与戴戡征战川湘，打败袁世凯川湘北洋军。袁世凯倒台，护国运动宣告胜利。孙中山先生曾慨叹："南北军阀如一丘之貉，独文华不与西南军阀同"，称王文华为"西南后起之秀"。

1915 年春，日本向袁世凯政府提出"二十一条"时，王文华激于义愤极力主张爱国御侮。先后两次派参谋李雁宾（云南人）到云南探听唐继尧对袁世凯的态度。云南军界支援贵州一批军械，王文华创立模范营，加强对各团军官的政治、军事训练。云南护国起义前，他电催刘显世配合倒袁，刘以贵州贫弱，婉言谢绝。云南独立后，王文华又要求刘显世从速宣布响应。刘显世百般阻挠，甚至向袁世凯告密说："文华辜负天恩，自外生存。臣统驭无方，罪合万死。"① 王文华愤然对刘说："吾誓与共和国同命，势在必行。爵使请以一团兵变告北廷，杀身灭族，文华自当之。幸而有成，名义仍归爵使。"② 表示坚决出师讨袁。王文华、吴传声等大部分青年军官的反袁情绪高涨，决定发动兵谏逼刘显世，刘也深知"军心皆向文华，违之显有不利"。

戴戡在护国运动中为云贵两省核心联络人，云南护国运动发起后策动贵州响应。民国五年（1916）元月 3 日，戡率护国军先遣队从昆明出发，向贵州挺进，24 日到贵阳。26 日，省绅、商、农、学、工各界假原省议会开欢迎会，到会数千人。戡发表演说，揭露袁世凯 4 年来祸国之罪行、帝制之丑态和阴谋以及袁氏左右反袁之内幕；汇报天津反袁会议和会议决定：先在云南起义，并述及与蔡锷到滇之经过、护国军实力情况和护国必胜之大好形势；谴责袁对滇、黔人民之仇视，述护国军对贵州之愿望，以及与袁誓不两立之决心。"至以个人之决心论，此身在天津会议时，即以之许与诸同志，许与共和国家。要在何处死，就在何处死，皆为诸同志及共和国家之命是听。""又今日之事，非袁世凯死，即我等死而已，岂有他哉？"听者无不为之动容，

① 周素园：《贵州民党痛史》，梁燕等编：《周素园文集》，贵阳：贵州人民出版社 1994 年版，第 316 页。
② 周素园：《贵州民党痛史》，中国人民政治协商会议贵州省委员会文史资料委员会编：《贵州文史资料选辑》（第四辑），贵阳：贵州人民出版社 1980 年版，第 106 页。

是以时人称棻乃"不为爵位所诱，险阻所难，薄富贵尊荣之反袁义士"①。

王伯群（1885—1944），贵州兴义人。光绪三十一年（1905），兴义笔山书院毕业，以公费选派日本留学。先后在宏文学院政治经济科、中央大学、"中央研究院"深造。适逢孙中山在日本倡导革命，与章太炎等加入孙中山领导的同盟会，参加革命活动，并与梁启超结识。1912年辛亥革命后，王伯群由日本回国，在上海加入章太炎、程德全组织的"中华民国联合会"（后改称统一党），发展革命事业。1915年参与发动护国运动，任广州军政府交通部长等职。1920年，追随孙中山回广东恢复军政府，任大总统府参议兼军政府交通部长。

1915年5月，当袁世凯接受日本提出的"二十一条"时，贵阳达德学校教师黄齐生领导全校师生参加各界游行，揭露日本帝国主义者灭亡中国的阴谋，宣传救亡。刻碑"勿忘五月九日"立于校中，激励师生的爱国热情。1915年8月14日，拥袁称帝的"筹安会"出笼后，达德学校接到"筹安会"启示，校长聂正邦，教师黄齐生、凌云等24人致电予以斥责："君主之说适足以惑乱人心，甚非国家之福。"②

在贵州护国运动中，梁启超、蔡锷利用刘显世与王伯群的舅甥关系，做刘显世参与倒袁工作。在内部压力和外部严峻的形势下，特别是云南起义后贵州军地的呼声和戴戡率部到贵阳施压和宣传鼓动，促使刘显世转变态度。1916年3月27日，棻与贵州巡按使刘显世召开会议，宣布贵州反对帝制，拥护共和，发表独立通令。刘显世、唐继尧、任可澄、戴戡联名发出讨袁檄文。

贵州宣布独立后，刘显世担任都督。云贵两省护国军紧密配合，出兵讨袁，加速了袁世凯的崩溃。

1916年6月6日，袁世凯在全国人民的声讨中死去。黎元洪以副总统代理大总统。6月29日，宣布遵行《临时约法》，恢复国会，裁撤参政院，由段祺瑞出任国务院总理，护国战争结束。

---

① 胡端楷：《戴戡先生事略》，贵州省政协文史与学习委员会编：《贵州省政协文史资料存稿选编》第二卷，贵阳：贵州人民出版社2006年版，第226—233页。

② 莫健、雷永明：《贵州的倒袁斗争及贡献》，《护国文集》编辑组：《护国文集——护国起义七十周年学术研讨会论文集》，石家庄：河北教育出版社1988年版，第200页。

1917 年为反对张勋复辟，戴戡率黔军与川军刘存厚激战。终因寡不敌众，戴戡在战斗中阵亡，年仅 38 岁。自辛亥起义以来，戡联滇定黔，参赞独多；频年拥护共和，厥功至伟；治黔督川，懋著勋劳，诚乃西南诸省中在中国近代史上之重要人物。惜正处而立之年，不幸阵亡。噩耗传出，梁启超恸极，不仅在北京为之奔走，要求惩办元凶，还奋笔疾书，撰《贵定戴公略传》。北京政府于 8 月 17 日颁布《追赠戴戡为陆军上将，从优抚恤令》。生平事迹，宜付国史馆立传，并由财政部拨银 1 万元治丧。①

1917 年，王文华以贵州督军代表身份，出席北京"督军团会议"。王文华见段祺瑞等人毁弃约法，妄图解散国会，拒绝签字，并与 11 省代表联名具呈，反对段祺瑞毁弃约法。不待会议终结，毅然南下至沪，与孙中山共筹另组政府，主持国是。1921 年，王文华联络周素园等黔省同志，欲共返贵州执政，为王文华的部将袁祖铭所忌。袁祖铭派何厚光、张克明将王刺杀于上海"一品香"酒店，年仅 33 岁。

戴戡、王文华，一个在战场中阵亡，一个被部将刺杀，两人为近代的贵州做出了巨大贡献。

护国运动是中国近代史的重大事件。辛亥革命推翻了在中国延续两千多年的封建帝制，建立了"中华民国"；护国运动打倒洪宪帝制，再造共和，是先后交辉的资产阶级革命运动。孙中山认为："云南起义，目标之正确、信心之坚强、士气之昂扬、作战之英勇，以及民心之振奋、响应之迅速，与黄花岗之役、辛亥武昌之役，可为交相辉映，毫无轩轾，充分表露中华民族之正气。"② 梁启超认为："自有史以来，以一地力之举动，而关系全局，功未有若斯之伟也。"③

———————

　① 胡端楷：《戴戡先生事略》，贵州省政协文史与学习委员会编：《贵州省政协文史资料存稿选编》第二卷，贵阳：贵州人民出版社 2006 年版，第 237 页。

　② 孙中山：《在云南驻沪代表欢迎宴会上的讲话》，云南省社会科学院、贵州省社会科学院历史研究所编：《护国文献》，贵阳：贵州人民出版社 1985 年版，第 10 页。转引自《护国文集》编辑组：《护国文集——护国起义七十周年学术研讨会论文集》，石家庄：河北教育出版社 1988 年版，第 200 页。

　③ 梁启超：《致滇中将校士卒书》，云南省社会科学院、贵州省社会科学院历史研究所编：《护国文献》，贵阳：贵州人民出版社 1985 年版，《护国文献》第 206 页。莫健、雷永明：《贵州的倒袁斗争及贡献》，载《护国文集》编辑组：《护国文集——护国起义七十周年学术研讨会论文集》，石家庄：河北教育出版社 1988 年版，第 205 页。

在这场护国运动中，孙中山是民主共和的灵魂，打倒洪宪帝制，孙中山功劳彪炳史册。梁启超于 1915 年 8 月发表《异哉所谓国体问题者》，首先公开反对袁世凯帝制。袁世凯派人以 20 万元贿买梁启超不予发表，被梁坚决拒绝。他与蔡锷等策划倒袁，在云南、贵州联合各党派倒袁，功不可没。蔡锷则是"定策于恶网四布之中，冒险于天海之外"（戴戡语）。在贵州，戴戡、王文华、王伯群等都对护国运动做出了重大贡献。戴戡、王伯群等参加天津会议密划，又到云贵发动促成起义，成为蔡锷、梁启超与云贵军政领导之间交流政见的"桥梁"。如果不是他们力争刘显世转向倒袁，而使刘显世转到袁世凯安插在四川的亲信陈宧一边，护国战局后果不堪设想。①

综上所述，李、梁关系，直接或间接影响了贵州人文历史的发展。这一影响与戊戌维新变法和辛亥革命孙中山民主共和思想在贵州的传播紧密相连。当然，研究李、梁关系对贵州人文历史的影响，应历史地、客观地看待。既不要夸大，也不要缩小。不应抹杀李、梁关系对贵州近代化所产生的影响。李、梁被更多的贵州人所认同，这是不争的历史事实。因此，从政治社会学的视角来看，政治人物命运变迁的过程中，社会民众的认可度也十分重要。在李、梁交往的过程中，贵州人所发挥的历史作用也应当予以肯定。这也正是李、梁交往关系的价值所在。

----

① 莫健，雷永明：《贵州的倒袁斗争及贡献》，《护国文集》编辑组：《护国文集——护国起义七十周年学术研讨会论文集》，石家庄：河北教育出版社 1988 年版，第 206 页。

新见李端棻获颁覃恩封赠圣旨校释

——兼析李端棻"受恩深重"仍支持变法缘由①

赵　青　钟子易②

【摘　要】光绪十五年（1889）光绪帝亲政，这一时期李端棻获颁的覃恩封赠圣旨显示，李氏家族因李端棻而受到朝廷表彰的先辈有六个光禄大夫、七个一品夫人，在贵州来讲，极为鲜见。李端棻因担任国史馆提调兼总纂官得朝廷表彰，随同光绪帝出行，多次获光绪帝召见，深得朝廷信任。从甲午战争后到戊戌政变发生前，光绪帝竭力推进维新变革，慈禧太后亦倾向维新。李端棻积极参与国家变革图强，成为戊戌变法主要推动者。

【关键词】李端棻；封赠圣旨；变革图强

　　戊戌政变后，礼部尚书李端棻作为戊戌变法的主要推动者，受到朝廷严厉惩处，革职流放，是受到惩处的最高级别官员。"该尚书受恩深重，竟将大逆不道之康有为等滥行保荐，并于召对时一再面陈。今据事后检举，实属有意取巧，未便以寻常滥保之例稍从末减。礼部尚书李端棻着即行革职，发往新疆，交地方官严加管束，以示惩儆。"（《清光绪实录》卷四百二十七）。李端棻一生为官近40年，历经同治、光绪两朝，获颁大量覃恩封赠圣旨，故朝廷称其"受恩深重"。李端棻所获圣旨大多已散佚，藏于美国哥伦比亚大学中

---

　　① 本文系贵州省社会科学院第六轮重点学科建设"黔学（ZDXK202303）"阶段性成果，获贵州省孔学堂发展基金会基金资助。
　　② 赵青，贵州省社会科学院研究员、贵州乡贤文化研究中心主任、贵州省文史研究馆特约研究员、贵州历史文献研究会理事。钟子易，加拿大麦吉尔大学学生。

文图书馆的《李氏续修宗谱》修于光绪十九年（1893），其中载有李端棻光绪十五年（1889）、十六年（1890）所获六道圣旨文字。

一、新见李端棻获颁覃恩封赠圣旨校订

"覃恩封赠"圣旨按清制规定：为官者父、祖的封号同本人，一品官，曾祖父母以下均有封典；二、三品封赠其祖父母以下；四至七品，封赠其父母以下；八、九品仅给予其本身。另《清史稿》中记载，雍正三年定："四品至七品，愿将本身妻室封典，封祖父母者；八、九品愿封父母者，皆许封。"[1]封赠时受封赠人仍在世称为"封"，已过世称为"赠"。覃恩封赠圣旨一般在有国家重大庆典时颁发，李端棻光绪十五年（1889）所获圣旨是因当年光绪皇帝亲政。

李端棻获颁覃恩封赠圣旨载于《李氏续修宗谱》的共有六道，分别是光绪十五年（1889）颁发给其曾祖父母、祖父母、父母以及他本人的四道圣旨和光绪十六年（1890）颁发给其伯父母、叔父母的两道圣旨。李端棻获颁此六道圣旨时，官居二品内阁学士，获颁荣誉职位是一品。六道圣旨为李氏家族带来的荣耀是六个一品光禄大夫和七个一品夫人。

《李氏续修宗谱》中刊载的六道圣旨并未完全按序编排，部分页码错乱，需重新整理排序。现据圣旨规制整理如下：

曾祖父母覃恩封赠圣旨

奉天承运，皇帝制曰：盛代酬庸之典，申锡命于五章；良臣报本之荣，极推恩于四世。载嘉旧德，爰沛丝纶，尔李文瑾乃内阁学士兼礼部侍郎衔加三级、随带加一级稽查中书科事务李端棻之曾祖父，善以开先业能昌后，一经垂教，发诗礼之菁华；奕世贻休，表弓裘之矩镬。欣逢庆典，特赉天章。兹以覃恩赠尔为光禄大夫，锡之诰命。于戏！秩崇报渥，邀宠泽于中朝；源远流长，树风声于来禩。钦承显命，用阐幽光。

制曰：朝廷布荣绂之褒，礼求其始，彝典锡重闱之泽，恩逮所生。嘉命载颁，徽音益远。尔朱氏乃内阁学士兼礼部侍郎衔加三级、随带加

---

① （清）赵尔巽：《清史稿》12，北京：中华书局 1976 年版。

一级稽查中书科事务李端棻之曾祖母，柔嘉维则，淑慎其仪。矩法娴明，夙协宜家之化；风规表著，式昭启后之模。集介福于曾孙，溯芳型于累世。兹以覃恩赠尔为一品夫人。于戏！龙章焕采，犹传珩瑀之声；凤诰增华，益焕笄珈之色。尚承宠渥，长席鸿庥。

光绪十五年二月十七日 ①

祖父母覃恩封赠圣旨

奉天承运，皇帝制曰：功隆赏懋，式弘锡类之仁积厚光，流兼溯贻谋之泽荣名上逮义问弥彰，尔李之治乃内阁学士兼礼部侍郎衔加三级、随带加一级稽查中书科事务李端棻之祖父，作室基先开祥裕后，一经代授传家泽衍，缥缃再世寖昌匡国，名高黼黻兴宗兆叶，縻爵阶崇。兹以覃恩赠尔为光禄大夫，锡之诰命，於戏！良臣懋绩实承旧德之光，大父蒙恩丕焕新纶之采，式承休渥，庶慰显扬。

制曰：职崇朝宁嘉丕绩于良臣，泽沛纶章推鸿慈于大母。重闱锡庆，累世承庥。尔刘氏乃内阁学士兼礼部侍郎衔加三级随带加一级稽查中书科事务李端棻之祖母，轨仪娴习，风范淑嘉，主馈宜家启再传之令绪，含饴裕后邀三锡之宠光。启佑有原，恩施宜沛。兹以覃恩赠尔为一品夫人。於戏！芳规未邀，尚贻昌大于方来；宠赉仍加，庶保昭融于罔斁；用酬母训，载荷王纶。

光绪十五年二月十七日 ②

父母覃恩封赠圣旨

奉天承运，皇帝制曰：华胄清资，启佑必原于严父；令仪硕望，蕃昌聿振于名门。爰涣国恩，用彰家训。尔李朝桢乃内阁学士兼礼部侍郎衔加三级、随带加一级稽查中书科事务李端棻之父，操修纯粹，启迪勤劬。儒席传珍，琢就珪璋之器；良材肯构，蔚为台阁之英。门祚方新，

---

① （清）李端棻举修：《李氏续修宗谱》（上），美国哥伦比亚大学中文图书馆藏，光绪十九年刻本。

② （清）李端棻举修：《李氏续修宗谱》（上），美国哥伦比亚大学中文图书馆藏，光绪十九年刻本。

宠章浡被，兹以覃恩赠尔为光禄大夫，锡之诰命。於戏！承家有子，聿昭孝治之风；被命自天，用作义方之劝。式承茂奖，追念德音。

制曰：推恩溯本，爰锡庆于亲帏；禀训入官，并归功于母教。式颁渥典，用播嘉声。尔何氏乃内阁学士兼礼部侍郎衔加三级、随带加一级稽查中书科事务李端棻之母，顺以承夫，勤于课子。宅能三徙，凤成俎豆之容；织就七襄，早振文章之绪。徽音久著，宠命宜加，兹以覃恩赠尔为一品夫人。於戏！鸿章叠布，尚伸慈孝之恩；凯泽长流，弥笃靖共之谊。广宣休问，远树芳仪。

光绪十五年二月十七日 [①]

本身及妻覃恩封赠圣旨

奉天承运，皇帝制曰：铨索深严，践黄屏二参国是；云霄咫尺，握丹笔以代王言。密勿攸司恪勤斯称，尔内阁学士兼礼部侍郎衔加三级、随带加一级稽查中书科事务李端棻，章程练达、学识淹通。人赞谋猷，克称进思之任；出敷辞命，允推摛藻之才；久佐务于枢衡，益殚心于禁闱，宜登显爵，载锡徽章，兹以覃恩授尔为光禄大夫。锡之诰命。于戏！职清地近，挺鸾阁之高标；赏懋秩崇，被凤池之异渥；益抒忠荩，勉副褒嘉。

制曰：职重中朝，允藉公忠之佐；德先内助，必资淑慎之仪。载贲丝纶，用光闺阃。尔内阁学士兼礼部侍郎衔加三级、随带加一级稽查中书科事务李端棻之妻傅氏，闲家维则，秉礼无愆。黾勉同心，退食励自公之节；谋猷克赞，进思抒报国之忱；特沛宜章，俾膺休宠。兹以覃恩赠尔为一品夫人。于戏！妇顺于臣，共同道义贵有终，国章并家乘偕辉。恩施勿替，式承异渥，长荷殊施。

制曰：人臣报国，官箴凤著于班联；女士宜家，壶范无分于先后。令仪并美，宠渥均颁。尔内阁学士兼礼部侍郎衔加三级、随带加一级稽查中书科事务李端棻之继妻王氏，德媲前徽，教娴中闺。鸣珮声协，式

[①] （清）李端棻举修：《李氏续修宗谱》（上），美国哥伦比亚大学中文图书馆藏，光绪十九年刻本。

襄委佩之勤；映玉心清，克励饮冰之操。特颁殊典，用奖同心。兹以覃恩赠尔为一品夫人。于戏！被以光荣，用式酬夫惠问；承兹休泽，益懋著其柔嘉。祗服宠章，褒乃遗则。

光绪十五年二月十七日①

伯父母覃恩封赠圣旨

奉天承运，皇帝制曰：谊笃靖共，入官必资于敬；功归诲迪，犹子亦教以忠。爰沛国恩，用扬家训。尔原任贵州清镇县教谕李朝显乃内阁学士兼礼部侍郎衔，随带加一级、寻常加三级李端棻之胞伯父，躬修士行，代启儒风，抱璞自珍，克发珪璋之秀；储材足用，聿彰杞梓之良。兹以覃恩貤赠尔为光禄大夫，锡之诰命。于戏！昭令问于经籍，书贻刻鹄；佩徽章于策府，宠贲迥鸾。茂典丕承，荣名益劭。

制曰：家有孝慈之范，美以相济而成，国崇褒锡之文，恩以并推而厚。尔刘、唐氏乃内阁学士兼礼部侍郎衔，随带加一级、寻常加三级李端棻之胞伯母，德可相夫，教能启后，一堂环佩和音，克著其慈祥，五夜机丝内治，聿昭其柔顺。兹以覃恩貤封尔为一品夫人。于戏！溥一体之荣施，鸾章贲采，表同心于训迪，象服分光。

光绪十六年三月二十日②

叔父母覃恩封赠圣旨

奉天承运，皇帝制曰：谊笃靖共，入官必资于敬；功归诲迪，犹子亦教以忠。爰沛国恩，用扬家训。尔原任顺天府府尹李朝仪乃内阁学士兼礼部侍郎衔加六级、随带加一级稽查中书科事务李端棻之胞叔父，躬修士行，代启儒风，抱璞自珍，克发珪璋之秀；储材足用，聿彰杞梓之良。兹以覃恩貤赠尔为光禄大夫，锡之诰命。于戏！昭令问于经籍，书贻刻鹄；佩徽章于策府，宠贲迥鸾。茂典丕承，荣名益劭。

---

① （清）李端棻举修：《李氏续修宗谱》（上），美国哥伦比亚大学中文图书馆藏，光绪十九年刻本。

② （清）李端棻举修：《李氏续修宗谱》（上），美国哥伦比亚大学中文图书馆藏，光绪十九年刻本。

制曰：家有孝慈之范，美以相济而成，国崇褒锡之文，恩以并推而厚。尔陈氏乃内阁学士兼礼部侍郎衔加六级、随带加一级稽查中书科事务李端棻之胞叔母，德可相夫，教能启后，一堂环佩和音，克著其慈祥，五夜机丝内治，聿昭其柔顺。兹以覃恩貤赠尔为一品夫人。于戏！溥一体之荣施，鸾章贲采，表同心于训迪，象服分光。

光绪十六年三月二十二日①

二、李端棻获颁圣旨涉及家族史事

李端棻所获圣旨中包括其曾祖父母、祖父母、伯父母、父母、叔父母、本身及妻的信息。家族史事在光绪十九年（1893）由李端棻主修的《李氏续修宗谱》中有记载。作为家族最有声望的人，李端棻为《李氏续修宗谱》作序，序中谈及家族迁徙历程：李氏最早为江西人，明建文帝时迁居湖南省清泉县，"江右迁清泉"②。《源流序》叙述家族原居江西庐陵县③，故梁启超在《清光禄大夫礼部尚书李公墓志铭》中将李端棻誉为"堪比庐陵"，把他比作同乡前辈欧阳修。

李端棻曾祖父李文瑾是承继子，因高祖李时楡无子，承继兄弟李时祚之子。④李文瑾及妻朱氏一生以子孙为荣，多次获得覃恩封赠圣旨，最高一级是李端棻为他们赢得的"光禄大夫""一品夫人"。

文瑾，字珍士，住毓兰塘。康熙六十年辛丑十月初七日子时生，乾隆四十五年庚子十月初八日辰时没，葬松山巽（山）⑤乾向，貤赠中宪大夫、诰赠通议大夫、晋赠资政大夫、诰赠光禄大夫。配朱氏，雍正七年己酉二月十一日亥时生，乾隆三十五年庚寅四月十三日丑时没，葬老屋

---

① （清）李端棻举修：《李氏续修宗谱》（上），美国哥伦比亚大学中文图书馆藏，光绪十九年刻本。

② （清）李端棻举修：《李氏续修宗谱》（上），美国哥伦比亚大学中文图书馆藏，首卷《重修家谱序》第2页，光绪十九年刻本。

③ （清）李端棻举修：《李氏续修宗谱》（上），美国哥伦比亚大学中文图书馆藏，首卷《源流序》第2页，光绪十九年刻本。

④ （清）李端棻举修：《李氏续修宗谱》（下），美国哥伦比亚大学中文图书馆藏，卷四《制房时班详录》第123页，光绪十九年刻本。

⑤ 原文缺"山"字。

场后，貤赠恭人、诰赠淑人、晋赠夫人、诰赠一品夫人。生之四，之沨、湘、治、洪。①

李文瑾有四子，李端棻祖父李之治是第三子。李端棻为祖父母赢得覃恩封赠圣旨，祖父获赠光禄大夫，祖母刘氏获赠一品夫人。李之治是贵阳李氏入黔始祖。据李端棻叔父、李之治第五子李朝仪撰《诰赠中宪大夫显考光国府君、诰赠恭人显妣刘太恭人传》，李之治因家道中落，"弃诗书，牵牛车，远服贾于黔筑"②，到贵州贵阳经商。李朝仪出生仅7月，父亲李之治即病逝，归葬湖南省清泉县老家。③母亲刘氏在丈夫去世后抚育幼子长大成人，逝世后葬于贵阳南郊永乐乡大关口④，是葬于贵阳的李氏入黔始祖。

之治，字光国。乾隆二十九年（1764）甲申七月十八日亥时生，嘉庆十九年（1814）甲戌三月初二日亥时没，葬松山巽山乾向。貤赠修职郎、敕赠文林郎、诰赠中宪大夫、晋赠通议大夫、累赠资政大夫、诰赠光禄大夫。配刘氏，乾隆三十六年（1771）辛卯十二月二十九日子时生，道光十七年（1837）丁酉十月十一日子时没，葬贵州省南隅里大关口丁山癸向。貤封孺人、诰赠恭人、晋赠淑人、累赠夫人、诰赠一品夫人。生五子，朝显、杰、英、仪；女二，适雷、邵。⑤

李之治育有五子。光绪十五年（1889）、十六年（1890）长子李朝显、四子李朝桢、五子李朝仪及夫人相继过世。李端棻为父辈们请求赠为光禄大夫、一品夫人。

---

① （清）李端棻举修：《李氏续修宗谱》（下），美国哥伦比亚大学中文图书馆藏，卷四《制房文班详录》第136页，光绪十九年刻本。

② （清）李端棻举修：《李氏续修宗谱》（上），美国哥伦比亚大学中文图书馆藏，卷一《国翁夫妇传》第3页，光绪十九年刻本。

③ （清）李端棻举修：《李氏续修宗谱》（下），美国哥伦比亚大学中文图书馆藏，卷八《制房祥派之班详录》第14页，光绪十九年刻本。

④ 李良格、李良筑编：《贵阳李氏家谱》（第三稿），自印本2007年版。贵阳李朝仪玄孙李建先生提供家谱，光绪十九年刻本。

⑤ （清）李端棻举修：《李氏续修宗谱》（下），美国哥伦比亚大学中文图书馆藏，卷八《制房祥派之班详录》第14页，光绪十九年刻本。

李朝显（又名李作霖）是贵阳李氏第一个举人，嘉庆二十一年（1716）考取贵州乡试丙子科举人，嘉庆二十五年（1820）考取北京景山官学教习。《嘉庆庚辰考取教习齿录》记载：李作霖，字君弼，号泰云，行一，乾隆甲寅年六月初五日吉时生，贵州贵阳府贵筑县学廪生，原籍湖南衡州府清泉县。曾祖时禴，职员，曾祖母氏张；祖文瑾，太学生，母朱氏；父之治，例赠文林郎，母氏刘，例封孺人，慈侍下；胞伯之汜、之湘，胞叔之洪；胞弟朝杰、朝英、朝桢业儒、朝仪业儒；胞侄端人、端纯、端临、端宪俱业儒；妻刘氏、继娶唐氏，子端笏、端凝、端揆俱幼；丙子科本省乡试中式第十四名，钦取景山官学教习，第十五名。住省城北门一品坊。[①] 据《李氏续修宗谱》，李朝显参加科举考试的榜名叫李作霖。李作霖于嘉庆二十五年（1820）考取教职，道光九年（1829）任遵义县教谕[②]，道光十一年（1831）出任清镇县教谕。[③] 道光十六年（1836），捐资重修清镇县教谕署。[④] 李作霖即李朝显，李朝显任教谕时为父亲李之治请得封赠“修职郎”[⑤]。据《李氏续修宗谱》，李朝显生于乾隆五十六年（1791），与《嘉庆庚辰考取教习齿录》记载生于乾隆五十九年（1794）有差异，比《宗谱》记载小了3岁。科举时代考生为了延长自己的政治生命，通常在参加科举考试时改小自己的年龄，少则二三岁，多则十几岁。刊载于官方文献的年龄称为官年，真实的年龄应当以“宗谱”为准。

据《贵阳李氏族谱》，在李氏家族墓地有李泰云墓，子为端谷。查《李氏续修宗谱》，可知李泰云即李朝显，泰云是其字，子端谷并非亲生，是三弟李朝杰侧室王氏之子，因李朝显无子[⑥]，特过继端谷为承继子。

> 朝显，字泰云，榜名作霖，住贵州省，乾隆五十六年（1791）辛亥六月初五亥时生，道光十七年（1837）丁酉四月初三日卯时没，葬贵州

① 来新夏主编：《清代科举人物家传资料汇编》93，北京：学苑出版社2006年版，第35页。

② （清）郑珍：《郑珍全集》4，黄万机等点校，上海：上海古籍出版社2012年版，第996页。

③ 黄家服：《中国地方志集成贵州府县志辑》36：《民国清镇县志稿》，成都：巴蜀书社2016年版，第545页。

④ 任可澄总纂：《续修安顺府志辑稿》，贵阳：贵州人民出版社2012年版，第717页。

⑤ （清）周作楫辑：《贵阳府志》（上），贵阳市地方志编纂委员会办公室校注，贵阳：贵州人民出版社2005年版，第538页。

⑥ 据《嘉庆庚辰考取教习齿录》，李朝显有三子：端笏、端凝、端揆，可能未成人。

省南隅里大关口丁山癸向。嘉庆丙子科举人，道光丙戌科大挑二等，考取景山官学教习，清镇县教谕，署遵义县教谕。敕授修职郎、貤赠朝仪大夫、貤赠光禄大夫。配刘氏，乾隆五十六年（1791）辛亥十一月初三日子时生，嘉庆十八年癸酉九月二十七辰时没，葬贵州省北郊外李家坟甲山庚向。貤赠恭人，貤赠一品夫人。继配唐氏，嘉庆四年己未十二月十六日戌时生，同治三年甲子正月二十一日卯时没，葬大关口丁山癸向。貤赠恭人，貤赠一品夫人。承继子端谷。①

李端棻的父亲李朝桢去世时李端棻只有 3 岁，从"宗谱"看，李端棻还有一个姐姐（或妹妹），嫁给张姓男子，具体是谁还不得而知。母亲何氏与父亲同岁，来自贵阳名门何氏家族。何氏先祖原为安徽凤阳人，入黔始祖何济川随军入黔，迄今约六百年。贵阳何氏第一个举人是入黔第七代何图出，明万历二十二年（1594）甲午科举人。②此后家族代有举人，世为官宦，是书香官宦之家。

朝桢，字题庵，庠生，嘉庆十三年（1808）戊辰十月二十四日巳时生，道光十六年（1836）丙申四月十七日丑时没，葬李家坟乙山辛向。敕赠文林郎、诰赠奉直大夫、晋赠中宪大夫、叠赠资赠大夫、累赠光禄大夫。配何氏，嘉庆十三年（1808）戊辰四月十四日寅时生，光绪二年丙子五月十七日□时没，葬大关口丁山癸向。奉旨旌表节孝，敕封孺人、诰封宜人、晋赠恭人、叠赠夫人、累赠一品夫人。生子一，端棻；女一，适张。③

李朝仪是贵阳李氏的重要人物，官至顺天府尹，人丁兴旺，生有七子三女，其中仅一女为正室陈氏所生，其余七子二女都是侧室高氏所生，梁启超

---

　　① （清）李端棻举修：《李氏续修宗谱》（下），美国哥伦比亚大学中文图书馆藏，卷八《制房祥派朝班详录》第 44 页，光绪十九年刻本。
　　② 贵州省文史馆：《贵州通志·学校选举志》，贵阳：贵州人民出版社 2008 年版，第 278 页。
　　③ （清）李端棻举修：《李氏续修宗谱》（下），美国哥伦比亚大学中文图书馆藏，卷八《制房祥派朝班详录》第 46 页，光绪十九年刻本。

的妻子李蕙仙（族名李端蕙）即为高氏生。侧室地位较低，在李端棻为叔叔李朝仪所获圣旨中，只有正室陈氏获赠为一品夫人，侧室高氏没有得到封赠，三女即李蕙仙。

朝仪，字鸿卿，号藻舟，嘉庆十八年癸酉八月初一日丑时生，光绪七年（1881）辛巳四月初五寅时没，葬大关口酉山卯向。道光丁酉科举人、乙巳恩科进士，分发直隶即用知县，历任直隶饶阳、顺天平谷、三河等县知县，大兴京县知县，顺天府治中南路同知、东路同知，直隶顺德大名、广平等府知府，直隶永定河道、山东盐运使司盐运使、直隶按察使司按察使、山东按察使司按察使、顺天府府尹，钦加二品衔赏戴花翎，稽查右翼宗学。奉旨事迹宣传史馆，永定沿河州县、固安等处建立专祠。诰授资政大夫、诰赠奉政大夫、貤赠光禄大夫。配陈氏，嘉庆十九年（1814）甲戌二月二十日寅时生，光绪七年（1881）辛巳正月初九日午时没，葬向同。诰封夫人、诰赠宜人、貤赠一品夫人。生女一，适丁。侧室高氏，道光七年（1827）丁亥八月初六日酉时生，诰封宜人，生子七，端棨、树、椠、荣、检、棨、棻；女二，适景、梁。①

《李氏续修宗谱》记载了李端棻到光绪十九年（1893）前所任官职。其中家庭信息显示，到光绪十九年（1893），李端棻的两位妻子已去世，没有孩子。续娶妻王氏，无子，过继堂弟李端棨之子李鼎忠为承继子。据《李氏续修宗谱》，李鼎忠生于光绪六年（1880）。②据梁启超撰《清光禄大夫礼部尚书李公墓志铭》，李端棻曾有4个孩子，但都未能成人。

端棻，字苾园，道光十三年癸巳九月初十日丑时生，同治壬戌恩科顺天乡试举人，癸亥恩科进士，翰林院编修、陕西道监察御史、詹

---

① （清）李端棻举修：《李氏续修宗谱》（下），美国哥伦比亚大学中文图书馆藏，卷八《制房祥派朝班详录》第46—47页，光绪十九年刻本。

② （清）李端棻举修：《李氏续修宗谱》（下），美国哥伦比亚大学中文图书馆藏，卷八《制房祥派忠班详录》第127页，光绪十九年刻本。《李氏续修宗谱》记载李端棻承继之子为李鼎忠，但在"鼎"字旁手写"葆"字，从李端棻墓碑看，是李葆忠，不知李葆忠是否就是李鼎忠？或光绪十九年后改为李葆忠？还需进一步查证。

事府右春坊右赞善、左春坊左赞善、左中允、日讲起居注官、司经局洗马、翰林院侍讲、侍读、侍讲学士、侍读学士、詹事府少詹事、詹事府詹事、署国子监祭酒、江南道监察御史。历充丁卯科山西乡试副考官、庚午科顺天乡试同考官、提督云南学政、己丑恩科广东乡试正考官、辛卯科四川乡试正考官、癸未科殿试受卷官、国史馆协修、纂修、总纂、提调官、文渊阁校理、翰林院撰文、咸安宫总裁、协同批本稽察本章、丙戌科武殿试读卷大臣、戊子科覆勘各省乡试试卷大臣、戊子科顺天乡试搜检大臣、庚寅科会试稽察接谈换卷大臣、丙寅科大考二等钦赏缎疋、文渊阁直阁事、壬辰科会试副总裁,内阁学士兼礼部侍郎衔、稽察中书科事务、稽察左翼宗学,现任刑部右侍郎加二级随带加一级。诰授光禄大夫。配傅氏,道光十四年(1834)甲午二月二十一日丑时生,同治九年庚午　月　日　时①没,葬大关口丁山癸向,诰赠一品夫人。继配王氏,道光二十八年(1848)戊申二月十四日　时生,光绪四年(1878)戊寅正月十三日寅时没,葬大关口丁山癸向,诰赠一品夫人。再配王氏,道光二十八年(1848)戊申十二月十七日　时生,诰封一品夫人,承继子李鼎忠。侧室苏氏,　年　月　日　时生。侧室杨氏,　年　月　日　时生。②

三、李端棻职衔及"议叙"制度解析

李端棻所留存圣旨皆在其任内阁学士期间。光绪十三年(1887)九月,李端棻升任内阁学士(从二品)兼礼部侍郎。内阁是清代中央重要机构,"表率百寮"。军机处设立后,内阁的重要性降低,但仍有极高荣誉。内阁学士是满6人、汉4人,主要负责向皇帝呈进、宣读奏章,宣布皇帝的诏令。满、汉学士具体职责不同:满学士"掌奏本章,御门听政,进折本,朝审,御前宣表……请御宝,用御宝时,与汉学士轮班赴乾清宫恭请";汉学士"掌批本,本章接下后,汉学士照钦定汉字签,用红笔批于本面。";③相当于皇帝秘

---

① 原书无具体时间,下同。
② (清)李端棻举修:《李氏续修宗谱》(下),美国哥伦比亚大学中文图书馆藏,卷八《制房祥派端班详录》第86–87页,光绪十九年刻本。
③ 杨立:《清代文官升转制度研究》,上海:上海师范大学博士论文,2018年。

书，与太后、皇帝见面较多，较易取得信任。很快，李端棻获得"稽查中书科事务"。中书科事务在汉内阁学士 4 人中选择一人担任。曾国藩曾任此职，他在给六弟的信中提及此项工作内容："稽察中书科向系于阁学四人中钦派一人，只算差使不算升官。其属员有中书六人，笔帖式八人。其所管之事为册封造命，凡封亲王用金册，封郡王用银册，封贝勒、贝子以下用龙边笺，封镇国公以下及文武五品以上官俱用造命，六品以下俱用敕命，以上皆在中书科缮写。"① 主要工作就是书写册封文书。按惯例，凡获得皇帝钦派差使，要上奏折谢恩。《申报》记载了李端棻谢恩事，当日召见者其他三人皆是宗室，仅李端棻一人汉人。"李端棻谢稽查中书科恩，召见军机、熙敬、桂全、文秀、李端棻。"② 李端棻深得皇室信任，参与一些重要事务，多次得到皇帝召见，《申报》记载：

光绪十四年七月初十日，"礼部奏派搜检之大臣，派出庄王、锡珍③、奎润④、绍祺⑤、松森⑥、徐郙⑦、曾纪泽⑧、续昌⑨、廖寿恒⑩、丰烈⑪、李端

① （清）曾国藩：《曾国藩家书》（1），北京：燕山出版社 2008 年版，第 176 页。
② 《光绪十四年七月初九日京报全录》，《申报》1888 年 8 月 23 日，第 14 版。
③ 锡珍（？—1889），蒙古族；满洲镶黄旗人，官至吏部尚书，入《清史》列传。
④ 奎润（1829—1890），爱新觉罗氏，字炼云，号星斋，正蓝旗，同治二年（1863）进士，官至礼部尚书。
⑤ 绍祺，马佳氏，字子寿，号秋皋，升寅孙，镶黄旗，咸丰六年（1856）进士，官至刑部尚书、礼部尚书。
⑥ 松森（1826—1904），字吟涛，正蓝旗，同治四年（1865）进士，选翰林院庶吉士。官至理藩院尚书。著《平定粤匪功图像》《钦定蒙文汇书》《钦定理藩院则例》等。
⑦ 徐郙（1838—1907），字寿蘅，号颂阁，江苏嘉定（今上海嘉定）人。同治元年（1862）状元，先后授翰林院修撰、安徽学政、江西学政、左都御史、兵部尚书、礼部尚书等职，拜协办大学士，世称徐相国。
⑧ 曾纪泽（1839—1890），字劼刚，号梦瞻，湖南湘乡（今双峰）人，曾国藩次子。清代外交家，与郭嵩焘并称"郭曾"，中国近代史上第二位驻外公使。
⑨ 续昌：字燕甫，满族人，隶蒙古正白旗。历任内阁学士、理藩院员外郎、两淮转运使等职。
⑩ 廖寿恒（1839—1903），字仲山，晚号抑斋，江苏嘉定（今属上海）人。廖寿丰之弟。同治二年（1863）进士，选翰林院庶吉士，散馆授编修。历任湖南学政、国史馆纂修、侍读学士。官至礼部尚书。著有《廖宗伯奏议》。
⑪ 丰烈：镶白旗第二族族长（查中国第一历史档案馆藏档案）。

棻、德福、裕德、白桓①、果勒敏②、色普征额③、桂全④、乌拉布、吉恒、恩普、希隆阿、安兴阿⑤"。⑥

光绪十四年八月二十九日，"礼部奏派覆勘试卷之大臣，派出锡珍、麟书、徐桐、松森、许应骙、徐郙、胡隆洵、文治、白桓、李端棻"。⑦

光绪十四年九月初八日，"召见军机、曾纪泽、李端棻、井卫垣、文璞"。⑧

光绪十四年十月初三日，"召见军机、徐桐、乌拉喜崇阿、泽公、李端棻"。⑨

光绪十四年十月二十九日，"礼部奏派磨勘翻译试卷之大臣，派出锡珍、许应骙、松森、徐树铭、孙家鼐、李端棻、胡隆洵、文治"。⑩

光绪十四年十二月，"翰林院奏派经筵讲官，直阁事派出孙家鼐、霍穆欢、李端棻……等谢议叙恩"⑪。"议叙"是朝廷给予官员的一种恩赏、鼓励。据《钦定大清会典》卷八"吏部"：凡议叙之法有二：一曰纪录，其等三：计以次，有纪录一次、纪录二次、纪录三次之别。二曰加级：计以级，有加一级、加二级、加三级之别，合之，其等十有二。自纪录一次至纪录三次其上为加一级，又自加一级纪录一次，至加一级纪录三次，其上为加二级，加二级以上纪录如之，至加三级而止，凡十二等。其加级随带者：凡议叙加级有指明随带与兵部所叙军功之级，遇升任皆准随带。食俸者：卿贰大员，有议叙加级食俸者，皆照所加之级支俸。予衔者：凡加级给予升衔者，即照所加之级换给顶戴，得旨乃准焉。"

---

① 白桓，字建侯，顺天通州人，同治二年（1863）进士。历任都察院左副都御史、浙江乡试正考官、兵部侍郎等。

② 果勒敏，博尔济吉特氏，字杏岑，镶黄旗，广州汉军副都统，杭州将军。

③ 色普征额，正白旗，舒穆鲁氏，宁夏将军，逝世后赠太子太保，谥壮恪。

④ 桂全：镶黄旗，汉军副都统（查中国第一历史档案馆藏档案）。

⑤ 安兴阿：曾任内务府大臣。

⑥ 《光绪十四年七月初十京报全录》，《申报》1888年8月25日。

⑦ 《光绪十四年八月廿九日京报全录》，《申报》1888年10月13日。

⑧ 《光绪十四年九月初八日京报全录》，《申报》1888年10月21日。

⑨ 《光绪十四年十月初三日京报全录》，《申报》1888年11月18日。

⑩ 《光绪十四年十月二十九日京报全录》，《申报》1888年12月9日。

⑪ 《光绪十四年十二月廿五廿六日京报全录》，《申报》1889年2月19日。

　　在实际执行过程中，议叙政策并未完全按照《大清会典》的规定执行，加级不止三级，"在执行过程中，《大清会典》关于议叙之加级、纪录换算关系的规定也并未予以严格执行，且很有可能，将'加级'和'纪录'进行了单独计算，而不再遵守'纪录到四次即升一级'的模式"①。李端棻所获圣旨就显示，从加三级增加到加六级，未按照《大清会典》执行。光绪十五年（1889）获颁圣旨显示李端棻议叙加级的情况是"内阁学士兼礼部侍郎衔加三级、随带加一级稽查中书科事务"，到了光绪十六年（1890）为叔父请得圣旨中议叙加级情况有所变化，"内阁学士兼礼部侍郎衔加六级、随带加一级稽查中书科事务"。

　　从光绪十五年（1889）到光绪十六年（1890），李端棻为何得到恩赏加级？从这段时间李端棻的工作情况看，恩赏的主要原因可能是修纂国史。清代设有专门撰修国史的机构国史馆，从康熙二十九年（1690）设立，到宣统三年（1911）清朝灭亡，存续达221年。②李端棻在国史馆担任的职务是提调兼总纂官，提调一职是国史馆承上启下，提协调度的最高行政管理人员，负有管理史役之责，又是权威的史籍审定者，"总一馆之成"③。同时李端棻兼任总纂，直接执笔撰写，对国史撰修有重要贡献，故国史馆上奏希望"奖叙"。

　　　　光绪十五年正月二十六日，"国史馆片。再臣馆前提调兼总纂官内阁学士兼礼部侍郎衔李端棻、前总纂署提调官太常寺乡徐致祥、前总纂官顺天学政刑部右侍郎周德润等均在馆有年，此次续纂大臣年表及皇清奏议等书，或当开办之初搜求博洽，或任编校之役考核详明。该员等以历蒙迁擢，受恩甚深，均据声称不敢仰邀奖叙，理合据实陈明，应否给奖之处，出自天恩，谨附片具奏，奉旨已录"④。

　　光绪十五年（1889）五月，李端棻赴广东主持己丑恩科乡试。广东是乡

---

　　① 杜立晖，刘雪燕：《家族·文化·社会：明清黄河三角洲杜氏家族文化研究》，天津：天津古籍出版社2013年版，第269页。
　　② 邹爱莲：《清宫档案说清史》，武汉：华中科技大学出版社2020年版，第188页。
　　③ 邹爱莲：《清宫档案说清史》，武汉：华中科技大学出版社2020年版，第192页
　　④ 《光绪十五年正月二十六日京报全录》，《申报》1889年3月9日。

试大省,每次应考人数都在万人以上,录取名额仅 85 人,录取率以 12000 名计,只有千分之七,竞争异常激烈。广东有猜测中举人姓氏的闱姓赌博习俗,使人们对乡试的关注更加炽热。因为广东乡试极为复杂,朝廷选派考官格外慎重,派出正主考李端菜是"内阁学士兼礼部侍郎衔、文渊阁直阁事、稽察中书科事务左翼宗学",副主考王仁堪是"五品衔翰林院修撰、上书房行走教习庶吉士",都已有丰富的政治经验和深厚学养。本次考试录取了一批俊杰之士,尤其是具有新学萌芽思想的俊杰,他们中的一些人后来成为影响乃至改变中国历史进程的重要人物,如梁启超、梁士诒、汪兆铺等。

> 光绪十五年(1889)五月,朝廷选派"内阁学士李端菜为广东乡试正考官,翰林院修撰王仁堪为副考官"。
> 光绪十五年五月十三日,李端菜等谢放正副考官恩。①

到广东成功主持乡试后回到北京,李端菜进一步赢得了朝廷的信任,与军机大臣、蒙古王公一起参加光绪帝的重要会见,随同光绪帝出行,与麟书、翁同龢等 8 人出任"磨勘试卷之大臣"等。

> 光绪十五年十二月初十日,召见军机、蒙古王公、李端菜、王连三。②
> 光绪十六年二月初十日,内阁奏派随扈,派出文治、丰烈、李端菜。③
> 光绪十六年三月三十日,礼部奏派磨勘试卷之大臣,派出麟书、翁同龢、孙诒经、景善、廖寿恒、徐树铭、凤鸣、李端菜。④

四、李端菜"受恩深重"仍支持变法缘由浅析

李端菜一生获覃恩封赠圣旨有多少已不得而知,仅光绪十五年(1889)、十六年(1890)所获六道圣旨即表明他确如朝廷所说的"受恩深重"。当李端

---

① 《光绪十五年五月十三日京报全录》,《申报》1889 年 6 月 18 日。
② 《光绪十五年十二月初十日京报全录》,《申报》1890 年 1 月 16 日。
③ 《光绪十六年二月初十日京报全录》,《申报》1890 年 3 月 7 日。
④ 《光绪十六年三月三十日京报全录》,《申报》1890 年 5 月 26 日。

棻获罪时，朝廷谕旨强调："该尚书受恩深重，竟将大逆不道之康有为等滥行保荐，并于召对时一再面陈。今据事后检举，实属有意取巧，未便以寻常滥保之例稍从末减。礼部尚书李端棻着即行革职，发往新疆，交地方官严加管束，以示惩儆。"（《清光绪实录》卷四百二十七）因为"受恩深重"，深得朝廷信任，李端棻作为支持维新的高官，被历史推上前台，成为戊戌变法的主要推动者。这场变法最终演变成戊戌政变，六君子被杀，并非李端棻初衷。

从甲午战争后到戊戌政变发生前，光绪帝竭力推进维新变革，慈禧太后亦倾向维新。在甲午战争中，北洋海军全军覆没，标志着历时35年的洋务运动失败。甲午战败后，朝廷加快了推进维新的步伐。光绪二十一年（1895）四月十六日光绪帝发布朱谕，对战争及条约的签订进行了深刻反省，希望"君臣上下，艰苦一心"，变革以图强。这被认为是"戊戌维新的起点"[1]。此时正处于乙未科会试期间，进京参加会试的举人们在都察院不断提交奏折，以康有为、梁启超等最有名，史称"公车上书"。公车上书得到朝廷的默认，"由政治高层发动，由文廷式等京官暗中策划，由梁启超、陈景华等公车直接参与组织"[2]。

自甲午战争后，光绪和慈禧都开始趋向变革维新，朝廷变法措施得以一步步推行。"'变'是甲午战后中国历史发展的主议题，统治集团中的主要人物都在开始思考变法的问题：变法中的两派斗争不是'变'与'不变'的斗争，而是谁来变、怎么变以及变什么的分歧。"[3]最初朝廷不知该如何变革，光绪帝广开言路，陆续有各地各部门官员纷纷上奏，谈及了西方的变革。光绪帝最为赏识的奏折是康有为的《为安危大计乞及时变法折》（即《上清帝第三书》）和胡燏棻的《条陈变法自强折》，维新变法已成大势所趋。康有为在北京协调各方办强学会（又称译书局），这是中国近代史上第一个学会，大批京城官员乃至朝廷重臣参加了强学会，如翁同龢、孙家鼐、文廷式、李鸿藻、王文韶、张荫桓；京外的有张之洞、刘坤一、袁世凯等。强学会在士大夫间引起震动，两广总督张之洞、两江总督刘坤一、直隶总督王文韶各捐银5000

---

①　孔祥吉：《晚清佚闻丛考——以戊戌维新为中心》，成都：巴蜀书社1998年版，第157页。
②　茅海建：《戊戌变法史事考二集》，北京：生活·读书·新知三联书店2011年版，第39页。
③　朱育和：《维新变法研究中有关"变"的几个问题——兼论维新变法的复杂性》，《清华大学学报》（哲学社会科学版）1998年第3期。

两。① 光绪二十一年（1895）六月，梁启超协助康有为主办《万国公报》。因与上海广学会所办《万国公报》同名，十一月第46期开始更名为《中外纪闻》，双日刊，梁启超、麦孟华任编辑，意在广开智识，宣传变法。由英国麦肯齐著、李提摩太翻译的书籍《泰西新史揽要》在光绪二十一年（1895）五月正式出版，"初即印行三万册，为当时中国最风行的读物"②。光绪帝也在读这本书，"有两个月时间，他（孙家鼐）每天都为皇上读我翻译的麦肯西的《泰西新史揽要》"③。向光绪帝推荐此书的是翁同龢，光绪帝又将此书推荐给了大臣们。

在戊戌变法的推进中，光绪帝面临如何深化改革的困境。孙家鼐建议将《校邠庐抗议》发放给"部院卿寺堂司各官，发到后限十日，令堂司各官将书中某条可行，某条不可行，一一签出，或各注简明谕说，由堂官送还军机处，择其签出可行之多者，由军机大臣进呈御览，请旨施行"④。《校邠庐抗议》是近代思想家冯桂芬在咸丰十一年（1861）完成的一部政论集，提出"以中国之伦常名教为原本，辅以诸国富强之术"，全面进行社会变革的变法主张。

戊戌变法是大势所趋，朝廷上下已基本形成变法图强的共识。"作为统治集团中最核心人物的慈禧太后和光绪皇帝，无疑是变法中的决策人物，没有他们的首肯和支持，任何变法举措都是不可思议的。"⑤戊戌政变发生前，有一事表明慈禧对变法所持支持的态度。光绪二十四年（1898）七月十九日，光绪帝在未经慈禧太后批准的情况下，直接罢免了礼部全部六位堂官：满尚书怀塔布、汉尚书许应骙、礼部满左侍郎堃岫、礼部汉左侍郎徐会沣、礼部满右侍郎溥颋、礼部汉右侍郎曾广汉。七月二十日，光绪帝下达朱谕，时任仓场侍郎的李端棻署理礼部汉尚书，裕禄署理礼部满尚书，"内阁学士寿耆、裁缺詹事府少詹事王锡蕃署礼部左侍郎，裁缺通政使司通政使萨廉、翰林院

---

① 朱义禄：《康有为》，西安：陕西师范大学出版社2017年版，第50页。

② 郑天挺，荣孟源：《中国历史大辞典清史卷》（下），上海：上海辞书出版社1992年版，第577页。

③ 茅海建：《戊戌变法史事考二集》，北京：生活·读书·新知三联书店2018年版，第213页。

④ 中国第一历史档案馆编：《清廷签议〈校邠庐抗议〉档案汇编1》，北京：线装书局2008年版，第1页。

⑤ 朱育和：《维新变法研究中有关"变"的几个问题——兼论维新变法的复杂性》，《清华大学学报》（哲学社会科学版）1998年第3期。

侍学士徐致靖署礼部右侍郎"（《清光绪实录》卷四百二十四）。七月二十一日，光绪帝赴颐和园见慈禧太后，慈禧将礼部六堂官中的寿耆改为阔普通武，其他人未变。阔普通武是支持维新的满人，此举表明此时她并不反对维新。

正如朱育和所言："对变法起决定性作用的人物主要不是康有为、梁启超等没有实权的下层官员和知识分子，而是慈禧太后、光绪皇帝及中央和地方的一大批握有实权的高级官员。"[①]在李端棻看来，慈禧是支持变法的。李端棻升任礼部尚书，夏孙桐作为学生前往祝贺，"其擢长春官，夏闰庵以门弟子往贺"。师生谈话，倒也无所顾忌，临危上任的李端棻告诉夏孙桐："昨晤满尚书裕寿山，据言两宫慈孝无间，外间谣诼殆不足信。吾与言：最好由慈圣宣诏变法，庶可振观听、壹人心也。"夏孙桐坦言："师与之初识，得勿交浅言深乎？"李端棻顿时醒悟，感叹"吾功名止此矣"[②]。由此可知，李端棻直到戊戌政变发生前，仍认为慈禧是支持变法的。在变法受到守旧派极大阻挠的情况下，李端棻认为应该请慈禧太后"宣诏变法"，这样才能统一人心，推进变法。李端棻知道此时慈禧与光绪间的矛盾已难以调和，只有以掌握实权的慈禧来推动，变革才能得以继续。

后来，变法触及慈禧的权力，导火索是李端棻请开议政机构懋勤殿，"先是，康有为请开制度局，总署累挠之。至是言新政者，日盈千百，四参政轮班互阅，日不暇给。端棻请仿国初故事，开懋勤殿，选国中英才数十人议政，兼聘东西各国政治家为顾问官，议定一切制度。然后告太庙，誓群臣，大行更新。谭嗣同力赞之。上曰：'须至颐和园请命太后，然后施行。'"[③]慈禧是不能容忍这种议政机构存在的，"七月二十九日，光绪帝又向慈禧太后面请开设懋勤殿（按：实即制度局），当即遭到褫夺帝位的威胁"[④]。同时懋勤殿的开设要起用新人，剥夺守旧派的权力，也是守旧大臣们所不能容许的。加上已经被罢免官员的阻挠、毁谤，慈禧太后与光绪皇帝之间的隔阂越来越深，时局一时陷入剑拔弩张之势。七月三十日，光绪帝速拟密诏交杨锐，期望能商

---

① 朱育和：《维新变法研究中有关"变"的几个问题——兼论维新变法的复杂性》，《清华大学学报》（哲学社会科学版）1998 年第 3 期。

② 郭则沄：《洞灵小志续志补志》，栾保群点校，北京：东方出版社 2010 年版，第 344 页。

③ （清）赵炳麟：《赵柏岩集》（上），南宁：广西人民出版社 2001 年版，第 238 页。

④ 张海荣：《甲午战后清政府的实政改革（1895—1899 年）》，北京大学博士学位论文，2013 年。

议出妥善办法，"今朕问汝可有何良策？俾旧法可以全变，将老谬昏庸之大臣尽行罢黜，而登进通达英勇之人，令其议政，使中国转危为安，化弱为强，而又不致有拂圣意。尔其与林旭、刘光第、谭嗣同及诸同志等，妥速筹商，密缮封奏，由军机大臣代递，候朕熟思，再行办理"①。康有为、谭嗣同等商议的结果是去找袁世凯"起兵"，袁世凯秘报荣禄，荣禄再报慈禧太后，最终戊戌政变发生。

光绪二十四年八月初六日（9月21日）戊戌政变后，李端棻冒险出资帮助梁启超逃跑。逃亡日本的王照回忆："迨逃至日本，任公（启超字）带李端棻所赠赤金二百两，立即于横滨创办《清议报》。"②梁启超在日本创办了维新派在海外的第一种报纸《清议报》。世人皆知《清议报》，但少有人知最早的资助者是李端棻。李端棻为官清廉，能一下拿出二百两赤金资助梁启超，这不仅因为梁启超是他的妹夫，更因为他认为梁启超是未来变法救国的希望。

李端棻是坚定的维新者，因"竟将大逆不道之康有为等滥行保荐……未便以寻常滥保之例稍从末减"，被"即行革职，发往新疆"。当他晚年回到贵阳时，仍坚持传播新学，并与梁启超保持通信往来。在他晚年所写诗词中，有一首《政治思想》："天地区分五大洲，一人岂得制全球。国家公产非私产，政策群谋胜独谋。君为安民方有事，臣因佐治始宜流。同胞若识平权义，高枕无忧乐自由。"③这与他戊戌变法时期的政治思想是一致的。尽管在闭塞的贵阳阻力重重，他仍义无反顾，写下《普通学说》，向人们介绍新学，主讲经世学堂传播新学，创办贵阳公立师范学堂、贵州通省公立中学堂等新式学校践行新学。

---

① （清）赵炳麟：《赵柏岩集》（上），南宁：广西人民出版社 2001 年版，第 240 页。
② 冯楠：《黔故续谈》，贵阳：贵州省文史研究馆 1995 年版，第 165 页。
③ 李端棻：《苾园诗存》，何麟书，辑录，《贵州文献汇刊》1949 年第 5 期。

专题二

梁启超婚姻与家庭建设研究

海枯兮石烂，天荒兮地老：梁启超与李蕙仙①

曾光光②

（暨南大学文学院，广东广州，邮编：510632）

梁启超在 17 岁参加广东乡试，中举人第八名，主考官李端菜③赏识其才学，以堂妹李蕙仙妻之。光绪十七年（1891），梁启超与李蕙仙在北京结婚。李端菜与梁启超之间有着颇为紧密的关系，李蕙芬则是这种关系的重要纽带。在研究李端菜与梁启超的关系时，梁启超与李蕙仙之间的婚姻关系就是绕不开的一个话题。关于这一问题，学者多有论及。笔者于此主要根据《饮冰室合集》及《梁启超年谱长编》对此问题再做梳理，以期能相对系统、完整地展现梁启超、李蕙仙从结婚到相守直至去世的详细过程。

一

梁启超之所以能与李蕙仙结为百年之好，与其座师李端菜有莫大关系。关于此事，梁启超在多文中均有述及。

在《三十自述》中，梁启超有记："己丑年十七，举于乡，主考为李尚书端菜、王镇江仁堪。年十八计偕入京师，父以稚也，挚与偕行。李公以其妹

---

① "海枯兮石烂，天荒兮地老"一语引自梁启超：《祭梁夫人文》，丁文江、赵丰田编：《梁启超年谱长编》，上海：上海人民出版社 1983 年版，第 1022–1023 页。梁启超：《清光禄大夫礼部尚书李公墓志铭》，《饮冰室合集》文集之四十四（上），北京：中华书局 1986 年影印本，第 2 页。

② 曾光光，北京师范大学博士、中国人民大学博士后、暨南大学教授、博士生导师。主要从事中国近现代思想文化史研究与教学工作。

③ 丁文江、赵丰田所编《梁启超年谱长编》对李端菜有如下介绍："李端菜，字芯园，贵州贵筑人，同治癸亥进士，入翰林，四为乡试考官，一为会试副总裁。光绪己丑，典试广东，赏梁启超才，以堂妹妻之。维新时期，曾任礼部尚书，戊戌政变后，被革职，发往新疆。"（丁文江、赵丰田编：《梁启超年谱长编》，上海：上海人民出版社 1983 年版，第 21 页。）

许字焉。下第归，道上海，从坊间购得《瀛寰志略》读之。始知有五大洲各国，且见上海制造局译出西书若干种，心好之，以无力不能购也。"① 梁启超中举是在己丑年（1889），与李蕙芬完婚则在光绪十九年（1893），时梁启超年19岁，李蕙芬年23岁。

1907年，李端棻去世，梁启超于次年作《清光禄大夫礼部尚书李公墓志铭》，该铭开篇即述："启超以光绪己丑受学贵筑李公，旋婿公妹，饮食教诲于公者且十年。戊戌，启超以国事获罪走东瀛，公亦以同罪戍西域，遂不复相见。"② 铭中所言"贵筑"即贵阳，"十年"这个时间段当是略指，应是指梁启超与李蕙仙结婚至戊戌政变，即1893年至1898年这一时期。由"饮食教诲于公"一语可见当时梁启超与李端棻之间的亲密关系。

1924年，李蕙仙因病去世，梁启超特作《悼启》，其中再次述及"端棻以妹字先生的事"③："光绪己丑，尚书苾园先生讳端棻，主广东乡试，夫人从兄也。启超以是年领举，注弟子籍，先生相攸，结婚媾焉。于是夫人以二十三岁归于我。"④

梁启超在而立之年、李端棻去世、夫人去世这三个重要的时间节点所写文字都述及李端棻对他的赏识及妻以堂妹之事，既可见李端棻对他人生的重要影响，也可见李端棻在他心目中的重要地位。

关于李端棻妻以堂妹一事，其中还稍有波折，据梁启超二弟梁启勋载："光绪十五年己丑，十七岁，举于乡，榜列八名。当时典试之正座乃贵州李苾园，副座乃福建王可庄。榜发，李请王作媒，以妹字伯兄。同时王亦怀此意，盖王有一女公子正待字也。但李先发言，乃相视而笑。"⑤

在《悼启》中，梁启超还述及夫人李蕙仙的家世："先室李夫人实贵筑京兆公讳朝仪之季女。累代清门，家学劲茂。夫人以同治己巳生于永定河署。

① 梁启超：《三十自述》，《饮冰室合集》文集之十一，北京：中华书局1986年影印本，第16页。
② 梁启超：《清光禄大夫礼部尚书李公墓志铭》，《饮冰室合集》文集之四十四（上），北京：中华书局1986年影印本，第2页。
③ 丁文江、赵丰田编：《梁启超年谱长编》，上海：上海人民出版社1983年版，第21页。
④ 梁启超：《悼启》，《饮冰室合集》文集之四十四（上），北京：中华书局1986年影印本，第24页。
⑤ 梁启勋：《曼殊室戊辰笔记》，丁文江、赵丰田编：《梁启超年谱长编》，上海：上海人民出版社1983年版，第21页。

幼而随任京畿山左。京兆公薨于位，乃全眷返家园。"① 李蕙仙的父亲李朝仪为清道光二十五年（1845）进士，以知县分发直隶，历任直隶平谷知县、三河知县、大兴知县、南路厅同知、东路厅同知、顺德知府、广平知府、大名知府、永定河道、山东盐运使、山东按察使、顺天府尹。李朝仪授永定河道是在同治八年（1869），时河道衙门所在地为直隶的固安县。李蕙仙正好在这一年生于永定河署。李朝仪任河道八年，修永定河有功，过世后当地人民为之立祠。光绪七年（1881），李朝仪病逝于顺天府尹任上，李蕙仙时年 12 岁。李朝仪为李端棻（1833—1907）叔父，幼年丧父的李端棻自小为李朝仪养大。李朝仪去世时，李端棻 48 岁，官至内阁学士，故堂妹李蕙仙的婚事由他做主也在情理之中。

二

光绪十七年（1891）冬十月，梁启超在京与李蕙仙结婚。婚后，两人"寓宣南永先寺西街之新会新馆"②。

新婚后不到一年，即光绪十八年（1892）夏，因父亲去世，梁启超携夫人李蕙仙返回新会茶坑老家。③ 返乡后，梁启超随即入广州草木学堂，"自是学于草堂凡三年"④。拜师康有为及在万木草堂的学习，极大地改变了梁启超的人生方向，梁启超从此卷入近代中国波诡云谲的政治浪潮中，也使他与李蕙仙的生活在相当长的一段时间内陷入颠沛流离之中。

光绪二十年（1894），梁启超携夫人入京，旋即因甲午战争爆发离开京

---

① 梁启超：《悼启》，《饮冰室合集》文集之四十四（上），北京：中华书局 1986 年影印本，第 24 页。

② 丁文江、赵丰田：《梁启超年谱长编》，上海：上海人民出版社 1983 年版，第 27 页。

③ 关于李蕙仙到茶坑后的情况，梁启超有记："启超故贫，濒海乡居，世代耕且读，数亩薄田，举家躬耕耘，获以为恒。夫人以宦族生长北地，嫁炎乡一农家子，日亲井臼操作，未尝有戚容。夫人之来归也，先母见背既六年，先继母长于夫人二岁耳。夫人愉愉色养，大得母欢，笃爱之过所生。"梁启超：《悼启》，《饮冰室合集》文集之四十四（上），北京：中华书局 1986 年影印本，第 24-25 页。

④ 梁启超：《三十自述》，《饮冰室合集》文集之十一，北京：中华书局 1986 年影印本，第 17 页。梁启勋在《曼殊室戊辰笔记》中的记载与梁启超的记载稍有不同："二十岁壬辰，正月二十日，先王父见背。春闱乃李芯园为总裁，欲通一关节，伯兄却之。是年夏，偕伯嫂李夫人南归，乡居一年有奇。"（丁文江、赵丰田编：《梁启超年谱长编》，上海：上海人民出版社 1983 年版，第 28 页。）

城。据梁启勋《曼殊室戊辰笔记》载："二十二岁甲午春，复偕伯嫂入京，寓粉坊琉璃街新会邑馆。迨中日战争起，北京风声鹤唳，于是伯嫂归宁贵州，伯兄又回广东。"[1] 文中所言伯嫂、伯兄即指李蕙仙、梁启超。

光绪二十二年（1896），梁启超到上海，李蕙仙也由贵州至上海与梁启超相聚。是年梁启超 24 岁。[2]

光绪二十四年（1898）夏，梁启超流亡日本，"戊戌八月，先生脱险赴日本"[3]。梁启超父亲梁宝瑛（莲涧）、李蕙仙为避祸，"避居澳门，新会原籍，虽有查搜，但是还未被大祸"[4]。梁启超到日本以后，时时担心家眷安危，频作书给夫人李蕙仙。这一时期梁启超写给李蕙仙的信件所关注的主要有两个问题。

一是老人的照顾问题。光绪二十四年九月十五日，初到日本的梁启超在信中将奉养老人之事托付给蕙仙："因吾远在外国，大人遭此患难，决不可少承欢之人，吾全以此事奉托矣，卿之与我，非徒如寻常人之匹偶，实算道义肝胆之交，必能不负所托也。"[5] 十月六日，他又致信夫人："大人当此失意之时，烦恼定不知几多，近日何如？不至生病乎？吾今远在国外，侍奉之事，全托之于卿矣。卿明大义，必能设法慰解，以赎吾不孝之罪，吾惟有拜谢而已。卿我之患难交，非犹寻常眷属而已。"[6] 李蕙仙的表现让梁启超颇为欣慰、敬服："南海师来，得详闻家中近状，并闻卿慷慨从容，词色不变，绝无怨言，且有壮语。闻之喜慰敬服，斯真不愧为任公闺中良友矣。大人遭此变惊，必增抑郁，惟赖卿善为慰解，代我曲尽子职而已。卿素知大义，此无待余之言，惟望南天叩托而已。令四兄最为可怜，吾与南海师念及之，辄为流涕。此行

---

① 丁文江、赵丰田编：《梁启超年谱长编》，上海：上海人民出版社 1983 年版，第 31 页。

② 据《曼殊室戊辰笔记》载："二十四岁丙申，由京之沪，以强学会之余款二千四百元办《时务报》。识吴铁樵。是年冬伯嫂从贵州来，寓于英租界之梅福里。伯兄以作报馆论之余暇，更从丹徒马相伯眉叔兄弟习拉丁文。"（丁文江、赵丰田编：《梁启超年谱长编》，上海：上海人民出版社 1983 年版，第 51 页。）

③ 丁文江、赵丰田编：《梁启超年谱长编》，上海：上海人民出版社 1983 年版，第 158 页。

④ 丁文江、赵丰田编：《梁启超年谱长编》，上海：上海人民出版社 1983 年版，第 167 页。

⑤ 梁启超：光绪二十四年九月十五日《与蕙仙书》，丁文江、赵丰田编：《梁启超年谱长编》，上海：上海人民出版社 1983 年版，第 166 页。

⑥ 梁启超：光绪二十四年十月六日《与蕙仙书》，丁文江、赵丰田编：《梁启超年谱长编》，上海：上海人民出版社 1983 年版，第 167 页。

性命不知何如，受余之累，恩将仇报，真不安也。"①

二是关于将家眷接到日本的问题。梁启超流亡日本后，其家眷避祸澳门，李蕙仙即致信梁启超，催促将其接至日本。梁启超对此问题也多有考虑，光绪二十四年十月十三日，梁启超在致夫人的信中谈及在日本居住情形和他对于接眷的考虑："吾在此乃受彼中朝廷之供养，一切丰盛，方便非常，以起居饮食而论，尤胜似家居也。来书问有立足之地，当速来接云云。立足之地何处无之，在此即无政府之供养，而著书撰报亦必可自给。然卿之来，则有不方便者数事：第一，今在患难之中，断无接妻子来同住，而置父母兄弟于不问之理，若全家接来，则真太费矣，且搬动甚不易也。第二，我辈出而为国效力，以大义论之，所谓匈奴未灭，何以家为。若以眷属自随，殊为不便。且吾数年来行踪之无定，卿已知之矣。在中国时犹如此，况在异域？当无事时犹如此，况在患难？地球五大洲，随处浪游，或为游学，或为办事，必不能常留一处，则家眷居于远地，不如居于近乡矣。第三，此土异服异言，多少不便，卿来亦必不能安居，不如仍在澳也，此吾所以决意不接来也。"梁启超在信中还特别叮嘱蕙仙要多读书："卿家居无甚事，经此变后，益当知世俗之荣辱苦乐，富贵贫贱，无甚可喜，无甚可恼，惟有读书穷理，是最快乐事。有时忽有心得，其乐非寻常所可及也。"②光绪二十五年三月二十四日，梁启超致信蕙仙，其中提及将要游历美洲，所以暂缓接眷属来日："家中愁闷，此是意中事。然境遇如此，无可如何，惟望善自排遣而已。来同居之说，吾初接来信时亦有此意。因横滨开女学校，欲请薇君为教习。故吾之意欲令卿与同来也。惟昨日忽接先生来一书，极言美洲各埠同乡人人忠愤，相待极厚，大有可为。而金山人极仰慕我，过于先生。今为大局计，不得不往，故又不能接卿来矣。"③

———————————————

① 梁启超：光绪二十四年九月十五日《与蕙仙书》，丁文江、赵丰田编：《梁启超年谱长编》，上海：上海人民出版社1983年版，第166页。

② 梁启超：光绪二十四年九月十五日《与蕙仙书》，丁文江、赵丰田编：《梁启超年谱长编》，上海：上海人民出版社1983年版，第168—169页。

③ 梁启超在此信中还谈及："岳母年高，卿之乡思不问可知。今大人及家人皆团聚澳门，卿虽离膝下，亦无不可。惟此时安得有人送卿归宁乎？若再以劳诸令兄，窃恐甚难，若能有人来接，则归宁甚善也。吾以禀诸大人，惟须卿写信往问乃可耳。寄来照像一片，衣冠虽异，肝胆不移，贻此相对，无殊面见矣。"由此可看出，当时李蕙仙有回乡归宁的想法。（梁启超：光绪二十五年三月二十四日《与蕙仙书》，丁文江、赵丰田编：《梁启超年谱长编》，上海：上海人民出版社1983年版，第177—178页。）

虽说有种种波折，但李蕙仙及其家人在光绪二十五年（1899）终于抵达日本与梁启超会合。《梁启超年谱长编》对此有载："同年（光绪二十五年），先生始接眷属来日。"[①]梁启超对此也有记："戊戌之难，启超亡命海外，夫人奉翁姑携弱女避难澳门，既而随先君省我于日本，因留寓焉。"[②]

三

从1898年至1912年，梁启超流亡日本的时间长达14年，李蕙仙在日本逗留的时间也有13年。在这十多年的时间中，作为维新领袖的梁启超时时奔波于南洋、美洲各地，"行踪之无定"[③]，两人也是离多聚少。其间，两人之间关系还面临一次危机。关于此事，相关记载与研究已有不少，为论述的完整性，笔者于此再稍做梳理。

据《梁启超年谱长编》载，1900年，梁启超居檀香山，有华侨女子何蕙珍因慕先生才名，欲婚先生，被先生婉言谢绝。1900年5月24日，梁启超给他夫人一封很长的信来述说这件事。[④]此信将该事件的来龙去脉讲得很清晰："自西五月初一日，（檀香山）始弛疫禁，余即逍游各小埠演说。现已往者两埠，未往者尚三埠。檀山乃八岛布列于太平洋中，欲往小埠，必乘轮船，航海而往，非一月不能毕事，大约西六月杪始能他行也。来檀不觉半年矣，可笑。女郎何蕙珍者，此间一商人之女也。其父为保皇会会友。蕙珍年二十，通西文，尤善操西语，全檀埠男子无能及之者，学问见识皆甚好，喜谈国事，有丈夫气，年十六即为学校教师，今四年矣。一夕其父请余宴于家中，座有西国缙绅名士及妇女十数人，请余演说，而蕙珍为翻译。明晨各西报即遍登余演说之语，颂余之名论，且兼赞蕙珍之才焉。余初见蕙珍，见其粗头乱服如村姑，心忽略之；及其入座传语，乃大惊，其目光炯炯，绝一好女子也。及临行与余握手（檀俗华人行西例相见以握手为礼，男女皆然。）而言曰：'我万分敬爱梁先生，虽然，可惜仅爱而已，今生或不能相遇，愿期诸来生，但

<hr>

① 丁文江、赵丰田编：《梁启超年谱长编》，上海：上海人民出版社1983年版，第194页。
② 梁启超：《悼启》，《饮冰室合集》文集之四十四（上），北京：中华书局1986年影印本，第24—25页。
③ 丁文江、赵丰田编：《梁启超年谱长编》，上海：上海人民出版社1983年版，第168页。
④ 丁文江、赵丰田编：《梁启超年谱长编》，上海：上海人民出版社1983年版，第249页。

得先生赐以小像，即遂心愿。’余是时唯唯而已，不知所对。又初时有一西报为领事所嘱，诬谤余特甚，有人屡作西文报纸与之驳难，而不著其名，余遍询同志，皆不知。及是夕，蕙珍携其原稿示我，乃知皆蕙珍所作也。余益感服之。虽近年以来，风云气多，儿女情少，然见其事、闻其言，觉得心中时时刻刻有此人，不知何故也。越数日，使赠一小像去（渠报以两扇），余遂航海往游附属各小埠，半月始返。既返，有友人来谓余曰‘先生将游美洲，而不能西语，殊为不便，亦欲携一翻译同往乎？’欲之，然难得妥当人。’友人笑而言曰‘先生若志欲学西语，何不娶一西妇晓华语者，一而学西文，一而当翻译，岂不甚妙？’余曰：‘君戏我，安有不相识之西人闺秀而肯与余结婚？且余有妇，君岂未知之乎！’友人曰：‘某何人敢与先生作戏言？先生所言，某悉知之，某今但问先生，譬如有此闺秀，先生何以待之？’余熟思片时，乃大悟，遂谓友人曰‘君所言之人，吾知之，吾甚敬爱之，且特别思之。虽然，吾尝与同志创立一夫一妻世界会，今义不可背，且余今日万里亡人，头颅声价，至值十万，以一身往来险地，随时可死，今有一荆妻，尚且会少离多，不能厮守，何可更累人家好女子。况余今日为国事奔走天下，一言一动，皆为万国人所观瞻，今有此事，旁人岂能谅我？请君为我谢彼女郎，我必以彼敬爱我之心敬爱彼，时时不忘，如是而已。’友人未对，余忽又有所感触，乃又谓之曰：‘吾欲替此人执柯可乎？’盖余忽念及孺博也。友人遽曰：‘先生既知彼人，某亦不必吞吐其词，彼人目中岂有一男子足当其一盼？彼于数年前已誓不嫁矣。请先生勿再他言。’遂辞去。今日（距友人来言时五日也）又有一西人请余赴宴，又请蕙珍为翻译，其西人（前日在蕙珍家同宴者）乃蕙珍之师也。余于席上与蕙珍畅谈良久，余不敢道及此事，彼亦不言，却毫无爱恋抑郁之态，但言中国女学不兴为第一病源，并言当如何整顿小学校之法以教练儿童，又言欲造切音新字，自称欲以此两事自任而已。又劝余入耶苏教，盖彼乃教中人也。其言滔滔汩汩，长篇大段，使几穷于应答。余观其神色，殆自忘为女子也。我亦几忘其为女子也。余此次相会，以妹呼之。余曰：‘余今有一女儿，若他日有机缘，当使之为贤妹女弟子。’彼亦诺之不辞。彼又谓余曰：‘闻尊夫人为上海女学堂提调，想才学亦如先生，不知我蕙珍今生有一相见之缘否？先生有家书，请为我问好。’余但称惭愧而已。临别，伊又谓余曰：‘我数年来，以不解华文为大憾事，时时欲得一通人为师以教我，今既无可望，虽然，现时为小学校教习，非我之志也。我将积数年束脩所入，特往美洲就学于大学堂，学成归国办事。先生他日维新成功后，莫忘我，但有创办女学堂之事，以一电召我，我必来。我之心惟有先生。'云云，遂握手珍重而别。余归寓后，愈益思念蕙珍，由敬重之心，生出爱恋之念来，几于不能自持。明知待人家闺秀，不应起如是念头，然不能制也。酒阑人散，终夕不能成寐，心头小鹿，忽上忽落，自顾生平二十八年，未有如此可笑之事者。今已五更矣，起提笔详记其事，以告我所爱之蕙仙，不知蕙仙闻此将笑我乎？抑恼我乎？吾意蕙仙不笑我，不恼我，亦将以我敬爱蕙珍之心而敬爱之也。吾因蕙仙得谙习官话，遂以驰骋于全国，若更因蕙珍得谙习英语，将来驰骋于地球，岂非绝好之事。而无如揆之天理，酌之人情，按之地位，皆万万有所不可也。吾只得怜蕙珍而已。然吾观蕙珍磊磊落落，无一点私情，我知彼之心地，必甚洁净安泰，必不如吾之可笑可恼。故吾亦不怜之，惟有敬爱之而已蕙珍赠我两扇，言其手自织者，物虽微而情可感，余已用之数日，不欲浪用之。今以寄归，请卿为我什袭藏之。卿亦视为新得一妹子之纪念物，何如？呜呼，余自顾一山野鄙人，祖宗累代数百年，皆山居谷汲耳。今我乃以二十余岁之少年，虚名振动五洲，至于妇人女子为之动容，不可为非人生快心之事。而我蕙仙之与我，虽复中经忧患，会少离多，然而美满姻缘，百年恩爱，以视蕙珍之言，今生不能相遇，愿期诸来生者，何如岂不过之远甚！卿念及此，惟当自慰，勿有一分抑郁愁思可也。有檀山《华夏新报》（此报非我同志）所记新闻一段剪出，聊供一览。此即记我第一次与蕙珍相会之事者也。下田歌手之事，孝高来书言之。此人极有名望，不妨亲近之，彼将收思顺为门生云。卿已放缠足否？宜速为之，勿令人笑维新党首领之夫人尚有此恶习也。此间人多放者，初时虽觉痛苦，半月后即平复矣。不然，他日蕙珍妹子或有相见之时，亦当笑杀阿姊也。一笑。"①

李蕙仙得书后，拟禀请于其父梁宝瑛先生。梁启超"闻之大惊"②，于六月三十日再复夫人一书，详述不能做此事的理由："蕙仙鉴：得六月十二日复书，为之大惊，此事安可以禀堂上？卿必累我挨骂矣；即不挨骂，亦累老人

---

① 梁启超：光绪二十六年西五月二十四日《与蕙仙书》，丁文江、赵丰田编：《梁启超年谱长编》，上海：上海人民出版社 1983 年版，第 249–252 页。

② 丁文江、赵丰田编：《梁启超年谱长编》，上海：上海人民出版社 1983 年版，第 252 页。

生气。若未寄禀，请以后勿再提及可也。前估所官不过感彼诚心，余情缱绻，故为卿絮述，以一吐其胸中之结耳。以理以势论之，岂能有此妄想。吾之此身，为众人所仰望，一举一动，报章登之，街巷传之，今日所为何来？君父在忧危，家国在患难，今为公事游历，而无端牵涉儿女之事，天下之人岂能谅我？我虽不自顾，岂能不顾新党全邦之声名耶？吾既以一言决绝，且以妹视之，他日若有所成复归故乡，必迎之家中，择才子相当者为之执柯，（吾因无违村公理，侵犯女权之理。若如蕙珍者岂可屈以妾媵，但度其来意，无论如何席位皆愿就也。惟任公何人，肯辱没此不可多得之人才耶？）设一女学校，使之尽其所长，是即所以报此人也。至于他事，则此心作沾泥絮也久矣。吾于一月来，游历附近各小埠，日在舟车鞍马上，乡人接待之隆，真使人万万不敢当。然每日接客办事，无一刻之暇，劳顿亦极矣。卿来信所嘱，谓此事若作罢论，请即放过一边，勿常常记念，以保养身子云云。此却是卿过虑之处。曾记昔与卿偶谈及，卿问别后相思否？吾答以非不欲相思，但可惜无此暇日耳。于卿且然，何况蕙珍？在昔且然，何况今日？惟每接见西人，翻译者或不能达意，则深自愤恨，辄忆此人不置耳。近亦月余不见此人，因前事颇为外人所传闻，有一问者，吾必力言并无其影响，盖恐一播扬，使蕙珍难为情也。因此之故，更避嫌疑，不敢与相见。今将行矣，欲再图一席叙话，不知能否也。拳匪陷京津，各国干涉，亡国在即，吾党在南，不识能乘时否？嗟知！嗟夫！吾独何心，尚喁喁作儿女语耶。……再者，卿来书所论，君非女子不能说从一而终云云，此实无理。吾辈向来倡男女平权之论，不应作此语。与卿相居十年，分携之日，十居八九，彼此一样，我可以对卿无愧，虽自今以后，学大禹之八年在外，三过其门而不入，卿亦必能谅我。若有新人双双偕游各国，恐卿虽贤达，亦不能无小芥蒂也。一笑！吾虽忙杀，然知卿闲杀闷杀，故于极忙之中，常不惜偷半夕之闲，写数纸与卿对语。任公血性男子，岂真太上忘情者哉。其于蕙珍，亦发乎情，止乎礼义而已。"① 梁启超信末"发乎情，止乎礼义"一语近乎誓言，为异国他乡的这段感情插曲画上了句号。

---

① 梁启超：光绪二十六年五月（1900 年 6 月）《与蕙仙书》，丁文江、赵丰田编：《梁启超年谱长编》，上海：上海人民出版社 1983 年版，第 252-254 页。

当日先生有《纪事诗》24 首咏述这件事。其第二首云："颇愧年来负盛名，天涯到处有逢迎，识荆说项寻常事，第一相知总让卿。"[1] 将何蕙珍比作"第一相知"，可知此事在梁启超心中所掀起的波澜。梁启超的理智与李蕙仙的宽容，终使这段危机得以平复。

四

1912 年 10 月 8 日，梁启超乘船抵达天津，从此结束了在海外长达 14 年颠沛流离的生活。[2] 但天有不测风云，人有旦夕祸福，回国仅仅三年，李蕙仙就罹患上了重疾。梁启超对此有记："夫人体气至强，一生无病，民国四年冬忽患乳癌。乳癌，诸病中最酷毒者，全世界医家迄今未得其病因及救治法，惟恃割治，割必复发，发至不能割，则束手焉。夫人自得病以来，割既两度，今春再发，蔓及项胁之际，与血管相接，割无所施，沈绵半年，卒以不起。然夫人性最能忍，虽痛苦至剧，犹勉自持。"[3]

从梁启超所记，李蕙仙患病后，曾两度手术。1915 年初发病时，李蕙仙不愿手术，梁启超还写信给大女儿梁思顺，让其劝说母亲："汝母之乳，似非割不可，汝宜力劝。"[4]

其实，李蕙仙在做完手术后，一度身体不错，其间两人也度过了不少美好的时光。如在 1920 年 2 月 25 日，梁启超欧游返回天津家中。闲暇之余，他常与夫人"杂谈""对酌"。他在与女儿思顺的信中曾谈及当时的情形："都中亲故来津相迓，旅舍为满，家中群童迎于新站，汝母迎于老站，是夕诸友在家为我洗尘，翌日为我介寿，将未成之新居权布筵席，主客熙熙，有如春酿。在家小憩后，以二十九日入都，向当道循例一周旋。初三日便返津，除最捻诸友共作饮食宴乐外，一切酬应皆谢绝，东海约宴亦谢之。然旬日以来，

---

① 梁启超：《纪事诗二十四首》，《饮冰室合集》文集之四十五（下），北京：中华书局 1986 年影印版，第 8-9 页。《纪事诗二十四首》在《梁启超年谱长编》中也有收录。见丁文江、赵丰田编：《梁启超年谱长编》，上海：上海人民出版社 1983 年版，第 254 页。

② 丁文江、赵丰田编：《梁启超年谱长编》，上海：上海人民出版社 1983 年版，第 650 页。

③ 梁启超：《悼启》，《饮冰室合集》文集之四十四（上），北京：中华书局 1986 年影印本，第 24-25 页。

④ 梁启超：1915 年 12 月 19 日《与娴儿书》，丁文江、赵丰田编：《梁启超年谱长编》，上海：上海人民出版社 1983 年版，第 726 页。

亦颇劳顿矣。每晚客散后，与汝母杂谈，动至夜分。返津两日来客稍稀，夕间辄与汝母对酌，微醒甚乐也。（久不御黄酒，归来开陈酿，至乐，但饮后觉不甚受用，数日后亦拟节之矣。）"梁启超在信中还特别叮嘱女儿："今年吾与汝母合成百岁，吾生日汝既未归，深望汝母生日时作一大团聚。"①

1922年3月6日，李蕙仙至菲律宾探望思顺，当时思顺的丈夫周希哲任马尼拉总领事。思顺还特别致信父亲报告母亲到菲后的情形："母亲自初六日到此，不觉已及半月，极赞此间气候，以为较北方舒适，且面色体气均较在国内时康健，盖海风实于人有益也。"②李蕙仙此次在马尼拉休养、逗留的时间有半年左右。

需要提及的是，由于梁启超政务繁忙，回家后也多是看书撰文，李蕙仙在家自然是"寂寞得很"。梁启超曾在信中与思顺聊过此事："你妈妈在家寂寞得很，常和我说放暑假时候很高兴，孩子们都上学便闷得慌，这也是没有法的事。象我这样一个人，独处一年我也不闷，因为我做我的学问便已忙不过来，但天下人能有几个象我这种脾气呢？王姑娘近来体气大坏（因为你那两个殇弟产后缺保养），我很担心，他也是我们家庭极重要的人物。他很能伺候我，分你们许多责任，你不妨常常写些信给他，令他欢喜。"③此处提到的王姑娘即梁启超的小妾王桂荃，她不仅为梁启超生育了六个儿女，也事实上承担起了照顾家庭的重任。梁启超生病时，往往也是靠她服侍。1923年11月16日，梁启超在《与思顺书》中写道："我半个月前痔疮复发，初时不以为意，耽阁了好几日，后来渐觉得有点痛楚，才叫王姑娘入京服侍，又被你弟弟们逼着我去汤山住了几天，现在差不多好清楚了。"④

---

① 梁启超：1920年3月25日《与思顺书》，丁文江、赵丰田编：《梁启超年谱长编》，上海：上海人民出版社1983年版，第903页。

② 梁思顺：1922年3月18日《与父亲大人书》，丁文江、赵丰田编：《梁启超年谱长编》，上海：上海人民出版社1983年版，第951页。此次赴马尼拉，梁启超并未同行，他在给思顺的信中谈及其中缘由："我虽然想我的宝贝，但马尼拉我还是不愿意去，因为我不同你妈妈，到那里总有些无谓的应酬，无谓的是非，何苦呢？我与你妈妈生日以前，一定回到家，便着实休息半年了。"（梁启超：1922年12月25日《与思顺书》，丁文江、赵丰田编：《梁启超年谱长编》，上海：上海人民出版社1983年版，第973页。）

③ 梁启超：1923年10月5日《与宝贝思顺书》，丁文江、赵丰田编：《梁启超年谱长编》，上海：上海人民出版社1983年版，第1005页。

④ 梁启超：1923年11月16日《与思顺书》，丁文江、赵丰田编：《梁启超年谱长编》，上海：上海人民出版社1983年版，第1007页。

1924 年年初，李蕙仙的病情开始恶化。① 整个家庭的氛围也随着她病情的变化而起伏。1924 年 4 月 4 日，梁启超在与思顺的信中言及蕙仙病状："汝母服中药日起有功，旬日前举家愁惨，今则熙熙如春酿矣。吾亦返津静养，以待汝归，汝母亦将来津迎汝矣。"②

如果说李蕙仙的病情在 1924 年 4 月左右还在时好时坏之间反复，到了 8 月，病情就急转直下了。8 月 12 日，梁启超在与蹇季常的信中如此谈及夫人病状："此病太酷，左右不能离人。"而"小妾又临月，现在已狼狈万分"。此时，梁启超对夫人的病情发展已有预感，故写信"令思成回国"③。9 月 5 日，梁启超致信张菊生、高梦旦，推却稿约："内子病濒危，心绪不宁，不能执笔为馆效力，至歉至歉，并希鉴原。"④

1924 年 9 月 13 日（旧历八月十五日），李蕙仙以乳疾逝世，享年 55 岁，与梁启超结婚 33 年。关于夫人去世前的一些情况，梁启超有记："夫人凤倔强，不信奉任何宗教，病中忽皈依佛法，没前九日，命儿辈为诵《法华》，最后半月病入脑，殆失痛觉，以极痛楚之病，而没时安隐，颜貌若常，岂亦有夙根耶！哀悼之余，聊用慰藉而已。"⑤

李蕙仙去世后，梁启超哀痛万分，他曾经反省过夫人患病的原因。1925 年 9 月 29 日，梁启超在《与思顺、思成、思永、思庄书》中如此剖析："顺、成、永、庄：我昨日用一日之力，做成一篇告墓祭文，把我一年多蕴积的哀痛，尽情发露。顺儿呵，我总觉得你妈妈这个怪病，是我们打那一回架打出

---

① 对李蕙仙旧疾重发的时间，梁启超在《苦痛中的小玩意儿》一文曾有提及："我的夫人从灯节起卧病半年，到中秋日奄然化去。"［梁启超：《苦痛中的小玩意儿》，《饮冰室合集》文集之四十五（上），北京：中华书局 1986 年影印版，第 113 页。］灯节在农历正月十三日至十七日。

② 梁启超：1924 年 4 月 4 日《与思顺书》，丁文江、赵丰田编：《梁启超年谱长编》，上海：上海人民出版社 1983 年版，第 1013 页。

③ 梁启超：1924 年 8 月 12 日《与季书》，丁文江、赵丰田编：《梁启超年谱长编》，上海：上海人民出版社 1983 年版，第 1019 页。关于思成等子女在母亲病重期间不在身边的情况，梁启超也有交代："儿子思成、思永卒业清华学校，属当适美留学，恋恋不欲行，夫人虑其失学，挥之使去，曰：'吾病无害，能待汝曹归也。'呜呼！孰谓竟与其爱于长别耶！"梁启超：《悼启》，《饮冰室合集》文集之四十四（上），北京：中华书局 1986 年影印本，第 25 页。

④ 梁启超：1924 年 9 月 5 日《致菊梦两公书》，梁启超：丁文江、赵丰田编：《梁启超年谱长编》，上海：上海人民出版社 1983 年版，第 1020 页。

⑤ 梁启超：《悼启》，《饮冰室合集》文集之四十四（上），北京：中华书局 1986 年影印本，第 25 页。

来的。我实在哀痛之极，悔恨之极，我怕伤你们的心，始终不忍说，现在忍不住了，说出来也像把自己罪过减轻一点。我经过这几天剧烈的悲悼，以后便刻意将前事排去，决不更伤心，你们放心罢。"[1]不过，对"打那一回架打出来的"一事的具体情形，梁启超并未详述。

五

李蕙仙的墓地在"京西香山卧佛寺之东原"[2]。1925 年 10 月 3 日，葬礼"上午七点半钟起至十二点钟止，在哀痛庄严中完成了"[3]。举行完葬礼的当日，梁启超即给思顺书信一封，从这封信不仅可以了解梁夫人丧事的详细经过，也可看出李蕙仙墓的修建过程及梁启超关于合葬的想法。

一是关于葬礼过程。据梁启超所记："今晨七点三十五分移灵入圹，从此之后，你妈妈真音容永绝了。全家哀号，悲恋不能自胜，尤其是王姨，去年产后，共劝他节哀，今天尽情一哭，也稍抒积痛。三姑也得尽情了。最可怜思成、思永，到底不能觳觩凭棺一恸。人事所限，无可如何，你们只好守着遗像，永远哀思罢了。我的深痛极恸，今在祭文上发泄，你们读了便知我这几日间如何情绪。下午三点钟我回到清华，现在虽余哀未忘，思宁、思礼已嬉笑杂作了。唐人诗云：'纸灰飞作白蝴蝶，血泪染成红杜鹃。日落狐狸眠冢上，夜归儿女笑灯前。'真能写出我此时实感。"对于参加葬礼的亲友，梁启超也有述及："此次葬礼并未多通告亲友，然而会葬者竟多至百五六十人。各人皆黎明从城里乘汽车远来，汽车把卧佛寺前大路都挤满了。祭席共收四十余桌，送到山上的且有六桌之多，盛情真可感。"

二是关于墓的修建过程。墓地主要是靠梁启超的二弟梁启勋筹划修建。梁启超对此有记："你们二叔的勤劳，真是再没有别人能学到了。他在山上住了将近两个月，中间仅入城三次，都是或一宿而返，或当日即返，内中还开过六日夜工，他便半夜才回寓。他连椅子也不带一张去，终日就在墓次东走

①　梁启超：1925 年 9 月 29 日《与思顺、思成、思永、思庄书》，丁文江、赵丰田编：《梁启超年谱长编》，上海：上海人民出版社 1983 年版，第 1059 页。

②　梁启超：《祭梁夫人文》，丁文江、赵丰田编：《梁启超年谱长编》，上海：上海人民出版社 1983 年版，第 1022 页。

③　梁启超：1925 年 10 月 3 日《与思顺、思成、思永、思庄书》，丁文江、赵丰田编：《梁启超年谱长编》，上海：上海人民出版社 1983 年版，第 1059 页。

走西走走。因为有多方面工程他一处都不能放松。他最注意的是圹内工程，真是一砖一石，都经过目用过心了。我窥他的意思，不但为妈妈，因为这也是我的千年安宅，他怕你们少不更事，弄得不好，所以他趁他精力尚壮，对于他的哥哥尽这一番心。"①

三是关于将来的合葬问题。综上所述，梁启勋在修建李蕙仙墓时就有将其建为梁启超夫妇"千年安宅"的计划。梁启超给子女讲解了相关安排："圹内双冢，你妈妈居右，我居左。双冢中间隔以一墙，墙厚二尺余，即由所谓新灰炼石者制成。墙上通一窗，丁方尺许。今日下葬后，便用浮砖将窗堵塞。二叔说到将来我也到了，便将那宽的砖打开，只用红绸蒙在窗上。合葬办法原有几种：（一）是同一冢，内置两石床。这是同时并葬乃合用。既分先后，则第二次葬时恐伤旧冢，此法当然不适用。（二）是同一坟园分造两冢。但此已乖同穴之义，我不愿意。（三）便是现今所用两冢同一圹，中隔以一墙。第二次葬时旧冢一切不劳惊动，这是再好不过了。还有一件是你二叔自出意匠：他在双冢前另辟一小院子，上盖以石板，两旁用新灰炼石，墙前而则此次用砖堵塞，如此则今次封圹之后，泥土不能侵入左冢，将来第二次葬时将砖打开，葬后再用新灰炼石造一墙，便千年不启。你二叔今日已将各种办法，都详细训示思忠。因为他说第二次葬时，不知他是否还在，即在也怕老迈不能经营了。所以要你们知道，而且遵守他的计划。他过天还要画一圹内的图，将尺寸说明，预备你们将来开圹行第二次葬礼时用。你们须留心记着，不可辜负二叔两个月来心血。"②

10月4日，梁启超在《与思顺、思成、思永、思庄书》中还谈及墓碑之事："此次未立墓志铭，固由时间匆促，实则可以暂不立，将来行第二次葬礼时，可立一小碑于墓门前之小院子，题新会某某暨夫人某氏之墓碑阴记我籍贯及汝母生卒年月日，各享寿若干岁，子女及婿、妇名氏，孙及外孙名，其余赞善浮辞悉不用，碑顶能刻一佛像尤妙。"③

---

① 梁启超：1925年10月3日《与思顺、思成、思永、思庄书》，丁文江、赵丰田编：《梁启超年谱长编》，上海：上海人民出版社1983年版，第1059-1060页。
② 梁启超：1925年10月3日《与思顺、思成、思永、思庄书》，丁文江、赵丰田编：《梁启超年谱长编》，上海：上海人民出版社1983年版，第1061-1062页。
③ 梁启超：1925年10月4日《与思顺、思成、思永、思庄书》，丁文江、赵丰田编：《梁启超年谱长编》，上海：上海人民出版社1983年版，第1063页。

<h1 style="text-align:center">六</h1>

李蕙仙的去世对梁启超打击不小，据《梁启超年谱长编》载："先生今年的精神生活真是痛苦到万分，他平生最讲乐观，最讲趣味，今年却不能自胜了。由此可见他这年所受的痛苦，确是极深。"①

1924 年 12 月 3 日，梁启超在为北京《晨报》纪念增刊所写《苦痛中的小玩意儿》一文里讲述了这一年的苦痛情形："《晨报》，每年纪念增刊，我照例有篇文字，今年真要交白卷了。因为我今年受环境的酷待，情绪十分无俚，我的夫人从灯节起卧病半年，到中秋日奄然化去，他的病极人间未有之痛苦，自初发时医生便已宣告不治，半年以来，耳所触的，只有病人的呻吟，目所接的，只有儿女的涕泪。丧事初了，爱子远行，中间还夹若群盗相噬，变乱如麻，风雪蔽天，生人道尽，块然独坐，几不知人间何世。哎，哀乐之感，凡在有情，其谁能免？平日意态活泼兴会淋漓的我，这回也嗒然气尽了。提笔属文，非等几个月后心上的创痕平复，不敢作此想。《晨报》记者索我的文，比催租还凶狠，我没有法儿对付，只好撒个烂污，写这篇没有价值的东西给他。"②

若将此文与他在 1922 年所做的两次演讲相对比，可见其心境变化之巨。

1922 年 4 月 10 日，梁启超在教育部联合研究会讲演《趣味教育与教育改革》："假如有人问我：'你信仰的什么主义？'我便答道：'我信仰的是趣味主义。'有人问我：'你的人生观拿什么做根柢？'我便答道：'拿趣味做根柢。'我生平对于自己所做的事，总是做得津津有味，而且兴会淋漓，什么悲观咧，厌世咧，这种字面，我所用的字典里头，可以说完全没有。我所做的事常常失败——严格的可以说没有一件不失败——然而我总是一面失败一面做，因为我不但在成功里头感觉趣味，就在失败里头也感觉趣味。我每天除了睡觉外，没有一分钟一秒钟不是积极的活动，然而我绝不觉得疲倦，而且很少生病。因为我每天的活动有趣得很，精神上的快乐，补得过物质上消耗

---

① 丁文江、赵丰田编：《梁启超年谱长编》，上海：上海人民出版社 1983 年版，第 1023 页。

② 梁启超：《苦痛中的小玩意儿》，《饮冰室合集》文集之四十五（上），北京：中华书局 1986 年影印版，第 113 页。

而有余。"①

　　1922年8月6日，梁启超在东南大学为暑期学校学员讲演《学问之趣味》时讲道："我是个主张趣味主义的人，倘若用化学化分'梁启超'这件东西，把里头所含一种原素名叫'趣味'的抽出来，只怕所剩下仅有个零了。我以为凡人必常常生活于趣味之中，生活才有价值。若哭丧着脸捱过几十年，那么生命便成沙漠，要来何用？中国人见而最喜欢用的一句话'近来作何消遣？'这句话我听着便讨厌。话里的意思，好像生活得不耐烦了，几十年日子没有法子过，勉强找些事情来消他遣他。一个人若生活于这种状态之下，我劝他不如早日投海。我觉得天下万事万物都有趣味，我只嫌二十四点钟不能扩充到四十八点，不够我享用。我一年到头不肯歇息。问我忙什么？忙的是我的趣味。我以为这便是人生最合理的生活，我常常想运动别人也学我这样生活。"②

　　1922年，即在夫人去世前两年，梁启超在《趣味教育与教育改革》《学问之趣味》中还在大谈人生趣味；夫人去世后，他顿觉人生无味，成为"苦痛中的小玩意儿"。

　　1925年9月30日，也即李蕙仙去世后一周年，梁启超撰《祭梁夫人文》，将内心的苦痛抒发得淋漓尽致，现将此文部分录于此，以为文章收束："呜呼，君真舍我而长逝耶？任儿女崩摧号恋而一瞑不视耶？其将从君之母，挈君之荡子，逍遥千彼界耶？其将安隐住涅槃，视我辈若尘芥耶？呜呼哀哉！自君嫔我，三十三年。仰事父母，俯育儿女，我实荒厥职，而君独任其仔肩。一家之计，上整立规范，下迄琐屑米盐，我都弗恤，君理董之，肃然秩然。君舍我去，我何赖焉？我德有阙，君实匡之，我生多难，君扶将之；我有疑事，君榷君商，我有赏心，君写君藏；我有幽忧，君噢使康；我劳于外，君煦使忘；我唱君和，我揄君扬。今我失君，只影彷徨，呜呼哀哉！君我相敬爱，自结发来，未始有忤；七年以前，不知何神魅所弄，而勃谿一度。君之弥留，引疚自忏，如泣如诉。我实不德，我实无礼，致君痼疾，岂不由

① 梁启超：《教育家的自家田地》，《饮冰室合集》文集之三十八，北京：中华书局1986年影印版，第12页。

② 梁启超：《学问之趣味》，《饮冰室合集》文集之三十九，北京：中华书局1986年影印版，第15页。

我之故？天地有穷，此恨不可极，每一沉思，捶胸泪下如雨，呜呼哀哉！君之疾举世医者知其不疗，胡乃深自讳匿而驱爱子远游？吾悔不强拂君意使之少留，致彼终天泣血欲赎而末由。去年正月，去年五月，去年七月乃至八月，刹那刹那，千痛万惨，永印我心头。呜呼，我知君之诸子实君第二生命。我今语君以彼辈，君其聪听：顺自侍君疾以迄执君丧，几劳毁以灭性；君与我固常忧其病，今幸无恙，随婿挈孙，徜徉大陆，起居殊胜。阿庄君所最系恋；今从厥姊，学而能竞。成、永长矣，率君之教，无失其恒性。一月以前，同气四人，天涯合并，相持一恸，相看一笑，不知有多少悲愉交进！君倘曾一临存，当那边夜深人静？忠、达、懿、宁，正匍伏墓前展敬；君试一煦摩省视，看曾否比去年淑令！小子礼在怀，君恨不一见而瞑，今已牙牙学唤母，牙牙学唤母，君胡弗应？呜呼哀哉！君之去我，弹指经年。无情凉月，十三回圆。月兮，月兮，为谁圆？中秋之月兮，照人弃捐！呜呼！中秋之月兮，今生今世与汝长弃捐，年年此夜，碧海青天。呜呼哀哉，有怀不极，急景相催。寒柯辞叶，斜径封苔；龙蛇素旆，胡蝶纸灰；残阳欲没，灵风动哀；百年此别，送君夜台。尘与影兮不可见，羌蜷局兮余马怀——五里一反顾，十里一徘徊。呜呼！人生兮若交芦，因缘散兮何有？情之核兮不灭，与天地兮长久。碧云兮自飞，玉泉兮常溜。卧佛兮一卧千年，梦里欠伸兮微笑。郁郁兮佳城，融融兮隧道，我虚兮其左，君宅兮其右。海枯兮石烂，天荒兮地老，君须我兮山之阿！行将与君兮于此长相守。呜呼哀哉，尚飨！"①

---

① 梁启超：《祭梁夫人文》，丁文江、赵丰田编：《梁启超年谱长编》，上海：上海人民出版社 1983 年版，第 1022-1023 页。

梁启超与李蕙仙婚姻关系研究

许桂灵　许桂香①

（中共广东省委党校中国特色社会主义研究所，广东广州，邮编：510275；
贵州民族大学民族科学研究院，贵州贵阳，邮编：550025）

【摘　要】在清末的社会背景下，梁启超和李蕙仙（以下简称"梁李"）的婚姻是基于中国传统婚姻家庭伦理和制度的一种政治行为。其背后的深层根源则在于促成这一姻缘之鼎力革弊、振兴文教的李端棻与力主变法图强、提倡改革教育的梁启超有着共同的"强国富民"的政治理念和经世志向；从文化是适应环境的一种方式的概念出发，梁李的婚姻是基于南北地域文化差异的文化互补与融合。由此产生的效应，不仅密切了梁李的伴侣关系，而且使李氏发展为一个助力维新变法的女性，为维新变法做出了积极的贡献。

【关键词】梁李婚姻关系；政治行为；文化融合；志同道合的伴侣

1845 年，马克思在《关于费尔巴哈的提纲》中指出："人的本质不是单个人所固有的抽象物。在其现实性上，它是一切社会关系的总和。"②这个论断是马克思主义关于人的学说理论中最重要也是最基本的观点，它揭示了人的劳动实践性、人的社会属性和人的本质的具体性、历史性。就人的社会属性而言，人能进行生产劳动，但人的这种活动不是孤立地进行，而是必须结成一定的关系即生产关系，在生产关系中又形成了家庭、伦理、民族、宗教、

---

① 许桂灵，女，中共广东省委党校中国特色社会主义研究所研究员、博士，主要从事中国政治理论与文化的研究与教学工作。许桂香，女，贵州民族大学民族科学研究院副研究员、博士，主要从事历史文化地理的研究工作。

② 《马克思恩格斯文集》第 1 卷，北京：人民出版社 2009 年版，第 501 页。

政治、思想等种种社会关系，因而形成人的社会性质。①故考察人类的婚姻关系不能脱离所在的时代和社会背景。近代维新变法的领导人之一、文化大师梁启超与李蕙仙的婚姻关系不仅是一个单纯的法律概念和传统意义上的家庭概念，还蕴含着政治、社会、习俗和文化等多个层面的含义。广及封建政治关系的构建、南北地域文化融合、家族文化，以及李氏协助梁启超开展变法活动、兴办中国女子教育的贡献、自强自立的精神等众多方面，具有深刻而鲜明的时代烙印。李氏作为一位突破封建传统、助力维新变法的女性，在中国近代史上占有一定的地位，但已有的研究多囿于其相夫教子，为梁启超生活伴侣、闺中良友等关系，而未能置于时代的大背景下，从深层次上挖掘其婚姻关系之深刻的政治、社会文化内涵，并结合其个人行为，钩沉其为维新变法做出的贡献，以提供作为一个助力维新变法的角色和贡献。本文拟就这方面做一些尝试性的探讨，冀补有关研究之不足。

一、基于中国传统婚姻家庭伦理和制度的一种政治行为

恩格斯在《家庭、私有制和国家的起源》一书中剖析封建社会的婚姻关系时指出，"结婚是一种政治行为"②。以此观照，梁启超和李蕙仙的婚姻可理解为在晚清封建社会背景下的基于中国传统婚姻家庭伦理和制度的一种政治行为。

首先，从梁李两人的出身和家世来看。李蕙仙为"贵筑京兆公讳朝仪之季女，累代清门，家学劭茂。夫人以同治己巳（1869年）生于永定河署，幼而随任京畿、山左"③。李朝仪，贵阳人，为清廷命官，历任山东盐运使、山东按察使、顺天府尹等职。作为朝廷高官李朝仪的女儿，李蕙仙幼承庭训家学，熟读诗书，善于吟诗作文，擅长琴棋书画，有才女之誉，是一位"家宦生活也较优裕"的"宦门闺秀"④、不折不扣的千金小姐。梁启超出身贫寒，不是

---

① 李振海、赵超凡主编：《马列名著学习纲要》，天津：天津社会科学院出版社1991年版，第24–25页。

② 华南师范学院历史系《家庭、私有制和国家的起源》试释编写组编：《〈家庭、私有制和国家的起源〉试释》，华南师范学院历史系《家庭、私有制和国家的起源》试释编写小组1979年编印，第84页。

③ 《梁启超全集》第9册，北京：北京出版社1999年版，第5209页。

④ 吴荔明：《梁启超和他的儿女们》，上海：上海人民出版社1999年版，第13–14页。

士大夫阶层的成员，他自己曾说"余自顾一山野鄙人，祖宗累代数百年，皆山居谷汲耳"①。光绪十五年（1889），李端棻典试广东，发现梁启超是一个俊才，将其录为举人第八名。这一识拔使梁启超脱颖而出，很快走上政治舞台，发动和参与了震动全国的维新变法，为改变中国历史进程做出了重大的贡献。科举制度创于隋，推行于唐，废于清末，是中国封建社会选拔官吏、人才的最主要手段和方式，也是一般士子进入封建士大夫阶层的主要门径。这一阶层可被视为封建政治的代表人物。

其二，从李端棻推动和促成梁李婚姻的动因看，梁李结为连理，是基于中国传统婚姻之"父母之命""媒妁之言"②。推动和促成这桩婚事的是李蕙仙的堂兄——清末礼部尚书、维新志士、文化名人李端棻（1833—1907）。李端棻对出身"寒素之家"③的梁启超不仅青眼有加，而且主动与之联姻，除了因甚为赏识梁启超在典试中展现的惊世才华以外，不容忽视的，也是深层次的原因则是鼎力革弊、振兴文教的李端棻与力主变法图强、提倡改革教育的梁启超有着共同的"强国富民"的政治理念和经世志向。梁启超的外孙女吴荔明女士在《梁启超和他的儿女们》一书中说："李端棻舅公是位了不起的人物，他比梁启超大 40 岁。……但两人相识之后却成了忘年之交，在思想和学识上互相补充。李深受梁的思想影响，他开始接受西方政治、学术思想，趋向于中国政治制度的改良，康梁等维新变法人物能受到光绪皇帝的重用，是因为得到李端棻从中鼎力举荐，李端棻在维新变法运动和中国近代教育变革发展中都起了重要的作用。"④在戊戌变法中，李端棻积极支持康梁的变法活动。变法失败后，他不愿变节，自投狱中，远戍新疆。临终前数日，他还写信给梁启超说："吾年虽愈七十，志气尚如少年。天未死我者，犹将从诸君子之后，有所尽于国家矣。"这给流亡日本的梁启超以极大的鼓舞。⑤清光绪十七年（1891）康有为为梁启超赴京完婚题《送门人梁启超任甫入京》诗云："道入天人际，江门风月存。小心结豪俊，内热救黎元。忧国吾其已。乘云世

---

① 丁文江、赵丰田编：《梁启超年谱长编》，上海：上海人民出版社 1983 年版，第 252 页。
② 马昊宸主编：《中国古代逸史》第 4 册，北京：线装书局 2014 年版，第 1519 页。
③ 吴荔明：《梁启超和他的儿女们》，上海：上海人民出版社 1999 年版，第 15 页。
④ 吴荔明：《梁启超和他的儿女们》，上海：上海人民出版社 1999 年版，第 13 页。
⑤ 耿云志、崔志海：《梁启超》，广州：广东人民出版社 2008 年版，第 13 页。

易尊。贾生正年少，诀荡上天门。"① 寄望梁启超能如西汉贾谊一样少年英俊，踏上广阔的朝廷天门，永怀忧国忧民之心，以炽热的心肠拯救天下黎民。

其三，从梁李婚后的生活看，这一中国封建社会典型的媒妁婚姻，除了表层的两人各自的条件以外，促使他们走在一起的是"心有大志"②的梁启超与深受兄长李端菜影响的李蕙仙有着共同的爱国忧民的家国情怀和"苟利国家生死以"的价值追求。这在梁启超和李蕙仙婚后的生活中得到了验证。梁启超奔走在维新变法的荆棘丛中，义无反顾、历尽艰险，李蕙仙不仅是其生活上的贤内助，而且"受其兄长李端菜维新改革思想的影响，支持维新事业"，是梁启超"维新救国事业的大力支持者"③，并亲自参加了各种变法活动，包括办报纸、办学校，为梁启超分担政治活动的风险，表现出了坚定的立场。梁启超的外孙女在其书中指出，"（李端菜）是一位一生为真理而斗争可敬的老人"，他"用进步思想影响教育堂妹李蕙仙，使她一直理解和支持丈夫梁启超的事业"。④ 在《悼启》中，梁启超称"夫人厚于同情心而意志坚强，富于常识而遇事果断"，自己"中岁奔走国事，屡犯险艰，夫人恒引大义鼓其勇"。⑤1915 年，梁参加反对袁世凯的护国战争，前途未卜，风险难料。临行前的深夜，梁与夫人诀别，深明大义的李蕙仙云："上自高堂，下逮儿女，我一身任之，君但为国死，毋反顾也。"其"辞色慷慨，启超神志为壮焉⑥。"梁启超在《祭梁夫人文》中饱含深情地写道："我德有阙，君实匡之；我生多难，君扶将之；我有疑事，君权君商；我有赏心，君写君藏；我有幽忧，君噢使康；我劳于外，君煦使忘；我唱君和，我揄君扬；今我失君，只影彷徨。"⑦这一悼文既是梁李琴瑟和鸣、夫唱妇随的情景生动记述，也是两人的情感达到了思想相通、政治理念、价值观念相契合的一种反映。这也是促成这桩婚姻的李端菜在维新变法失败后获罪被贬新疆伊犁的一个重要因由。由此观之，梁李的婚姻具有较浓厚的政治色彩，与近代两位政治文化名人梁启超与李端

① 陈永正编：《康有为诗文选》，广州：广东人民出版社 1983 年版，第 42-43 页
② 刘炎生：《梁启超》，广州：广东人民出版社 2004 年版，第 104 页。
③ 董方奎：《梁启超家族百年纵横》，武汉：崇文书局 2012 年版，第 181 页。
④ 吴荔明：《梁启超和他的儿女们》，上海：上海人民出版社 1999 年版，第 13-14 页。
⑤ 梁启超：《我们今天怎样做父亲》，上海：上海古籍出版社 2020 年版，第 407 页。
⑥ 梁启超：《梁启超全集》第 9 册，北京：北京出版社 1999 年版，第 5209 页。
⑦ 齐春风：《梁启超》，西安：陕西师范大学出版社 2017 年版，第 3 页。

莱的交往、共同探索救国救民的道路有着紧密的联系。

二、基于地域文化差异的南北文化优势互补与融合

从地域文化关系来看，梁启超与李蕙仙一个出生、成长于南方，一个出生、成长于北方。在这个意义上，他们的婚姻也是一种南、北文化的融合或结合。南、北地理环境不同产生了南、北文化的地域差异，由此形成南北两派不同的文化风格，反映在人作为文化的载体亦有南、北之不同。梁启超在《论中国学术思想变迁之大势》一文中分析了南北两派迥然不同的学术风格，这也是南北文化的差异："北地苦寒硗瘠，谋生不易。其民族销磨精神日力，以奔走衣食，维持社会，犹恐不给，无余裕以驰骛于玄妙之哲理。……重家族，以族长制度为政治之本，敬老年，尊先祖，随而崇古之念重，保守之情深，排外之力强，则古昔，称先王；内其国，外夷狄；重礼文，系亲爱；守法律，畏天命：此北学之精神也。南地则反是，其气候和，其土地饶，其谋生易，其民族不必惟一身一家之饱暖是忧，故常达观于世界以外。……探玄理，出世界；齐物我，平阶级；轻私爱，厌繁文；明自然，顺本性：此南学之精神也。"①梁启超的家乡在广东新会茶坑村，他自称"余实中国极南之一岛民也"②，指其家乡原为珠三角的一个冲积小岛，后连成一片平原，靠近西江支流潭江，出崖门即为南海汪洋巨浸。人们以耕田耕海为生，也有不少人远涉鲸波到海外谋生，新会则属五邑侨乡之一。当地人勤俭、朴素、务实、刚直、粗犷，是典型的岭南文化风格。又因是华侨之乡，故深受海外文化影响，增添了侨乡人的多元、开放、重商、包容等文化风格。梁姓是新会的一个大姓，茶坑村即有5000多人，宗族势力强大，尚读书、求进仕蔚为风气。但梁家自迁至新会以来，祖上十代人都以务农为业，直到梁启超的祖父那一代才开始读书，走科举的道路。其祖父梁维清勤学苦读，后中秀才，担任教谕，即县学的教官，掌管文庙祭祀，教诲生员。其父梁宝瑛未考上秀才，遂倦意仕途，在乡里授馆课童，过着半耕半读的生活。其祖父和父亲皆热心公益事业，长期在乡里做排难解纷的工作，深得乡民信赖，在乡里有较大的影

① 梁启超：《新史学》，北京：商务印书馆2014年版，第146–147页。
② 梁启超：《三十自述》，梁启超：《饮冰室合集·文集之十一》，北京：中华书局影印本1989年版，第15页。

响。又兼精通儒学，且有一定的田产，成为名重一方的乡绅。在这样的文化环境中，梁启超深受传统思想和伦理观念的熏陶，尤其是受到严格家风的浸染。他天资聪颖、志气高远，自小受到很好的教育，养成了行事果断、独立思考、敢于质疑的品格。他除了为科举应试而钻研《四书》《五经》等儒家经典以外，还广泛涉猎了《史记》《汉书》，以及诸子百家、佛学、阳明心学、陈白沙心学等方面的书籍。其《三十自述》云：“四五岁就王父及母膝下授四子书、《诗经》，夜则就睡王交榻，日与言古豪杰哲人嘉言行，而尤喜举亡宋、亡明国难之事，津津道之。六岁后，就父读，受中国略史，五经卒业。……下第归，道上海，从坊间购得《瀛环志略》读之，始知有五大洲各国。……时余以少年科第，且于时流所推重之训诂词章学，顾有所知……先生乃教以陆王心学，而并及史学、西学之梗概。”① 梁氏有深厚的国学功底，对岭南非正统学术思想也兼收并蓄，奠定了其与北学相融合的学术和思想基础。

李蕙仙出身名门，父兄皆在京城为官。她自小就生活在北京，深受北方文化影响，接受的是正统的诗书礼仪的文化熏陶，过着优渥的宦门生活，是一位“有地位、有文化、懂社交的贵族小姐”②。从地域文化的维度看，所受之教育属北学范畴。李氏长期生活在封建大家庭之中，养成了较浓厚的封建观念，富有同情心又很仗义，为人严厉。有学者指出：“李夫人颇有封建意识，对佣人很严厉，对子女也较喜欢男孩。”③ 吴荔明女士说：“李蕙仙婆是个较严肃的人，性情有点乖戾，但也很有生活情趣，所以家里的人，都有一点怕她，又很想接近她。”④ 李氏这个性情显然与其官宦之家的出身、深受京城文化之浸染有关。从文化是适应环境的一种方式的角度看，梁李结为秦晋之好，不妨视为两种地域文化的融合。梁启超所处的环境，如康熙《新会县志》所记载：“夏秋之间，时有飓风。其作也，断虹先兆，海气沸腾，狂飙震撼，毁屋拔树，徙舟于陆，浮苴于林。其势起东北而竞西南，或一岁一发，或数岁一

---

① 梁启超：《三十自述》，梁启超：《饮冰室合集·文集之十一》，北京：中华书局影印本1989年版，第16–17页。

② 李喜所：《梁启超的家庭和家庭生活》，《史学月刊》2007年第5期，第129页。

③ 罗检秋：《新会梁氏：梁启超家族的文化史》，北京：中国人民大学出版社1999年版，第265页。

④ 吴荔明：《梁启超和他的儿女们》，上海：上海人民出版社1999年版，第20页。

发。又有石尤风。其作也，黑云翔涌，猝起俄顷……濒海地卑土薄，故阳燠之气常泄，阴湿之气常盛。二者相搏，少寒多暑。而村落依山，炎气郁蒸尤甚。"① 要适应这种恶劣的自然环境，非有坚强的意志和强大的调适能力不可。在人文环境方面，新会县"滨海以鱼盐为生，负山以薪炭材木为利。士人尊师务学，间有小民好为健讼，刑扑屡加，略无悔色"②。在海洋和山区经济背景下，当地民风彪悍，时有纠纷，不易治理。要适应、融入这种社会环境，也非有平和、健全的心态和包容精神不可。

梁李结为秦晋之好后，两人通过文化的调适、互补与融合，建立了稳固、和谐的家庭关系。如出生、生长于北方的李蕙仙对陌生的南方环境和生活上的困难，不仅没有任何怨言和不悦，而且以很强的调适能力，很快适应了广东的自然和人文环境，积极参与梁启超家乡的各种活动，努力融入当地社会。她在梁家，放下千金小姐的架子，亲自挑水、舂米、煮饭，孝敬公婆，把家务事安排得井井有条，得到了梁家上下的一致称赞。梁启超亦由衷地说："启超故贫，濒海乡居，世代耕且读，数亩薄田，举家躬耘获以为恒，夫人以宦族生长北地，嫁炎乡一农家子，日亲井臼操作，未尝有戚容。"③ 李蕙仙在新会期间，梁启超的生母已病逝，继母只比李蕙仙大两岁，但李蕙仙总是很尊敬她，"愉愉色养，大得母欢"④，两人关系相处得很融洽。婆媳关系通常被认为是家庭中较为难处理的关系之一，而李蕙仙却以自己的智慧和坦诚将这一关系处理得很好，使得梁家熙熙融融，上下相安，增进了梁家的亲睦。

又如梁启超所操之粤方言，被外地人视为难以交流的"风声鸟语"，甚至连雍正皇帝也说："朕每引见大小臣工，凡陈奏履历之时，惟有福建、广东两省之人，仍系乡音，不可通晓。"⑤ 梁启超的乡音尤重。维新变法期间，光绪皇帝召见梁启超。按照"清朝故事，举人召见，即得赐入翰林，最下亦不

---

① 康熙《新会县志》卷五，北京：书目文献出版社 1990 年版，第 106 页。
② 陈梦雷编：《职方典》卷 1308–1314，上海：上海图书集成书局光绪十年（1884）版，第 29 页。
③ 吴荔明：《梁启超和他的儿女们》，上海：上海人民出版社 1999 年版，第 16 页。
④ 《梁启超全集》第 9 册，北京：北京出版社 1999 年版，第 5209 页。
⑤ 鄂尔泰、张廷玉等纂修：《世宗宪皇帝实录（一）》卷七十二，《清实录》（第 7 册），北京：中华书局 1985 年影印本，第 1074 页。

失为内阁中书",但召见后,光绪帝仅赐梁氏"六品顶戴,是仍以报馆主笔为本位,未得通籍也",其故乃是"传闻因梁氏不习京语,召对时口音差池,彼此不能达意,景皇(光绪帝)不快而罢。(是时梁氏口音呼'孝'字如'好',呼'高'字如'古',诸多类此。此余所亲闻者)"。① 这其实也是南北地域文化差异所致。也有一种观点认为:"凭康有为原有主事之职的官员尚且被政敌阻格擢拔,何况梁启超一个'布衣'呢?这样看来,恐怕还是政争因素所致。"② 婚后,梁启超长住北京,跟夫人学习京话,逐渐克服了与广东以外人士交流时的语言障碍,后来成为一位纵横四海的演说家。对此,梁启超毫不掩饰地说:"我因蕙仙得谙习官话,遂以驰骋于全国。"③ 语言是文化的一个主要载体和文化差异的表现形式。梁启超从一个操粤方言的学者转变为一个谙熟京话的革命家、演说家,李蕙仙功不可没。这也是南北文化交流、融合的一个结果。

三、基于男女平权思想之志同道合的伴侣

清末民初,浸透封建礼法的婚姻制度,同中国的封建专制制度一样,已在下坡道上。以康梁等为首的资产阶级维新派.在向西方寻求变法的同时,对在中国已沿袭了数千年的封建宗法制度和男尊女卑等封建纲常进行了猛烈批判,提出男女平权、废除男尊女卑等进步主张,开中国近现代史上在思想意识方面变革中国传统婚姻家庭伦理和制度之先河。④ 梁李是这一平权思想的积极践行者。梁启超是中国近代资产阶级改良派的著名政治活动家、思想家,而李蕙仙则是其政治活动的坚定支持者和参与者。二人志同道合,肝胆相照,患难与共,相互支持,相互成就。恩格斯说:"有作为是生活的最高境界。"⑤ 在梁启超的影响下,李蕙仙实际上已投入维新变法的相关活动,并做出了一定的贡献。光绪二十二年(1896),她随梁启超到上海创办宣传维新的《时

---

① 王照:《复蒋翊云兼谢丁文江书(己巳·四月)》,夏晓虹编:《追忆梁启超》,北京:生活·读书·新知三联书店 2009 年版,第 153 页。

② 董丛林:《变政与政变——光绪二十四年》,北京:故宫出版社 2013 年版,第 95 页。

③ 吴其昌:《梁启超传》,天津:百花文艺出版社 2009 版,第 202 页。

④ 顾鉴塘、顾鸣塘编著:《中国历代婚姻与家庭》,北京:商务印书馆 1996 年版,第 152-153 页。

⑤ 金珺编:《中外格言》,天津:百花文艺出版社 2012 年版,第 263 页。

务报》。该报是中国人办的第一份，也是最有影响力的一份宣传维新变法的报纸。梁启超在《时务报》上发表《变法通议》《论君政民政相嬗之理》等文，论证变法之必然趋势，阐发君主立宪、采用西方资本主义政治制度等一系列主张，在广大知识分子阶层中引起了强烈的反响和共鸣，对维新变法起了极大的推动作用。梁启超是《时务报》的主笔和最有力的写手，李蕙仙大力支持梁的工作，不仅替他抄录文章，还做他的文章的第一个读者。《时务报》掀起的波澜冲击海内外，"数月之间，销行至万余份，为中国有报以来所未有"①。其中李蕙仙对梁启超的支持和作为报务后勤的作用不可忽视。

梁氏长年累月为变法奔忙，李蕙仙在其影响下，努力学习新学知识，思想水平不断提高，从多方全力支持康梁变法活动。1896 年，李蕙仙随梁启超赴沪，在协助梁启超办《时务报》的同时，又在上海创办了女子学堂，担任提调（校长），成为中国第一位女子学校的校长。②她对中国女子教育做出了筚路蓝缕、以启山林的贡献，在中国教育史上留下了重重的一笔。即便是到了晚年，李蕙仙仍矢志于女子教育，并身体力行，勤学不辍，甚至"年近半百还要孩子们教她英文"，每天早饭后稍作休息，便开始"非常认真地高声朗读中西女中的英文课本"③。1898 年 7 月，宣传维新变法，提倡女学、女权，倡导妇女参政的中国第一份妇女报纸《女学报》在上海创刊。李蕙仙为主要撰稿人之一，也是中国最早的女报人之一。④这在男尊女卑、"女子无才便是德"的封建社会，是一件破天荒、开风气的大事。李蕙仙敢于突破传统、挑战套在女性脖子上的千年封建枷锁，这需要有足够的胆识和勇气。

正是因为梁李的婚姻是建立在政治理念相通、价值追求相契合、文化相融合的基础上，婚后两人同甘共苦，患难相依，肝胆相照。戊戌变法失败，梁启超流亡日本，李蕙仙带着女儿思顺与公公梁宝瑛及其他家属避难澳门。虽境遇艰险，但李氏"慷慨从容，词色不变，绝无怨言，且有壮语"⑤。梁启超

---

① 梁启超：《清议报一百册祝辞并论报馆之责任及本馆之经历》，《饮冰室合集·文集之六》，北京：中华书局 1989 年版，第 52 页。

② 李飞龙：《满门俊秀》，武汉：华中科技大学出版社 2019 年版，第 20 页。

③ 吴荔明：《梁启超和他的儿女们》，上海：上海人民出版社 1999 年版，第 19 页。

④ 潘天祯：《潘天祯文集》，上海：上海科学技术文献出版社 2002 年版，第 198 页。

⑤ 吴荔明：《梁启超和他的儿女们》，上海：上海人民出版社 1999 年版，第 17 页。

得知后"喜慰敬服",1898 年 9 月 15 日写信给李氏云:"卿之与我,非徒如寻常人之匹偶,实算道义肝胆之交。""斯真不愧为任公闺中良友矣。"① 同年 10 月 6 日,梁启超再致信李氏云,"卿我之患难交,非犹寻常眷属而已"②。这种肝胆相照的情感,只有深层次的文化融合与心灵相通,才能达如此境界。

梁启超为变法操劳,奔走四方,与家人聚少离多,非常珍重夫妻感情。他在给李蕙仙的信中这样写道:"我蕙仙之与我,虽复中经忧患,会少离多,然而美满姻缘,百年恩爱。"③ 其作品中也处处反映了这种真挚的情怀。如《上海遇雪寄蕙仙》(1895)诗云:"春寒恻恻逼春衣,二月江南雪尚霏。一事生平忘不得,京华除夜拥炉时。"《寄内四首》云:"一缕柔情不自支,西风南雁别卿时。年华锦瑟蹉跎甚,又见荼蘼花满枝。……三年两度客京华,纤手扶携上月槎。今日关河怨摇落,千城残照动悲笳。……"④ 可见梁启超既有为国家的危机、存亡而慷慨激昂的一面,也有充满柔情的一面。这不仅在他的诗中得到了充分的体现,也在所填的词中反映出来。如《兰陵王至日寄蕙仙计时当在道中》写的是李蕙仙在归宁途中,梁启超因担心她一路上风餐露宿,舟车冷暖,眺望窗外的苍茫暮色,梦去愁来,辗转难眠。词曰:"天涯数行迹。念衾冷舟蓬,灯暗亭壁,篮舆扶下正无力。又月店鸡声,霜桥马影,催人晨起趁晚驿。夜凉怎将息。"⑤

荀子曰:"夫人虽有性质美而心辩知,必将求贤师而事之,择良友而友之。得贤师而事之,则所闻者尧舜禹汤之道也;得良友而友之,则所见者忠信敬让之行也。身日进于仁义而不自知也者,靡使然也。"⑥ 在梁启超的心目中,李蕙仙就是这样一个与他患难与共、肝胆相照之良友。1898 年维新变法失败后,梁启超只身逃亡日本,心里非常惦念留在家乡的年迈父母,他把照顾父母之事托付给了最为信赖之人李蕙仙:"吾远在外国,大人遭此患难,决不可少承欢之人,吾全以此事奉托矣。卿之与我,非徒如寻常人之匹偶,实算道

① 《梁启超家书》,天津:百花文艺出版社 2017 年版,第 201–202 页。
② 陈利红编:《梁启超家书:1898—1928》,武汉:华中科技大学出版社 2017 年版,第 4 页。
③ 陈利红编:《梁启超家书:1898—1928》,武汉:华中科技大学出版社 2017 年版,第 6 页。
④ 《梁启超全集》第 9 册,北京:北京出版社 1999 年版,第 5414 页。
⑤ 《梁启超全集》第 9 册,北京:北京出版社 1999 年版,第 5481 页。
⑥ 马琛编:《儒藏论衡:经典儒学与大众儒学》,上海:上海古籍出版社 2018 年版,第 235 页。

义肝胆之交。"① 在清兵抄家时，李蕙仙表现得十分镇静。梁氏在家信中发自内心地称赞说："卿慷慨从容，词色不变，绝无怨言，且有壮语。闻之喜慰敬服，斯真不愧为任公闺中良友矣。"② 表达了对妻子深深的感佩和敬重。正是有此能干贤惠、心心相印的良妻，方成就了梁启超的事业。梁启超后在《悼启》中写道："启超素不解治家人生产作业，又奔走转徙，不恒厥居，惟以著述所入给朝夕，夫人含辛茹苦，操家政，使仰事俯畜无饥寒。自奉极刻苦而常撙节所余，以待宾客及资助学子之困乏者，十余年间心力盖瘁焉。夫人厚于同情心，而意志坚强，富于常识，而遇事果断，训儿女以义方，不为姑息。儿曹七八人幼而躬自受读，稍长选择学校，稽督课业，皆夫人任之，启超未尝过问也。……启超自结婚以来，常受夫人之策厉襄助，以粗自树立，蚤岁贫，无所得书，夫人辄思所以益之，记二十一岁时所蓄竹简斋石印二十四史，实夫人嫁时簪珥所易也。至其平日操持内政，条理整肃，使启超不以家事撄心，得专其力于所当务，又不俟言也。"③ 这篇悼文把李蕙仙的为人、性格、贡献等都展现无遗。梁启超写了一天，又改了两天才完成，可谓倾尽了对夫人的追忆和思念，也是他对爱妻的无限深情的写照。

四、结语

梁李婚姻是梁启超家族文化研究的一个重要内容。本文从封建婚姻的本质出发，指出在清末特定的时代背景下，作为封建大家闺秀的李蕙仙嫁给南方一个贫困却是一颗政治新星的梁启超。这一婚姻具有封建政治关系结合的内涵，不同于普通的婚姻。这种结合为梁启超的维新变法活动提供了有力支持和家庭保障。李蕙仙突破封建传统，支持梁启超的变法活动，功不可没。而从文化也是适应环境的一种方式这一概念出发，梁启超北上京华和李蕙仙南下新会，都适应了他们所处的新环境，建立起了和谐的人与环境的关系。这是一种南北文化的融合，并发挥了良好的文化互补和文化整合作用，有助于梁启超从事维新变法活动。李蕙仙在梁启超的影响下，积极参与维新变法

① 《梁启超家书》，天津：百花文艺出版社 2017 年版，第 202 页。
② 《梁启超家书》，天津：百花文艺出版社 2017 年版，第 201 页。
③ 《梁启超全集》第 9 册，北京：北京出版社 1999 年版，第 5209 页。

的活动，不但为梁启超提供各种后勤保障，而且大力分担《时务报》的业务，创办全国最早的上海女子学堂，兼任校长，在中国教育史上写下了浓重的一笔。梁李婚姻是建立在共同的政治理念和价值追求，以及文化认同、文化融合的基础上，故他们能肝胆相照、患难与共、相互扶持、相互成就，使家庭、事业两相裨益，这在中国婚姻史上也是值得肯定和赞扬的相知相交的美满关系。

专题三

李端棻教育改革思想
与家风建设思想研究

再论李端菜的人才观①

莫子刚②

（贵阳人文科技学院，贵州贵阳，邮编：550025）

【摘　要】李端菜生活在黑暗动荡和新旧交替的过渡时代。作为教育改革家，他主张发展近代教育，培养新式人才。他的人才观经历了从要求改革科举制到培养维新人才，再到培养打造"力士猛士英雄说"的发展过程。这反映了他的不断革新和与时俱进。李端菜的"力士猛士英雄说"虽未及梁启超的"少年英雄说""新民说"影响广远，但有首倡和首创之功，它为后者所继承和发扬光大。

【关键词】李端菜；人才观；过渡时代；力士猛士

一、李端菜简介及其所处时代

李端菜（1833—1907），字苾园，贵州贵阳人。中进士后，先后被清廷任命为云南学政，山西、广东、四川、山东等地的会试考官及全国会试副总裁，

---

① 维新变法后，全国新式学堂如雨后春笋般涌现，湖南等地人才渐旺。梁启超、孙中山、蔡元培、陈独秀等巨擘从此把人才的培养与打造问题作为当时兴国安邦的头等大事。此后，中国最终出现了"英俊沉毅之才，遍地皆是"的景象，并最终由以"救亡图存兴邦"为己任的群才赶走了外国资本帝国主义，推翻了三座大山在中国的黑暗反动统治，实现了使国家民族走向复兴富强之路的宏伟目标。其实，认真考察起来，正是由于有李端菜等人为首的最先大力倡导，才有后来如此人才兴旺、全民崛起之成就。目前学术界对李端菜在中国近现代教育史上的成就功勋地位等多有研究论述并形成定论。然而对其在近现代人才唤醒、聚兴大潮中所发挥的不可磨灭的重要作用和功劳却似乎研究不够，论述不足。故本人觉得还很有必要再撰文彰显和强调之，以达抛砖引玉之目的。

② 莫子刚，男，贵阳人文科技学院历史学博士、教授，主要从事经济学史、中国近现代史的研究与教学工作。

官至清廷礼部尚书。戊戌变法前夕，向光绪帝上《请推广学校折》，倡设京师大学堂。被罢官回贵阳后，联合地方绅士创办贵阳公立师范学堂、贵州通省公立中学堂（今贵阳学院、贵阳一中前身），享有"近代中国教育之父"之美誉。李端棻的一生大致可分为三个时期，即少年成长时期、中年从政时期和老年失官后居住贵阳时期。在整个人生里，李端棻对封建科举制是最为深有体会者。他是其受益者，又是某种程度上的受害者；他借之登进封建朝廷，成为清廷统治集团中的重要成员，在行政实践中，又深感其弊端，深感其对人才选拔和培养的堵塞、不利乃至扼杀。

李端棻所处的时代是一个典型的过渡时代。这一时代的特点是：在政治上，西方列强处于资本主义的上升发展、不断侵略扩张时期，清廷却仍然处于闭关自守、骄奢淫逸、腐朽昏庸且国势日益下降的时期。军事上，在西方列强的船坚炮利之下，清廷屡战屡败，愈败愈惨。一次次的战争失败，一次次的屈辱签约，充分暴露了清政府的虚妄无能和羸弱不堪，充分暴露了封建制度的腐朽没落，最为有力地表明了那场以所谓"自强自富"为目的、长达几十年的洋务运动之破产失败。在经济上，中华大地最终还是被西方资本主义势力纳入他们的"市场"运行圈内，被迫与之开展包括鸦片贸易在内的各种贸易，最终成为西方世界的原料产地和商品销售市场。同时由于价廉物美的工业品在中国的大量输入和倾销，导致国内以农业和手工业相结合为主要特征的自给自足的自然经济逐渐解体，大量农民和手工业者失业。而外国工业的刺激，使我国民族资本主义得以初步产生和发展，工人阶级、民族资产阶级等新生阶级阶层诞生，国内民族矛盾、阶级矛盾和社会关系日益复杂。国内封建统治者和西方列强的任意欺压剥削和大肆地搜刮掠夺，导致国内各项社会资源日益紧张，整个社会秩序十分混乱，各种矛盾尖锐不断激化，匪患、灾荒及冲突、起义、革命等时而发生。在文化上，这几十年间，也发生了深层次变化。西方传教士兜售推广他们的宗教圣典，其他政治经济侵略者无孔不入；他们又注意使用近代报刊传播手段和近代学校教育方式，找到了比较适合楔入中国本土的方法途径，因而使得欧风美雨迅速吹遍中华大地的各个领域。加上数千年封建专制统治的摧残奴役，不少民众变得麻木不仁，或成为教民或沦为奴才。当然，在西方列强对我国进行各种侵略的过程中，那些自由、民主、平等的进步思想及西方政治制度、科学技术等也伴随而来。

"师夷长技以制夷"的呼声乃至运动渐成气候。

　　总之，这是一个面临着"三千年来未有之变局，三千年来未有之强敌"的奇特时代；是一个封建王朝处于彻底崩溃前夜而西方列强猖獗无忌、肆意横行的风雨飘摇时代；是一个国将不国、民不聊生、经济残破、民心涣散麻木而英雄时贤屡遭戕害、报国无门的时代；是一个人心思变、充满变数，整个统治阶级难以照旧统治下去而被统治者不再愿意被统治下去的时代。对于这一时代，梁启超曾指出："今日中国之现状，实如驾一扁舟，初离海岸线，而放于中流，即俗语所谓两头不到岸之时也。"①李端棻在他那些名为《杞忧》《国家思想》《党祸》《感怀》的诗作中深刻而尖锐地指出，自己所处的时代就是一个"但以苟且权子母，哪知恩泽被人民""奴隶心肠成习惯，国家责任互相推""几见清流误国家，权奸颠倒是非差，狭心但解酬恩怨，盲眼何曾识正邪""内患蒙茸外侮侵，眼前处处祸机深"②的黑暗时代。这样的时代，需要的不是老朽昏庸、固守现状、碌碌无为之辈，而是能够以天下为己任的奋发有为、开拓奋进的英雄。时代需要和呼唤这种英雄，也应该创造出这种英雄。否则，中国将永远受欺凌于人，难以崛起，国将不国。

二、李端棻对培养近代人才的呼吁与努力

　　如前所述，李端棻一生主要是担任地方教育事业的主官和负责全国教育的礼部尚书，这使他能够广泛而深刻地了解到全国各地的教育的落后状况，认识到发展教育的迫切性与重要性，积累了较为丰富的办学经验和人才培养的理念。在清廷中央为官期间，他站在更高更广的视野了解了国情民情，认识到西方列强对我国的侵略野心和清朝中央政府的极端腐败无能，痛切地感到非救国不可，非变法不可，非发展新式教育、培养近代人才不可！"窃臣闻国于天地，必有与立，言人才之多寡，系国势之强弱也。罕有济难瑰玮之才，非天之不生才也，教之道未尽也。"③他和康、梁等人一起吹响了维新变法和教育改革的号角，向光绪皇帝上《请推广学校折》，成为他事业上辉煌的

　　① 梁启超：《过渡时代论》,《饮冰室合集》文集之六，北京：中华书局 1989 年版，第 29 页。
　　② 张周全主编：《李端棻研究资料汇编》，北京：中央民族大学出版社 2021 年版，第 45—63 页。
　　③ 秋阳著：《李端棻传》，贵阳：贵州民族出版社 2000 年版，第 26 页。

华章。他向朝廷推荐了严修、夏曾佑、熊希龄、唐才常、黄遵宪、梁启超等近 20 位俊才，时常感到国家积贫积弱、百废待兴，因而人才非常缺乏。"时局之棘，莫棘于今日，今日之关系亦巨矣。今日之庶务亦殷矣，而莫危康险，责诸数人，万绪千端决于一旦。"① 他指出："为政之要，首在得人。"而"时事多艰，需才孔亟，请推广学校，以励人才而资御侮"，"人才之多寡，系国家之强弱"，"变法之本在于人才，人才之兴在于开学校"，"夫立国由于人才，人才出于立学"。② 强调了兴开学校、培养人才的重要性和紧迫性。

李端棻被罢官回家乡贵阳，到其逝世的短短几年里，同有识之士一道创办了多所教育机构。在他的引领下，数年之内就有上百所新式学堂相继开办。③ 此时的他，虽已年届古稀，但老骥伏枥、壮心不已，他生怕自己蹉跎岁月，尽量不让自己闲着，努力为国家民族社会做一些有益的事情，大部分时间都忙于从事教育实践、开通社会风气的活动。1902 年，他受聘主讲贵州经世学堂，不禁心花怒放，不仅捐银 1450 两，而且还专门写了一首志庆之诗。诗中有言"更逐国民知爱国，文明大启亚洲东"④，表示要以宣传新学、发展教育、补救时弊、开启文明为己任。在这几年里，他在不断琢磨如何编定适合于黔省等落后地区的教学教材的同时，还利用讲台与其他一切机会去宣传西方学说和自由民主爱国等进步思想。他将卢梭、培根等人之说与孔孟之道进行比较，耐心讲解，循循开导。他将收藏的《新民丛报》中有关卢梭、培根传记的部分让学生传阅抄写，并依据上面的内容来考查学生。他常常在私宅召集学生，介绍西方的学术文化。去世前数月，他在给梁启超的信中还雄心壮志地表示："吾年虽逾七十，志气尚如少年，天未死我者，犹将从诸君之后，有所尽于国家。"流露出"要把有限的生命投入到无限的为人民服务当中去"的崇高思想。临终之时，他谆谆告诫其弟子学生，要尽力"捐助学堂经

---

① 孔祥吉：《康有为变法奏议研究》，辽宁教育出版社 1988 年版，第 311 页。转引自钟家鼐：《李端棻评传兼论维新官僚在戊戌变法中的地位与作用》，海口：海南出版社 2004 年版，第 211 页。

② 钟家鼐：《李端棻评传——兼论维新官僚在戊戌变法中的地位与作用》，海口：海南出版社 2004 年版，第 60 页。

③ 刘玮：《中国教育先驱——李端棻》，《兰台世界》，2014 年第 13 期，第 143 页。

④ 许先德、龙尚学主编：《金筑丛书·贵阳五家诗钞》，贵阳：贵州教育出版社 1995 年版，第 9 页。

费"。总之，在老人生命的最后几年里，他使出浑身解数，以最大的努力，开创了各类教育平台，贯行自己的教育理念，为黔省现代教育的发展打下坚实的基础，成为"贵州近代教育发展的领跑人"①。如果说之前的他是登高者、领跑人，那么这时的他则是践行人、默默奉献者！他在多方面助推近代中国教育，是培养救国人才的开拓性人物。他对近代中国新式人才嫩芽的破土而出和茁壮成长做出了不可磨灭的贡献。

三、李端棻对近代人才培养塑造的若干思考

在过渡时代，到底需要怎样的人才？李端棻对时代需要的人才提出了怎样的具体要求呢？

不同的时期，李端棻的人才观是有所变化的。在青少年和从政初期，他积极参与科举考试，并为这一制度的改革献谋划策，说明他在很大程度上是认同科举制度的，虽然他也时常感到这一制度的缺点不足。随着从政资历的加深和对国家大事、国际形势的了解，他对科举日趋失望，对该种制度下培养的所谓人才不满。维新变法期间，他提出应该兴办新式学堂，培养维新人才。为此，他向皇帝上《请推广学校折》，试图通过培养维新变法人才，达成其救国救民之目的。他指出，政府唯有顺应时变，发展教育，培养大量"济难瑰玮""通达中外能周时用"而非洁身自好、明哲保身之士，才能使邦兴国安。他认为人才乏绝，既是历代政府未能高度重视所致，也因教育之道存在太多弊端。如能广设学校，并有良好的教育制度和方法，就自然能使"人争濯磨，士知向往，风气自开，技能自成，才不可胜用矣"②。从《请推广学校折》的内容可以看出，李端棻认为，要根据改进时弊和适应国情的需要去改革学制，开设更多有用的课程，聘延或考选有才学且负责之士担任教师。他指出，当时国家开设所谓的新式学堂虽已达 20 余年，但教学内容残缺不全，且专业未分，理论脱离实际，新式学堂极少。在折中他主张取缔科举制，在京师设立大学堂，在各地设立各级新式学堂。这些学堂，学习期限均为 3 年，

---

① 张羽琼：《李端棻与中国近代教育中上的"贵州声音"》，周术槐主编：《李端棻：近代教育改革的先驱》，成都：西南交通大学出版社 2020 年版，第 54 页。

② 钟家鼎：《李端棻评传——兼论维新官僚在戊戌变法中的地位与作用》，海口：海南出版社 2004 年版，第 63 页。

学习内容和要求随年龄、级别的不同而有所侧重和不同。在各地府州县学中，选拔 12～20 岁年龄段的"秀才"入学，"学中课程，诵《四书》《通鉴》《小学》等书，辅之以各国语言文字及算学、天文、地理之粗浅者，万国古史近事之简明者，格致理之平易者"。在省学堂，选拔 20～25 岁年龄的"诸生"入学，除学习掌握府州县学堂之课程外，还要求"诵经史子及国朝掌故诸书，而辅之以天文、舆地、算学、格致、制造、农、商、兵、矿、时事、交涉等"。在京师大学堂，选拔 30 岁以下的"贡监"，除要求熟悉前两个阶段的所有课程外，还要"各执一门"，力求"专精"，而"不迁其业"。在此，李氏实际上为我国近现代以来的学校教育之小中大学各个阶段的招生及教学内容规划，提出了最初的设计。他这种前瞻性的远大目光，实际上是想建立培养造就理想人才的宝库，从而为国家民族提供取之不竭、用之不尽的人才。李端棻在该奏折中还主张清廷应该在全国各地设藏书楼、创仪器院、开译书居、广设报馆、选派国外留学生，以孕育良好的社会风气，辅助配合好学校教育。他认为，只要通过这样"一经五纬"的教改措施，人才格局就会焕然一新。"至十年以后，贤俊盈廷不可生用矣。""以修内政，何政不举，以雪旧耻，何耻不除。"①

变法失败后，去官为民，对民间社会有了更深入洞察的李端棻认为，应该培养出大批"英雄""猛士"，从头再来，挽救我国家民族。他在贵阳精心编撰了《普通学说》一书，作为奠定"造就新国民"之最初基础。他在书中指出，当时培养出来的所谓人才整日只知从事"考据、词章、帖括"之事，对"西学"知晓甚少，"不伦不类，似通非通，扣以彼中之经史百家、兵刑礼乐、天文舆地、化电声光，下逮商贾农桑、百工杂技，不特专门学问无一擅长，即所谓普通者，亦大半茫然不知，瞠目无能对答"②他指出，要救时，要造新民，过去那种不合国情、不切实际的"空疏"之学是没有用的，必须根据时局需要培养打造大批通晓旧学新学、会通中学西学之新人。"为学之最初一步，普通学是也。……普通学之最不可少者，曰算术，曰几何，曰代数，曰中国地理，曰中国历史，曰外国地理，曰地文，曰地质，曰理化，曰生理，曰博物，曰政治，曰法制，曰经济，曰伦理，凡十六科，如上所列。此外，

① 钟家鼎：《李端棻评传——兼论维新官僚在戊戌变法中的地位与作用》，海口：海南出版社 2004 年版，第 66 页。

② 《说学·申报》，1904 年 11 月 29 日。

如哲学、宗教、心理、国家社会，或未普及于学校。至如农工商学，又为实为之学，其本亦在博物、理化、经济之中。自此之外悉为专门之学，实业与专业皆普通学成后之一步。"① 由此可见，李氏所要培养的人才是中西会通、文理兼顾、知识渊博的综合性人才。总之，正如他在《再答王眉生茂才》所说的那样，"儒修料想兼中外，西学昌明更欲东"。作为学者，只有兼修中外，才能洋为中用，使西学在我国得以运用、走向昌明。

李端棻深知，在当时，要想造就优秀的"国民"，首先必须扫除他们心灵深处的"奴性"。如果说他在朝中为官时只主张培养造就那种维新变法的人才的话，那么他被黜回乡之后则主张要培养造就那种不具奴性、自强自立、敢于反抗、善于团结合作、讲求民主平等精神的人。在他晚年的诗作里，我们不仅看到他对清廷专制腐败的愤怒心态，也频繁地读到他对那些优良国民品格是如何给予高度讴歌与赞扬的。其诗句中不时出现诸如"平等""自由""团体""互助""民智"等新名词。不仅表明了李氏的思想主张，也说明他实际上是希望培养造就具有此种品格类型之国民的。例如，他在《感时》一诗中如此写道："可惜尊荣安富辈，甘为奴隶马牛身。若问后来真结果，波兰印度是前尘。"② 警告国人，如果在外国侵略者面前继续甘心为奴、俯首贴耳，不敢反抗，就会像波兰和印度一样沦为亡国奴。他在《闻京都学生遇害》一诗写道："黑气漫漫压帝畿，嘻嘻怪事是耶非。学堂未获收明效，文字翻能贾祸机，称难同胞曾得计，摧残国脉更可悲。"③ 把那些惨遭清廷杀害的爱国学生称为民族发展必须依赖的"国脉"，表明他对那些以国事为己任、有主见、敢作为敢反抗的年轻人十分赞赏。他在《杞忧》一诗中写道："但以苟且权子母，哪知恩泽被人民。滔滔天下皆如此，无怪要求遍铁轮。"④ 既然当官的根本不顾人民死活，只知自私自利，民众自然就可以诉诸"铁轮"，用暴力说话了。他在《国家思想》一诗中写道："君不堪尊民不卑，千年压制少人知。奴隶心肠成习惯，国家责任互推诿，峡经力士终能剖，山有愚公定可移，缅昔宣尼垂至教，当仁原不让于师。"要想拯救国家，化解危局，就必须去掉

---

① 张周全主编：《李端棻研究资料汇编》，北京：中央民族大学出版社 2021 年版，第 24—29 页。
② 张周全主编：《李端棻研究资料汇编》，北京：中央民族大学出版社 2021 年版，第 76 页。
③ 张周全主编：《李端棻研究资料汇编》，北京：中央民族大学出版社 2021 年版，第 60 页。
④ 张周全主编：《李端棻研究资料汇编》，北京：中央民族大学出版社 2021 年版，第 45 页。

奴隶心肠，就必须培养造就在逆境中崛起、在苦难里重生、有力量有智慧有担当、坚强自立、奋进不已的"移山愚公""峡经力士"！他认为做人要像梅、竹一样有气节有骨气，不染污尘。即使是以描写个人生活和心态为主题的诗歌中，也有不少表现对那种自主、坚强性格的赞赏。"坚冰炼骨雪为肤，那许尘嚣白点污。纵使玉容消瘦甚，霜花飞上转敷腴。"[①]"生来傲骨原无恙，不似春花落满庭。""阴雨前宵又昨朝，傲骨风节亦飘摇，扶持尚赖竹君子，聊籍一支免折腰。"[②]他甚至提出应该多造就敢于冲击旧制度建设新制度的"猛士""英雄"。"宗旨看真须取法，何妨时势造英雄。""四方多猛士、定可挽天河。"[③]这种"力士""猛士""英雄"其实就是李端棻心目中最为理想的"新民"形象。此时，以孙中山为首的资产阶级革命派在全国各地发起了风起云涌的起义。作为站在时代前沿时刻关注国家民族命运的知识分子，李端棻自然最先感受到了时代的脉搏和即将来临的时局的大变化，诊断出国家民族最最需要什么样的人才。他的"力士""猛士""英雄"说就是对当时"过渡时代"需要特别人才的敏锐而最好的回应。

四、结语

从要求改革科举到要求培养维新变法人才，再到要求打造"力士""猛士""英雄"，反映了李端棻对中国近代教育育才的思考和与时俱进，反映了他崇高的爱国情怀与责任担当。

李端棻的一生，是通过科举从一介布衣到入仕为官，从身居礼部尚书之高位到闲居家乡。这种从体制外到体制内，再从体制内到体制外的特殊经历，既有体制所给予的诸多历练和切身感受，又有体制外的多方观察和冷静思考。加之他学识渊博、胸襟开放、勤勉努力，因而其人才观是全方位、多角度思考的结果，是能够针砭时弊、对症下药和与时俱进的。因而他在《请推广学校折》《普通学说》等文书中提出的许多观点被政府接受和社会认可；他在兴办教育实践中的范例也得到后人的继承和弘扬；他的《请推广学校折》成

---

① 张周全主编：《李端棻研究资料汇编》，北京：中央民族大学出版社 2021 年版，第 51 页。
② 张周全主编：《李端棻研究资料汇编》，北京：中央民族大学出版社 2021 年版，第 74-75 页。
③ 张周全主编：《李端棻研究资料汇编》，北京：中央民族大学出版社 2021 年版，第 46-47 页。

为近代中国发展各种新式教育顶层设计的经典；他的《普通学说》全面详尽地规划了基础义务教育的课程体系和内容框架，为培养造就需要的"救时之才"及发展落后地区的人才奠定了基础。李端棻的爱国精神始终不渝、矢志不移，因而他能够和梁启超一道，大力倡导发展新式教育，打造"新式国民"以救亡图存。他的"力士""猛士""英雄"学说尤其表明了这一点。他从封建科举制度的拥护者到主张维新变法，再到提倡打造具有民主反抗、冲破顽旧势力牢笼、挽救国运精神的"力士""猛士""英雄"，不能不说是一个巨大进步，是一种华丽转身。为了救亡图存，梁启超也曾专门著文，呼吁"过渡时代"急需少年英雄。他说："吾辈虽非英雄，而日日思英雄，梦英雄，祷祀求英雄。英雄之种类不一，而惟以适于时代之用为贵。故吾不欲论旧世界之英雄，亦未敢语新世界之英雄，而惟望有崛起于新旧两界线之中心的过渡时代之英雄。"① 他认为此种英雄必须具备三种不可或缺的德性，即冒险性、忍耐性和别择性。青出于蓝而胜于蓝。作为晚辈的梁启超所提倡的新民说、少年英雄说，对后世中国发生了巨大影响。李端棻逝世于辛亥革命成功的前夜，未能进一步宣传倡导"英雄""猛士"学说。他是一个过渡时代承前启后的人物，无疑完成了历史赋予他的使命，值得后人永远敬仰和缅怀。

和康有为等保皇派相比，李端棻从不固执。他不断自我革新，敢于冲破封建君主立宪制的思想牢笼，因而其人才观也是开放进步的，是围绕着爱国、爱民族这一核心的。和早期某些资产阶级革命派相比，李端棻的人才思想甚至也是有优秀之处的。李端棻的人才观是提倡集体行动、群体合作的。他在《闻谤自责》一诗中指出，如果教育发达，民智开通，国民英雄团结合作，就能够打败任何敢于欺凌我中华之外敌，"家贼难防凭压力，谤书遍布荷良规。不然民智开通后，团体合群谁御之"②。当然，如前所述，若和梁启超相比，李端棻的"力士""猛士""英雄"说之影响是较为有限的，但梁启超及其所处同时代的"英雄"说、"新国民"说等都无不深受李端棻的影响。

十年树木，百年树人。中国近现代革命史上人才辈出，李端棻实有不可忽略的首功。

---

① 梁启超：《过渡时代论》，《饮冰室合集》文集之六，北京：中华书局 1989 年版，第 30 页。
② 张周全主编：《李端棻研究资料汇编》，北京：中央民族大学出版社 2021 年版，第 48 页。

浅析李端棻的教育伦理观及其当代价值

孙玉娟①

（贵阳学院阳明学与黔学研究院，贵州贵阳，邮编：550005）

【摘　要】李端棻作为维新时期的重要人物之一，在一定程度上推动了当时教育的改革与发展。本文基于伦理学的观点，结合时代背景以及李端棻的个人经历，对李端棻的教育伦理观进行分析。李端棻的教育伦理观涉及课堂建设、教材建设、西学引进等多方面的内容，具有实用性、开放性、爱国性等鲜明的特点。研究李端棻的教育伦理观，在当代教育发展中仍具有借鉴与实践意义。

【关键词】李端棻；教育伦理观；当代价值

一、李端棻教育伦理观产生的理论与实践依据

（一）传统教育思想的影响

李端棻教育伦理观的形成在认识论上主要是受到中国传统教育伦理观、深厚的家学渊源以及早期维新派教育变革思想的影响。儒家思想从汉代董仲舒"罢黜百家，独尊儒术"成为主流思想，发展到宋明理学。晚明经历了朝廷的衰败、西方的侵略，在思想上传统的儒家思想与要求民主自由的西方资本主义思想相互碰撞，为李端棻教育伦理观的形成夯实了基础。

家国同构是中国传统伦理思想的重要特点之一。李端棻作为朝廷官员且身居要职，身上的担子自然比普通的学者、民众更重一些。《孝经·开宗明义

---

① 孙玉娟，女，汉族，山东潍坊人，硕士研究生。主要研究方向：伦理学。

章》中说:"夫孝,德之本也,教之所由生也。……身体发肤,受之父母,不敢毁伤,孝之始也。立身行道,扬名于后世,以显父母,孝之终也。夫孝,始于事亲,中于事君,终于立身。"[①] 在逐渐系统化、结构更加严密的道德规范体系中,中国传统的教育伦理观以家和国为基础,从中体现了对个人的教化要求。"君为臣纲,夫为妻纲,父为子纲"的三纲、"仁、义、礼、智、信"的五常,是从个人所扮演的身份角色所需要恪守的规范,以及个人所要具备的优秀的道德品质,来进行道德上的约束。李端棻在同治元年(1862)应顺天乡试中举,在次年会试中进士,由此可见其学问的功底。

严谨的治家风气与深厚的家学渊源,对李端棻的教育伦理观有着重要的影响。李端棻幼年丧父,与母亲相依为命,叔父李朝仪把他视如己出,教养成人。"朝仪以学问吏治闻于时,以古圣贤之教率其家。"[②] 李朝仪忠君报国,爱民恤民,办案公正严明,敢于打击不法酷吏,赢得了百姓的赞颂。他善于防患于未然,处理棘手的问题时,头脑清醒,胆识过人。[③] 受叔父影响,李端棻刻苦学习,在同辈兄弟中是极为出色的。有叔父的言传身教,在为官期间积极奏议,晚年在家乡积极兴学办讲堂。在他的一生中,叔父李朝仪是他的榜样与力量。

鸦片战争之后,部分有识之士开始觉醒。魏源在《海国图志》中提出"师夷长技以制夷"。中国民族资本主义的兴起、时代的变化影响着李端棻。甲午战争失败之后,证明了仅仅向西方学习技术这条路是行不通的。李端棻作为梁启超的"伯乐",受到康有为等倡导维新的士子影响,同时他也在探求"救国救民"的道路。教育的变革是维新变法中重要改革的方向,早期维新思想是李端棻教育伦理观形成的重要思想依据。

(二)实践依据

李端棻教育伦理观的依据,首先是晚清受到西方列强侵略的事实,其次是李端棻个人的人生经历。动荡的社会,腐朽的制度,百姓穷困潦倒,作为

---

① 孔子及其弟子:《孝经·开宗明义章》,北京:北京联合出版公司2015年版,第9页。
② 凌惕安主编:《清代贵州名贤像传·李端棻》(第一集第四卷),上海:商务印书馆1946年版,第1-7页。
③ 庞思纯:《一代良吏李朝仪》,《贵阳文史》2012年第1期,第11页。

中华男儿，李端棻怎能袖手旁观呢？

清朝实行闭关锁国政策，自诩的"天朝大国"，在一天天地糜烂。西方列强以鸦片打开中国的大门，英国、法国、沙俄、日本的一步步侵略，一个又一个不平等条约的签订，到八国联军侵华，清政府彻底沦为"傀儡政权"。强国之法到底在哪里？要想强国，人才是必须的条件。可是以八股文为评判标准的科举制、只为培养技术人员的职业学校，能培养出救亡图存的人才吗？李端棻、梁启超以及康有为等人认为教育亟须改革，教育观念也亟须改变。他在光绪二十二年五月初二（1896 年 6 月 12 日）上奏《请推广学校折》："非天之不生才也，教之之道未尽也。"明确提出当时的教育制度已经无法再选拔出人才，只有改革，要用合理的方式来教化人才，"人才之多寡，系国事之强弱也"[1]。西方列强的侵略，使国人不得不改变"天朝上国"的观念，从而探求向西方学习的路径，学习西方的政治制度以及教育思想等。

李端棻幼而孤，由母亲抚养，幸得当时为官的叔父教养成人，人生的大半时间都在北京度过。童年的不幸经历、叔父的严谨管教，使他努力学习，年纪轻轻便中举人、进士，并成为科举主考官员。他在主考中十分赏识梁启超，把自己的堂妹嫁给了当时还是"毛头小子"的梁启超为妻。李端棻经历了维新变法，后被贬新疆，辗转得以回到贵阳老家。在为官时经常为家乡经济发展劳心，在光绪十一年（1885）十二月十九日，上奏《詹事府少詹事李端棻、山东道监察御史熊景钊奏为贵州地瘠民贫饷糈不足拟请改隶川督兼辖以资接济而靖边隅事》[2]，推动贵州经济发展。回乡后，看到民生闭塞，教育落后，毅然担起重任。独特的人生经历、渊博的学识、忧国忧民之心，是李端棻教育伦理观得以形成的基础。

二、李端棻教育伦理观的主要内容

李端棻的教育伦理观，在《请推广学校折》《普通学说》中得到充分体

①　李端棻：《请推广学校折》，张周全主编：《李端棻研究资料汇编》，北京：中央民族大学出版社 2021 年版，第 16–21 页。

②　李端棻：《詹事府少詹事李端棻、山东道监察御史熊景钊奏为贵州地瘠民贫饷糈不足拟请改隶川督兼辖以资接济而靖边隅事》，张周全主编：《李端棻研究资料汇编》，北京：中央民族大学出版社 2021 年版，第 13–15 页。

现。李端棻作为朝廷官员，积极地推动维新变法，在家乡兴办学校、创立讲堂，在实践的方方面面都可以体现他的教育伦理观念。

（一）推广学校教育：促进教育公正

学校的发展，在我国历史悠久，夏商时期就有"庠、序"。孔子"有教无类"，广收弟子，直到京师大学堂之前，都是以"私学"的形式教学。虽说教育的范围在不断扩大，"科举制"在一定程度上能够有"寒门出贵子"，但这也只是少数的情况。随着社会发展，"科举制"不能适应时代发展对人才的需求。清光绪二十二年（1896），李端棻向光绪皇帝上了一道折子——《请推广学校折》，首次提出设置"京师大学"。光绪二十四年（1898），李端棻上《维新变法条陈当务之急折》，其中说："四曰派朝士归办学校，请派各省通才办学堂。"①

学校是教育发展的基础，公办的学堂在很大程度上可以促进教育的公平。李端棻提出各级学堂的不同要求：初级的是府州县学，"选民间俊秀子弟十二至二十者入学，其诸生以上欲学者听之。学中课程，诵《四书》《通鉴》《小学》等书。而辅之以各国语言文字及算学、天文、地理之粗浅者，万国古史近事之简明者，格致理之平易者，以三年为期"。中级的为省学，"选诸生二十五以下者入学，其举人以上欲学者听之。学中课程，诵经史子及国朝掌故诸书，而辅之以天文、舆地、算学、格致、制造、农、商、兵、矿、时事、交涉等学，以三年为期"。高级的是京师大学，"选举贡监三十以下者入学，其京官愿学者听之。学中课程一如省学，惟益加专精，各执一门，不迁其业，以三年为期"。而且在光绪二十八年（1902）春，李端棻与于德楷、乐嘉藻（采丞）、李裕增四人商议集资创设贵阳公立师范学堂，以"谋黔省教育之发展，振兴贵州文化，培养新学师资以应教育发展之需求"②。

李端棻推广学校，可谓是发扬了孔子"有教无类"的教育思想。李端棻的后半生，都在为推广学校而努力。他经历了维新变法的失败、被贬、妻子离世，但是仍然讲学、创办学堂，为了国家的兴盛、人才的兴旺，付出了一

---

① 秋阳：《李端棻传》，贵阳：贵州民族出版社 2000 年版，第 63 页。

② 李端棻：《请推广学校折》，张周全主编：《李端棻研究资料汇编》，北京：中央民族大学出版社 2021 年版，第 17–19 页。

生的努力。

（二）推进课程改革：促进教育内容的多样化

道光年间的《钦定国子监志》中说："凡满、汉教习之职：学生每日到学，各令画到、授书、背书、讲书、复讲、习字、默写经书。日有课程，有不率者责罚之。旬之三、八日，习满文者，课清书翻译；习汉文者课文艺。一切功课，并督学生。随日籍记，汇交助教，按月由博士呈本监堂上官查核。春秋赴监，听堂上官季考。"对各类教习的职责予以细化，但还存在很多弊端。

李端棻在《请推广学校折》中，依据"中体西用"的原则，结合西方的教学方式、教学内容，提出了教学存在的弊端。首先，未学习"治国之道，富强之原"；其次，对于新兴的制造业等一些专业性较强的学科，认为，"非终身执业，聚众讲求，不能致精"。学习不分专业是不行的。最后，李端棻也谈到实践的重要性，只从"故纸堆中"读书，不注意致用，终成空谈。

1. 分阶段化课程

在课程的内容上，李端棻倡导进行分级学习，年龄不同、学校的等级不同，所学的课程内容也不同，采用逐级渐进的方式。县学年龄范围是 12 到 20 岁的学生，学习四书五经的同时，还要顺应时代发展的要求，学习其他国家的语言和天文地理、历史人文等知识。其次就是 25 岁以下进入省学，学习经史子集的同时，也学习一些新技能，注重各项技能的培养。最后是进入京师大学，30 岁以下的学子，进行深造学习，经史子集是必要的课程，再选取天文农商矿等学科中的一门，每个阶段均为三年。

分级学习，适合不同年龄段的认知水平，对于专业知识的学习也是从浅到精。

2. 理论与实践相结合

李端棻在《请推广学校折》中提出课程内容的改革，首先是学习的内容，不只局限于四书五经，各国的语言要学习，"天文、舆地、算学、格致、制造、农、商、兵、矿、时事、交涉等学"，也属于教学范围之内。其次是仅有学堂，没有基础设施，也不能培养出人才，所以他提出：一是设藏书楼，"自京师及十八行省省会，咸设大书楼，调殿板及各官书局所刻书籍，暨同文馆、制造局所译西学，按部分送各省以实之"。"妥定章程，许人入楼观书，由地方公择好学解事之人经理其事。"二是创仪器院，"格致实学，咸藉试验。无远视之镜，不足言天学。无测绘之仪，不足言地学。不多见矿质，不足言矿学。不习睹汽机，不足言工程之学。其余诸学，率皆类似"。三是开译书局，"分类译出，不厌详博，随时刻布，廉值发售"，以"增益见闻，开发才智"。四是广立报馆，"今请于京师及各省会，并通商口岸繁盛镇埠，咸立大报馆，择购西报之尤善者分而译之。译成，除恭缮进呈御览并咨送京外大小衙门外，即广印廉售，布之海内。其各省政俗士宜，亦由各馆派人查验，随时报闻，则识时之俊日多，干国之才日出矣"。五是选派游历，"学徒既受业数年，考试及格者，当选高才以充游历。游历之道有二，一游各国，肆业于彼之学校，纵览乎彼之工厂，精益求精以期大成。一游历各省，察验矿质，钩核商务，测绘舆地，查阅物宜，皆限以年期，厚给薪俸，随时著书归呈有司，察其切实有用者，为之刊布，优加奖励"。"其游惰而无状者，官则立予降黜，士则夺其出身。"

李端棻期望，改革能够让国家培养更多的人才，他说："十年之后，贤俊盈庭，不可胜用矣！以修内政，何政不举？以雪旧耻，何耻不除？"但是要实施，是存在各种困难的。经过李端棻、孙家鼐、康有为等人的不懈努力，最终京师大学堂得以创办。李端棻直至晚年仍致力于教育的改革，为教育的发展努力一生。

三、李端棻教育伦理观的主要特点

(一) 实用性与爱国性相统一

李端棻的教育思想是结合当时的时代背景提出的，国家面临危难，不平等条约的签订，以及国家主权一步步丧失，李端棻思考为什么李鸿章、左宗棠等人所追求的"富强"会失败？他积极地进行反思，而不是像一些保守派那样，面临危难时刻，不思考、不求进取。李端棻认为，我们的军事、轮船以及纺织局等实业，在甲午之战后临近破产的原因是人才的不足，他的教育思想，首先是为了国家的发展，不被列强侵略。李端棻在《请推广学校折》中提出"一经五纬"创办学校、培养人才的措施，在结合现实的基础上，涉及如何创办学校、创办什么样的学校以及学校培养的人才该如何重用起来等，体现了他的教育思想的实用性与爱国性相一致的原则。

（二）开放性与无私性相结合

"辅之以各国语言文字及算学、天文、地理之粗浅者，万国古史近事之简明者，格致理之平易者"，这是李端棻对府州县 12 到 20 岁入学的学生提出的要求。李端棻虽然没有放弃"中体"（也就是对传统文化的学习），但是他让学生学习西方的语言以及历史。我们的教育开始走向开放性与包容性并存的阶段。作为清朝的重要官员，李端棻为了发展教育，积极上奏折，而且勇敢站出来支持好友。被贬回贵州，仍大力发展教育，开民智、教化百姓。

四、李端棻教育伦理观的当代价值

（一）对教师队伍的建设：具有教育价值

韩愈的《师道》中说："师者，所以传道授业解惑也。"老师的个人素质应符合作为一个老师的要求。李端棻所提出的每个阶段的学习要求，不仅是对学子们，也是对老师的要求。随着社会的发展，教学方式、教学方法、教学内容都要随之变化。在这个过程中，身为教师，更是应该以身作则，不断丰富自己的知识，这样才能适应时代的变化，为国家建设培养更多的人才。

（二）对学生的健康成长：具有引领价值

只会僵硬的读书并不会成为社会所需要的人才，科举制使读书人深陷其中，不能自拔。李端棻提出的教育改革是必然之势，学堂学的是知识和技能，学习西方语言和文化。不能要求学生"死读书"，丰富学生的课外活动，强化实践能力，接受优秀的外来文化，引领学生健康成长，才能培养出优秀人才。

（三）对学校人才培养的基本模式：具有创新价值

学校作为学生学习的主要场所，在教学宗旨上，要具有明确的目标。而且，培养方式也要不断创新、与时俱进。李端棻的教育思想中，强调创办学校的重要性，提到学校要注重理论与实际相结合、中西结合的方式。李端棻认识到旧学堂存在的弊端，倡导教育改革。现在很多学校仅仅以提高学生成绩为目的，不重视学生的全面发展。现如今我国在进行教育改革，学校应当紧跟时代的步伐，不断进行人才培养模式上的创新与发展。

（四）对国家富强与人民富裕：具有实用价值

国家昌盛、人民生活水平提高的重要途径之一是人才的培养。李端莱在甲午战争失败之后认识到了这一点："皇上顺穷变通久之义，将新庶政以图自强，恐办理无人，百废莫举，特降明诏，求通达中外能周时用之士，所在咸令表荐，以备擢用……以为豪杰云集，富强立致；然数月以来，应者寥寥；即有一二，或仅束身自好之辈，罕有济难瑰玮之才。"[①]百废待兴，而人才却少之又少，教育已经落后于当下的社会发展；培养不出能够拯救国家于危亡之际的人才，因此必须改革教育。

在社会主义现代化的今天，国家十分重视人才的培养，人才培养关乎国家发展大计。梁启超的《少年强国说》提出："少年强则国强，少年兴旺则国兴旺。"少年一辈担负着国家、民族的重任。李端莱的教育思想对人才的重视与培养，对当下我们国家的发展也具有现实意义。

---

① 李端莱：《请推广学校折》，张周全主编：《李端莱研究资料汇编》，北京：中央民族大学出版社 2021 年版，第 16 页。

李端棻的家风观探析

李　浩　贺菊莲①

（贵州民族大学民族学与历史学学院，贵州中医药大学马克思主义学院，贵州贵阳，邮编：510025）

【摘　要】李端棻的家风观是时代的产物，儒家思想文化是其理论基础，个人成长经历和为官经历是其实践基础。李端棻的家风观的主要内容有注重教育、践行团结互助、重"才"轻"财"等。李端棻的家风观对于李氏后人和当今社会风气乃至领导干部的作风建设有重要启示意义。

【关键词】李端棻；家风观；当代价值

李端棻作为中国近代教育改革的先行者、晚清政治家，对中国近代教育的开拓与发展及晚清政局产生了重要影响。尤其是在地方乡贤文化的兴起，努力挖掘家乡的历史文化名人的事迹与精神成为地方社会文化发展的重要举措的背景下，在贵阳学院李端棻研究院周术槐院长的大力推动下，近几年，贵州学界掀起了李端棻的研究热潮。但纵观学界关于李端棻的研究情况，多集中在李端棻教育改革思想及实践的研究，具体如以《请推广学校折》为中心展开的相关研究②，还有李端棻在戊戌维新运动中的贡献与地位研

---

① 李浩，贵州民族大学民族学与历史学学院党委副书记、教授、博士生导师。贺菊莲，贵州中医药大学马克思主义学院教授、硕士生导师。

② 如敖以深：《教育改革视角下的李端棻〈请推广学校折〉分析》，《贵阳文史》2017年第4期，第55-57页。郑永华：《〈请推广学校折〉：开启中国教育近代化进程的珍贵档案》，《北京档案》2019年第11期，第45-47页。莫子刚：《简论李端棻的报业思想》，《贵阳学院学报》（社会科学版）2018年第2期，第37-39页。刘宗棠、谭佛佑、梁茂林：《李端棻上〈请推广学校折〉的前前后后》，《文史天地》2017年第7期，第51-55页。施欣：《李端棻〈请推广学校摺〉中教

究①，以及《普通学说》的研究。形成这样的研究局面很大原因是现今研究李端棻所能依据的资料极少，故而要对李端棻做全面、综合性的研究十分不易。在材料不足、研究进展艰难的情况下，为了进一步深入对李端棻的研究，一方面还得继续挖掘那些故纸堆中的史料②；另一方面是注意转换研究视角，旧材料新用，并注意将地方历史与家族历史结合起来。本文就学界较少涉及的李端棻家族的家风观为主题，做一些粗浅的、不成熟的论述，以抛砖引玉。

一、李端棻家风观的形成原因

李端棻的家风观是时代的产物。儒家思想文化是其理论基础，个人成长经历和为官经历是其实践基础。

（一）李端棻家风观形成的理论基础

1. 儒家思想

国是千万家。在中国传统社会，家庭是最基本的组织形式。受儒家思想影响，中国人重视家庭，围绕着"家"衍生出人际关系和群体秩序，可以说"家"就是中国人一生中最重要的组织。在儒家看来，家庭组织是所有社会组织的基础，家庭关系是所有社会关系的前提。

中国传统社会在长期的实践过程中形成了"修齐治平"的家国观念，其中齐家思想是沟通个人与国家关系的重要链接。齐家主要是指以家训规制、家风熏染等方式管理和建设家庭与家族，目的是使家庭和睦、育人成功、家族隆盛。③孟子认为，家与国为一体，家国一脉相承。家庭治理得当，国家也就顺理成章地成为太平天下，并提出了"天下之本在国，国之本在家"的思想。

李端棻出生于清道光十三年（1833），祖籍为湖南衡州清泉县（今衡阳

（接上页②）育思想考察》，《云南师范大学学报》（对外汉语教学与研究版），2017年第1期，第68—76页。刘宗：《维新之艰难兮，公缔其始——纪念李端棻上〈请推广学校折〉一百二十周年》，《贵州文史丛刊》2016第4期，第69—73页。

① 如王世光：《魂归永乐的"戊戌变法"领袖人物李端棻》，《贵阳文史》2010年第6期，第12—15页。钟家鼎：《李端棻与戊戌变法》，《贵阳文史》2010年第6期，第16—18页。

② 如贵州民族大学图书馆藏《李湛轩自叙年谱》对串联李朝仪、李端棻二人的宦迹，尤其对李端棻编修翰林、提督云南、恩赦回籍等重大史实的记载，可补史之阙。

③ 宋天阳：《论弘扬齐家传统的三重根据》，《学术交流》2020年第9期，第39页。

县）。李端棻是李氏家族自湖南衡州府清泉县（今衡阳县）入黔的第三代。据
梁启超《李公墓志铭》载，其曾祖父与祖父，俱增顺天府尹，后赠公官祖始
徙黔。[1] 由此可知，李氏家族在入黔之前就是官宦人家，受过儒家文化的教育
与熏陶。从李端棻一生的事迹来看，确实深受传统儒家思想的影响。儒家传
统文化中"穷则独善其身，达则兼济天下"的使命担当深刻影响了李端棻的
个人价值的追求与使命。面对晚清危殆的国势，李端棻能较早地意识到传统
教育的弊病，且能最早提出具体的改革方案，对近代中国教育发展留下了较
为积极而深远的影响。李端棻无论身处高位还是作为一介布衣，始终不渝地
推动中国教育事业的改革与发展，体现了家国天下的情怀与使命担当，这些
都得益于其良好家风的影响。

2. 家族文化

李端棻的家风观的形成离不开优良家风的熏陶。其成长阶段受到舅父何
亮清与叔父李朝仪影响至深。

何氏乃贵阳科举家族，何亮清亦受过良好的儒家文化熏陶，道光二十九
年（1849），何亮清中己酉科举人，咸丰十年（1860）中庚申科进士[2]，官至四
川成绵道，善书法，宗赵董，亦颇为清雅，以"闲扫白云留鸟迹，自锄明月
种梅花"明志。何亮清中举后，便在家设馆授徒，李端棻此时正式拜何亮清
为师。舅父称赞："苾园忠孝之忱根于性生，异日必能为国家尽瘁。"[3] 李端棻
因年幼丧父，多受叔父李朝仪帮助。在何亮清赴四川任知县后，李端棻即北
上直隶，随叔父李朝仪求学。李朝仪，道光二十五年（1845）乙巳科进士。[4]
初任直隶平谷、三河等县知县。在三河时曾捐银创建书院，奖拔寒士等。在
第二次鸦片战争期间经手银钱近百万，无丝毫假借。事毕，如数交官，未尝
取一钱。任顺天府尹，廉洁奉公，积极维护地方安宁。李朝仪在外为官有道，
造福一方；在内齐家以身作则，对李端棻言传身教。李端棻出仕后施行的一

---

① 凌惕安：《清代贵州名贤像传》，贵阳：贵州教育出版社 1995 年版，第 5 页。
② 任可澄等编：《贵州通志》，《中国地方志集成·贵州府县志辑》9 册，成都：巴蜀书社
2006 年版，第 55–56 页。
③ 任可澄主编：《贵州通志·人物志·李端棻传》，贵州文史研究观点较，贵阳：贵州人民
出版社 2001 年版，第 201 页。
④ 任可澄等编：《贵州通志》，《中国地方志集成·贵州府县志辑》9 册，成都：巴蜀书社
2006 年版，第 54 页。

系列德政很大程度上继承了叔父的遗风。故梁启超《李公墓志铭》有言："京兆公（朝仪）以圣贤之教率其家，而于诸子中，爱公（端棻）独挚，所以督之者良厚，故公终其生立身事君，大节凛然不可冒犯，一如京兆公。"①

在舅父何亮清和叔父李朝仪的培育和言传身教下，李端棻学习刻苦，以德立身，为后续的科举仕途和敢为天下先的改革勇气打下了坚实的基础。在其表弟何麟书的《李苾园先生遗诗序》中，李端棻曾言："吾一生为人之道，得之吾叔；为学之道，得之吾舅。"②舅父与叔父的德育、严谨的家风影响以及饱读诗书礼仪，使他在教育改革、为政举措中皆心怀天下，为民谋福。在《苾园诗存》中，大量的作品深刻反映了这方面的内容。

（二）李端棻家风观的实践基础

艰苦的生活磨砺和坎坷的为官经历是李端棻家风观形成的实践基础。其父的英年早逝导致家庭失去了顶梁柱，从此家道中衰。李端棻不仅缺少父爱，而且没有像其他小孩优越的学习成长环境。后来李端棻由母亲何氏抚养，在其舅舅何亮清和叔父李朝仪的帮助下成长成才，其中生活艰辛和辛苦付出是非常人所能想象的。李端棻自 1863 年入翰林院到 1898 年 9 月被免官流放，从政 35 年，其间担任学官 20 多年。时值清王朝面临内忧外患的政治局面，他比常人深有体会和感触。

二、李端棻家风观的主要内容

李端棻把家人、家庭、亲友看得很重要。他对家人既关爱又严格要求。李端棻对家人亲友的成长教育、亲情友情、团结互助等非常关注，对财物看得比较淡泊。

（一）重视教育

李端棻家族注重教育，形成了良好的家风家范。李氏家族在教育方面尤为突出，自李朝仪以下，有李端棻、李端棨、李端棨先后考取功名。李朝

---

① 凌惕安：《清代贵州名贤像传》，贵阳：贵州教育出版社 1995 年版，第 5 页。
② 许先德、龙尚学编：《金筑丛书·贵阳五家诗钞》，贵阳：贵州教育出版社 1995 年版，第 2 页。

仪，道光二十五年（1845）乙巳科进士①；李端棻，同治二年（1863）癸亥科进士②；李端榘，光绪十二年（1886）丙戌科进士③；李端棨，光绪二十四年（1898）戊戌科进士④。"一门四进士"。科举家族是进士家族的延伸概念，郭培贵教授将直系五代内或同父兄弟间出现两名以上进士的家族定义为进士家族。在以自给自足的小农经济占主导地位的清代，一个家族要培育出一个进士，要经过数代人的努力与奋斗，而一家族能涌现几个进士，荣称进士家族，实属不易。为政清廉的李朝仪、敢为天下先的教育改革家李端棻，二人名重士林，可谓李氏家族教育取得成就的奠基者与先行者。

李氏家族重视家族的文化教育，以儒德治家，从李朝仪始开启了李氏家族的科举之路。家族子弟积极向学，取得的成就大多离不开李端棻的帮扶，体现了他对家族教育的重视。李端棻重视教育，使得家族内部形成了良好的家风家范，为家族的长远发展积蓄了精神财富。

（二）团结互助

在传统社会中，家族的兴旺与家族内部的团结互助密不可分。李朝仪除了对李端棻倾心培育扶持，家族中的其他子弟亦受到其恩惠许多。李端棻继承了这种家风，积极帮衬后辈，从《李湛轩自叙年谱》中可见一斑。李忠鉴，字镜心，号湛轩，为李朝仪之孙辈，曾入云贵总督岑毓英幕，随叔父李端棻督学云南，保荐县丞。李忠鉴17岁时丧父，经济拮据，全凭堂兄李忠赞扶持，寄居朝仪署。在署两年里，"李朝仪命忠鉴同端树、端棨两子先后师从廖晋轩、魏云帆、董辅卿、□鸿卿四先生就学（方框为缺字，笔者注），既得切磋之便，又转益多师，学业大进"⑤。而且，在生活上也得到李朝仪的多方照

---

① 任可澄等编：《贵州通志》，《中国地方志集成·贵州府县志辑》9册，成都：巴蜀书社2006年版，第54页。

② 任可澄等编：《贵州通志》，《中国地方志集成·贵州府县志辑》9册，成都：巴蜀书社2006年版，第56页。

③ 任可澄等编：《贵州通志》，《中国地方志集成·贵州府县志辑》9册，成都：巴蜀书社2006年版，第61页。

④ 任可澄等编：《贵州通志》，《中国地方志集成·贵州府县志辑》9册，成都：巴蜀书社2006年版，第64页。

⑤ 祝童：《贵州民族大学图书馆藏〈李湛轩自叙年谱〉考论》，《贵州文史丛刊》2020年第3期，第111页。

拂，既"耗五祖之学金，时给盘费，又蒙五祖母，惠给汗褂小衣各一件，袜子一双，年以为例"。李朝仪对其影响至深，李忠鉴55岁退居黔中之后，尚"倡捐五百六十金，为藻舟五祖建立专祠"，可见李朝仪对其恩情之厚重。李端棻继承了叔父团结互助的家风观，《李湛轩自叙年谱》载："是年，棻叔成翰林。先府君训鉴弟兄曰：'吾有惠于棻叔，异日尔辈当获庇荫，惜吾年老，已咸讬之矣'（癸亥1863）。"李端棻确实践行了"异日尔辈当获庇荫"之言。同治年间李忠鉴在五叔祖李朝仪署中就学时，就常常得到李端棻的襄助（自京都返黔时"棻叔给京大钱五十千"）。在之后的仕途中，李忠鉴亦多得李端棻的扶持。

光绪二十四年（1898）"戊戌变法"失败后，李端棻因"滥保褫职，戍新疆"[①]。在李端棻落魄之际，忠鉴多方筹措经费，《年谱》中有"棻叔因保举人才，发遣新疆，函由墨卿弟送程仪银二百两。棻叔由戍所释回，路经叙永，留住十日，筹夫马费送黔约用银六百余两"等记载。叔侄二人相互扶持，继承了先辈的遗风。此外，在李氏家族后裔所修的家谱中还专列两个部分来记述"北京聚会"和"贵阳聚会"[②]，展示了家族子弟首尾共济、扶危济困的良好家风。

（三）重"才"轻"财"

李端棻轻门第，重视人才、爱惜人才、重用人才，倡导养天下人才来治天下之事，极为重视人才的培养与提拔。在任云南学政、主持山西乡试、分校顺天大试、以内阁大学士身份主持广东乡试、主持四川乡试、任会试副总裁等主考官时，均能擢拔士类，忠于职守，公正廉洁，为国育才选能。在任云南学政时，李端棻不避艰险，亲临各属，悉心考选，襄助云南巡抚岑毓英等筹划地方要政，得到云南军政大员的敬重和赏识。[③]1889年，李端棻与梁启超相识，当时的梁启超年仅17岁。这一年李端棻到广东任乡试主考官，梁启超因试卷见识卓绝，考中第八名举人。李端棻与之交谈，觉其才华横溢，不

---

① 赵尔巽等：《清史稿·德宗本纪二》，北京：中华书局1976年版，第926页。

② 详细见余文武：《家谱规训的教育学解读——以李端棻家族后裔编撰之〈贵阳李氏族谱〉为例》，《贵阳学院学报》（社会科学版）2018年第1期，第28页。

③ 颜全己，颜建华：《李端棻的家世与思想形成》，《教育文化论坛》2016年第1期，第39—42页。

因出身寒微，将堂妹李蕙仙嫁之。两人既为师生又兼姻亲，且此后李端棻维新变法多受梁启超影响。

李端棻虽然身居高位，但一生清贫。由于为官清廉，收入也不多，且经常帮助家人，没有多余的钱财。他和家人竟然在永乐租房居住。按照他的地位和影响力，在永乐或者京城买几处房产应该是没问题的。

三、李端棻家风观的当代价值

李端棻注重教育，重"才"轻"财"，为李氏家族的长远发展积蓄了精神财富。据李氏家族后裔李良格与李良筑主编的《家谱》载，李氏家族后裔在各行各业有不凡的成就。如李端棻的孙女李良芳，自北平女子大学毕业后，师从齐白石学画；李端荣的孙女李莪荪与李端荣的孙子李昌荪，皆为中央音乐学院教授；李端棻之次子李仲武，曾作为记者随瞿秋白赴莫斯科，后又随鲍罗廷（共产国际派给孙中山的顾问）回到中国，担任俄语翻译，后在黄埔军校工作；李端棻之次女李寿曼，曾为台北故宫博物院院长。

"天下之本在家"，家庭不只是住处，更是心灵的归处。中华民族历来重视家庭，良好的家风是尊老爱幼、母慈子孝、妻贤夫安、兄友弟恭等中华传统的体现。良好的家风，是一种道德规范，对社会和谐发展起到了重要作用。家风是社会风气的重要组成部分。家风正则民风淳，民风淳则社稷安。古今中外的历史都证明了这一道理。

我们党和国家对家风建设非常重视，并且把它当成党的作风建设的重要内容。2016 年 12 月 12 日，在会见第一届全国文明家庭代表时的讲话中，习近平总书记明确指出："领导干部的家风，不仅关系自己的家庭，而且关系党风政风。各级领导干部特别是高级干部要继承和弘扬中华优秀传统文化，继承和弘扬革命前辈的红色家风，向焦裕禄、谷文昌、杨善洲等同志学习，做家风建设的表率，把修身、齐家落到实处。"[1]2021 年 7 月，中共中央宣传部、中央文明办、中共中纪委机关、中共中央组织部、国家监察委员会、教育部、全国妇联七部门印发了《关于进一步加强家庭家教家风建设的实施意见》。

---

[1]　习近平：《注重家庭，注重家教，注重家风》，《习近平谈治国理政》（第二卷），北京：外文出版社 2017 年版，第 356 页。

笔者认为，研究与学习李端棻家族的家风观不仅可以丰富李端棻综合性研究，而且对当代家风建设乃至领导干部的作风建设具有一定意义。

一是有利于丰富中华优秀传统家风文化。

二是有利于引领良好的社会风气。

李端棻重视人才、爱惜人才、不爱财、勤俭节约等观点对于当下加强家庭家教家风建设、形成良好的社会风气起到了模范作用。

专题四

梁启超教育改革思想
与道德教育思想研究

梁启超教育思想述评

周松柏 ①

（贵州民族大学民族学与历史学学院，贵州贵阳，邮编：550025）

【摘　要】梁启超教育思想，较为系统全面。其中特别值得关注的教育思想有三方面：一是"政艺并进""中西兼通"的教育思想；二是"维新吾民""培育新民"的国民教育思想；三是秉持"趣味主义"人生观的"趣味教育"思想。

【关键词】梁启超；教育思想；重要启示；借鉴意义

梁启超（1873—1929）作为清末民初资产阶级维新派著名代表人物，其教育思想较为系统全面。在此，择其三方面具有显著影响的教育思想，予以述评。

一、"政艺并进""中西兼通"的教育思想

梁启超认为，中西文化激烈碰撞之时代，教育乃是开启民智与培养人才之关键。世界强国，都把教育作为立国之本："近百年间，欧罗巴之众，高加索之族，借制器以灭国，借通商以辟地，于是全球十九，归其统辖，智之强也。智……开于学。学……立于教。②"梁启超强调，本国之学是他国之学的根柢。向外寻求先进的西学知识，必须先有中学知识的扎实积累。他说："自古

---

　　① 周松柏，男，汉族。贵州民族大学历史学教授，武汉理工大学博士。贵州省历史学会理事会理事，贵阳学院李端棻研究院特约研究员。主要从事中国历史文化的研究与教学工作。
　　② 梁启超：《变法通议·学校总论》，《饮冰室合集》第一册，北京：中华书局1989年版，第150页。

未有不通他国之学，而能通本国之学者。亦未有不通本国之学，而能通他国之学者。西人之教也，先学本国文法，乃进求万国文法，先受本国舆地、史志、教宗、性理，乃进求万国舆地、史志、教宗、性理，此各国学校之所同也。①"不仅要建立民族的教育体系，而且要以世界眼光，学习先进的西学知识，做到"中西兼举，政艺并进。然后本末体用之间，不至有所偏枉。②"

梁启超"政艺并进""中西兼通"的教育思想，不同于洋务派"中学为体，西学为用"的教育观念。

当时在社会上有影响力的洋务运动思想家，如曾国藩、李鸿章、张之洞，大都把"中学为体，西学为用"作为洋务教育指导思想。这一思想的产生，与鸦片战争时期，中国社会遭遇的民族危机，密切相关。

从1840年鸦片战争开始，晚清中国因帝国主义侵略而遭受创巨痛深的苦难，使得先知先觉的知识分子痛彻觉醒，把向西方学习作为首要任务。魏源在《海国图志》中，提出著名的"师夷长技以制夷"③观点。1861年，冯桂芬在《校邠庐抗议》中进一步提出："如以中国之伦常名教为原本，辅以诸国富强之术，不更善之善者哉！"④冯桂芬的"中体西辅"说，认为西方优势仅限于科学技术。西学知识必须以中学为根柢。这一观点，正是"中学为体，西学为用"思想的类似表述。

洋务派高官张之洞在《劝学篇》中，对"中学为体，西学为用"思想做了明确阐释。他说："今欲强中国，存中学，则不得不讲西学。然不先以中学固其根柢，端其识趣，则强者为乱首，弱者为人奴，其祸更烈于不通西学者矣。"⑤

向西方学习，发展自身独立的教育政策，必须正确处理中学与西学的关系。梁启超提出了"中西兼通，政艺并举"的原则。这一教育主张，较之洋

---

① 梁启超：《变法通议·学校余论》，《饮冰室合集》第一册，北京：中华书局1989版，第197页。
② 梁启超：《与林迪臣太守书》，《饮冰室合集》第一册，北京：中华书局1989版，第343页。
③ 沈传新：《师夷长技以制夷——浅析魏源外交思想》，《国际公关》2022年第4期，第149页。
④ 冯桂芬：《校邠庐抗议》，上海：上海书店出版社2002年版，第57页。
⑤ 张之洞：《劝学篇》，上海：上海书店出版社2002年版，第22页。

务派"中学为体，西学为用"的教育观念，有了质的飞跃。①

1920 年，在《清代学术概论》中，梁启超严厉批判，自鸦片战争以来，晚清中国社会所流行的"中学为体，西学为用"观念。他说："甲午丧师，举国震动，年少气盛之士，疾首扼腕，言'维新变法'；而疆吏若李鸿章、张之洞辈，亦稍稍和之。而其流行语，则有所谓'中学为体，西学为用'者。张之洞最乐道之，而举国以为至言。盖当时之人，绝不承认欧美人除能制造能测量能驾驶能操练之外，更有其他学问；而在译出西书中求之，亦确无他种学问可见。康有为、梁启超、谭嗣同辈，即生育于此种'学问饥荒'之环境中，冥思枯索，欲以构成一种'不中不西，即中即西'之新学派，而已为时代所不容。"②康有为、梁启超、谭嗣同等人所希望的，是与洋务派"中学为体，西学为用"观念不同的教育思想。

梁启超所强调的西学，不仅是西方的器物文明，而且包括能够获得自由之基、富强之路的政治制度。他说："中国向于西学仅袭皮毛，震其技艺之片长，忽其政本之大法。故方言、算学、制造、武备诸馆，颇有所建置，而政治之院会靡闻焉。"③在片面保守文化观念的限制下，无论是制造局，还是教会学校，人们读到的西学书籍，大多是兵器工艺以及医学之类。至于近代中国社会启蒙所迫切需要的政治、教育等制度层面的西学知识，却无从获得。

梁启超主张，翻译西学书籍，从而达到参照西方现代政治制度救亡图存之目标。他说："居今日之天下而欲参西法以救中国，又必非徒通西文，肆西籍可以从事也。必其人固尝邃于经术，熟于史，明于律，习于天下郡国利病，于吾中国所以治天下之道，靡不挈枢振领而深知其意，于西书亦然。深究其所谓迭相牵引，互为本原者，而得其立法之所自，通变之所由，而合之以吾中国古今政俗之异；而会通之，以求其可行，夫是之谓真知。"④

1896 年，梁启超在《时务报》发表《西学书目表》。该书目分西学、西

---

① 花宏艳：《梁启超中西兼通的教育思想》，《五邑大学学报》（社会科学版）2022 年第 2 期，第 37 页。

② 梁启超：《清代学术概论》，上海：上海古籍出版社 1998 年版，第 97 页。

③ 梁启超：《上南皮张尚书书》，《饮冰室合集》第一册，北京：中华书局 1989 年版，第 241 页。

④ 梁启超：《变法通议·论译书》，《饮冰室合集》第一册，北京：中华书局 1989 年版，第 201 页。

政、杂类三大类，介绍近代西学书籍。其中，西学分为算学、重学、电学、化学、声学、光学、汽学、天学、地学、全体学、动植物学、医学、图学 13 类；西政包括史志、官制、学制、法律、农政、矿政、工政、商政、兵政、船政 10 类；杂类包括游记、报章、格致、西人议论之书、无可归类之书 5 类。涵盖 300 种书籍的《西学书目表》，充分显示梁启超"政艺并进""中西兼通"的教育思想。

二、"维新吾民""培育新民"的国民教育思想

1898—1903 年，是梁启超作为资产阶级启蒙宣传家与教育思想家最重要的时期，"是他一生中最有群众影响，起了最好客观作用的时期"。他在该时期"撰写了一系列介绍、鼓吹资产阶级社会政治文化道德思想的文章"[1]。其国民教育思想，恰恰是他在这一阶段量多面广、"对连续几代青年都起了重要作用"[2]的教育思想之精华。

梁启超的主导思想，一以贯之地存有"欲维新吾国，当先维新吾民"的理念。因此，他认为中国之出路，重在改造国民，即所谓"新民是当今中国第一急务"[3]。只有唤醒民众，使整个国民素质有较大提高，才能实现富国强国之目标。"实在说来，无论问政、述学，也无论治事、行文，统观梁启超一生的精神追求，始终不离乎'开通民智'。"[4]"开民智"的途径，乃是设立新式学校。"亡而存之，废而举之，愚而智之，弱而强之，条理万端，皆归本于学校。"[5]梁启超生活在中国社会动荡混乱、内忧外患、民族危亡、社会巨变与社会转型期，认为中国积弊羸弱之原因，在于民智不开与国民素质低下。"吾民智、民力、民德不进者，虽有英仁君相，行一时之善政，移时而扫地尽矣……故善治国者，必先进化其民。"[6]因此，"欲其身之长生久视，则摄生之

---

①　李泽厚：《中国近代思想史》，北京：人民出版社 1979 版，第 423 页。

②　张瑛：《也论戊戌维新运动失败后梁启超的思想》，《河南师范大学学报》（哲学社会科学版）1984 年第 2 期，第 1 页。

③　夏晓虹：《梁启超文选》，北京：中国广播电视出版社 1992 年版，第 103 页。

④　夏晓虹：《梁启超文选》，北京：中国广播电视出版社 1992 年版，第 9 页。

⑤　梁启超：《变法通议·学校总论》，陈学恂主编：《中国近代教育文选》，北京：人民教育出版社 2001 年版，第 131 页。

⑥　梁启超：《饮冰室合集·文集》第 1 册，北京：中华书局 1988 年 9 月影印版，第 81 页。

术，不可不明；欲其国之安富尊荣，则新民之道，不可不讲"①。以"新民"思想为基础之"国民改造"教育思想，乃是梁启超"教育兴国"思想与实践的重要组成部分。"民德、民智、民力"，则是梁启超以培养"新民"为目标之"国民改造"教育思想的核心内容。兴学校，则是强国之径、立国之本。

梁启超坚信，国民文明程度的高低，决定着国家的大政方针与未来。他说："国之文明程度低者，虽得明主贤相以代治之，及其人亡则其政息焉，譬犹严冬之际，置表于沸水中，虽其度骤升，水一冷而坠如故矣；国民之文明程度高者，虽偶有暴君污吏虐刘一时，而其民力自能补救之而整顿之，譬犹溽暑之时，置表于冰块上，虽其度忽落，不俄倾则冰消而涨如故矣。然则苟有新民，何患无新制度，无新政府，无新国家。非尔者，则虽今日变一法，明日易一人，东涂西抹，学步效颦，吾未见其能济也。"②

梁启超指出："中国所以不能维新之大原，我责人，人亦责我；我望人，人亦望我。是四万万人，遂互消于相责相望之中，而国将谁与立也。"③ "人人独善其身者谓之私德，人人相善其群者谓之公德，二者皆人生不可缺之具也。"④ "我国民所最缺者，公德之一端也。"⑤ 他责备一些人非常错误的立场："束身寡过主义者，以吾虽无益于群，亦无害于群。"⑥ 因此，必须"教人学做人——学做现代人。"⑦ 梁启超理解的公德，就是维护群体与国家的利益。公德者，乃群体之灵魂，国之元气。人能够合群，方能组织为民族，建立国家，并依靠公德相维系。不同时期，公德有不同内容、不同标准。公德既是一个历史概念，又受地域之限制。民族习惯不同，各国各地域的传统与中心任务不同，公德随之而不同。然而，无论公德如何变化，其核心内容是利群利国，是为了群体和国家的利益做贡献。中国之国民，应依据这样的原则，确立其

---

① 梁启超：《饮冰室合集·文集》第1册，北京：中华书局1988年9月影印版，第2页。
② 梁启超：《饮冰室合集·文集》第1册，北京：中华书局1988年9月影印版，第2页。
③ 梁启超：《饮冰室合集·文集》第1册，北京：中华书局1988年9月影印版，第3页。
④ 夏晓虹：《梁启超文选》，北京：中国广播电视出版社1992年版，第110页。
⑤ 夏晓虹：《梁启超文选》，北京：中国广播电视出版社1992年版，第109页。
⑥ 夏晓虹：《梁启超文选》，北京：中国广播电视出版社1992年版，第11页。
⑦ 陈漱渝：《"学做现代人"——梁启超的教育思想》，《鲁迅研究月刊》2015年第11期，第59页。

公德观，为民族、国家而献身。①

　　梁启超主张，要培养国民自尊之观念与合群之理念。他说："自尊者，本人道最不可缺之德。"②人要自尊、自爱、自强、发奋向上、富有生机。有了自尊、自爱、自强之国民，才有自尊、自强之国家。梁启超呼唤国民之团结与组织性，以增强国民之凝聚力，使国家及国民有法律，懂规则，合民意，有秩序，讲道德。国民需要有毅力，有较高自我修养。他强调："志不足恃，气不足恃，才不足恃，惟毅力者足恃。"③有无毅力，对于事业之成功、国家之富强、民族之强盛，具有决定性意义。培养毅力，乃是改造国民之重要一环。要"正本""慎独""谨小"，使国民具备完美的道德水平，以适应生存与发展之需要。梁启超把"义务"与"权利"看作一个事物的两方面。他说："义务与权利对待者也，人人生而有应得之权利，即人人生而有应尽之义务，二者其量相适均……世界渐趋于文明，则断无无义务之权利，亦断无无权利之义务。"④既享受应有权利，又履行应尽义务，这是"新国民"要遵循的重要原则。梁启超提倡尚武精神："尚武者，国民之元气，国有所持以成立，而文明赖以维护持者。""立国者，苟无尚武之民，铁血主义，则虽有文明，虽有智慧，虽有民众，虽有广土，并无以自立于竞争之舞台。"⑤梁启超将"尚武精神"与提高国民体质，乃至与提高国民整个素质与水平结合在一起，正是其"维新吾民""培育新民"之国民教育思想的重要体现。

三、秉持"趣味主义"人生观的"趣味教育"思想

　　梁启超秉持趣味主义的生活哲学。他的"趣味教育"思想，以"趣味主义"人生观为哲学基础。梁启超有一段话，道明了他主张的"趣味主义"："假如有人问我'你信仰的是什么主义？'我便答道'我信仰的是趣味主义'。有人问我'你拿什么做人生的根柢？'我便答道'拿趣味做根柢'。我生平对于自己所做的事，总是津津有味，而且兴会淋漓。什么悲观咧，厌世咧，这种

① 张淑芳：《论梁启超的国民教育思想》，《河北大学成人教育学院学报》2006年第3期，第79页。
② 梁启超：《饮冰室合集·专集》第4册，北京：中华书局1988年9月影印版，第74页。
③ 梁启超：《饮冰室合集·专集》第4册，北京：中华书局1988年9月影印版，第97页。
④ 梁启超：《饮冰室合集·专集》第4册，北京：中华书局1988年9月影印版，第104页。
⑤ 梁启超：《饮冰室合集·文集》第1册，北京：中华书局1988年9月影印版，第2-3页。

字面，我所用的字典里头可以说完全没有。我所做的事常常失败，可以说没有一件不失败，然而我总是一面失败、一面做，因为我不但在成功里头感觉趣味，就在失败里头也感觉趣味。"①

梁启超对趣味的定义，宣示了他对趣味主义的理解："凡属趣味，我一概都承认他是好的，但怎么样才算'趣'，不能不下一个注脚。我说：'凡一件事做下去不会生出和趣味相反的结果的，这件事便可以为趣味的主体。'赌钱趣味吗？输了怎么样？吃酒趣味吗？病了怎么样？做官趣味吗？没有官做的时候怎么样？……诸如此类，虽然在短时间内像有趣味，结果会闹到俗语说的'没趣一齐来'，所以我们不能承认它是趣味。凡趣味的性质，总要以趣味始以趣味终。所以能为趣味之主体者，莫如下列的几项：一是劳作；二是游戏；三是艺术；四是学问。诸君听我这段话，切勿误会以为：我用道德观念来选择趣味。我不问德不德，只问趣不趣。我并不是因为赌钱不道德才排斥赌钱，因为赌钱的本质会闹到没趣，闹到没趣便破坏了我的趣味主义，所以排斥赌钱；我并不是因为学问是道德才提倡学问，因为学问的本质能够以趣味始以趣味终，最合于我的趣味主义条件，所以提倡学问。"② 这说明，关于趣味，梁启超有其判断标准。他提倡的趣味，不是短时间在赌博、吃酒、做官时所获得的感官之快感，而是劳作、游戏、艺术、学问等所具有的健康向上、自始至终之精神欢愉。③

在梁启超看来，趣味是一种乐观面对人生的生活哲学。他说："人类若到把趣味丧失掉的时候，老实说，便是生活的不耐烦，那人虽然勉强留在世间，也不过行尸走肉。倘若全个社会如此，那社会便是痨病的社会，早已被医生宣告死刑。"④ 梁启超主张，趣味既是人类生活的动力，又是人类活动的不竭源泉。如同蒸汽机一样，必须装有燃料，才可以不断地推动着机器运转。人有了趣味，做事就会欲罢不能。如果没有趣味，人生就会变得毫无生机。

梁启超认为，人的大脑和小脑，二者各有分工。他说："大脑主悟性者

---

① 梁启超：《梁启超全集》第 7 册，北京：北京出版社 1999 年版，第 3963 页。
② 梁启超：《梁启超全集》第 7 册，北京：北京出版社 1999 年版，第 4013 页。
③ 李嘉昕：《论梁启超的"趣味教育"的思想与实践》，《边疆经济与文化》2018 年第 6 期，第 106 页。
④ 梁启超：《梁启超全集》第 7 册，北京：北京出版社 1999 年版，第 3963 页。

也，小脑主记性者也。小脑一成而难变，大脑屡浚而愈深。故教童子者，导之以悟性甚易，强之以记性甚难。"① 既然大脑主悟性，小脑主记忆，小脑一旦形成，很难改变，而大脑却越用越灵敏。那么，教师在教学过程中，就应采用以理解为主的教育方法，不是勉强学生记忆，而是借助趣味性与启发性教学方法，加强学生对知识的理解性记忆。如何应用趣味教学方法，帮助儿童识字？梁启超主张，先调查社会常用和通用文字，大约两千字。然后按照汉字特点，分形、声、义三类。在整个教育儿童识字过程中，教师应善于运用演戏法，让儿童觉得，学习识字是件快乐的事情，从而达到良好的识字效果。如何做好"儿童算术"教学？梁启超主张，结合儿童特点，用歌谣帮助儿童理解。歌谣朗朗上口，通俗易懂，便于儿童记忆。梁启超不赞成因为强调趣味性而降低课业难度。他指出："编者、教者或不欲过废儿童之脑力，然失之过宽，亦实有不宜之处。"② 既是趣味教学，又需要有一定难度，这样的教育才是科学的。人类智慧存在巨大潜力，教育就是有目标地扩张其可能性。人的大脑，类似机器，越用越灵活。反之，则易退化。教学活动必须存在一定难度，学生经过不断努力，方能掌握。这样，可以促进学生努力向上，获得良好发展。

梁启超的趣味教育与近代教育学之间存在着密切的联系。在近代教育学中，"趣味"具有超功利、不计利害的意思。梁启超保留了这一基本意思，同时又将这一概念的使用范围予以扩大——不仅教育之目标是趣味，而且整个人生之目标都是趣味。③ 做任何事，都应讲究趣味。梁启超大力提倡的趣味教育，为我们对教育的认识与理解，提供了一个全新角度。

梁启超的趣味教育思想，对当今我国学校教育具有重要启示与借鉴意义。中华人民共和国建立至今，虽然教育制度不断改革，但是应试教育一直存在。应试教育模式，使得教师只为考试而教，学生只为考试而学，将学生之思维，禁锢在试卷中。试卷上的知识，都有标准答案。学生死记硬背标准答案，其

---

① 梁启超：《变法通议》，北京：华夏出版社 2002 年版，第 104 页。
② 吴泽泉：《梁启超"趣味"论探源》，《中国文学批评》2019 年第 1 期，第 32 页。
③ 于海英：《学问的趣味——论梁启超趣味主义教育理念》，《汉字文化》2022 年第 4 期，第 194 页。

想象力与创造力被扼杀。应试模式下培养出来的学生，成为学校的附庸、分数的奴隶。最终结果，就是教育的僵化。梁启超提倡的趣味教育思想，正是要摒弃应试教育，激发学生的兴趣、想象力、创造力，促使学生在轻松愉快的气氛中，主动积极地学习，从而全面地提高素质。

梁启超的美育思想及其当代价值

刘继平 ①

（贵阳学院阳明学与黔学研究院，贵州贵阳，邮编：550005）

【摘　要】梁启超构筑了一个以趣味为根基、以人生为指向的人生论美育思想体系。他希望通过美育来改造与完善个体，达到国富民强之目的。其美育思想对当代健全人格的培养、人的能力的全面发展以及和谐社会的构建有着重要的启示与借鉴意义。

【关键词】梁启超；美育；趣味

梁启超的美学思想以"趣味主义"为哲学基础，包含人生美学与艺术美学，内含趣味、情感、力、移人等美学范畴。其美学思想分为前后两期。前期主要作为政治家的形象活跃于中国历史舞台，主要以文学为主，体现在"诗界革命""小说界革命""文界革命"在内的文学革新运动之中。将艺术、审美、人生紧密联系在一起，走向既脱胎于传统又颠覆传统的美学思想之路。提出了"力"与"移人"的美学范畴，强调审美对象对于主体的功能。后期，梁启超从政坛转入学界，关注美的本质与特征，提出了"趣味"的美学概念，深入探讨了审美中的"情感"问题，突出了审美主体的能动性，对美学方面的思考转向注重美的功能与价值。梁启超的人生论美学思想是在中国处于内忧外患的时代背景中提出的，旨在号召青年们尽快觉悟，为改变中国落后愚昧的局面而奋斗。其美学思想中蕴含着深厚的美育思想，继承并改造了中国

---

① 刘继平，男，籍贯湖南邵阳，贵阳学院阳明学与黔学研究院副院长，哲学博士、教授，主要从事美学、文学理论研究。

传统的儒、释、道美育思想的精华。时至今日，梁启超的美育思想，对美化人们的当下生活、提升人们的道德修养以及和谐社会的构建，依然有着重要的启示与借鉴意义。

一、梁启超美育思想理论内核

梁启超的美育思想主要包含情感教育与趣味教育，以及二者相结合的审美实践。梁启超认为，情感是趣味达成的基本条件，与环境同为趣味发生的两个基础条件。趣味教育是情感教育的高级阶段，审美实践则是情感与趣味在现实人生中的具体体现。

（一）情感教育

腾守尧指出："美育，归根结底是一种情感教育，它所要得到的是一种使人变得高尚的内在情感。"[1]情感是"本能"与"超本能""现在"与"超现在"的统一，是感性与理性、现实与理想的统一。在梁启超看来，美育就是启发受教育者的情感，能引人到超本能与超现实的境界，实现自我与宇宙的融合。梁启超一直把超本能的境界视为人生更高的境界，强调人生的责任，要求对受教育者进行情感教育。

梁启超认为情感教育主要通过艺术来实现，指出艺术需要真情实感，情感发自内心，是生命中最深沉与本质的东西。这种情感不是随性而发，而是在理性规范下的情感。因此，梁启超的文艺思想蕴含着审美意味的精神追求和向往，具有创新性的价值尺度和鲜明的人文关怀。他以诗歌作为主要范例，对于艺术作品的"表情技能"进行了具体研究，总结出"奔进的表情法""回荡的表情法""含蓄蕴藉的表情法""写实派的表情法""浪漫派的表情法"等五种主要方法。

梁启超指出，要想进行良好的情感教育，艺术家必须具备良好的情感修养与高度的责任感。只有这样才能写出激发国民生命的热情、激发国民的人生责任、改变国民麻木的生存状态与人生态度的作品。他希望通过情感教育，由情感通向人生，由艺术与美通向人生，进而达到真善美的统一。

具体而言，梁启超的情感教育理论从生命出发，走向生活与人生。其审

---

[1] 腾守尧：《审美心理描述》，北京：中国社会科学出版社 1985 年版，第 348 页。

美教育通过"力"与"移人"两个审美范畴将美导向人生与社会。其中"力"指的是审美对象对审美主体形成的一种感染力。他将"力"置于艺术实践中来审察，提出小说的"四力说"："熏""浸""刺""提"。"移人"则是审美对象通过"力"的作用对审美主体产生作用，使审美主体受审美对象的影响，同时借助于各种心理因素，审美主体产生自我蜕变，最终形成一个全新的自我，主客体进入物我两忘、水乳交融之境界，从而不断升华自我的心灵。

（二）趣味教育

1922 年，梁启超在直隶教育联合研究会做了《趣味教育与教育趣味》的讲演，明确提出趣味教育的概念。他指出趣味是内发的情感和外在的环境相互作用的结果。"梁启超主要在生活、人生、审美的意义上使用趣味，在生命、行为、活动的意义上使用情感。"[①]"趣味是一种由情感、生命、创造所熔铸的独特而富有魅力的主客会通的特定生命状态。"[②] 这是一种高级精神层面的理想追求和向往。

梁启超的"趣味"与现实人生、与美紧密关联，求趣味即求美，趣味的实现即人生理想的实现。他认为趣味具备体验性、多变性、差别性、可导性等特征：所谓体验性，是说主体要想获得趣味，必须亲自去体验去实践，所谓多变性是趣味具备时代性与个体差异性，差别性指趣味具备不同层次，有高下之分；可导性是指趣味通过教育与引导，可由下等趣味引向高等趣味。趣味的引导途径，梁启超认为有三种：一是"对境之赏会与复现"；二是"心态之抽出与印契"；三是"他界之冥构与蓦进"。梁启超指出，每个人都可以通过这些途径达到趣味，只是因感觉器官的敏钝与诱发机缘的多少造成主体对趣味享用的程度不一样。

（三）审美实践

审美实践即是一种人生实践。梁启超指出，大千世界，芸芸众生，并非每个人都享有趣味。要想人人享有趣味，必须开展审美教育即趣味教育。如何开展趣味教育，进行审美实践，梁启超提出应做到以下几点。

---

① 金雅：《梁启超美学思想研究》，北京：商务印书馆 2005 年版，第 114 页。
② 金雅：《梁启超美学思想研究》，北京：商务印书馆 2005 年版，第 92 页。

首先，梁启超的趣味教育的目标是建构趣味主义的人生观。他认为人生在世，必须有一种趣味主义的人生精神，保持一种不计得失、热情工作的现实人生的趣味态度。这种趣味主义使我们远离悲观厌世、颓废寂寞，永远津津有味、兴会淋漓。所以，梁启超认为，人生若丧失了趣味，那就等于失掉了内在的生意。即使勉强留在世间，也不过是行尸走肉，犹如一棵外荣内枯的大树，生命必然日趋没落。同时，梁启超指出，真正的趣味不只是一种热情与兴会，而是应该从功利目的中超越出来，却始终与感性实践有着紧密的联系，始终保持对生活对人生的热情，始终坚持不懈的努力。

因此，教育者只有对受教育者从幼年青年期的时候就开始实施这种趣味教育，才能提高他们的趣味，使青少年远离那种浑浑噩噩、追名逐利的生活。

其次，在趣味教育中，梁启超认为最重要的是引导人民去体验艺术。他认为只有通过文学、音乐和美术的审美实践，才能提高人的美感与趣味，陶冶情操，避免人沦落成为行尸走肉一般的动物。而艺术并不是天生的，需要教育者通过引导与促发，激起受教育者的兴趣，让受教育者自己去体验，从中受到感染与启发，从而培养受教育者的趣味，进而提高全民素质，达到教育兴国之目的。可见，梁启超的趣味教育是一种审美实践。这种审美实践不仅是感性的，同时亦是理性的。其趣味既是创造的表征，也是审美的实现；既是富有感性特质的个体生命状态，又是蕴含责任的理性生命运化。梁启超的美学思想对后世产生了巨大的影响。他鼓舞人热爱生活，积极实践，开拓创造，以炽热的情感投入生活，以积极的姿态面对生命，永远不放弃对生命与生活的爱与责任。

总之，梁启超提倡通过审美实践来提升人的个体修养，激发人心中优美的情感，培养高尚的趣味，始终保持对生活的热情、积极进取的态度、乐观豁达的心情，进而塑造完善的现代人格，达到国家的富强。

二、趣味美育的现代意义

梁启超的美育思想企图通过美育来改造个体，进而通过个体来改造与影响社会。他把物境即客观物质世界的来源视为心境即人的主观精神世界的创造。在对人的认识上，提出了"心力"的概念，指出"心力"乃人的精神能动性，把精神能力视为人的生命本质，视为宇宙创化的根本动力。他一生都弘扬实践的意义，重视人生实践与感性活动。可以说，梁启超使人文科学真正融入人的生命历程与人生实践中。其美育思想对现当代美育具有重大的启示与借鉴意义。

（一）有利于培养健全的人格

现代文明造就了巨大的物质财富，同时也带来了一系列困境："现代文明在人类与自然、个人与社会、人与他人、人与自我的高度分化及断裂中高度发展，引起人的精神世界的巨大震荡，一方面表现为人的认识能力的大幅度提高，对外在世界的知识爆炸性增长，另一方面在内在世界探索的深化中出现迷惑，表现为意义的破碎和失落、价值的颠覆和重估、情感的滥觞和扭曲、意志的偏激和狭隘、心理疾患急剧增多，病态的精神造就病态的人格、社会和文化。"①

梁启超指出，健全的人格不在于过多地关注物质利益，而是重视精神世界，探索生活的美好与生命的真谛。现今社会，随着物质文明的高度发展，人们追求物质利益的欲望远远大于对精神文明的追求。物质财富的增长反而造成了精神财富的匮乏：学生在学校不比自己学了多少知识，而是相互攀比奢侈的消费；年轻人恋爱、结婚也不再把感情放在第一位，而是注重车、房与存款；老年人更是把经济利益方面的门当户对看得高于一切；走仕途者为了所谓的功成名就不惜以身试法，最后身败名裂甚至锒铛入狱；有些人则为了碎银几两，整日处于尔虞我诈之中，不惜透支身体的健康，忙碌于物欲之满足。

梁启超的趣味美育思想对于解决我们当今社会物质与精神失衡问题有着相当的启示意义。他追求趣味化的生活，追求拥有生命乐趣的生活，指出："吾侪确信'人之所以异于禽兽者'在其有精神生活，但吾侪又确信人类精神生活不能离却物质生活而独自存在，吾侪又确信人类之物质生活应不妨害精神生活之发展为限度：太丰妨焉，太缺亦妨焉，应使人人皆为不丰不缺的平均享用，以助成精神生活之自由而向上。"②梁启超要求人们在追求物质财富丰富的条件下，不要忘记精神财富的富有，即追求高尚的快乐。梁启超这种

---

① 杨岚、张维真：《中国当代人文精神的构建》，北京：人民出版社 2002 年版，第 214 页。
② 《梁启超全集》，北京：北京出版社 1999 年版，第 3691 页。

追求高尚精神生活的思想，对于当代物质财富的极度丰富，在情感上却更加孤独、焦虑与抑郁的人有着重要的借鉴意义。按照梁氏的生活趣味化的要求，一个人在物质条件丰裕的前提下，只有心中充满大爱，情感丰富，对自己、他人与社会有深厚的责任感，才是一个人格健全的人。

与此同时，梁启超要求青年人必须做一个充满快乐、具备远大理想的人，鼓励当代年轻人不怕任何困难与挫折，始终保持一颗乐观向上的心。他告诫年轻人，遇事必须乐观，要从远处看，切不可以一时的起伏而灰心丧气，一定要持之以恒。他的这种乐观地面对困难与逆境，永不放弃地追求人生目标的精神，正是目前年轻人培养健全人格所需要的。

（二）有利于人的全面发展

1993 年发布的《中国教育改革和发展纲要》明确指出："美育对于培养学生健康的审美观念和审美能力，陶冶高尚的道德情操，培养全面发展的人才，具有重要作用。"梁启超的情感教育与趣味教育对培养人们的审美能力、提高人们的道德修养等方面都有着广泛的借鉴意义。

首先，有利于人们审美观的形成。

梁启超认为良好的审美实践一方面必须具备好的审美对象，即具有美感的艺术与自然；另一方面审美主体必须具备审美的条件与氛围。他指出，音乐、美术和文学是审美教育的主要内容。除了音乐、美术与文学等艺术的审美教育之外，梁启超还强调应该多多领略自然景色与人文景观之美。因为优美的自然景象可以激发年轻人无穷的想象力和创造力，有益于提高审美情趣。

当今社会，一些年轻人每天沉迷于物质利益的追求，社会流行的亦是各种物欲的诱惑，审美观与价值观被严重扭曲，人们不再去欣赏优美的艺术，而是喜欢在手机上随意挑选那些带感官刺激或者对自己有益的短视频来消遣；对美好的自然景物也并不是从美的角度去欣赏，只是作为旅行炫耀的资本。人们的性情变得急躁、抑郁，不再喜欢现实生活中的真情实感。梁启超的趣味美育强调对艺术美与自然美的学习与欣赏，有利于年轻人审美观的形成。

其次，有利于提升人们的道德修养。

梁启超指出，美育与德育许多时候是一体的，通过审美教育提升人们的道德水平历来是教育者的主要任务之一。梁启超的趣味教育在因材施教的前提下，提倡培养"责任心"，建立积极乐观的生活态度和人生观，鼓励年轻人用趣味来引领人生，希望年轻人无论将来面对什么样的困苦和挫折，都保持勇敢乐观的心态，不失望不沮丧，不轻易被困难打败。同时，培养年轻人广泛的兴趣爱好，通过情感的抒发来引导兴趣；通过情感的陶养，来充分发挥人性中善良美好的一面，涤荡丑陋恶俗的一面。

梁启超的这种趣味教育在现代社会同样适用：现代社会美育与德育相辅相成，美育通过各种媒介直接或间接地作用于道德，优化人的道德心理建构。具体而言，美育通过道德感化与优化人的趣味来提升人的道德修养：只要一个人有着高雅的审美趣味，他就会有相应的道德水准。因此，要求人们通过文学艺术的审美与大自然的熏陶来丰富自己的生活、陶冶自己的情操，完善自己的人格，领略人生的美好，最终成为一个懂生活、有着较高道德修养的人。

最后，有利于培养人的各种能力。

梁启超的趣味美育思想要求从趣味、情感对人类生活中的重要作用入手，开展人文关怀，重视人性，将以人为本作为当代中国大政方针的核心理念奠定了坚实的思想和理论基础。趣味作为陶养性情、重塑健全人格的手段和途径，有利于培养人的各种能力，特别是创造性思维能力。最明显的是有利于培养人的联想能力与综合思维能力。另外，也有利于人们立体思维能力的养成，以及直觉思维的形成。所有这些能力的培养，一方面有助于年轻人智力的开发；另一方面有利于创造性思维的开拓。

现代社会是高科技社会，需要的不仅仅是普通的技术人员，更需要具备创新型的高层次人才。梁启超通过趣味美育实践培养人的各种能力的观点，对现代年轻人发展形象思维和抽象思维，培养创造个性，从而开拓人的创造能力有着重要的借鉴意义。

（三）有利于社会的和谐

梁启超指出，个人与社会的存在是一个相互依存的辩证关系："宇宙间曾无不受社会性之影响束缚而能超然存在的个人，亦曾无不藉个性之缲演推荡而能块然具存的社会。而两者之间，互相矛盾、互相妨碍之现象，亦所恒有。"[①] 梁启超主张个人与社会和谐发展，一方面是个性的不断完善；另一方

---

① 《梁启超全集》，北京：北京出版社1999年版，第3694页。

面是人类社会的不断进步。二者相互促进，相互影响。

当今社会，随着物质的高度发展，城镇化进程的加快，人们开始片面地追求物质利益。在各种社会竞争中，个人的力量逐渐增强，同时也越发孤独。有的人为了自己的利益，相互算计与排挤，甚至不惜损害他人与国家的利益；笑嘻嘻的背后隐藏着尔虞我诈。现在流行的一些网络视频，鼓吹的都是利益至上，以物质和权利来衡量一个人的价值与地位。

这样的结果，造成了个人与个人、个人与社会的隔离：人们住在钢筋混凝土建成的高楼大厦里，却视周围邻居为陌生人，相互见面不打招呼。平时也只是从门缝或猫眼中"关心"一下他人。出门在外，采取的是明哲保身的态度，遇见坏人坏事绕道而行，生怕惹火上身，失去了传统的正义感与道德感。这种"与世隔绝"的"套子"生活，让我们在面对失败与挫折时，无法寻求到有效的保护与救助之道，在强大的外部力量面前，我们会显得特别渺小与脆弱。

在这方面，可以说，梁启超的趣味化审美实践提供了有效的生存智慧：每一个人必须相互友爱，相互帮助，正如孟子所言："老吾老以及人之老，幼吾幼以及人之幼。"（《孟子·梁惠王上》）社会为个人提供平台，大家尽情展现个性，显示自己独特的风采；同时，个人亦为社会、为他人做出应有的贡献。在这样一个优越的团体之中，每个人发挥自己的优势，对团体，对他人，对社会有一种责任感和使命感，才会意识到自己不是孤立的个人，与他人及社会是一个不可分割的整体。只有这样，才能构建一个和谐的社会，个体才能达到一种与天地共生、与万物一体的境界。

三、结语

梁启超的美育思想体系以"趣味"为核心、以"情感"为基石、以"力"为中介、以"移人"为目标。他的美育思想体系建立在人生论的基础之上，把"趣味"提到生命本体的高度。在他看来，作为个体生命，只有一直保持对生活的热爱，积极参与社会，才能达到个体生命与宇宙运化的内在统一，达到主体的外在实践与内在的心理欲求之统一。当主体与客体的关系超越功利目的，超越个体狭隘的感性，手段与目的的统一时，个体生命就会体验到与宇宙万物融为一体的无穷意趣，达到审美自由之境。他的美育思想始终把人与人生放在第一位，通过美育来激活、改造与完善主体，进而走向美的胜境，即活泼开朗、积极向上的生命之境。梁启超的美育思想要求人们直面人生，尚实致用，体现了西方美育思想与中国古典美育思想的整合与转型。在育人的方法上，既强调整体直觉的思维方式，又吸收了西方学术的逻辑范式。

梁启超的美育思想在当代仍然有着重要的启示与借鉴意义。首先，人们应该处理好物质与精神之间的协调关系。在追求唯物质利益的同时，必须有高尚的精神追求。其次，要有乐观向上之心态。人的一生，苦难与挫折在所难免，我们在面对困难与挫折时不能灰心丧气，而应始终保持一颗乐观向上之心，勇于面对困难。只要我们一如既往地沿着既定的目标坚持不懈地努力，就会感觉内心的充实。唯有保持超功利的心态，才能洗涤偏私，精神升华，进入一种与天地相融的审美境界，才能有效地治愈现代人的利己主义思想。最后，应该加强个人的道德修养，提升自身各方面的能力，促进和谐社会的构建。唯有处理好个体与社会的关系，才能在社会的大平台上大展宏图，为社会贡献自己的力量，个体与社会才能成为一个和谐的整体。

梁启超教育改革思想研究

陈　曦①

（贵阳学院阳明学与黔学研究院，贵州贵阳，邮编：550005）

【摘　要】梁启超教育改革思想中蕴含着极其丰富的思想内涵。通过梳理，我们发现，其教育改革思想主要涉及三方面：一是要求对学校教育制度进行改革；二是要求建立师范教育，强调师范教育在人才培养中的重要性；三是重视兴办女学，主张女性解放。本文在分析梁启超教育思想的基础上，对其当代价值做了分析。

【关键词】梁启超；师范教育；女子教育

梁启超是近代中国知名的教育改革家。戊戌维新时期，他与李端棻、康有为等人，为了改革旧的教育体制，实行新的教育体制，提出了关于教育改革的思想主张。戊戌变法失败后，在日本期间，梁启超教育改革的初心仍未改变，在总结戊戌变法失败经验的基础上，创造性地提出了教育改革的新思想、新举措。本文就梁启超的教育改革思想试做粗浅分析。

一、梁启超教育思想的主要内容

（一）倡导教育制度改革

以梁启超为代表的资产阶级维新派，身处社会大变革时期，受新旧思想影响，毕生在新与旧中摇摆，呈现复杂的双重性格。梁启超反对封建专制，主张民主共和；崇尚科学，反对迷信伪善；想推翻帝制，实现君主立宪。但

---

① 陈曦，女，贵阳学院阳明学与黔学研究院硕士研究生。主要从事马克思主义哲学的研究。

是，他的思想既有保守性又有进步性，思想虽有重复，却整体激进，"趋变求新"。关于"教育救国"，他始终坚持在国富民强的基础上进行文化教育，并进一步把教育改革视为政治改革的重点与基础。他主张在中华民族灾难深重之时，唯有教育改革方能拯救中国，必须变革传统八股取士制度，但也要学习西方，确立完整的国民教育制度，为国家培养大批各类人才。

梁启超在《学校总论》中分析西方强大的根本原因是，强调以开民智为第一义。开启民智关键是兴学校，"亡而存之，废而举之，愚而智之，弱而强之，条理万端，皆归本于学校"①。所以他认为，学校教育制度的变革成了通往强国之路的基础。八股取士是中国锢蔽文明之主要根源，它使学校教育衍变为科举制度之附庸，身为举人的梁启超深有同感。然而随着近代新式学校的兴起和资本主义的萌芽，科举已不能适应时代的发展。梁启超对科举制弊端进行深入思考后认为，只有变革才能实现社会进步。指出，为了走富国强兵之路，创办学校和培养人才，废科举制度就成了头等大事。他提倡仿效日本学制，根据学生身心发展不同阶段的规律制定相应的制度表。他制定的学制，一个较为突出的特点就是提出"义务教育"。强调到年龄的子弟，都有入学的义务。为确保义务教育得以实施，梁启超主张以制度来确保资金，指出这是国家应尽的义务和职责。

（二）提出建立师范教育

梁启超强调教师的重要性："故夫师也者，学子之根核也。师道不立，而欲学术之能善，是犹种稂莠而求稻苗，未有能获者也。"② 因此，师范院校应把培养师范生的能力放在重要地位，以适应社会对人才素质的要求。要使师范生具有良好的素养，必须从小进行启蒙教育，主张允许师范学堂的学生在小学堂当老师，以小学堂的教学效果来考查师范学堂的教学效果。他这一主张有助于师范学堂学生理论水平与实践经验的提高，也有助于整个教育水平的提高。

---

① 梁启超：《变法通议·学校总论》，《梁启超全集》（第一卷），北京：中华书局1989年版，第19页。

② 梁启超：《变法通议·论师范》，《梁启超全集》（第一卷），北京：北京出版社1999年版，第29页。

教育事业要改革与发展，就必须拥有数量充足、素质优良、不同层次的教师。他大力倡导师范教育，认为师范教育乃"群学之基"。指出改革旧的学习制度必须以建立师范学堂为第一要义。他设计的《教育制度表》中包含了一个由"寻常师范学校""高等师范学校"直至"师范大学"的较为完备的师范教育体系。梁启超撰写《论师范》，专论师范教育。可见他对于师范教育是非常看重的。梁启超将师范教育视为学校教育之基础的观点弥足珍贵，显示其发展一定要把握教育事业这一关键环节的深邃视野。

（三）重视妇女权利并兴办女子学堂

在他看来，外国之所以强盛，很重要的一个原因是注重女子教育。在《论女学》一书中，他讲道："居今日之中国，而与人言妇学，闻者必曰：天下之事其更急于是者，不知凡几？百举未兴，而汲汲论此，非知本之言也。然吾推及天下积弱之本，则必自妇人不学始，请备陈其义以告天下。"[1] 他主张女子学习西文和法律知识，强调女子应具备良好的道德修养、健康的身心以及独立人格等方面的素质。他提倡女子要接受高等教育，为女性的受教育权开了时代先河。

在近代中国教育体系中，女子教育起着至关重要的作用。但由于中国千百年来男尊女卑的封建思想，女子教育在中国传统教育中始终被忽视，在当时历史条件下表现得特别突出。它不仅直接关系到女性素质的提高，而且还涉及整个民族文化素质的提升以及国家富强等方面的问题。因此，对它进行探讨具有重大现实意义。女性受教育情况与社会经济发展水平密切相关。近代维新派代表人物和改良主义先驱梁启超倡导的男女平等和女子教育，是其教育思想中的显著特点。他认为男女权利平等是美国和日本得以强盛的重要因素。他抨击封建主义所谓"女子无才就是德"的腐朽教育观，斥之为"实祸天下之道"。梁启超将女子是否受教育这一问题上升为事关国家的兴衰，主张女学最盛则其国势最盛，中国兴女学已经成为一件刻不容缓的事情。他对女子教育的地位和作用进行了全面论述，强调女子教育对于培养新女性所起的关键作用。他把女子教育看作是救国图强、振兴中华的一项重要事业，

---

① 梁启超：《变法通议·论女学》，《梁启超全集》（第一卷），北京：北京出版社 1999 年版，第 30 页。

如他所说："民富斯国强矣……使人人足以自养，而不必以一人养数人，斯民富矣。"[①] 他认为中国之积弱，根源在于女子没有受到教育。于是他呼吁中国有志之士"复前代之遗规，采泰西之美制"[②]，创办女学。在半殖民地半封建社会，梁启超就提出了男女平权、倡导女子教育，堪称中国教育史上盛开的一朵奇葩。

二、梁启超教育思想的当代价值

梁启超的教育思想呈现了中西结合、新旧杂糅的特征。虽然他突破了封建思想的束缚提出一系列独特观点，但是囿于时代仍有缺陷。如他把祖国衰危和女性被压迫归结为教育落后，殊不知那时中国处在半殖民地半封建的社会中，中华民族政治上不能独立，所以单靠教育企图完成救亡图存的任务根本不可能。他主张"师夷长技以制夷"，主张引进国外先进技术和人才来改造中国，反对把外国经验强加于人，从而形成一种保守僵化的观念。但这丝毫没有掩盖他在我国近代教育史上的光芒，他的教育思想至今仍然不失借鉴意义和价值。

（一）教育可以为民族振兴打下基石

教育作为社会进步的标志，在中国特色社会主义文化建设中占有重要地位，它对提升我国社会文明程度和国民素质有着无可取代的作用。梁启超认为，国与国的竞争已从船坚炮利之争趋向教育之争，"今国家而不欲自强则已，苟欲自强，则悠悠万事，唯此为大。虽百举未遑，犹先图之"[③]。梁启超对教育的重视，对于我们今天的社会建设与发展，仍有其重要意义。党和国家始终把教育放在优先发展的战略地位，提出教育强国的伟大战略。21 世纪以来，科技日新月异，国家经济发展，人民生活水平不断提高，人们将越来越多地依靠知识积累与创新，而教育在社会主义建设中的重要性也变得更加突

---

① 梁启超：《变法通议·论女学》，《梁启超全集》（第一卷），北京：北京出版社 1999 年版，第 31 页。

② 梁启超：《变法通议·倡议女学堂启》，《梁启超全集》（第一卷），北京：北京出版社 1999 年版，第 104 页。

③ 梁启超：《变法通议·学校总论》，《梁启超全集》（第一卷），北京：北京出版社 1999 年版，第 20 页。

出。所以在新时期，党和国家力图通过优化教育结构、更新教育观念、增加财政对于教育投入、加强教师队伍建设来发展教育，为小康社会建设提供有力的人才保证，从而为实现中华民族伟大复兴奠定人才基础。

（二）爱国主义教育在人才培养与国民教育中十分重要

在 19 世纪末中华民族惨遭劫难的情况下，梁启超毅然决然地高举救亡图存之旗帜，努力探索民族复兴之路。作为近代资产阶级启蒙思想家的代表人物，梁启超具有强烈的爱国心和使命感。他不仅从理论上阐述了救国图强的必要性和可能性，而且在实践中进行了一些有益的尝试，取得了显著成效。他把发展教育事业同祖国兴衰紧密地联系在一起，认为教育是拯救民族危亡之本。他说："夫爱国者，欲其国之强也……要之必以联合与教育二事为之起点……"① 国家的富强，民族的振兴，不能没有爱国主义精神。爱国主义是在任何时候、所有国民都必须秉持的伟大精神。新时期、新阶段国家间综合国力竞争日趋激烈，和平发展道路上将面临诸多考验与挑战。因此，要想使中华民族处于不败之地，就要高举爱国主义伟大旗帜，以国家利益为重，与一切损害民族团结与祖国统一的言行进行抗争，把自己的人生追求凝固在成为忠诚爱国者上。

（三）在当代教育体系中我们仍要重视女性教育

汉代以来，"夫为妻纲"被规范化、形式化后，"女子无才便是德"这样一种传统观念便成为女子的信条。梁启超对这些旧观念进行了大力批判，认为导致女子受压迫的根本原因是女子未受教育。梁启超对女子应受教育这一命题有较为系统的阐发，在上海创办了我国第一所女子学堂，开我国妇女教育之先河。男女平等是家庭美德中的一个重要元素，也是法律层面予以保障的基本道德规范。《宪法》中明确规定中华人民共和国的妇女在各方面都拥有与男子平等的权利，男女平等成为我国的一项基本国策。近代以来，随着社会经济的发展以及科学技术水平的提高，传统礼教束缚下的女性接受了现代意识；与此同时，由于西方文明的冲击，人们的思想观念发生了巨大改变。

---

① 梁启超：《瓜分危言·爱国论》，《梁启超全集》（第二卷），北京：北京出版社 1999 年版，第 271 页。

在家庭生活方面，夫妻关系以及重男轻女等落后的道德观念逐渐衰落，取而代之的是夫妻之间权利义务的平等。

（四）素质教育仍是当代学校教育的重要议题

梁启超主张教育要与学生的身心发展相一致，要以人为本，全面尊重和发展他们的人格，这充分反映了梁启超以全面提高人的素质为目标、以人为本的教育思想。他不仅能够针对教育现状提出相应对策，还能够放眼全球，满怀迎接未来的坚定信念与思想准备。尽管他没有十分清楚地提出素质教育和创新教育这类字眼，但在其教育思想里含有这类成分，早在 100 年前就已体现于其教育原则之中。但时至今日，很多学校仍然奉行应试教育，忽视了素质教育。梁启超以人为本、充分发展学生个性、全面提高人的素质的教育思想，对后世教育有非常明显的警示和启示作用。

三、结语

梁启超作为一位维新变法的伟大人物，不但在思想政治方面有非凡建树，他的教育思想也有着难以抹煞的重要价值。他的很多教育见解和主张在今天仍然有很大的借鉴作用。梁启超对教育本质、教学目的、教学方法等问题都有自己独特的观点，并形成较为完整的理论体系。他关于"中学为体"与"西学为用"关系的论述尤为引人注目。梁启超的教育改革思想是那个时代的产物，他的教育改革思想是我国教育思想的一份珍贵遗产。研究梁启超的教育改革思想，可为我们今天的教育改革提供重要的借鉴与启示。

梁启超的家庭教育之道

王　利①

（贵阳康养职业大学科研处，贵州贵阳，邮编：550081）

【摘　要】梁启超是近代知名政治家、思想家、教育家。他因与李端菜相识相知而步入戊戌变法的领导层。梁启超不仅学问做得好，给世人留下了1400多万字的著作，而且家庭教育亦相当成功。在其9个孩子中，人人成才，个个优秀，这在中国家庭教育史上堪称典范。本文以梁启超的家庭教育之道为中心，从五方面进行分析。认为梁启超的家庭教育极具价值，在当代家庭教育与家风建设中仍具有重要的借鉴意义。

【关键词】梁启超；家庭教育；李蕙仙

梁启超是戊戌变法领袖之一，也是中国近代维新派、新法家代表人物。他学贯中西，是中国近代思想家、政治家、教育家、史学家、文学家，著有《中国少年说》《中国近三百年学术史》《新民说》《饮冰室主人全集》《李鸿章传》《王安石传》等，堪称中国历史上一位百科全书式人物。同时梁启超也是一名成功的父亲，他与夫人李蕙仙（李端菜的堂妹）和二夫人王桂荃（李蕙仙的丫鬟）育有9个子女。在他的言传身教下，"一门三院士，九子皆才俊"，为祖国做出了突出贡献。新会梁氏成为文化名门，梁启超的家庭教育之道重在以下几方面。

---

①　王利，女，贵阳康养职业大学健康管理学院党委书记、副教授，主要从事大学生思想政治教育的研究与教学工作。

一、爱国爱家，培养品德

梁启超的一生都在践行"爱国"。他非常重视子女的思想品德教育，将爱国主义教育贯穿到家庭教育当中。梁思礼曾经说过，父亲对他的教育，爱国主义是印象最为深刻的。1899 年，梁启超发表《爱国论》，成为近代史上第一个提出"爱国"的人。他把国家比作自己的命根，爱国在他心中坚如磐石。他的救国思想极为真挚，通过三方面来实现他的救国思想：一是政治救国；二是文字救国；三是学术救国。在他对子女的品德培养中，爱国主义教育是核心理念。他对子女说，"人必真有爱国心，然后方可以用大事"①。1919 年，他给女儿思顺的信里写道："总要在社会上常常尽力，才不愧为我之爱儿。人生在世，常要思报社会之恩。"② 在他的教育下，尽管子女有半数在日本出生，有 7 位有留学经历，却都将爱国之情根植于心，最终都回到了祖国，即使在战乱中颠沛流离也依然坚守。

爱家在梁启超的著作中极少提到，但是"思家"常常出现在他的家书中。他笔下的"思家"是对家人的思念，家书里有对孩子们的品德教育，也有对孩子学习生活中困惑的答疑，鼓励孩子保持身心健康，表达了父亲对子女的浓浓爱意。在家中他也以实际行动表现对长辈、朋辈、子女的关爱，营造了梁氏家族团结和谐的氛围，为孩子们的健康成长提供了良好的环境。

二、言传身教，引导做人

梁启超在《教育与政治》中提出："教育是教人学做人——学做现代人。"③ 在家庭教育中，他注重言传身教，引导子女兼具智、仁、勇，做一个对社会有用的人。吃饭的时候，他会和孩子们聊天，讲民族英雄的故事，讲中华传统故事，激发他们的爱国热情和积极向上的斗志；讲天南海北的见闻趣事，以开阔他们的视野。在他给子女的 300 多封家书里，关心他们的学习、生活、择业、婚姻，无微不至。

生活中他以自己的言谈举止为范，把趣味主义人生观融入生活。他非常

---

①　吴荔明、梁忆冰整理：《一个火箭设计师的故事：梁思礼院士自述》，北京：清华大学出版社 2006 年版，第 21 页。

②　杜垒主编：《际遇梁启超家书》，北京：北京出版社 2008 年版，第 114 页。

③　张品兴主编：《梁启超全集》第 7 册，北京：北京出版社 1999 年版，第 3995 页。

注重发挥自身的榜样作用,在家书中说:"我时常认为要使自己成为青年人的'人格模范',最起码在家中也要成为你们姊妹兄弟的模范……这种遗传和教训,不会因为环境的困苦或舒服而堕落的。"①1915 年,袁世凯妄图称帝,梁启超疾书檄文《异哉所谓国体问题者》。袁世凯在文章发表前,借梁父寿辰企图用 20 万元巨款贿赂梁启超,被他断然拒绝。他的高尚人格和爱国情操为后人垂范。

三、平等尊重,因材施教

梁启超对孩子的教育,重要的一点是尊重。他对孩子们有深切的爱,用民主和平等的精神来和孩子们相处,平等交流,尊重孩子的个性和喜好,同时发挥着作为家长的引导作用,因材施教。梁启超主张平等、尊重和激励的教育方式,反对体罚。梁思成回忆自己曾经因为学业滞后,母亲李蕙仙用鸡毛掸子裹了铁丝抽打他。梁启超得知后批评了夫人,同时也教导梁思成好好学习,做有用之人。梁启超和子女亦师亦友:"你们须知爹爹是最富于情感的人,对于你们的爱情,十二分热烈。"②他给每个孩子都起了昵称:长女思顺为"大宝贝",思庄为"小宝贝",思成和思永为"淘气精",思懿为"司马懿",思宁为"六六",思礼为"老白鼻(baby)",和谐的父子关系让孩子们健康地成长。

在个人发展上,梁启超尊重孩子的兴趣与意愿,启发和引导每个孩子发挥自己的特长与优势:"各人自审其性之所近如何,人人发挥其个性之特长,以靖献于社会,人才经济,莫过于此。"③梁启超对子女学业的安排多从国家需要的层面考虑,希望思庄在麦基尔大学学生物学。可是思庄对生物不感兴趣,也学不好,并把自己的苦恼告诉了哥哥思成。梁启超了解到女儿的情况后,立即写信劝她不必拘泥于他的安排,可以根据自己的爱好选择学科。梁思庄改学喜爱的文献学和图书馆学以后,事半功倍,历任北京大学图书馆副馆长、中国图书馆学会副理事长和名誉理事。

---

① 林洙编:《梁启超家书》,北京:中国青年出版社 2013 年版,第 165 页。
② 汤志钧、汤仁泽编注:《南长街 54 号梁氏函札——梁启超家书》,北京:中国人民大学出版社 2016 年版,第 313 页。
③ 胡跃生:《梁启超家书校注本》,桂林:漓江出版社 2017 年版,第 738 页。

四、注重实践，学以致用

梁启超大力提倡"经世致用"的学风，把学问分为"纸的学问"和"事的学问"，主张理论和实践结合。认为如果学医学、矿学，只局限于教科书，而不付诸实践，是毫无用处。为了让孩子们学好理化，他专门买来仪器设备在家建了一个实验室，供孩子们研学。梁思永在美国哈佛大学学习考古学，梁启超为他联系国内的考古专家李济，让他参加李济的山西考古之行。根据山西的考古资料，梁思永完成了硕士毕业论文。思永学成归国后，以满腔热血参与章丘城子崖遗址挖掘与河南安阳后冈的发掘，取得中国考古史上的重大成就。梁思成与林徽因在美国学建筑学，即将回国成婚时，梁启超提出让他们回国之前去欧洲游历，并将所见所闻详细记录下来并留存照片。这次经历，对梁思成夫妇后来的建筑艺术成就提供了宝贵的阅历。

五、兴趣培养，全面发展

梁启超提倡的"趣味主义"，包含四点：勤劳作、玩游戏、赏艺术、做学问。[①] 他认为人的生活充满趣味才有价值，没有趣味、愁眉苦脸过几十年的人生，就像没有绿洲的沙漠毫无生趣。

梁启超有意识地培养孩子们各方面的兴趣，经常让自己的好友教文学、体育和音乐等。他鼓励子女们多选择一些专业之外的兴趣爱好，以防所学过于精专死板，把生活过得单一乏味。对在外求学的子女，在书信中他也常叮嘱要有兴趣，要做体育运动，避免厌倦专业学习。在他的引导下，梁家兄妹都多才多艺，即使在人生低谷受迫害时也依然保持积极向上的乐观心态。

梁思成在车祸之前擅长体育，获得过校运会跳高第一名。思礼是游泳和摔跤健将，在美国考过救生员证。思成还画得一手漂亮的钢笔画，担任过清华学校年报的美术编辑，也是校管乐队的队长。他和思庄、思永组成家庭小乐队，受家庭氛围影响，全家人都喜欢音乐，每个人都选了一种乐器学习。梁家的家庭生活因每个人的兴趣而丰富多彩，充满生机活力。

梁启超用热烈的父爱培养着子女们，让他们沉浸在和谐的家庭环境中茁壮成长。梁启超是一个学识丰富而且情商极高的人，他对子女的引导，对子

---

① 梁从诫：《薪火四代》（上），天津：百花文艺出版社 2003 年版，第 104 页。

女的爱护，以及中西合璧的教育方式，让孩子们在愉快的生活当中踏实地学习，并学有所成。他的家庭教育之道给年轻的父母们很大的启示，也给教育者很多的启迪。由梁氏家庭教育的成功案例，我们懂得对于孩子要有爱，要有陪伴，要尊重，要有认知，更要勇于接受孩子的意见；不能以父母的权威实行专制，也不能盲目地让其自由发展。总之，父母是孩子最好的老师，梁启超的家庭教育方式给后人树立了好父亲的榜样，所以研究梁启超的家庭教育思想对当今中国的家庭教育仍具有重要的借鉴意义。

浅析孟子思想对梁启超教育思想的影响

刘艳娜　　吴小丽 ①

（贵阳学院阳明学与黔学研究院，贵州贵阳，邮编：550005）

【摘　要】梁启超作为近代中国的政治家、教育家，他的教育思想有着深远的影响。梁启超熟读"四书五经"，他的思想，尤其是教育思想，深受儒家思想的影响。在教育方面，梁启超推崇孔子和孟子，本文主要探讨孟子思想对梁启超教育思想的影响。

【关键词】梁启超；孟子；人格修养

梁启超，字卓如，一字任甫，生于 1837 年，是中国近代的思想家、教育家、政治家。戊戌变法失败之后，梁启超逃往国外，但他对子女的教育一刻也不曾松懈，时常给子女们写信。生活在中西碰撞、交汇的时代，他的教育思想不可避免地受西方教育的影响。但深受儒家教育的他在选择让子女接受西方教育的同时，还是把儒家思想当作根本。他在给子女的信中不止一次地提及多读书，多读中国传统书籍。换句话说，梁启超对子女的教育是"中西兼通"式的。

一、性善与民智

梁启超曾深入分析孟子的人性论，认为人性论可分为五种：一是孟子的性善论；二是荀子的性恶论；三是告子的性无善无不善论；四是战国时期周

---

① 刘艳娜，女，贵阳学院阳明学与黔学研究院中国哲学专业硕士，主要研究方向：中国哲学。吴小丽，女，哲学博士，贵阳学院阳明学与黔学研究院研究员，北京大学哲学系访问学者，主要研究方向：中国哲学与佛教哲学。

人世硕的性有善有不善的观点；五是公都子的有性善、性不善的观点。然而无论哪种观点，都绕不过孟子的人性论。梁启超认为孟子人性论是儒家人性论的发展。也就是说，孟子的人性思想直接受到孔子、子思等先儒的影响。梁启超安排读书次第表时，将《孟子》放在第一个月所要读的书目中，还将《孟子》划分为养心、厉节、经世、尊孔和论性五门，并且强调要特别注意养气和厉节的相关部分。他将《孟子》列为青少年必读的十本书之一，可见对其重视。

（一）孟子的性善论与梁启超的"开民智"

孟子言性本善，荀子言性本恶，但都强调教育对人性的影响。梁启超认为无论是孟子的性善论还是荀子的性恶论，落脚点都在教育上。

孟子认为性本善，人性的善隐藏于"四端"之中。所谓的"四端"是指"恻隐之心""羞恶之心""辞让之心""是非之心"。孟子曰："恻隐之心，仁之端也；羞恶之心，义之端也；辞让之心，礼之端也；是非之心，智之端也。人之有是四端也，犹其有四体也。"[①] 孟子认为"恻隐""羞恶""辞让""是非"四心是仁、义、礼、智的萌芽和开端，是人不可或缺的存在。"四端之心"是人先天就有的，存在于人性之中，但不是并列的，而是在"智"的基础上，仁、义、礼、智相互交叉、相互融合的。无论是"恻隐之心""羞恶之心"，还是"辞让之心"，都要在一定程度的"是非之心"之上才有现实意义和价值。没有智，仁、义、礼是不可能存在的。可以说，智是基础性的。梁启超认为春秋"三世说"中，除乱世是以力取胜外，升平世和太平世皆以智取胜，可见梁启超对于智的重视。因而在梁启超的教育思想中，最重要的一点便是"开民智"。他认为："世界之运，由乱而进于平，胜败之原，由力而趋于智，故言自强于今日，以开民智为第一要义。"[②]

梁启超生活的时代社会动荡、国家衰弱，只有睁开眼看世界才有可能挽救这个国家。国家的繁荣强大与统治者有关，更与百姓有关。无论政策多么好，若是百姓愚钝，再好的政策也无法完全发挥作用。也可以说，一个国家

---

① ［宋］朱熹：《四书章句集注》，北京：中华书局 2018 年版，第 239 页。
② 梁启超：《论学校·总论》，汤志钧，汤仁泽编：《梁启超全集》（第一集），北京：中国人民大学出版社 2018 年版，第 34 页。

强弱，与这个国家人民的受教育水平密不可分。没有智慧，那么他就会是非不分。是非不分，那么他的人生道路必定不会顺畅；若是一个执政者不够聪明，那么这个国家必将走向衰落，甚至灭亡。梁启超所说的"开民智"，不单单是指提高百姓的教育水平，还指"睁眼看世界"，向西方学习，学习西方的科学文化知识。梁启超大力提倡学习西方的科学文化，但仍以国学为根；以西学来拓宽知识面和眼界，使人不至愚钝，目的在于使国民团结起来，使国民有独立的思考能力，而不是人云亦云。

（二）孟子的知、情、意与梁启超的知情意式的教育

孟子认为告子人性论的观点最大的尴尬就在于将人之性与牛之性、羊之性、犬之性混同，看不到人异于禽兽的本质所在。孟子认为，人之所以为人就在于人有道德属性，即仁、义、礼、智。也可以说知、情、意的道德属性是人的本质。梁启超在《教育政策私议》中列出《教育期区分表》，以知、情、意、身体、自观力划分青少年的特征。孟子思想中的知、情、意是一种先天的、形而上的道德属性，梁启超将其具象化，以青少年的身心特征来表达知、情、意，将教育分为知育、情育和意育。

"水信无分于东西，无分于上下乎？人性之善也，犹水之就下也。仁无有不善，水无有不下。"① 孟子认为，水可以向东流，也可以向西流，但水总是向下流。虽然人可以把水引到山上，但这是水受到外力作用的结果。向上不是水的本性，而人的本性也是如此。人之性善，就好比水向下流一样，人之不善就像水流向上一样。"也就是说，人之为善，是他的本性的表现，人之不为善，是违背其本性的。"② 孟子还认为，人虽本性为善，但是否能为善还要看人是否有主观的向善意愿和实际行动，同时还要受到外部环境的影响。

梁启超认为"环境影响于人生者至大"③，人的性情是要受到环境影响的。孟子所说的"富岁，子弟多赖；凶岁，子弟多暴；非天之降才尔殊也，其所以陷溺其心者然也"④，与人的本性无关，人性的变化与环境有关。为此，梁启

---

① ［宋］朱熹：《四书章句集注》，北京：中华书局 2018 年版，第 331 页。
② 郭齐勇：《中国哲学史》，北京：高等教育出版社 2018 年版，第 73 页。
③ 汤志钧、汤仁泽编：《梁启超全集》（第十集）之论著十，北京：中国人民大学出版社 2018 年版，第 18 页。
④ ［宋］朱熹：《四书章句集注》，北京：中华书局 2018 年版，第 335–336 页。

超在环境影响人性的问题上加入一个介质——习。在梁启超看来，"因环境而生习，因习复造环境"①。人性在环境与习的共同作用下发生了改变，这种改变可以是好的也可以是坏的。人的本性是先天的善、是确定的，而人在后天的环境与习当中所受的影响是不确定的，同时也是可以人为控制的，就如"孟母三迁"对孟子的影响那样。至此，就体现了教育的重要性。梁启超之所以深入分析孟子的人性论思想，目的是引出儒家道德教化的重要性和个人修养的必要性。

二、人格修养

（一）孟子的"反求诸己"与梁启超的近性教育

"仁义礼智，非由外铄我也，我固有之也，弗思而矣。"②孟子认为，仁、义、礼、智是人本来就具有的，小人与君子的最大区别就在于君子保留了本心，小人则在外部环境中丢掉了本心，迷失最本真的自我，因而提出了"求放心"的工夫修养论。孟子认为，"万物皆备于我"，人才是一切道德的本源，因而，人需要"反求诸己"，常常自我躬省，向内寻找本心。

"舜明于庶物，察于人伦，由仁义行，非行仁义也。"③仁义内在，人的道德源于内在的本心。也就是说，人的道德具有内在性。人作为实践的主体，自己支配自己，自己命令自己，按照本心而行，可以实现道德自由，这是由道德内在性所决定的。但若是按照社会规范去行动，就是"行仁义"，是受外在道德约束的、被动性的行为，就谈不上遵从本心。梁启超在给女儿梁思庄的信中提及要选择的专业，重点强调选择专业一定要顺从本心，符合自己的兴趣。当得知女儿听从自己的建议选择了生物而又不感兴趣后，专门给女儿写了一封信，信中说："凡学问最好是因自己性之所近，往往事半功倍。"④梁启超认为，学习是要遵从本心、本性的。近其本性，则越能有所成就。

---

① 桑东辉：《梁启超视界中的孟子及其对新民思想的影响——以〈梁启超论孟子遗稿〉为例》，《学术界》2022年第8期，第189-195页。
② ［宋］朱熹：《四书章句集注》，北京：中华书局2018年版，第335页。
③ ［宋］朱熹：《四书章句集注》，北京：中华书局2018年版，第299页。
④ 胡跃生校注：《梁启超家书校注本》，桂林：漓江出版社2017年版，第856页。

（二）孟子的"先立乎其大"与梁启超的"立志"

孟子在提出反求本心的同时，还提出了推扩本心的修养论。推扩本心就是把人的这种先天的道德心性体现出来，外化于行。仁、义、礼、智是上天所赋予的，充分扩张本心，使本心充盈，人就能体验到这一本性，也就能体验天道。"孟子发挥本能之教。其次序亦有可寻者，第一立志，第二操存，第三长养，第四扩充也。"① 梁启超认为孟子的思想教化体系在个人道德修养方面有其次序，并不是随意选择的。孟子认为修身养性要"先立乎其大"，梁启超也认为个人道德修养要先立志。孟子认为先立"心"，"心"明，人则不会误入歧途。其次，要以仁义道德来存养"浩然之气"，存有"浩然之气"，则心胸坦荡，才能在道德修养的路上感应到天地。最后，则是将长存的、充盈的"气"推广出来，外化于行。梁启超认为，只有先明确自己的志向，才能找到正确的修养之道。所以梁启超建议学生要先立志，找一个自己崇拜的古人作为模仿的对象，并不断向其靠近。

（三）孟子的"舍生取义"与梁启超的生死观

在生死义利观上，孟子主张"舍生取义"。当仁义道德与人之生死发生冲突时，孟子主张"仁义"在前，生死、利益在后。仁义道德与生死、利益的冲突，从表面上看是个人生死的取舍问题，但实质上是人的德性尊严与自然生命的冲突，是人的精神生命与躯体生命的冲突。孟子的"舍生取义"是个人的道德尊严超于自然生命的表现。正是孟子的这种生死义利观造就了中国文人志士独特的风骨气节。

孟子的生死义利观是从个人的角度出发的，而梁启超的"义利观"则从群体的角度出发。中国传统意义上的恶德是"为我也，利己也"② 但是，梁启超认为，正是因为利己，所以人类才能主宰这个世界，才能倡导相对于他族而言的爱国之义，国民才能进步繁荣。由此可知，梁启超的"利己"的"己"是相对于天下而言的一个族群，并非相对于他人的个体。"利己心与爱他心，

---

① 汤志钧、汤仁泽编：《梁启超全集》（第十集）之论著十，北京：中国人民大学出版社2018 年版，第 18 页。

② 汤志钧、汤仁泽编：《梁启超全集》（第二集）之论著二，北京：中国人民大学出版社2018 年版，第 289 页。

一而非二者也。"① 梁启超认为利己与爱他是一样的，二者本为一体，所以，善于利己者也能利群。与个人关系最为密切的两个群体，一个是家，另一个是国。也就是说，利己者，亦能利家，亦能利国。真爱己者，亦爱其家，亦爱其国。

梁启超强调学生要有人格修养，认为人要寡欲而非无欲。寡欲，便是有欲，但要克制，要反省自己。梁启超在《学生自修之三大要义》中对学生的自我修养提出了三点要求：（一）为人之要义；（二）作事之要义；（三）学问之要义。② 为人强调"反省克己"，就要收束自己的欲望，坚守道德，坚守良心，遵从本心，不做欲望的奴隶。"人之主体，乃在良心，须自幼养成良心之独立，勿为四支五官之奴隶。身奴于人，尚或可救，唯自作支体之奴隶，则莫能助，唯当反省克己而已。"③

三、仁政学说

（一）孟子的仁政思想

孟子曰："人皆有不忍人之心。先王有不忍人之心，斯有不忍人之政矣。以不忍人之心，行不忍人之政，治天下可运于掌上。"④ 孟子提倡仁政，把仁义道德从个人修养推广到社会和国家的治理上，提出了"亲亲而仁民，仁民而爱物"的政治思想。孟子主张"以德服人"的"王道"，反对武力统治的"霸道"，认为"得民心者得天下"，认为"民为贵，社稷次之，君为轻"。⑤ "设为庠序学校以教之。庠者，养也；校者，教也；序者，射也。"⑥ 孟子认为教育可以调节人心，和谐社会关系，稳定社会秩序，可以"明人伦"，更可以为国家培养德才兼备的为政者。孟子的仁政思想深刻影响了中国的政治。

---

① 汤志钧、汤仁泽编：《梁启超全集》（第二集）之论著二，北京：中国人民大学出版社2018年版，第289页。

② 汤志钧、汤仁泽编：《梁启超全集》（第十五集）之演说一，北京：中国人民大学出版社2018年版，第138页。

③ 汤志钧、汤仁泽编：《梁启超全集》（第十五集）之演说一，北京：中国人民大学出版社2018年版，第139页。

④ ［宋］朱熹：《四书章句集注》，北京：中华书局2018年版，第23-239页。

⑤ ［宋］朱熹：《四书章句集注》，北京：中华书局2018年版，第375页。

⑥ ［宋］朱熹：《四书章句集注》，北京：中华书局2018年版，第258页。

（二）梁启超的教育立国思想

由梁启超和康有为领导的戊戌变法是梁启超主张"民贵君轻"思想的体现。戊戌变法失败之后，梁启超远在异国他乡仍在为挽救祖国的危亡而努力。做何种努力，他始终把百姓放在重要的位置上。"吾今为一言以蔽之曰：变法之本，在育人才，人才之兴，在开学校。"① 梁启超认为教育为立国之本，而教育的立足点在学校。梁启超在《教育与政治》中提及三件事，即如何才能养成青年的政治意识、政治习惯和判断政治的能力。梁启超认为这三件事中的前两件不仅仅是政治上的问题，更是教育上的问题，并且这个问题不是政治家所能解决的，而是教育家才能解决的。可见梁启超认为政治问题的根源在于教育。学校不仅能为社会提供所需的人才，也能为国家提供优质的政治人才。所谓优质的政治人才，不仅仅指在政治上有作为的人，更是在人格上有修养的人。梁启超将学生的个人道德修养和学术、政治修养结合起来，不仅提高了学生的政治意识，也提高了为政者的个人修养，更是为国家和社会提供了优良的人才。

梁启超在前期更多提及孔子，对于孟子则是简要提及。但他在给儿女们的信中提及要多读《孟子》，可见孟子在梁启超心中还是有着重要地位的。梁启超在政治、教育方面深受孟子的影响。梁启超在退出政治舞台之后，全心投入教育事业。后写有《孟子略传》，虽然因为没有完成而没有发表，但是梁启超将孟子的"性善论"归于教育主义之下，可见梁启超的教育思想深受孟子思想的影响。

---

① 汤志钧、汤仁泽编：《梁启超全集》（第一集）之论著一，北京：中国人民大学出版社2018年版，第30页。

梁启超教育思想及其当代价值研究

王　欢　吴小丽 ①

（贵阳学院阳明学与黔学研究院，贵州贵阳，邮编：550005）

【摘　要】梁启超是中国近代史上的"关键人物"，其思想包含了教育、政治、经济等多个层面，他的教育思想对后世教育体系发展具有重要意义。他是中国近代教育的开拓者，提出一套从家庭教育到学校教育的较为完整的教育理论。他的教育思想被后世学者深入研究，在中国近代教育发展中发挥着重要作用。梁启超的教育思想丰富独特，对其深入研究，能够给中国当代教育的改革与发展提供重要启示。

【关键词】梁启超；教育思想；当代价值

处于半殖民地半封建社会的梁启超，深刻认识到了教育的作用。他认为在国家强弱的决定性因素之中，教育改革是重头戏。在梁启超看来，学校和教育的发展是决定一个国家实力和民族兴衰的基础，他的维新变法思想和他重视教育的思想是一致的。

梁启超是一个睁眼看世界的人，他关注近代欧洲国家的教育，吸收他国有益的东西，进行深入研究，结合中国的实际情况提出自己的观点。以他所处的时代，仅仅依靠教育去拯救国家是不现实的，所以他提出的教育思想没有得到更多人的重视。随着时代的发展，越来越多的学者开始注意梁启超，对其思想进行深入研究，为中国教育的改革发展提供依据。梁启超受到中西

---

① 王欢，女，贵阳学院阳明学与黔学研究院中国哲学专业硕士，主要研究方向：中国哲学。吴小丽，女，哲学博士，贵阳学院阳明学与黔学研究院研究员，北京大学哲学系访问学者，主要研究方向：中国哲学与佛教哲学。

方文化的影响，随着接触西方文化的深入，其教育思想也不断升华。梁启超的教育思想在近代教育发展中扮演着重要的角色，可以说他是中国近代教育的开拓者。

一、倡导废科举和教育救国

梁启超的教育思想重点是改革旧的教育制度，废科举，兴办学校。

（一）废科举，变革科举制度

梁启超说："变法之本，在育人才；人才之兴，在开学校；学校之立，在变科举。""亡而存之，废而举之，愚而智之，弱而强之，条理万端，皆归本于学校。"他认为国家对人才的培养、学校的建立，与变革科举制度密切相关。

在《论科举》中说"故欲兴学校，养人才，以强中国，惟变科举为第一义"①，提出学校成立的前提是科举变革。梁启超与康有为创办报刊，以《时务报》为主要阵地，发表思想新颖、影响深远的教育救国言论，采用撰文、著书、筹办学校等方式来宣传和落实"教育救国"，以实际行动体现"以天下兴亡为己任"的责任感。

（二）极力提倡师范教育

梁启超曾发表"今中国之大患，苦于人才之不足""人才之不足，由学校不兴也"②等言论。认为中国的失败是由于人才短缺和未能普及新教育，因而发出"故欲革旧习、兴智学，必立师范学堂为第一要义"的呼声。梁启超认为旧式教育对学生实行的是"棒喝"式教育，不利于学生的学习。梁启超分析了当时洋务运动的弊端："师范学堂不立，教习非人"③"一切教习多用西人"④。主张设立我国自己的师范学校，结合国情对西方教育进行学习，建立完整的教育师范体系。梁启超是中国历史上第一位提出师范教育的教育家。他促进了中国师范教育的发展，认为师范教育非常重要，说："国民教育，以培

①　梁启超著、何光宇评注：《变法通议》，北京：华夏出版社 2002 年版，第 60 页。
②　陈景磐：《中国近代教育史》，北京：人民教育出版社 2001 年版，第 120 页。
③　璩鑫圭、童富勇：《中国近代教育史资料汇编·教育思想》，上海：上海教育出版社 2007 年版，第 202 页。
④　陈景磐、陈学恂编：《清代后期教育论著选》（下册），北京：人民教育出版社 1997 年版，第 445 页。

养师范为先。"① "师也者，学子之根核也。"② 老师是教育学生的核心，学校的兴办，新式教育的普及，是强国育人的根基，兴办师范学堂则是解决教育的首要。

梁启超的"师范乃群学之基"的教育思想具有鲜明的时代特征，为我国师范教育打下了基础，推动了我国师范教育的发展。梁启超教育思想的目的是"有文化的和有技术的公民"的培养，是中国教育迈向近代教育的一大步。梁启超对师德师风的关注，师范教育与社会相结合的思想，至今仍有重要的指导意义。

（三）倡导教育救国、教育兴国

在八国联军的侵略下，中国逐步沦为半封建半殖民地国家，列强瓜分中国，清政府的无能，社会动荡不安。"教育救国"思想是当时社会变革的产物。

在鸦片战争期间，魏源首先提出"师夷之长技以制夷"的思想，表达了强烈的爱国主义精神，为近代中国学习西方文化开创了先例。太平天国时期，文化教育是农民革命的基础，提出"自新之学"，提倡学习西方文化，推动了近代教育思想的发展。洋务运动时期，洋务派提出"中学为体，西学为用"。之后郑观应提出学校为"治国之大本"的思想，指出"学校者，人才所由出，人才者，国势所由强，故泰西之强，强于学，非强于人也。然则欲与之争强，非徒在枪炮战舰而已，强在学中国之学而又学其所学也。……合而言之，则尸学其本也，西学其末也。主以中学，以西学"③，明确提出了"教育救国"的思想。中日甲午战争时期，康有为、梁启超倡导自上而下的维新变法，提出革新教育是国家的强弱要素中的重头戏，将"教育救国"思想推向高潮。④

总之，梁启超的"教育救国"理论，充分肯定教育的重要地位，秉持救亡图存的宗旨，是为"救国"而进行的，因而呈现明显的启蒙特点。他的教育思想对后世影响极深，推动了我国高等教育的发展和变革。

---

① 梁启超：《政府大政方针宣言书》，张品兴主编：《梁启超全集》（第四册），北京：北京出版社 1999 年版，第 2575 页。
② 梁启超著、何光宇评注：《变法通议》，北京：华夏出版社 2002 年版，第 81 页。
③ 夏东元：《郑观应集》（下册），上海：上海人民出版社 1982 年版，第 276 页。
④ 董方奎：《清末政体变革与国情之论争：梁启超与立宪政治》，武汉：华中师范大学出版社 1991 年版，第 72–79 页。

二、子女教育方式的多元化

梁启超与时俱进，用独特的教育方式和教育理念教导子女，"一家三院士，满门皆俊秀"是对梁启超教育成功的描述。梁启超的家教受个人因素的影响，其家教观念的形成与其丰富的生活经验有关。从家族的角度来看，梁启超的家庭教育是他祖父及其父母教育的缩影。动荡的中国逐渐沦为半殖民地半封建社会。在这种大环境下，梁启超在继承传统家学的过程中，接纳新观念，开阔视野，探寻西方的优点，在这三大要素的基础上，梁启超的家教理念得以奠定。[1]

（一）趣味教育

"趣味"是梁启超的教育理念之一，他多次在讲座和文章表述这一观点，认为教育最重要的就是能够引起孩子们的兴趣。梁启超以"兴趣"为家庭教育的中心，尊重孩子们的选择，保护孩子们的童真天性，反对如棍棒、拔苗助长等不利于孩子生长规律的教育方式。梁启超认为，教育最重要的是激发学生的兴趣。他的趣味教育不仅是针对学生；认为教育是最有趣的职业，如果老师们能体会到教育的乐趣，就不会感觉疲倦了。

（二）爱国主义教育

爱国教育思想，是梁启超家庭教育的核心。梁启超一生践行"爱国"思想，培养孩子们"终已不能忘天下"的爱国精神，教育子女"人必有爱国心，然后可以用大事"[2]，梁启超有 9 个孩子，其中 7 个孩子出国留学，都选择回国报效国家，这与其教育思想是密切相关的。在梁启超的教育下，他的子女，都是自觉地担负着救国、拯救民族的重任，为国家奉献自己的所长。他的爱国主义教育思想在近代历史发展的不同阶段都产生着广泛的影响，即便到现在，其爱国教育思想仍值得我们借鉴。

---

① 刘海婷：《论梁启超家庭教育思想及当代启示初探》，《柳州职业技术学院学报》2019 年第 6 期，第 118 页。

② 丁宇著、刘景云编：《梁启超教子满门俊秀》，北京：中华工商联合出版社 2002 年版，第 164 页。

（三）心理健康教育

梁启超也非常注重孩子的心理健康教育，告诫子女："人生惟常常受苦乃不觉苦，不致为苦所窘耳。"[①] 只有经常经历困苦的人才不会觉得人生处处皆是痛苦，才不会在经历痛苦的时候为苦所困而正面面对生活中的苦难，正视遇到的挫折，用积极乐观的精神面对困难。梁启超对子女的成长影响重大，注重孩子们的心理健康，他的教育理念对当今家庭教育具有重要的启迪作用。

（四）情感教育

情感教育，在孩子的一生中非常重要，父母是孩子的第一任心理导师。在温暖、融洽、充满爱心的家庭环境中长大的儿童，性格开朗，具有同情心、良好的个性；家庭氛围淡漠，成员之间经常争吵，会导致儿童个性变得孤独、易怒，不愿与他人接触。

梁启超的家庭教育思想值得我们学习。在家庭教育中要充分考虑儿童的人格发展，采取适当的教学方法；让儿童接受良好的教育；培养儿童的爱国主义情怀和社会公德，成为一个为国家做贡献，有社会主义责任感的好青年；加强对孩子的心理健康教育，在满足孩子物质需求的同时，注重孩子的精神需求。心理健全的孩子，在面对挫折时，会用积极乐观的精神来应对困难；良好的家庭氛围、和谐的家庭环境有利于儿童的健康发展，应充分利用家庭环境在教育中的正面影响，以实现家庭教育的最佳效果。

三、注重儿童教育和妇女权利

梁启超的儿童教育与他"教育救国"的情怀密切相关。梁启超在《变法通议·论幼学》中说："人生百年，立于幼学。"[②]

（一）注重儿童教育

他认为儿童是国家和民族的未来，对民族复兴和国家繁荣负有责任。他说："中国之积弱，至今日极矣，欲强国本，必储人才，欲植人才，必开幼

---

① 杜垒主编：《际遇——梁启超家书》，北京：北京出版社 2008 年版，第 187 页。

② 何光宇评注：《变法通议》，北京：华夏出版社 2002 版，第 60 页。

学。"① 他在《少年中国说》中疾呼:"使举国之少年而果为少年也,则吾中国为未来之国,其进步未可量也。……今日之责任,不在他人,而全在我少年。"②

梁启超的儿童教育理念包括三大内容:教材、教育方法、教育制度。梁启超指出传统教育存在的弊端:"未尝识字,而即授之以经;未尝辨训,未尝造句,而即强之为文。"③ 所学的内容超出了儿童的接受范围,没有遵循儿童身心发展,属于逼迫性的学习,易使儿童对学习产生厌恶,体会不到学习的乐趣。梁启超对中西方儿童教育观进行深入研究,在借鉴西方教育的同时,基于中国实际情况,提出循序渐进的教学模式,采取有限度的趣味教学方法,对儿童因材施教,避免了传统教育的死记硬背。这样既能保持儿童的学习兴趣,又顺应儿童身心发展,从而高效完成每一阶段的学习任务。

梁启超的儿童教育思想,以其独特的时代特色,为中国现代儿童的发展与变革做出了重大贡献,其教育理念在中国现代教育的发展中有着很好的启迪作用。

(二)关注妇女权利

梁启超在《论女学》中说:"居今日之中国,而与人言妇学,闻者必曰:天下之事其更急于是者,不知凡几?百举未兴,而汲汲论此,非知本之言也。然吾推及天下积弱之本,则必自妇人不学始,请备陈其义以告天下。"④ 明确提出了"欲强国必由女学"的观念。梁启超提倡女子应该和男子一样受教育,在当时产生了振聋发聩、启迪民智的影响。他尤其重视女性的受教育权,打破了"女子无才便是德"的封建教条,成为新时代的教育先声。

四、梁启超教育思想的当代价值

梁启超的教育思想是受到中西方文化共同影响下产生的,他所强调的是教育应该有正确的目的,并提出了自己的教学目标——"以学为根本"。他主

① 张品兴主编:《梁启超全集》(第一册),北京:北京出版社 1999 年版,第 80 页。
② 梁启超:《少年中国说》,丘桑主编:《民国奇才奇文(梁启超卷)》,北京:东方出版社 1998 年版第 70—71 页。
③ 梁启超:《论幼学》,《饮冰室合集》(第一册)文集之一,北京:中华书局 1989 年版,第 45 页。
④ 何光宇评注:《变法通议》,北京:华夏出版社 2002 版,第 87 页。

张教育救国、教育兴国，由此可见，他充分肯定教育的重要性。他也十分重视女子教育，提出女子教育对国家的重要性，主张女子应该和男子一样受到教育，推动了中国女子教育的发展。同时他也注重儿童的教育，其思想促进了中国儿童教育的科学化。他从爱国主义、心理健康、情感等多方面培养孩子的全面发展，在他9个子女身上体现了他教育的成功，也为当代家庭教育提供了重要启示。

梁启超的教育思想涵盖面丰富独特，顺应了时代的潮流。他的教育思想虽然有一定的局限性，然而至今仍具有研究价值，对当代中国教育的发展具有重要影响。从家庭教育到学校教育，面对梁启超教育思想的这一大笔精神财富，我们应当结合现在的教育现状，充分吸取其精华，让其服务于我国当前的教育改革与发展的现实需要。

梁启超"新民说"研究

刘　东　吴小丽①

（贵阳学院阳明学与黔学研究院，贵州贵阳，邮编：550005）

【摘　要】梁启超的"新民说"是针对近代中国国弱民弊而提出的一套道德改革方法，主要内容是针对国民身上的弊病，通过"鼓民力、开民智、兴民德"来创造一种具有"私德""公德""利群"等特点的"新民"，从而使国家焕然一新，达到国家强盛的目的。梁启超的"新民说"在当代仍有重要的社会影响。

【关键词】新民；私德；公德；利群

中国近代数次遭受西方列强入侵，被迫签订了一系列不平等条约，让梁启超深刻意识到近代中国的屡弱和危机。为了找到一条救国之路，梁启超通过《中国积弱溯源论》一文对当时中国积弱的原因做了分析，"善医者必先审病源"，"必知病根伏于何处"，"然后治疗之术可得而讲。"②通过分析，他认为："吾国之受病，盖政府与人民皆有罪焉。其驯致非一时，其酿成之也非一人，其败坏之也非一事。"③因受到斯宾塞的社会有机体说的影响，梁启超认为社会的整体就如同生物的有机体，一个个的人就如同组成有机体的一个个细胞，

---

① 刘东，男，贵阳学院阳明学与黔学研究院中国哲学专业硕士，主要研究方向：中国哲学。吴小丽，女，哲学博士，贵阳学院阳明学与黔学研究院研究员，北京大学哲学系访问学者，主要研究方向：中国哲学与佛教哲学。

② 梁启超：《中国积弱溯源论》，《饮冰室合集》（第五册），北京：中华书局1989年版，第13页。

③ 梁启超：《中国积弱溯源论》，《饮冰室合集》（第五册），北京：中华书局1989年版，第13页。

政府也只是由一个个人组成的社会有机体的一部分，所以，社会的病痛根本在人身上。为此，他提出"欲维新吾国，当先维新吾民"①的方针，强调"新民为今日中国第一急务"②，力图通过"新民"的方式来"新国"，以达到国家富强、抵御外敌的目的。

一、国民积弱之根源与"新民说"思想的提出

梁启超认为，中国人"爱国之心薄弱，实为积弱之最大根源"③。爱国之心薄弱，是因为"不知国家与天下之差别""不知国家与朝廷之界限""不知国家与国民之关系"。④以上三者，是国家弊端、病症的根源。

梁启超还认为，中国人的种种心性道德上的问题，是中国积弱的另一大原因。这些问题分别是：

其一，"奴性"。中国两千多年的封建奴隶制度，让阶级这一概念深深地刻在中国人的骨子里，而"跪拜"这一行为便是"阶级"和"奴性"的直接体现。"普天之下，莫非王土；率土之滨，莫非王臣"⑤，在普通民众眼中，高高在上的官吏贵族，在面对皇帝的时候，也要跪拜。换句话说，整个天下，所有人都是皇帝的奴隶。这一概念不仅在皇帝心中根植，且在其他人心中也深深烙印。

其二，"愚昧"。自古以来，教育资源大都被王公贵族、地主富商所占有。在古代生产力低下的情况下，一般家庭很少有剩余劳动力去接受教育。在这样的情况下，人民接受教育的比例很低，处于愚昧状态。到了近代，中国在教育普遍低下的情况下，科技文化远远落后。

其三，"为我"。梁启超认为，"中国人不知群之物为何物，群之义为何义"，"人人心目中但有一身之我，不有一群之我"，"于是，四万万人遂成四万万国

---

① 梁启超：《新民说·序》，北京：北京理工大学出版社2016年版，第2页。
② 梁启超：《新民说·序》，北京：北京理工大学出版社2016年版，第3页。
③ 梁启超：《中国积弱溯源论》，《饮冰室合集》（第五册），北京：中华书局1989年版，第14页。
④ 梁启超：《中国积弱溯源论》，《饮冰室合集》（第五册），北京：中华书局1989年版，第15-17页。
⑤ 王秀梅译注：《诗经》，北京：中华书局2006年版，第299页。

焉"。①大家都只顾及自身利益，没有群体意识，对国家的命运漠不关心，"一人吃饱，全家不饿"说的就是这种情况。

其四，"好伪"。梁启超认为，中国人"君之使其臣，臣之事其君，长之率其属，属之奉其长，官之治其民，民之待其官，士之结其耦，友之交其朋，无论何人，无论何事，无论何时，皆以伪之一字行之"②。此处之"伪"，并非荀子人为之"伪"，当为虚伪之"伪"，这是一大弊病。

其五，"怯懦"。中国自古以来崇尚"以和为贵"，不尚武。"以和为贵"并不是怯懦，而是"和"能使双方都降低伤害，互相利益最大化。但是长期浸润在"以和为贵""柔弱胜刚强"的思想中，行为处事强调"退一步海阔天空""大事化小，小事化了"。长此以往，不免形成怯懦的心态和处事方式。当西方的钢枪利炮轰击国门的时候，也秉持着这种方式，割地赔款，求饶求和。

其六，"无动"。中国人倡导谨慎、安静、持重，遇到事情习惯坐虎观山，"枪打出头鸟""木秀于林风必摧之"等思想更是深入人心，导致人人都在等别人先动，其结果是，"污吏压制之也而不动，虐政残害之也而不动，外人侵慢之也而不动，万国富强之成效灿然陈于目前也而不动，列强瓜分之奇辱咄然迫于眉睫也而不动"③。

梁启超指出，以上性情皆是国人之弊病，当权者实为国人之代表，国人的品性决定着政府的品性，更决定着国家的强弱。其结论是："国之亡也，非当局诸人遂能亡之也，国民亡之而已；国之兴也，非当局诸人遂能兴之也，国民兴之而已。"④所以，梁启超认为，要改变当下这种现状，使国家富强，应当从改进国民自身出发，创造出一种"新民"。"苟有新民，何患无新制度、无新政府、无新国家？"⑤

---

① 梁启超：《中国积弱溯源论》，《饮冰室合集》（第五册），北京：中华书局1989年版，第22-23页。

② 梁启超：《中国积弱溯源论》，《饮冰室合集》（第五册），北京：中华书局1989年版，第23-24页。

③ 梁启超：《中国积弱溯源论》，《饮冰室合集》（第五册），北京：中华书局1989年版，第26页。

④ 梁启超：《中国积弱溯源论》，《饮冰室合集》（第五册），北京：中华书局1989年版，第28页。

⑤ 梁启超：《新民说》，北京：北京理工大学出版社2016年版，第8页。

二、"新民说"与道德自觉

在《中国积弱溯源论》发表以后，针对《中国积弱溯源论》得出的国弱民弊这一原因，自1902年起，梁启超陆续通过《新民丛报》为中国开出了《新民说》这一"药方"。《新民说》的主张是，依据社会有机体论，由于国民自身的种种弊病，导致中国之整体积弱腐朽。因此，"欲维新吾国，当先维新吾民"。所谓"新民"，即"吾民之各自新而已"①。

也就是说，在梁启超看来，"新民"的实践依靠的是国民自身的道德自觉性和主体能动性。而"新民"的内容则是针对国民的德、智、体三方面，要求"鼓民力、开民智、新民德"，其中又以"新民德"最为重要。而且，在三者中，"智与力之成就甚易，惟德最难"②。因此，"新民"的重点也就在于"新德"。

梁启超认为，德有"公德"和"私德"之分，"人人独善其身者谓之私德，人人相善其群者谓之公德"③。梁启超所说的"私德"，是指个人的修身以及处理个体与个体间关系的道德；"公德"指处理个人与社会、群体、国家之间关系的道德。私德要求的是个人德性的完善，而公德则在于维护群体的和谐。在这里，"公德"和"私德"并不是一对对立范畴，而是相互联系相互依存的关系。"公德"和"私德"在实践上也有先后的分别——"私德"为"公德"之前提。一个连"私德"都没有的人，怎么可能奢望其有"公德"呢？所以梁启超提出："是故欲铸国民，必以培养个人之私德为第一义；欲从事于铸国民者，必以自培养其个人之私德为第一义。"④

私德所谓"人人独善其身者"，是说人需要通过自身的主体能动性和道德自觉性，来完善个人的道德修养和道德实践。这实际上脱胎于孔子的"克己复礼"。具体方法是：正本、慎独、谨小。"正本"是首要，即端正本心，正清本源。如何去端正本心呢？根本要领在于阳明先生的"致良知"。"正本"之前，"良知"是未发状态，"正本"就是要这"良知"变为已发状态，这一"致良知"过程是在"心"的层面上阐发的。你的出发点和根本依从本心良知

① 梁启超：《新民说》，《饮冰室合集》（第四册），北京：中华书局1989年版，第5页。
② 梁启超：《新民说》，《饮冰室合集》（第四册），北京：中华书局1989年版，第6页。
③ 梁启超：《新民说》，《饮冰室合集》（第四册），北京：中华书局1989年版，第12页。
④ 梁启超：《新民说》，《饮冰室合集》（第四册），北京：中华书局1989年版，第119页。

的正确道路，实践才不会出错。其次是"慎独"。"慎独"的根本和实践也是"致良知"。王阳明曰："慎独即是致良知。"又曰："一点良知，是尔自家的准则，尔意志着处，他是便知是，非便知非，更瞒他一些不得。尔只不要欺他，实实落落依着他做去，善便存，恶便去，何等稳当！"梁启超评价此言："此真一针见血之言哉！（实则大学'所谓诚其意者，毋自欺也'二语已直捷指点无余蕴矣。）"①

由此可见，梁启超接受并吸收了王阳明"慎独即是致良知"的工夫论，并且认为"慎独"的根本要点是"诚其意""毋自欺也"。相对于"正本"的"致良知"，"慎独"的"致良知"不仅是针对心的层面，也是针对身体实践层面阐发的。另外还有"谨小"。即"私德"的培养要从细微处着手，在细节上下功夫。"不积跬步，无以至千里"②"不扫一屋，何以扫天下"说的皆是此理。

三、"新民说"与道德培养

梁启超的"新民论"即是要通过对私德的自我培养，进而培养公德（私德和公德并不是独立培养产生的，它们是相互联系、相互依存的。之所以将培养私德作为第一义，正是梁启超所说的从"谨小"处入手）。最终的目的和落脚点在于"利群"。"道德所由起？道德之立，所以利群也……道德之精神，未有不自一群之利益而生者。"③由此可见，在梁启超看来，人的群体性和社会性是一种与生俱来的属性，人的道德也只有在群体中才有其存在的根本和价值。这种存在的根本是道德自身的属性决定的，这种价值的体现，就在于"利群"。

"利群"在梁启超"新民论"的范畴里其实就是"利国"。目的是希望国家富强，抵御外敌。"利群"既是"新民"的出发点，也是"新民"的落脚点。为了激发国民"新民"的主观能动性，梁启超阐述了"利群"与"利己"的价值统一性，亦即群体与个体的价值统一性。这也正是国之积弱——爱国之心薄弱——"不知国家与国民之关系"的根本原因。

关于群体和个体价值的统一性，梁启超从两方面进行了阐述。首先，梁

---

① 梁启超：《新民说》，《饮冰室合集》（第四册），北京：中华书局1989年版，第124页。
② 安小兰译注：《荀子》，北京：中华书局2012年版，第7页。
③ 梁启超：《新民说》，《饮冰室合集》（第四），北京：中华书局1989年版，第14-15页。

启超受社会有机体论的影响,认为一个个的人在一起组成国家这个群体,是人存在的根本。单独的细胞脱离有机体也不能存活。"人之所以贵于他物者,以其能群耳。使以一身孑然孤立于大地,则飞不如禽,走不如兽,人类剪灭亦既久矣。"①因此,人们应当树立群体意识、群体观念,以"利群"为根本。其次,国家之群体是个人权利、个人生命财产安全的保障。"急难之际,群策群力,捍城御侮,尤非能以一身而保七尺也,于是乎国家起焉。"②所以只有通过"利群"使国家强大,在外敌入侵时,国家才有能力自我保存,国民也才能获得生命财产安全,即从长远来看,"利群"就是"利己"。梁启超以此来论述群体和个体的价值统一性,就是要鼓励激发国民的"利群"意识,以此来实现"新民"中最重要的"公德"核心的培养,最终使群体得到进步和强大。正如其所言:"发明一种新道德,以求所以固吾群、善吾群、进吾群之道。"③这种新道德的核心就是"利群"。

梁启超在阐述群体和个体利益的同时,也特别强调,当群体利益和个体利益发生冲突时,应以群体利益为主,甚至不惜牺牲个体利益来保障群体利益。由此可以看出,梁启超倡导的是将国家意识、民族意识放在个人意识之前,他认为这是一个国家能团结强大的前提。

四、"新民说"的价值和意义

梁启超在倡导"新民"的过程中,吸收了西方先进的思想,但同时他也不否定中国传统文化中的智慧。他强调:"吾所谓新民者,必非如心醉西风者流。蔑弃吾数千年之道德、学术、风俗,以求伍于他人。亦非如墨守故纸者流,谓仅抱此数千年之道德、学术、风俗,遂足以立于大地也。"④可见,他是想通过对中西文化优劣的扬弃来提炼一种适合时代发展的"新道德"。这种"新道德"不仅要赋予国民缺乏的利群爱国思想,还要赋予国民以权利和自由思想,使中国人从自古以来的臣民变为近代民族国家所要求的国民。"国民者,以国为人民公产之称也……以一国之民治一国之事,定一国之法,谋

---

① 梁启超:《新民说》,《饮冰室合集》(第四册),北京:中华书局 1989 年版,第 122 页。
② 梁启超:《新民说》,《饮冰室合集》(第四册),北京:中华书局 1989 年版,第 122 页。
③ 梁启超:《新民说》,《饮冰室合集》(第四册),北京:中华书局 1989 年版,第 15 页。
④ 梁启超:《新民说》,《饮冰室合集》(第四册),北京:中华书局 1989 年版,第 7 页。

一国之利，捍一国之患，其民不可得而侮，其国不可得而亡，是之谓国民。"①

由此观之，梁启超所谓的"新民"，不仅仅是要民众在思想道德上革新，而且在政治身份上也是一种革新，是要彻底摆脱数千年来臣民身上的奴性。为此，他也特别强调权利和义务思想。他认为，权利观念乃是国民意识的核心，中国人数千年来受其臣民身份的束缚，没有权利和义务观念，故而人人独善其身，没有国家群体意识，国之积弱由此而起。因此，他呼吁人们树立权利和义务观念，"人人务自强以自保吾权，此实固其群、善其群之不二法门也"②。

梁启超在倡导权利和义务观念的同时，也论述了权利与义务的关系。"义务与权利，对待者也。人人生而有应得之权利，即人人生而有应尽之义务，二者其量适相均……苟世界渐趋于文明，则断无无权利之义务，亦断无无义务之权利。"③这就是说，权利和义务是相互依存的、对等的。享受权利的同时，也要尽到自己应尽的义务。个人作为社会群体的一分子，其社会性是天生具有的基本属性，因此个人对社会群体有不可推卸的义务和责任。由此，梁启超将个人的价值与命运和国家群体的价值与命运相统一，通过培养"私德"—"公德"—"利群"的实践路径，力图打造出"新民""新国"，以达到国家富强的目的。

梁启超提出的"新民说"，在当时的社会历史背景下具有振聋发聩的作用，对人民起到催醒作用，成为后来"新民运动"的直接理论基础。虽然"新民说"已经过去一百多年，但是其思想核心"公德""利群"等概念在当今仍然具有一定的思想价值。

随着社会的发展，人们接受教育的程度和彼时天差地别，但"公德""利群"等意识未能如所期望的发展，这也是当下研究"新民论"的意义所在。或许在百年后的今天，我们仍然需要一套"新民说"去改进我们的道德意识。

---

①　梁启超：《近世国民竞争之大势及中国前途》，《饮冰室合集》（第四），北京：中华书局1989年版，第36页。

②　梁启超：《新民说》，《饮冰室合集》（第四册），北京：中华书局1989年版，第32页。

③　梁启超：《新民说》，《饮冰室合集》（第四册），北京：中华书局1989年版，第104-105页。

梁启超"趣味教育"浅析

李玉奇　吴小丽①

（贵阳学院阳明学与黔学研究院，贵州贵阳，邮编：50005）

【摘　要】近代中国，因救亡图存的需要，教育面临着重大改革。梁启超"趣味教育"思想深受东西方文化影响，基于人而展开鲜活生命的体验，为个体与社会教育提供有利资源，为近代教育改革提供了一个重要的途径。梁启超所言"趣味"是一种精神动力，源于为学之道，通向教育之道。"趣味教育"贴近于生活而植根生命。梁启超在一元视角中超越对立，在二元思辨中分析差别，以保证趣味发用的畅通无碍。就其教育目的而言，趣味就是目标，内在包含师生与教学的一元关系。就其教育内容而言，"趣味主体"包含劳动、游戏、艺术和学问，一元体验中含有二元辨析。就其教育的方法而言，关键是唤醒学生对于学问的趣味，具体展开则在正反二元解析中复归一元生机。梁启超提出的"趣味教育"不同于理论思辨或工具方法，而是基于个体生命的切实体验而汇融了东西文化的特征，为当代教育提供独特价值。

【关键词】梁思超；趣味教育；二元思辨

当代，多元文化相互交流，教育面临和发生着重大变革。文化多元化既是机遇又是挑战，如何能良性地开放交融，同时还能植根于传统优秀文化？我们从梁启超提出的"趣味教育"中或许可以找到一定的答案。

"趣味教育"既受西方文化影响，也深受东方文化影响；以思维理论和工

---

① 李玉奇，贵阳学院阳明学与黔学院研究院哲学专业硕士研究生。吴小丽，女，哲学博士，贵阳学院阳明学与黔学研究院研究员，北京大学哲学系访问学者，主要研究方向：中国哲学与佛教哲学。

具方法呈现，更以个体生命的"趣味"体验为本色。梁启超学贯中西，周游世界，面对纷杂的社会变化，提出"趣味教育"，足见其理论高度。而"一门三院士，九子皆才俊"的家教成就和清华四大导师之一的荣誉，也足以证明梁启超的教育实践非常成功。梁启超所言"趣味"，既有情感体验的成分，又有理性思辨的成分，更是一种精神动力和信仰高点，与生命合二为一。"趣味"之解源于其为学之道，通向其教育之道。"趣味教育"是一种贴近于生活的体验，植根于当下的生命体悟。梁启超以一元视角融通人与人、人与物之间的关系，并以二元思维辨析不同情景中的人物差别，以保证"趣味"发用的一贯始终。故而梁启超将"趣味"视为教育目的，而非手段，并用"趣味主体"这一概念形容"趣味"状态中泯灭个体主体的"无所为"特征。又将"趣味主体"归结为劳动、游戏、艺术和学问四项，实际是其"趣味教育"的内容组成。教育的方法就是唤醒学生对于某种学问的趣味并不断深化。总之，梁启超"趣味教育"植根于中国哲学中一元体悟，又注重西方哲学中二元思辨，为当代教育提供重要启示。

一、生命体验中的"趣味教育"

梁启超不仅是我国近现代著名的政治活动家、学术大师，同时又是一位特别有深度的教育思想家，是我国教育史上系统提出"趣味教育"的第一人。他的《趣味教育与教育趣味》等著述专门谈论趣味或兴趣教育，教育理念和方法生动而深刻。

梁启超所认为的"趣味"超越了情感体验，某种程度上是一种精神动力和信仰高点，与生命合二为一。在《趣味教育与教育趣味》中，梁启超说："假如有人问我：'你信仰什么主义'？我便答道：'我信仰的是趣味主义'。有人问我：'你的人生观拿什么做根柢'？我便答道：'拿趣味做根柢'。"[①]可见，"趣味"对梁启超而言，超越逻辑思辨或抽象理念，是与内在生命体验合一的信仰动力，不可脱离主体的现实活动。其"趣味"体现在："生平对于自己所做的事，总是做得津津有味，而且兴会淋漓。"[②]"趣味"贯穿在活动始终，用

---

① 梁启超著：《梁启超谈修身》，南昌：百花洲文艺出版社 2019 年版，第 212 页。
② 梁启超著：《梁启超谈修身》，南昌：百花洲文艺出版社 2019 年版，第 212 页。

梁启超的话来说："没有一分钟一秒钟不是积极的活动。"① "趣味"作为一种生动的、鲜活的生命体验，呈现在日常的每一个行为中、每一件事件中，乃至每一个活动中。它以积极快乐的状态让生命得到自足。"趣味"不能"是干瘪，是萧索"②。这种生命力的干瘪和颓废危害甚大，梁启超说："倘若被这种情绪侵入弥漫，这个人或这个社会算是完了，再不会有长进。何止没长进？什么坏事，都要从此产育出来。"③ "趣味"绝对不是一种负面的情绪，或者是糟糕的生命体验，它不应该颓唐落寞，哪怕是经过文艺加工后具有了审美意味。这体现了梁启超对"趣味"的深刻见解，能直击浮华带来的弊病。

梁启超视"趣味"为信仰和动力，这源于他的为学之道，而通向他的教育之道；这固然受到西方文化影响，内核则深受中国传统文化心性学说影响。一个有趣的现象是，梁启超在《学问之"趣味"》中说："我是个主张趣味主义的人，倘若用化学划分'梁启超'这件东西，把里头所含一种原素名叫'趣味'的抽出来，只怕所剩下的仅有个零了。"④ 梁启超在表述"趣味"时，方式上，借用西方的化学元素；内容上，否定"趣味"可以与自己生命分割，深究原因，却是以中国传统思维为内核。梁启超在《鉴德育》中对中国传统心性之学的表述中可以清晰看到这一点。梁启超以"趣味"作为根，将内在的生命原动力体现在自己的生命状态中。同时，在开展的各种活动中去体会这种积极状态，以"趣味"而内在自足。"趣味"既然是一种人生态度，自然就贯穿在整个教育之中。梁启超说："'趣味教育'这个名词，并不是我所创造，近代欧美教育界早已通行了，但他们还是拿趣味当手段。我想进一步，拿趣味当目的。"⑤ 这个目标也就意味着在整个教育过程中，主体本身与"趣味"合一，而不是把"趣味"作为一种方式来达到另外一个目标。也就是说，"趣味"就是当下的一个体验，同时贯穿教育整个过程。

① 梁启超著：《梁启超谈修身》，南昌：百花洲文艺出版社 2019 年版，第 212 页。
② 梁启超著：《梁启超谈修身》，南昌：百花洲文艺出版社 2019 年版，第 212 页。
③ 梁启超著：《梁启超谈修身》，南昌：百花洲文艺出版社 2019 年版，第 213 页。
④ 梁启超著：《梁启超谈修身》，南昌：百花洲文艺出版社 2019 年版，第 155 页。
⑤ 梁启超著：《梁启超谈修身》，南昌：百花洲文艺出版社 2019 年版，第 213 页。

二、"趣味教育"中的一元超越与二元思辨

梁启超学贯中西，提出的"趣味教育"也具备了东西方文化的特质。一方面，它继承了中国传统文化中主客一元的思路；另一方面，又体现出西学注重二元思辨的特点，不同于单纯的思辨产物，梁启超提出的"趣味教育"是一种贴近生活的鲜活体验，以一元汇通二元，又以二元分析一元。

中国传统文化不同于西方文化，它一元融通，将天与人、心与物打成一片。梁启超有着非常深厚的国学功底，这种一元思维在"趣味教育"中随处可见。有学者认为，近代欧美教育界已经将"趣味"当教育的目的了。然而，如果纵观梁启超的文章，从一元视角去解读，会发现梁启超所说的"趣味教育"确实有独特的意味。从一元视角来谈"趣味教育"，会发现梁启超所谓的"趣味"既是动力，又是方法、目标。表述名称虽有不同，在实际进程中却是主客合一的。"趣味"作为"趣味教育"的核心，贯穿始终，是一种超越功利而"无所为而为"的生命体验，泯灭二元对立与分析支解。这种一元关系也体现在人与人之间。梁启超认为："教育事业正和种花一样：教育者与被教育者的生命是并合为一的。"[1]在教育过程中，教育者与被教育者的关系，就如同种人与花的关系，教育者需要仔细体验整个培育过程，身心合一、真切相待，才能体会到其中的"趣味"。这种"趣味"由教育者和被教育者共同创造出来，是一种无上的妙义。同样，人与物的关系之中也可见一元立场。梁启超认为："从事教育职业的人，一面教育，一面学问，两件事完全打成一片。"[2]教育者作为主体，必须将学问与自身融为一体。如此，学问和教育本事自然就能打成一片。这不同于肢解分离的学科研究，而是将学术、教育融为一体，以此作为滋养生命的鲜活体验，如此，自然能"趣味"横生。

梁启超的"趣味教育"可以从一元体悟来解读，也可以从二元思辨来解读。明晰的思辨可以保证心体"趣味"的一贯性，又为实践操作提供了具体方法。为保证"趣味"有始有终，并且越来越有趣，梁启超对"趣味"进行了解析："凡一件事做下去不会生出和'趣味'相反的结果的，这件事便可以

---

① 梁启超著：《梁启超谈修身》，南昌：百花洲文艺出版社2019年版，第217页。
② 梁启超著：《梁启超谈修身》，南昌：百花洲文艺出版社2019年版，第217页。

为'趣味'的主体。"① 并列举赌博、喝酒等活动反向证明，这些活动虽能在短时间内带来趣味，但长期却闹成没趣，故而否定赌博等是"趣味主体"。由此可见，梁启超所说的"趣味"，并不是低级的感官趣味或者是功利主义的趣味，而是能够滋养身心，并且持久保存下去的一种"趣味"。同时，梁启超一再解释"趣味"的界定准则。他说："诸君听我这段话，切勿误会：以为我用道德观念来选择趣味……我并不是因为学问是道德才提倡学问，因为学问的本质，能够以趣味始，以趣味终，最合于我的趣味主义条件，所以提倡学问。"② 由此可见，梁启超并不是从道德说教或者规范教条这个层面来定义"趣味"，而是从生命的体验，或者说，从善性动机、行为相续的兴趣中来定义。正是这样，"趣味"才是持久的。将这样的"趣味"态度贯穿在"趣味教育"之中，梁启超强调，在低年级阶段，就要以高等趣味去引导学生，这样才更能保证学生的"趣味"从开始贯彻到结束，乃至变成整个人生状态。如果没有高等趣味引导，学生很容易去追寻一些下等趣味，这会危害到他的整个人生。梁启超将高等趣味的生命体验解读为活动过程的目的，这样便可打通教育和学问二者，梁启超说："教育家最要紧教学生知道是为学问而学问，为活动而活动；所有学问，所有活动，都是目的，不是手段，学生能领会得这个见解，他的趣味，自然终身不衰了。"③ 这其实是将劳动、学问、教育等归于"趣味"的形式，这样才能使教育发挥最大效能。学生选择他自己认为趣味最浓的事项作为一种职业，越劳作越有趣。

三、"趣味教育"的教学目标、内容和方法

梁启超的"趣味教育"在一元视角中展开的二元辨析，既注重生命体验的共性，又注重活动展开的异性，自然会构建出教育体系的轮廓，在一贯性中展开具体的教学目标、内容和方法。

"趣味"教育以"趣味"为目标，与生命体验合一，具体的活动在开展中成为"趣味"主体，在完成的过程中达成目标。"趣味教育"的目的是"趣味"本身，也意味着，"趣味"与生命体验完全合一，能够自始至终保持下去，

---

① 梁启超著：《梁启超谈修身》，南昌：百花洲文艺出版社 2019 年版，第 155 页。
② 梁启超著：《梁启超谈修身》，南昌：百花洲文艺出版社 2019 年版，第 156 页。
③ 梁启超著：《梁启超谈修身》，南昌：百花洲文艺出版社 2019 年版，第 216 页。

并越来越有趣。正是基于这样的一种理解，梁启超说："所以能为'趣味'之主体者，莫如下列的几项：一，劳作；二，游戏；三，艺术；四，学问。"①梁启超用"趣味的主体"这一词来描述"趣味"，不同于普通人所理解的对象性"趣味"。以"趣味"作为主体，也就意味着个体主观的分别意识被泯灭在"趣味"之中。"趣味教育"的目的表面上看来是"趣味"，其更深层的实质是"主体"。个体通过具体的事项作为媒介，使自己的思想、行为合一，达成忘我的状态，也更为接近生命实质，这种"无所为"的状态使得个体仿佛与宇宙合一。梁启超说："人类从心界物界两方面调和结合而成的生活，叫作'人生'，我们悬一种理想来完成这种生活，叫'人生观'。"②"趣味教育"的终极目标就是通过"趣味主体"的主动呈现，使得心界调和物界，"趣味"从教育目标变为人生观的过程，心得以获得自由。

"趣味教育"的运行开展出劳动、游戏、艺术和学问这样的"趣味主体"。这四项也是"趣味教育"的内容，四者相互联通而又可以继续细化。因为这些教育内容能够带领着个体进入"趣味"的状态，并且持续带来善的结果和有趣的状态。当然，这四者是总体划分。就学生的具体学习内容而言，梁启超特别强调，科目不能太多，教育要循序渐进。因为过多科目容易阻碍学生的兴趣，使之停留在表层不能深入，这就不可能产生持久的"趣味"。一方面，每个"趣味主体"可以继续细化为不同的科目。比如说在强调艺术教育时，他推崇音乐、美术、文学等。以艺术作为主体时，梁启超强调情感表现。另一方面，以"趣味"作为统摄，不同"趣味主体"所指向的目标一致，这四种"趣味主体"某种程度上也是通往趣味人生的内容或媒介。教育者以此内容，可以引导被教育者从具体的科目进入更宽广的领域，将整个人生与生活都变成教育内容。

"趣味教育"的方法就是唤醒学生对于某种学问的"趣味"，并且不断地加深，体现在正反两方面。梁启超说："从积极方面说，全在唤起趣味；从消极方面说，要十分注意不可以摧残趣味。"③具体的正面教育方法可以是以下四种：无所为、不息、深入的研究和找朋友。无所为，并不是什么都不做，

---

① 梁启超著：《梁启超谈修身》，南昌：百花洲文艺出版社 2019 年版，第 156 页。
② 梁启超著：《梁启超谈修身》，南昌：百花洲文艺出版社 2019 年版，第 136 页。
③ 梁启超著：《梁启超谈修身》，南昌：百花洲文艺出版社 2019 年版，第 215 页。

而是以无刻意所为之心而为，就是在做的过程中保持一种脱离功利的状态，在活动过程中与"趣味"合二为一。不息，就是保持持续不停的生机状态，以渐进的状态发展。一口气吃一个大胖子的心态很容易将内在的兴趣消耗掉，循序渐进会享受这个过程中的"趣味"。深入地研究，和前面的不息相关联，就是在这个过程中一点一点获得更深入的理解，在不断地深入研究中获得"趣味"。找朋友，就是与志同道合的好友互动，在相互分享、支持以及帮助中获得趣味，人与人之间求学意趣的相互摩擦会将彼此的"趣味"得以放大。同时，"趣味教育"需要避免以下负面方法：注射式教育、科目太多、拿教育的事项当手段。在梁启超看来，注射式教育以强记为重，八股文就是例子，如同吃老师嚼过的"馍"，违背"趣味"宗旨，令学者苦不堪言，当下教育也该反省这样的方式。科目太多就是繁多杂乱而缺乏体系，在一段时间内学习过多的科目会令学者应接不暇、无法聚焦，就会影响趣味体验和吸收效果，学习效率会非常低下。拿教育的事项当手段则是执着手段而忽略了"趣味"。如果将学习当作敲门砖，当作工具手段，用完就扔，就不能有深入而且持久的"趣味"。在学习的过程中体会"趣味"，"趣味"就成为收获，就算不能以学习到的知识作为职业手段，也一样能够收获内在"趣味"。

梁启超新民思想及其当代价值

景路恒　姚　诚 [①]

（贵阳学院阳明学与黔学研究院，贵州贵阳，邮编：550005）

【摘　要】近代中国饱受西方列强欺凌侵略，而清政府的革新均以失败告终，未能挽救国家和民族危机。留日期间的梁启超接触了西方启蒙思想家的国家学说、天赋人权理论后，结合中国传统文化提出了新民思想。他认为维新吾国当先维新吾民，并提出了树立国家观念、增强公德意识、重振尚武精神等一系列新民的方法。这些新民思想的提出既体现了很大的进步性，同时也受到主客观条件的制约而有一定的局限性。但是无论如何，梁启超的新民思想对当今社会提高公民素质、加强爱国主义教育以及传承发展优秀传统文化具有重要价值启示。

【关键词】新民思想；梁启超；现代公民

一、梁启超新民思想的形成

梁启超提出的新民思想，得益于古代圣人先贤对"新""新民"概念的阐释与探讨，也与梁启超在日本期间接触到的西方资产阶级关于国家的学说、关于人权自由等启蒙思想密切相关，这些共同构成了其完整系统的新民思想的理论渊源。封建王朝大臣与有识之士包括农民大众在内的努力都没能改变国家与民族逐步陷入危亡的境地，尤其是李端棻、康有为、梁启超等怀抱期望的戊戌变法遭受破坏与西方列强对晚清政府的加剧控制，不得不重新谋求

---

① 景路恒，男，贵阳学院硕士研究生。研究方向：人的活动、马克思主义中国化研究。姚诚，女，贵阳学院硕士研究生。研究方向：人的活动研究。

挽救国家命运、改变危难局面的新方法与新道路。

（一）新民思想形成的理论渊源

"新"与"新民"概念并非梁启超首创，在中国古代典籍中已频繁出现。如《尚书·康诰》中的"亦惟助王宅天命作新民"[①]，《诗经·大雅·文王》中的"周虽旧邦，其命惟新"[②]，《易传·系辞上》提到"富有之谓大业，日新之谓盛德。生生之谓易"[③]，《大学》中记载汤之盘铭为"苟日新，日日新，又日新"[④]，《论语·为政》中的："温故而知新，可以为师矣"[⑤]，《孟子·滕文公上》中的："子力行之，亦以新子之国"[⑥]。《大学》开篇更是提出"大学之道，在明明德，在亲民，在止于至善……"[⑦]到了宋代，《四书》尤其是《大学》备受宋儒推崇，程颐、朱熹等都对"新""新民"等进行了诠释。"《大学》'在明明德'，先明此道；'在新民'者使人用此道以自新；'在止于至善'者，见知所止。"[⑧]"我既是明得个明德，见他人为气禀物欲所昏，自家岂不恻然欲有以新之，使之亦如我挑剔揩磨，以革其向来气禀物欲之昏而复其得之于天者。此便是'新民'。[⑨]概括之，古人认为"新民"在于革新自我，革新他人，并永远处于一种不断追求的进程之中，直到至善。梁启超在继承前人"新民"思想的基础上，进行了大胆创新，以适应当时的需求。梁启超提出，新民就是要淬厉传统、采补西学。而新民的"民"，梁启超赋予其符合时代要求的内涵：不再是封建统治者的臣民，而是积极树立国家观念、担负新国之任的国民。

西方资产阶级的国家学说和天赋人权理论不仅启蒙了欧洲的近代政治变革，其理论也深深影响了流亡日本的变法人士梁启超。国家学说和天赋人权

---

① 梁启超：《先秦政治思想史·民本思想》，上海：东方出版社1996年版，第54页。
② 陈战国：《先秦儒学史·大学》，北京：人民出版社2012年版，第164页。
③ 郭齐勇主编：《中国古典哲学名著选读·系辞（上、下传）》，北京：研究出版社2005年版，第60页。
④ 罗安宪主编：《大学·中庸》，北京：人民出版社2017年版，第16页。
⑤ 罗安宪主编：《论语》，北京：人民出版社2017年版，第20页。
⑥ 曾振宇校注：《孟子新注·滕文公章句上（凡五章）》，北京：人民出版社2012年版，第83页。
⑦ 罗安宪主编：《大学·中庸》，北京：人民出版社2017年版，第13页。
⑧ ［宋］程颢、程颐：《潘富恩导读·二程遗书》，上海：上海古籍出版社2000年，第72页。
⑨ ［宋］黎靖德编：《朱子语类》，上海：凤凰出版社2013年版，第267页。

理论的核心观点在于人民把天生属于自己的权利转让一部分给一个共同体，以此达成某种契约。这个共同体就是掌握公共权力的国家。人权神圣不可侵犯，国家的出现不是为了侵犯公民的权利，相反，是为了保护所有人的权利。卢梭在《社会契约论》中对此予以了较为详细和系统的阐释。梁启超在阅读了《社会契约论》之后，被西方资产阶级的政治理论所吸引，认为找到了中国救亡图存的道路。为此，1901 年他撰写《卢梭学案》一篇，充分阐述了卢梭的有关国家起源说、主权在民说和人民平等自由等方面的重要思想，认为中国的封建专制政体是造成整个中华民族面临灭亡的最直接的原因。而中国民众长期不觉悟，全然不知道自己的权利与利益以及宁愿被人压迫的劣根性才是最深刻的原因。中国的独立与强大依赖于全中国的广大民众进一步提高自身的觉悟，意识到公民是构成国家的主体，进而去积极关注国家的前途命运并做出自己的贡献。在反思卢梭的"天赋人权"思想的基础上，梁启超提出人权神圣不可侵犯，公民有权对剥夺自己的行为进行反抗。中国长期的专制统治模式，导致我国人民一直处在无权、不平等、被压迫的奴役状态，国民不再去主动追求自由与独立，而是甘于被统治。对国事漠不关心，缺乏权利与义务观念，没有公德意识。所以，梁启超指出，假如不能根除国民的这些劣根性，则我们的国家将永远无法屹立于世界民族之林。近代西方资产阶级政治理论的启蒙，使梁启超开始撰述新民思想来启蒙国人。

达尔文的进化论与斯宾塞的社会有机体论也构成了梁启超新民思想的理论依据。生物界遵循"物竞天择、适者生存"的生命法则，人类社会的发展也遵循这个法则。在这个意义上说，达尔文的进化理论对于当时中国的落后状况具有一定的解释力。此外，近代以来世界范围内的民族矛盾日益激烈，民族问题已经成为各国关注的焦点。中华民族面临着巨大挑战，这是不争的事实。原因何在？答案不言而喻。人类社会自诞生以来就处在各种族的竞争和抗争中，唯有适应生存竞争而胜出的民族才能生存并发展，所以各民族必须不断地提高自身的素质才能生存下去。梁启超说，中国积贫积弱的根本原因在于中国人"种瓜得瓜、种豆得豆"。所以近代中国的落后与被欺辱根本上是国民素质低下的结果，与清政府的统治无关，国人不能"科罪于官"，要自责反省，自觉做新民。中国人民不应"科罪于当局"，而应自责、自省，自觉做一个新民。"苟有新民，何患无新制度、无新政府、无新国家。"① 这样看来，梁启超创办《新民丛报》，撰写《新民说》，从根本上讲就是要造新民，强民智，培育新国民。这是从世界各民族竞争的大趋势而想出的救国良策。

（二）新民思想形成的历史背景

自 1840 年鸦片战争清朝闭关锁国的大门被敲开以后，封建王朝的命运就一直处在风雨飘摇之中。鸦片战争的失败，导致一个曾经强盛繁荣的东亚帝国的没落，清政府的腐败无能震惊了国人，西方列强看到的是一个"待宰的羔羊"。此后半个世纪，在西方列强的威逼利诱之下，清政府签订了很多不平等条约。统治阶级内部出现了分化，一些朝廷大臣开始尝试学习西方的技术，主张"师夷长技以制夷"。然而，1894 年甲午中日战争中国被日本打败，表明洋务运动并没有达到"自强求富"的目标。甲午战争的失利，给清政府和整个中国社会的震撼是巨大的。自此一些有识之士开始寻求新的救国之路，通过改良政治、实施变法来使国家变得强大，避免被西方列强瓜分的悲剧。1898 年，李端棻、康有为、梁启超等人推动光绪皇帝实施变法。但由于封建顽固势力的破坏和缺乏群众支持，变法运动持续了三个多月就被迫结束。虽然有一些变法措施得以继续施行下去，但总体而言很多都流产了。变法失败以后，梁启超前往日本避难。

民族危机加重，清政府逐步沦为西方列强"以华制华"的工具。如何挽救国家、如何唤醒民众，成为梁启超思索的问题。在日本，西方的国家学说和天赋人权的政治理论，给了梁启超很多启示，他结合古代儒学中的"新民"观念，提出了新民思想。

（三）新民思想成熟的标志

戊戌变法失败流亡日本后，梁启超开始大量接触西方文化，为其寻求救国之路提供了新的视角。在横滨华侨的资助下，梁启超创办了《清议报》。主笔《清议报》时期，梁启超的新民思想初步形成。在这一时期，受"日本伏尔泰"福泽谕吉思想的影响，梁启超积极宣扬独立思想，同时也渐渐吸收西方启蒙思想家的自由平等思想。

---

① 《梁启超全集·新民说》，北京：北京出版社 1999 年版，第 655 页。

1901 年《清议报》因意外事故停办。1902 年年底，梁启超又创办了《新民丛报》，希望通过结合中西思想塑造一批新的国民。自此，梁启超将层出不穷的新观念、新思想，以"新民"为主题，在《新民丛报》上连载，系统提出其道德与政治思想。后结集成书，名为《新民说》。《新民说》的发表，标志着梁启超新民思想的成熟，这是近代中国第一部系统论述新道德观的理论专著。它继承前人又突破陈规；既有对西方学说的吸收，也有对传统文化的改造和创新；内容丰富深刻，具有鲜明的时代特征。体现了强烈的忧患意识与历史使命感。

1903 年年初，梁启超前往北美大陆游历了将近半年。回到日本后，他对如何培养新民又有了一些新的思考。比如，主张培养国民的自治力，考察西方启蒙思想在中国如何扎根的问题等。这段时期可以视作梁启超对新民思想的调整，但无论如何，都没有背离他"新民"以"新国家"的初衷。

二、梁启超新民思想的主要内容

梁启超的新民思想内容丰富，颇有洞见，体现了他对救亡图存的新思考。其新民思想大致可以概括为以下三大方面：第一，改变道德观念，增强公德意识；第二，树立国家观念，明确权利义务；第三，养成独立人格，重振尚武精神。

（一）改变道德观念，增强公德意识

传统中国社会注重束身寡过。儒家提倡的"修身齐家治国平天下"，从私德开始确立士大夫的道德观念，在完善自身的前提下，去关心天下之事。梁启超认为，中国传统文化中的私德观念对人们的思想和行为都产生了深远的影响，造成了国民公德的相对缺失。"我国民所最缺者，公德其一端也。"[1]传统束身寡过主义的思想，成为国民道德观念的缺陷。人人只关心自身而不关心国事，那么国家就是少数人权的国家，而不是中国人的共同家园。梁启超认为，要培养出具有现代意识的公民，就应该让民众知道自己是一个什么样的人；要使他们明白什么叫责任，怎样做才能尽到这个职责。基于此，梁

---

[1]　梁启超：《国民自新之路（新民说）·论公德》，武汉：崇文书局 2019 年版，第 21 页。

启超把道德划分为涉及公共集体生活的"公德"和强调私人修养的"私德"。"人人独善其身者谓之私德，人人相善其群者谓之公德，二者皆人生所不可缺之具也。无私德则不能立，合无量数卑污虚伪残忍愚懦之人，无以为国也；无公德则不能团，虽有无量数束身自好、廉谨良愿之人，仍无以为国也。"①在提倡公德的同时，梁启超并没有否定私德的重要性。他认为，公德和私德都是必需的，没有私德的人，会变得卑鄙、虚伪、残忍、愚蠢、懦弱，这样国家就不会强盛。缺乏公德的社会，而只是有很多洁身自好的公民，依旧不能构成真正意义或者说理想中的国家。梁启超认为，公德和私德相对而言，公德对于国家的意义更大。"知有公德，而新道德出焉，而新民出焉。"②倘若没有新的道德观念，社会风气将变得越来越低下。因此，必须培育国民的公德意识。

（二）树立国家观念，明确权利义务

梁启超认为国民之间的竞争决定了各国之间的竞争。以往，如果一个国家的君主能够君临天下、具有雄韬伟略，那么所统治的国家就会具有相对优势。如今西方列强是经过近代政体改良甚至是流血革命建立的民族国家，国民是国家的主体，国家的强盛归根于国民的整体素质。"凡一国之存亡，必由其国民之自存自亡，而非他国能存之能亡之也。"③梁启超认为，一个国家的存亡取决于自己的国民，而不取决于别的国家。如果国民不能建设自己的国家，那么这个国家终究也会灭亡。有真正国民的国家，就不会被别的国家所取代。"凡一国之进步也，其主动者在多数之国民，而驱役一二之代表人以为助动者，则其事罔不成；其主动者在一二之代表人，而强求多数之国民以为助动者，则其事鲜不败。"④一个国家的进步要靠全体国民来推动，而不是寄希望于个别人。梁启超认为全体民众可以觉醒，全体国民可以培育国民品格。他也谈到了自己对如何培育国民品格的思考。

概括起来，梁启超培育国民品格的主张主要有三方面：一是要树立国家

① 《梁启超全集·新民说》，北京：北京出版社 1999 年版，第 428 页。
② 《梁启超全集·论中国国民之品格》，北京：北京出版社 1999 年版，第 1079 页。
③ 《梁启超全集·论中国人种之将来》，北京：北京出版社 1999 年版，第 259 页。
④ 《梁启超全集·过渡时代之人物与其必要之德行》，北京：北京出版社 1999 年版，第 466 页。

观念。梁启超批评中国人的爱国之心远不及西欧和日本人，而爱国心的缺乏，是近代中国积弱的根源。梁启超对国人国家观念的缺失痛心疾首，他提出，不仅要知一身、朝廷、外族和世界，也要知有国家。唯有这些方面的满足，方才称得上是国人。二是要培养公民意识，自觉承担与公民相应的社会义务。梁启超认为，权利思想是国民所应有的品格之一，国民敢于争取自己的权利，那么国家才会在国与国的生存竞争中立于不败之地。梁启超并不主张过于隐忍，他认为长此以往，国人会变得没有血性、没有骨气。他强调，权责应当是统一的。三是要培养政治能力。"吾以为今后之中国，非无思想之为患，而无能力之为患，凡百皆然。而政治尤其重要者也。"①梁启超认为，国弱的部分原因就是由于国民缺乏政治能力，较之政治思想的改变，培养政治能力比改变政治思想更艰难，所以培养民众的这些能力也必须付出更多的努力。

（三）养成独立人格，重振尚武精神

"天下最可厌可憎可鄙之人，莫过于旁观者。"②梁启超深刻揭露和严厉批评国人的旁观心态，正是如此造成了国将不国的危机。针对这种现状，梁启超提出必须铸造昂扬奋发的民族精神，主张国人要养成独立自由的人格，重振尚武精神。"中国数千年之腐败，其祸极于今日，推其大原，皆必自奴隶性来，不除此性，中国万不能立于世界万国之间。而自由云者，正使人自知其本性，而不受钳制于他人。"③梁启超强调，造成危险局势的根源还是国民身上的奴隶性。中国数千年的封建专制统治和纲常伦理使得国民甘于被压迫、习惯于被统治，而不认为自己才是国家的主体。国民不根除这种奴隶性，中国就无法摆脱被他国欺凌侵略的局面。因此，中国的国民需要养成独立的人格，追求自由与进步，才能有利于国家发展。

此外，梁启超认为西欧的一些著名政治人物都是由于敢于冒险和积极进取才取得了成功。国人必须克服惰性，敢于冒险、自强不息。梁启超还强调尚武精神的重要性。洋务派只是徒具形式的练兵而没有精神上的练兵，今后中国必须重振古代的尚武精神，才能真正改变国弱的现状。

---

① 《梁启超全集·论政治能力》，北京：北京出版社 1999 年版，第 729 页。
② 《梁启超全集·呵旁观者文》，北京：北京出版社 1999 年版，第 444 页。
③ 《梁启超文集·致康有为书》，北京：线装书局 2009 年版，第 292 页。

三、梁启超新民思想的历史评价

(一) 新民思想的进步性

从中国近代史的宏观视野观察，梁启超新民思想对历史进步的推动作用不容小觑。晚清朝廷大臣学习洋务也好，社会有识之士新政改革也好，都没有找到一条正确或者说行之有效的救亡图存之路。除此之外，还有封建顽固势力试图巩固手中的权力而置国家与民族的危亡于不顾。慈禧太后曾言道：量中华之物力，结与国之欢心。跟随康有为、梁启超主张变法的有识人士也不同程度地受到排挤、迫害。已经发展到帝国主义阶段的西方列强没有放松对中国的全方面控制，晚清政府在八国联军侵华以后彻底沦为工具。在这样的时局下，如何救亡图存就需要有更深入的思考。梁启超在日本期间所接触到的西方政治理论与中西国力、社会现状的对比，让他产生了"新民以新国家"的构想。梁启超的新民思想找到了旧中国的病根所在，启蒙了无数有识之士认清现状，进而主张开展近代教育以改变国人落后愚昧的思想、开展政治变革乃至武装革命以改变现状。清末新政与辛亥革命的很多措施都体现了梁启超"新民"这一核心观点，其后的新文化运动也受到了梁启超新民思想的影响。其新民思想的影响在于立时代之潮头，发改革之先声。虽然梁启超在后期偏向于改良主义，但是其新民思想唤醒了一批国人，为了国家、为了民族而自觉成为新的国民。

(二) 新民思想的局限性

梁启超的新民思想对国人起到了很大的启蒙作用，但是由于社会历史条件的局限以及其本人的认识所限，新民思想也有一些局限性。梁启超新民思想的主要逻辑——培育新民进而创造新国家。梁启超培育新民的方法与手段带有很多主观色彩，并不能完全适用于当时的中国国情。比如，其改良思想，如果维护封建王朝的专制统治，那么国民就不可能真正拥有作为国民的权利。又比如，新国民的培养，也需要一个良好的经济、政治和文化环境。也就是说，新国民的产生受到时代和社会背景的制约。对于诸如此类的问题，存在认识不到位的问题。其实，要真正实现"新民"的目的，尚需要做大量的基础工作，仅仅依托少数人的鼓与呼是远远不够的。

四、新民思想的当代价值

（一）提升国民素质

一个国家的人口素质取决于该国的政治、经济和文化发展程度；而人口素质又能极大地影响和制约该国的政治、经济和文化发展。一个国家的整体治理，在很大程度上取决于人民的素质。为了使中国实现现代化，人民必须首先实现现代化。现在，越来越多的人开始关注国民素质问题，有持消极态度的，也有持积极态度的，但不管是悲观还是乐观，都说明人民群众对这个问题的关注。尽管梁启超的《新民说》未必是提高人的素质的万全之策，但其丰富的内容为现代人所接受。中国几千年的君主统治使人们变得漫不经心，产生了各种不健康的品质，如奴性、缺乏冒险精神、忽视公共道德。今天，距离梁启超所说的"奴隶性"已经过去了一个多世纪，中国人民的素质有了很大的提高，但许多封建残余仍留在意识里，并反映在行为中。今天中国的国民素质与梁启超呼吁"新民"的时代相比，已经得到了极大的提高。但社会是向前发展的，未来我们国家要顺利实现中华民族伟大复兴的中国梦，能否建成社会主义现代化强国，就必须旗帜鲜明地坚持中国共产党的领导，加强国民的素质教育，不断提升国民的思想道德素质和教育科学文化素质。为此，我们应将"新民"作为一个永恒的话题，将"新民"问题落到实处。

（二）构建社会公德

随着中国经济的繁荣和社会的发展，越来越多的人开始关注公共道德问题。当年梁启超等人揭露了社会公共道德的薄弱，将其归结为几千年统治模式与儒家观念对国民的影响：国家事务自有统治者管理，民众只是被统治对象，不需要关心公共事务，做好自己的事情就可以成为良民。当今社会，极大丰富的物质生活和明确的社会分工使得公共事务变得更加多样，公民参与社会治理已成为现代国家政治建设的新理念。为此我国进行了基层群众自治、人大代表选举等一系列的制度安排，希望公民能够积极参与进来，实现全过程民主。这些努力取得了很大成效，但是仍然存在一些不足。比如，一些民众对待公共事务的积极性不高，甚至漠不关心。在这种情况下，梁启超关于公共道德的观点，依旧可以作为我们的智慧源泉。除参与公共事务外，公共道德也体现在对公共财物的态度上。公共道德意识的缺失有多种形式：不尊重他人、利己主义、缺乏专业精神、无视社会程序、无视公共设施，等等。尽管与梁启超的时代相比，今天的情况有了很大改善，但从长远来看，我们必须认识到，对社会公德的认识和实践还需要更多的努力，以满足社会主义现代化建设的需要。

（三）加强爱国主义教育

梁启超培养"新民"的基本原则和他一生的抱负，值得我们认真思考。他的新民思想试图用资产阶级意识形态取代封建主义的落后传统，最终目标是救亡图存，是中国人民崇高的爱国精神的具体反映。爱国主义精神作为一种历史传承，在不同时期具有不同的内涵。在当前，它已经成为中华民族伟大复兴的动力，成为新时代中国特色社会主义事业不可或缺的组成部分。因此，如何造就具有新的道德观念、精神面貌和具有深厚爱国心的新一代公民，"新民观"仍具有重要的指导意义。

李蕙仙并夫君梁启超与近代中国女学

谭佛佑①

【摘　要】近代中国，随着民族危亡局势的日渐加重，倡导教育维新，培养新式人才已成为广大有识之士的共识。在这一过程，广大维新志士深刻地认识到，人才的培养，不能离开"女教""女学"，必须重视女性人才的培养。在此背景之下，李蕙仙与夫君梁启超积极投入兴办"女教""女学"的大潮之中。其中，他们夫妇在上海参与创办的"上海经正女学"堪称典范。梁启超不仅为该校厘定了办学章程，而且其夫人李蕙仙也曾担任过该校的董事与提调（即校长），对推动上海"女教""女学"的发展做出了重要贡献。李蕙仙的教育与社会活动表明，她不仅是中国新式教育的支持者与推动者，而且还是恪守"妇道"的典范，中华民族妇女的楷模。

【关键词】李蕙仙；梁启超；"女学"；"女教"

中国自清光绪二十年（1894）"甲午一役"惨败后，国家民族的命运，已临近崩溃的边缘，救亡图存的呼声日益高涨。如何挽救垂危的命运，当时朝野上下皆有一个共识：必须改革教育，振兴新学以开启民智，广兴学校培养人才以为国用。然中国数千年来，社会"重男轻女"，妇女从未有享受学校教育的权利。时至 19 世纪晚期，国是艰难，西学东渐，新学蔚然兴起，风气已渐否变，妇女解放的要求正方兴未艾。许多有识之士已经意识到，要广兴学校，岂能将"顶半边天"的二万万妇女排斥在外？于是一批被称为"启蒙思想家"的人士，如郑观应、陈炽、严复……都在呼吁要重"女教"，兴"女

---

① 谭佛佑，贵州省文史研究馆馆员，主要从事贵州历史文化的研究与教学工作。

学"。当时维新人士康有为及其女儿，亦皆有呼声，而犹以梁启超的《论女学》影响最为深远，有如一声惊雷，振聋发聩。

梁启超"兴女学"的主张风行华夏，全得力于其"贤内助"李蕙仙的"理解支持"，得其对妇女文化精神世界"认识"的启示。正如梁启超在李蕙仙逝世后的"祭文"中所说："我唱君和，我揄君扬。……"作为出生在边陲贵阳的女子，为何会有如此进步的思想？而且还成了当时名震宇内、学究天人的维新领袖广东新会梁启超的结发夫人？个中真谛，还得要从贵筑李氏家世说起。李蕙仙，清同治七年（1868）出生于贵阳。父李朝仪，道光二十五年（1845）举进士，咸同间，历任知县、知府，擢道员、按察使，光绪七年（1881）以顺天府尹卒于任上。有一代"贤员""良吏"之誉。其家族中端棻等子、侄四人，皆参加了康有为组织的"公车上书"。戊戌变法时擢任礼部尚书的李端棻，是李朝仪的亲侄，由其教养成人。李氏"家学劲茂""诗书流芳"。李蕙仙性聪颖，自幼受到良好的家庭教育，饱读诗书，能诗善文，喜爱琴棋书画，时人有"才女"之誉。光绪十五年（1889），堂兄李端棻以内阁大学士主考广东乡试，阅卷时，发现一卷与众不同，其文章"熔经铸史"，意境宏深，气势磅礴。认为非饱学宿儒，难为此笔，决定取为"前列"。待放榜召见新科举人时，方知作者梁启超竟然是个年仅 17 岁的"少年"。时李主考年已 57 岁。一老一少倾心畅谈"天下时政"，道"东西邦制度"，真可谓"心有灵犀"，点到皆通，似觉相见恨晚，遂结忘年之交。

李端棻慧眼识英才，当即决定托副主考王仁堪做媒，将堂妹李蕙仙许配梁启超。光绪十七年（1891），梁启超在京"春闱"会试落第后，即留住李端棻府邸，多与京中名士交游。是年冬，由李端棻主持，李蕙仙与梁启超在京完婚。随后的几年，梁启超一直在为"维新变法"而组织学会、编辑报刊、兴学施教、南北奔走，辛勤劳作，历尽艰辛。光绪二十二年（1896），梁启超发表《论女学》，引起了极大的反响。是时上海"兴女学"的舆论尤为活跃，梁启超偕夫人李蕙仙到上海，创办《时务报》，同时应上海电报局长经元善先生的邀请，筹措在上海创办女学堂事宜。当时，经元善联络了一大批中外名流。维新人士有康有为及女儿康同璧姊妹、弟康广仁，梁启超与李蕙仙夫妇、谭嗣同等。朝廷重臣有陈立三、文廷式、张謇……外籍名士有美国林乐知、英国李提摩太等百余人，联名禀请南北洋大臣及各督抚，得准。两江总督刘坤一亲奏"仰恳天恩，颁赐御制《内则衍义》一部"，"以为女学准绳"。

光绪二十三年（1897），也就是史称的"上海经正女学"始建于上海城南高昌乡之桂墅里，又在县西淘沙场时化堂增设分塾。建校经费，全由社会中外各方人士捐助。梁启超为其厘定章程《上海新设中国女学堂章程》，有"立学大意"1条，"办事人员"5条，"招选学生"5条，"学规"5条，"堂规"4条，"学成出学规例"2条，"捐例"3条，"暂章"6条，一共31条，可谓充实完备。学堂设提调（即校长）2人，中、西各1人，分管中、西教务。设教习4人，中、西各半。学堂有董事会，有中、外董事若干人。设外国董事，主要便于外国人的捐款事宜。学堂订于四月十二日开学，招得女学生二十余名。九月淘沙场时化堂分校亦开学，至年底亦有女学生20余人。很快学堂办学的声名鹊起，远近女童皆负笈而来，女学童人数即增至70余人。学堂开设专门之学：算学、医学、法学三科，另设师范科，专习教育童蒙之法。还要学习外语。至于女红、针织、绘画等妇学所必需的科目，待学堂发展、经费充足后，再行聘请教习开设。此外，还要学习历史、地理、乐律等学科。

有关学堂提调（校长）的选任，非常重要。一批中外的妇女名流加入董事会之列。从现存的几篇《筹备会纪要》和《上海创设中国女学堂记》看，华人提调首任为"刘女史"。未及一年刘即辞职，由沈和卿女史继任。洋提调有法国巴黎的"侯官陈太太赖夫人"。至于李蕙仙，从有关文献看，当时只为"内董事"，并未充任提调一职。光绪二十三年（1897）十一月初八日，"内董事桂墅里会商"第三集中，记有"贵筑李孺人"参与此会。李孺人，就是梁启超的夫人李蕙仙。十一月十三日，"内董事张园安垲第公宴中西官绅女客会议"第四集，有如是记录：当中西女客"宣言"后，"洋提调侯官陈太太赖夫人亦操西语诵答之。……内董事经太太（经元善夫人）、梁太太（梁启超夫人李蕙仙）暨提调诸位，皆欣然同声鸣谢"。记录后还有"内董经淑人魏媖、梁孺人李端蕙及诸位董事……"李端蕙即李蕙仙，将李氏"端"字辈注入而变换了称呼。由是可知，李蕙仙任女学的董事无疑。梁启超流亡日本时，有一女友人何蕙珍，非常仰慕梁夫人李蕙仙在上海参与办女学之事，曾对梁说："闻尊夫人为上海女学堂提调，想才学亦如先生，不知我蕙珍今生有一相见之缘否？"又说："先生他日维新成功后，莫忘我，但有创办女学堂之事，以一电召我，我必来。""提调"是对景仰之人的"高位尊称"，并非实指。

梁启超专门为学堂撰写了《创设女学堂启》，阐明在中国开创女学、兴办女校的重要意义，以及提倡"女教"，昌明男女平等的民主思想。梁认为，创设女学，使广大妇女皆能接受新教育，其意义就在于："上可相夫，下可教子；近可宜家，远可善种。"而且中华民族有"女教"的传统，不过只是没有公开的学校而已。在封建专制时代，男女享受教育的权利极不"平等"。所以他认为："圣人之教，男女平等，施教劝学，匪有歧矣！"还举外国的例子："夫男女平权，美国斯盛；女学布濩，日本以强；兴国智民，靡不始此。"接着又对经元善约集同志在上海创女学堂之善举，做了高度赞扬："同志之士，悼心斯弊，纠众课程，共襄美举，建堂海上，为天下倡。"可谓"振二千年之颓风，拯二兆人之呼命"。"仁而种族，私而孙子，其亦仁人之所乐为有事者也！"创办女学，可以说是关系到国家民族千秋万代前途命运的大事，其意义就在于斯。

随着"维新变法"运动的深入发展，梁启超离沪赴京，主持推进"维新运动"。李蕙仙仍留上海，全身心地投入女学堂的各项校务活动之中，为发展"女教"事业尽职尽责。光绪二十四年（1898），上海经正女学堂已呈蓬勃之势时，京中谭嗣同、康广仁等"六君子"喋血西市。康有为、梁启超等领袖人物"亡命"日本。因经正女学堂多有"维新人士"参与，其家属亦在学堂任职，必然要受"株连"。李蕙仙只得离校速返新会婆家，与公、婆避居澳门。光绪二十六年（1900），京中爆发了义和团反洋教运动，上海经正女学堂因有洋人赞助并参与校务，故也受到不小的"冲击"。办学经费宣告"吃紧"，学堂难以为继。正在举步维艰之时，当局索性下令，命其停办。上海经正女学堂，这所当时风靡海内外、影响整个华夏女学教育的"开创之举"，历时三载，竟然就此结束了。

康梁流亡日本后，清政府悬赏银 10 万两通令缉拿，但他们并未被吓倒，梁启超在日本的各项社会活动反而更为频繁。到日本的第二年八月，就联合华侨曾卓轩、郑席儒等，在东京创办高等大同学校，有湘、粤学生从之者 30 余人。同年九月，与旅日华侨麦少彭等人，在神户创办同文学校。皆继续从事"维新"活动。李蕙仙在澳门，由于对夫君梁启超的怀念，遂于 1902 年偕儿女东渡日本，家人得以团聚。之后，梁启超游历欧美数年。直到民国建立，才偕李蕙仙母子一家回归祖国，结束了 14 年的海外流亡生活。在"倒袁"的

"护国活动"时期，梁启超往复于云贵间。在贵阳时多留居于夫人李蕙仙家。李蕙仙勤勤恳恳，肩负着"贤妻良母"的重任，不时还参与"妇女解放"的社会民主运动。1924 年 9 月 13 日，因患乳腺癌医治无效在北京逝世。次年周年忌后一天，梁启超全家将其灵柩安葬于香山卧佛寺东面风景秀丽的小山上。综观李蕙仙平凡的一生，堪称恪守"妇道"的典范，中华民族妇女的楷模。

浅议梁启超女子教育思想①

王启蒙　金　卓②

（中共四平市委党校，吉林四平，邮编：136000；
广东医科大学马克思主义学院，广东广州，邮编：524023）

【摘　要】梁启超是中国近代史上著名的启蒙思想家，是维新运动最重要的代表人物之一。他强烈批判了封建制度对女子的不公，提倡女子教育，并践行了较为全面的女子教育，为近代中国女学发展做出了巨大贡献。时至今日，其女子教育思想对当代女性思想健康发展和提高女性主体意识仍具有积极作用。

【关键词】梁启超；女子教育；男女平等

梁启超，字卓如，号任公，别号沧江，又号饮冰室主人。1873 年生于广东省新会县，时值"太平天国亡于金陵后十年……普法战争后三年"③，社会动荡不安。梁启超后受洋务运动浪潮影响，走上了维新改良、救国救民的道路，成为中国近代著名的思想家、教育家，是维新运动重要领袖之一。在维新运动期间，梁启超关注女子教育问题，批判封建男权主义。他提出女子有接受教育的权利和能力，主张男女平等，并付诸实践，同一批维新运动中关心女子教育的先进人士共同创办了中国第一所女子学堂——上海经正女学，开创

---

①　本文系国家社科基金后期资助项目（22FDJB003）阶段性成果。

②　王启蒙（1997—　）女，黑龙江哈尔滨人，中共四平市委党校，研究方向：中国近现代政治思想史。金卓（1983—　）女，黑龙江哈尔滨人，广东医科大学马克思主义学院工作，博士，研究方向：马克思主义中国化。

③　蒋广学、何卫东：《梁启超评传》，南京：南京大学出版社 2005 年版，第 27 页。

了中国女子教育的发展道路，对中国近代女子教育具有十分重要的引领作用。

一、梁启超女子教育思想产生的背景

（一）近代中国新旧思想剧烈交锋

在中国古代封建统治下，女子社会地位低微，受到封建伦理纲常限制，不能自由表达个人想法，无法同男子一样接受教育。要求她们遵守"女子无才便是德""男尊女卑""三从四德"的古训，成为男子的附庸，甚至身体受到摧残，遵循缠足的陋习。这些传统思想是两千多年封建统治的弊端。近代中国内忧外患，逐渐步入半殖民地半封建社会，受到西方资本主义势力入侵和西方思想的冲击。国内的有识之士开始关注中国的教育问题。特别是在甲午战争战败后，中国签订了一系列不平等条约，人们更加意识到不能单纯靠学习西方的先进技术彻底改变中国内忧外患的局面。康有为、梁启超等人着手维新变法，欲改变中国政治体制和国人思想。

想要彻底推翻中国封建君主专制统治，必须从改变国民的封建思想入手。梁启超认为，必须"以开民智为第一义"①，而教育问题是中国落后的重要原因，关系到维新改革的成败。与此同时，女子的素质高低也是衡量一个国家强弱的重要标志。在近代中国，女子是受到封建压迫最严重的群体，只有关注女子教育问题，解放女子思想，争取女子拥护革命，才能为近代中国社会的转变注入新力量。

（二）新式教育的兴起及发展

中国古代女子所接受的教育仅以"妇道"为主，女子几乎没有机会接受学校教育。近代中国受到西学东渐的影响，一大批海外留学归来的有志青年投身改革教育事业，倡导废除八股考试，进行科举制度改革，推广西学，建立京师大学堂等，中国的教育开始由传统教育向近现代新式教育转变。尽管社会已经意识到应该兴办新式教育，但大部分人仍旧尊崇古训，不愿让女子接受教育，反对设立女学堂，"中西礼俗不同，未便开设女学"。长期的压迫和束缚形成的男尊女卑思维不易改变，女子在自身发展的问题上也一时难以

---

① 《梁启超全集》（第 1 卷），北京：北京出版社 1999 年版，第 17 页。

接受女性解放的观念，甚至对先进思想表示怀疑，对思想先进的女子嗤之以鼻。

鸦片战争后，从 1847 年至 1860 年间，西方列强在广州、福州、厦门、宁波、上海等地开办 11 处教会女学校；传教士在多个城市兴办女学堂。西方国家利用教会女学传播基督教，对中国进行文化侵略，但也为中国培养了一批最早的思想解放的女性，出现了"教会所至，女塾接轨"[①]的局面，为梁启超女学思想的形成提供了准备，推动了我国近代女子教育的形成和发展。

（三）梁启超家庭影响及个人素质

梁启超出生在民风淳朴的广东农村，算得上书香门第，从小便受到良好的教育。梁启超的祖父梁维清考中秀才，负责县城文教工作；父亲梁宝瑛在乡里的私塾教书，注重培养子女的品格，常常教导梁启超"先君子常以为所贵乎学者，淑身与济物而已。淑身之道在严其格以自绳；济物之道在随所遇以为施"。梁启超的母亲赵氏有文化、孝顺且善良，经常免费教乡里的妇女认字。作为母亲，更是在日常生活中教梁启超成为一个正直诚实的人。在父亲严厉、母亲慈爱的家庭环境的熏陶和教导下，梁启超具备了仁爱、勤劳、聪慧的特点。母亲对子女的教育，也对梁启超女学思想起到了重要的推动作用。科举失败后，梁启超接触西学书籍。拜康有为为师后，随着学识的增长，不断提升个人素质，视野更加开阔，提出废科举、提倡民主民权、兴办女学等主张。这对于梁启超个人品质的形成和维新改革、兴办女学都有很大的影响。

二、梁启超女子教育思想的主要内容

（一）批判男尊女卑，驳斥传统陋习

其一，封建专制社会为了禁锢女子思想，树立男子绝对权威，维护封建统治，形成了"男尊女卑"思想。鸦片战争后，西方资本主义进入中国，中国开始进入半殖民地半封建社会。封建思想依然根深蒂固，人们受到"女子无才便是德""女子天生地位低下""头发长见识短"等思想的束缚，很多人无法忍受女子接受教育，认为女子没有必要接受教育，更没有能力接受教育，

---

① 李华兴、吴嘉勋编：《倡设女学堂启》，《梁启超选集》，上海：上海人民出版社 1984 年版，第 51 页。

可悲的是很多女性也被这种观点禁锢。梁启超分析了"男尊女卑"思想形成的原因及影响，进行了激烈的批判。

其二，批判"缠足""早婚""贤淑之正宗"等封建观念。梁启超坚决反对"男尊女卑"，1896 年在《时务报》上发表的《论女学》，批判了把女子无知看作贤良淑德的典范的观点。"欲令天下女子，不识一字，不读一书，然后为贤淑之正宗，此实祸天下之道也。"① 他还批判"缠足""早婚"等陋习，认为它们是摧残女性身心健康的"毒瘤"，是阻碍女子教育发展的障碍。同时提倡建立女子新式学校，将"缠足""早婚"作为女子学堂破除的重点陋习。他诅咒推行缠足的人"以孔教论，所谓作俑其必无后；以佛法论，所谓地狱正为此人"②。然而封建思想根深蒂固，流传久远，如果不缠足，很难婚嫁。缠足风气不易撼动，为改变这种形势，梁启超提出"缠足一日不变，则女学一日不立"③。更是采取实际行动，1897 年 6 月在上海创立了"不缠足会"，拟定了《试办不缠足会简明章程》，呼吁放足，使女性拥有健康的身体素质，提高人口质量。关于"禁早婚"，1902 年，梁启超《新民从报》上发表《禁早婚议》，提出早婚有五个害处，包括养生、传种、养家、修学和国计。

（二）发展女子教育，利于"宜家""保种"

"宜家"。发展女子教育，有助于家庭和睦。古人云，"齐家治国平天下"，可见"齐家"的作用是十分重要的。梁启超指出，女子如果不接受教育，那么就对社会一无所知，将导致她们聚焦在生活中的小事上，争强好胜，对家庭是无益处的。在这样的家庭环境中，会消磨掉男子的才气与志向，阻碍事业前进的脚步，这样的妇女教育出来的子女也不能健康成长。所以梁启超提倡改变观念，让妇女们享有受教育的权利，"内之以扩其心胸，外之以助其生计，一举而获数善"④。女子接受了教育，就能懂得事理，去做有意义的事，而不会把精力集中在生活中的琐事上。不但能让家庭幸福，邻里和睦，也能使

---

① 《梁启超全集》（第 1 卷），北京：北京出版社 1999 年版，第 30 页。
② 梁启超：《戒缠足会叙》，《饮冰室合集·文集》（第一册），上海：中华书局 1941 年版，第 121 页。
③ 《梁启超全集》（第 1 卷），北京：北京出版社 1999 年版，第 33 页。
④ 梁启超：《倡设女学堂启》，《饮冰室合集·文集》（第二册），上海：中华书局 1941 年版，第 39 页。

女子开阔胸襟，陶冶情操，提高能力，立足长远，掌握一门谋生的本领，对家庭生计有重要的助力，为社会创造出更多的价值。

"善种"。"上可相夫，下可教子，近可宜家，远可善种，妇道既昌，千室良善。"① 这是梁启超对女子接受教育的积极作用的描述。女子接受教育除了有助于家庭和睦，更有利于后代的养成。"母教之本，必自妇学始，故妇学实天下存亡强弱之大原也。"② 母亲肩负着教导下一代的责任，在家庭中是子女最亲近的老师，母亲的素质直接影响到早期孩子家庭教育的水平，而母亲的素质则由受到的教育水平决定的。作为母亲，能够通晓事理，懂得知识，胸襟宽广，就能具有优良的遗传基因。子女幼时善于运用合适的方法教导孩子，孩子就能对简单的学问和处世之道有大概了解，从幼年时便养成良好的习惯，从而可以助力提高民族素质。相反，如果母亲不能给孩子良好的教育，就容易使子女成为"营私趋利，苟且无耻，固陋蛮野"③ 的人。这不仅对于家庭，甚至对于国家都是有害的。因此，对女子的教育不仅对家庭至关重要，更关系到国家的发展。

（三）"兴国""智民""求平等"

梁启超认为，女子接受教育可以"兴国""智民"，中国要富强必须发挥女子的作用。他从"生利分利"的视角对女子教育进行了分析。一个人能从事生产就能创造利益，不从事生产则会分享利益。如果女子不能从事生产，就会拖累男子，使男女组成的家庭处于贫困状态。所以梁启超提倡，女子也应有属于自己的职业，女子想谋求职业就要接受教育。除此之外，也要求子女一同受教育，如果所有女子都能拥有职业，为家庭创造利益，为社会创造价值，就既能"智民"又可"兴国"，即"各能自养，则国大治"④。

同时女子作为"生利"者，必须破除偏见，争取"男女平等"。女子只有接受教育，才能掌握知识，开阔视野，有自己的谋生手段，供养自己，创造价值，这样才能改变"女子低下"的地位，实现平等。不论男女都能接受良

---

① 梁启超：《倡设女学堂启》，《饮冰室合集·文集》（第二册），上海：中华书局1941年版，第19页。

② 《梁启超全集》（第1册），北京：北京出版社1999年版，第32页。

③ 《梁启超全集》（第1卷），北京：北京出版社1999年版，第31页。

④ 梁启超：《倡设女学堂启》，《饮冰室合集·文集》（第二册），上海：中华书局1941年版，第38页。

好的教育，"人人以一身所作之业，为一身衣食计，必无可以贫之理"①。

梁启超充分肯定了女子的价值，为改善女子长期以来受到男子歧视压迫、无法接受良好教育的状态，指出男女天赋能力是平等的，"所以生差别者。在智慧之开与不开耳"。男女的差异是因为女子未接受教育，男女各有所长，如果女学教育得到发展，女子便会脱离愚昧，成为与男子平等的、人格独立的人。发挥女子特长，同男子共同为社会做出贡献，国家才会拥有更加强大的力量。

三、梁启超女子教育的实践活动

梁启超将理论转为实践，又从实践中上升至理论。他结合我国实际和西方先进做法积极宣传，开展了一系列女子教育的实践活动。

（一）积极宣传倡导女子教育，提倡女子社会教育

梁启超是近代中国最早倡导女学教育的人。1896 年，他在《时务报》做主编时撰写过多篇有关女子教育的文章，明确表达反对"男尊女卑"的封建思想。同年发表的《戒缠足会叙》中表示，缠足使女子不能正常行走，妨碍接受学校教育，呼吁女子戒缠足，摒弃封建陋习，猛烈抨击封建思想对女子身体的摧残。为了戒除缠足，梁启超与吴樵、麦孟华、汪康年、谭嗣同、康广仁等人于 1987 年 6 月在上海成立了"不缠足会"，草拟了《试办不缠足会简明章程》。因为照顾当时天足女子成婚困难的问题，规定会员同志可以组建家庭，也推动了中国近代废除缠足运动的发展。梁启超提倡"禁早婚"，1902年发表《禁早婚议》，批判了女子作为"传宗接代工具"的封建生育观念。结婚的年龄直接关系到国家人口质量及国民素质，"凡愈野蛮之人，其婚姻愈早，愈文明之人，其婚姻愈迟"②。这也可以从侧面反映出一个民族的政治、经济、文化、教育、道德和习俗等方面的水平。1922 年，梁启超做了《人权与女权》的演讲，倡导女权，分阶段逐步实现男女平等，"若以程序论，我说学第一、业第二，政第三"③。这些都是梁启超积极宣传女子解放思想的证明，为女子思想解放运动起到了重要的作用。

---

① 《梁启超全集》（第 1 卷），北京：北京出版社 1999 年版，第 30 页。
② 《梁启超全集》（第 3 册），北京：北京出版社 1999 年版，第 621 页。
③ 《梁启超全集》（第 14 册），北京：北京出版社 1999 年版，第 4053 页。

（二）兴办女子学堂，提出女子办学章程

1898 年，梁启超发表《倡办女学堂启》，要求先进的中国人"复前代之遗规，采泰西之美制，仪先圣之明训，急保种之远谋"[①]。为了通过女子教育救亡图存，以达到"兴国民智"的教育目的，1898 年，梁启超协调各方，在上海创办了中国第一所新式女子学堂——上海经正女学，在社会上引起很大轰动，得到了各地的积极响应。

梁启超撰写了《女学堂办略章》，制定了一系列办学制度，其中规定了五点要求：第一，确定了女学堂的宗旨，是为了"兴国民智"，使女子成为有一定道德的人；第二，参加女学堂接受教育的群体定为 8 岁至 15 岁的"良家闺秀"，学堂初创，接收缠足和不缠足女子，后期只接收不缠足女子，不接受奴婢、娼妓入学；第三，对女学堂的课程做了要求，中文西文都应学习，由浅入深，从基础识字开始，到文法，再学"史志艺术治法性理之书"，教授范畴涉及方方面面，包括算学、医学、法学、师范、纺织、绘画等西方自然科学；第四，在学校管理方面，女学堂的教职工全部为女子，另设管理学生言行的"仆妇"，采取月考制度，评出等级甲乙两项，每季度设置一次大考，采取激励制度，对于成绩好的学生还有特殊的奖励；第五，学堂会给成绩合格的女子颁发凭证，证明学生有担任医生、律师等工作的资格。

上海经正女学是梁启超女子教育思想的实践成果，在办学章程中虽然还存在一部分封建思想残余，但与以往教育具有本质上的区别。学习的知识更偏向于自然科学，利于女子独立思维的觉醒，推动了女子教育的进步，促进了近代中国女性解放运动的发展。

四、梁启超女子教育思想的评析

（一）推动中国教育事业发展

梁启超的女子教育思想产生于封建传统思想与西方先进文化碰撞的历史时期，为探索中国前进道路的有识之士提供了精神力量，为中国近代女子教育开辟了先河。梁启超创办女学堂，为女子提供了踏入社会的机会。他首次提出

---

① 梁启超：《倡设女学堂启》，见《乙丑重编饮冰室文集》，上海：中华书局 1925 年版，第19 页。

较为系统的女子学堂章程，为其后的女子教育发展提供了理论基础，起到了示范引领作用。兴办女学堂后，全国各地相继成立了一大批女学堂，掀起了女学的热潮，开创了新的社会风气。女子教育是国家教育和政治民主化发展水平的重要体现，重视女子的教育，促进社会男女平等，仍然是当今人们关注的焦点。可见，梁启超女子教育思想对推动中国教育事业发展仍具有重要的意义。

（二）男女平等观念助推社会和谐发展

梁启超顺应世界发展潮流与要求，结合中国实际，批判了中国近代封建专制统治下的"男尊女卑"思想，号召男女平等，给予女子接受教育的机会，培养她们独立的能力和自信，促进了女权运动的兴起。梁启超认为，女子教育应该培养经济独立，主张掌握一门有助于生存的技术。鼓励女子通过职业选择，培养女子独立的品格，继而得到人们的尊重，提高社会地位，实现男女平等。不仅有助于在家庭中营造和谐良好的生活环境，更有利于为社会创造价值，努力实现救亡图存、国富民强的目标，为社会和谐发展提供积极的助力作用。

（三）女子教育思想改革不彻底性

梁启超生活在一个社会动荡不安面临转型的时期。他从小苦读"四书五经"，因此无法完全摆脱封建思想的束缚。梁启超的思想中新旧思想融合，在其女子教育思想中有所体现。梁启超创办女子学堂要求注重德育，宣扬女性奉献家庭，以图达到国富民强的目标，体现了其限制性。另外，梁启超主张男女平等，但同时在女子学堂规章制度中提倡男女授受不亲，"严别内外，自堂门以内，永远不准男子闯入"①。明确规定不允许婢女、娼妓进入学堂，体现了一定程度的封建色彩。

虽然囿于历史条件的限制，梁启超的女子教育思想在一些方面存在局限性和不彻底性，但它冲击了根深蒂固的封建传统道德观念，为我们留下了宝贵的精神财富，是中国近代女子思想解放史的一座丰碑，在中国近代教育史上具有不可磨灭的价值。

---

① 杜学元：《维新时期梁启超的女子教育思想》，《西南师范大学学报》（哲学社会科学版）1997 年第 5 期，第 91 页。

试析梁启超女性解放思想

严　雯①

（贵阳学院　阳明学与黔学研究院，贵州贵阳，邮编：550005）

【摘　要】梁启超作为近代史上的风云人物，参与了近代史上一系列的历史变革。他的思想内涵丰富，博大精深，涉及历史学、哲学、政治学乃至法学等多个领域。与此同时，梁启超还具有丰富的人文情怀。他是近代史上关注女性权利、倡导女性解放的先驱。在其丰富的报刊活动生涯中，曾撰写多篇有关女性解放的文章，呼吁民众对女性困境的关注。在梁启超的著述中，对女性解放所提出的思考与主张，对改变旧社会女子悲惨命运和社会地位起了十分重要的作用，有力地推动了中国女性的解放运动。其女性解放思想对当代女性教育与培养仍具有一定的启示意义。

【关键词】梁启超；女性解放；平等

梁启超在"天赋人权"观念的启发下，对女性的关注不是流于表面的同情，而是试图从现实多方面入手把女性从凄惨的命运轮回中解救出来，实现女性的全方面解放。从女性身体解放开始，他撰写了《戒缠足会叙》，要求建立不缠足会。又亲自制定《试办不缠足会简明章程》，阐明意旨，倡言女性解放。在《禁早婚议》一文中，他明确指出，早婚不仅伤害了女性未发育完全的身体，也断送了女性发展的机会。在《论女学》中，梁启超详细阐明女性受教育的重要性与必要性，试图从根源上改变女性不幸的命运。他撰写的《倡设女学堂启》和《上海新设中国女学堂章程》为中国女子学校的建立打下

---

① 严雯，女，贵阳学院阳明学与黔学研究院哲学专业研究生。

理论基础。梁启超认为女性权利和男性权利是同等重要的，应该保护女性应有的一切权利。在《人权与女性》一书中，梁启超肯定了女性的重要作用。梁启超关于女性解放的系列文章与著述，宣示了女性解放的重要性，为提升近代女性的地位，推动女性的大解放，营造了重要的社会舆论氛围。综合梁启超关于女性解放的相关论述，其女性解放思想的内容主要如下。

一、倡言解放女性身体

(一) 禁缠足

"男女中分，人数之半，受生于天，受爱于父母，非有异矣。"① 然而男女力量的悬殊，使得"尘尘五洲，莽莽万古，贤哲如卿，政教如晦，无一言一事为女子计"②。非但如此，女性在男性的压迫下，身体亦受到损伤。梁启超放眼世界看到"禀此二虐，乃生三刑，非洲、印度以石压首，使成扁形，其刑若黥。欧洲好细腰，其刑若关木。中国缠足，其刑若斫胫。三刑行而地球之妇女无完人矣"③，世界上的女性身体都被以各种方式摧残。中国女性缠足源头，始于南唐"一曰充服役，二曰供玩好"④。李后主认为女性缠足是女性独特柔弱美的体现。为了满足他的畸形审美，宫内女性开始缠足，宫外女性以此为时尚纷纷模仿，以至于此陋习传承千年。

梁启超对女性缠足的危害做了细致的描述："父母以此督其女，舅姑以此择其妇，夫君以此宠其妻，龀齿未易，已受极刑，骨即折落，皮肉溃脱，创伤充斥，脓血狼藉，呻吟弗顾，悲啼弗恤，哀求弗应，嗥号弗闻，数月之内，杖而不起，一年之内，舁而后行，虽狱吏之尊，无此忍心，即九世之仇，亦报不至是。顾乃以骨肉之爱，天性之亲，狥彼俗情，为此荼毒，呜呼！可不

---

① 梁启超：《戒缠足会叙》，张品兴主编：《梁启超全集》（第三卷），北京：北京出版社1999年版，第80页。

② 梁启超：《戒缠足会叙》，张品兴主编：《梁启超全集》（第三卷），北京：北京出版社1999年版，第80页。

③ 梁启超：《戒缠足会叙》，张品兴主编：《梁启超全集》（第三卷），北京：北京出版社1999年版，第80页。

④ 梁启超：《戒缠足会叙》，张品兴主编：《梁启超全集》（第三卷），北京：北京出版社1999年版，第80页。

谓愚人哉？可不谓忍人哉？"① 缠足不仅对妇女身体有着残酷的摧残，也无形之中在精神上形成枷锁。本就被"男主外，女主内"礼教思想束缚在家中的妇女，又因为缠足对行动的限制，活动的范围愈加狭窄，精神世界逐渐封闭，导致性格怯懦柔顺，最终成为男性的依附品。身体的疼痛和精神的侵蚀，女性依然改变不了缠足的命运。因为在世俗中，女性缠足是社会地位的标志。缠足不仅是对女性的迫害，对国家发展亦是不利的。在梁启超看来，"欲强国本必储人才，欲植人才，必开幼学，欲端幼学，必禀母仪，欲正母仪，必由女教"②。缠足后的女性，走路尚且困难，又怎能进入学校接受教育呢？不接受教育，又有什么能力参与孩童启蒙、社会劳动以及国家发展呢？由此推断，女性缠足是导致国家衰弱的原因之一，所以梁启超认为女子"自残"无异于国家"自杀"。

女子缠足，一为以三寸金莲迎合畸形审美获取生存之需；二为男子对女子的全面掌控；三为礼教对女性的评判准则。这一切的外在约束让女子缠足陋习延续千百年。身体的支配当属于女性自己，没有人可以以任何权利、任何方式进行残害。梁启超充分运用报纸舆论的功能，写下《戒缠足会叙》一文，大力宣传缠足的害处。文中就当时社会女性缠足的危害做了深刻批判与反思，认为要实现女性的解放，第一步就是戒除缠足，只有戒除缠足，女性才能走出闺阁接触世界、了解世界、融入世界，这是实现女性其他方面解放的前提与基础。

（二）禁早婚

在中国历史发展中，人口意味着劳动力，是推动社会进步的前提。尤其在社会动荡时期，人口繁衍更是作用巨大。在中国传统思想中，强调"多子多福""不孝有三，无后为大"，以至于女性往往被当作"传宗接代"的工具。人口增加的需要、生育观念的愚昧，在这样的氛围中，早婚行为被人们普遍接受。所以自古以来，我国一直实行早婚，甚至国家用法律的形式对超过年

---

① 梁启超：《戒缠足会叙》，张品兴主编：《梁启超全集》（第三卷），北京：北京出版社1999年版，第80页。

② 梁启超：《戒缠足会叙》，《梁启超全集》（第三卷），北京：北京出版社1999年版，第80页。

龄尚未嫁娶的课以重税处罚。民国时期社会相对稳定，且受西方文化影响，规定 18 岁之前不得婚配。

就早婚问题，梁启超发表《禁早婚议》一文，从"强国保种"的角度出发提出深刻的见解，揭露了早婚的五大危害。其一，早婚有害于养生。"少年男女身体皆未成熟，而使之居室，妄斫丧其元气，害莫大焉。"年少之人一旦沉溺于肉欲之乐，极易对身体造成损伤。梁启超将早婚比作"自杀之利刃"。早婚的人无少年之强健体魄、无少年之灵动精神，"一人如是，则为废人；积人成国，则为废国"①。其二，早婚有害于传种。"父母之身体与神经，两未发达，其资格不足以育佳儿。"早婚导致早育，不仅对尚未发育完全的母体损害极大，也无法孕育优质的后代。若对早婚不加以制止，势必出现一代弱于一代的恶性循环。为此梁启超倡言，"欲国之有后，其必自禁早婚始"②。其三，早婚有害于养蒙。早婚者年龄小，在思想道德、文化素养、经济基础等各方面都有所欠缺，尚未有为人父母、教育子女的能力。为了人口素质的提升，也要禁止早婚。其四，早婚有害于修学。早婚者的年纪是接受教育、增长见识的最佳时期，但在这个年纪已经开始为家庭生计奔波，学习知识的时间和精力被压缩，个人的发展必然受到限制。其五，早婚有害于国计。早婚者年龄尚小无法工作，还需要父母的经济支持，过早地生儿育女，又为家庭、社会、国家增添了沉重的负担。毫无疑问，早婚这种婚姻关系使得无数女性深受其害，也间接阻碍了国家的发展。

二、要求给予女性与男性平等的权利

"中国封建文化传统的礼教与道德，并不是将妇女作为道德选择的自由主体，而仅仅是将女性作为承载道德规范的被动工具，妇女从中获得的并不是人格的深华，而是人格和尊严的丧失，因而它是一种被异化的道德。"③中国女性的权利在传统封建社会中被剥夺，女性的地位也随之跌至深渊。

---

① 梁启超：《禁早婚议》，张品兴主编：《梁启超全集》（第三卷），北京：北京出版社 1999 年版，第 622 页。
② 梁启超：《禁早婚议》，张品兴主编：《梁启超全集》（第三卷），北京：北京出版社 1999 年版，第 623 页。
③ 梁启超：《新民说》，《饮冰室合集》，北京：中华书局 1989 年版，第 110 页。

梁启超在国外的游历中认识到女性在国家发展中的作用不容小觑，西方国家的女性解放已经取得明显效果，并在国家的发展中发挥作用，中国的女权解放刻不容缓。在《人权与女权》中，梁启超用了大量的篇幅详尽地阐述了对女权的思考，认为女性理当同男性一样，在各方面拥有平等权利，应该把女性置于和男性的同等地位。

（一）给予女性平等的教育权

梁启超在戊戌变法时期就已经开始关注女子教育的问题。为了改善女子受教育遭受的不公平现象，改变女子无才便是德的传统观念，梁启超提出女子教育的一系列建设性思想。梁启超认为女子在国民中占有很大的比例，提高女子的受教育水平，才能有利于提高国民的整体素质，有助于国家早日实现国富民强。

纵观历史，千百年来的科举制度，从未有一个女性参与，而且大部分的女性没有接受教育的机会，能接触到的书籍也只是限制女性思想的《女则》等。梁启超说："凡是人都要有受同等教育的机会，不能让贵族和教会把学问垄断。"[①] 他认为女性应该同男性一样享有受教育的权利和机会。在戊戌变法之际，他发表《变法通议·论女学》《倡设女学堂启》《女学堂试办章程》等文章，专门阐述女性教育的问题，主张女性有受教育的权利，女性通过受教育才能获得自由，有享受相关权利的资本和机会。指出女性受教育不仅利于个人，也利于家庭、利于社会、利于国家。

梁启超对女性以在家相夫教子为一生的本分和责任的做法嗤之以鼻，男女之间除了体力上的天然差距，在智力上并无差别，女性为何不可接受教育呢？梁启超不仅在理论上支持女性应该平等地接受教育，而且还付诸实践。历史上第一所由中国人开办的学堂——经正女学堂，是由梁启超筹办的，表明他提倡女性接受教育的决心。女性课堂不仅教授同男子一样的文化课程，还开设了如女红、刺绣等可以发挥女性特长的课程，促使女性多方面发展、全面提升。这座女性学堂的开设，带动全国各地兴办女性学堂之风，为国家的发展积蓄了后备力量。

---

① 梁启超：《人权与女权》，张品兴主编：《梁启超全集》（第十四卷），北京：北京出版社1999年版，第4052页。

梁启超指出："女学最盛者，其国最强，不战而屈人之兵，美是也。女学次盛者，其国次强，英、法、德、日是也。女学衰，母教失，无业众，智民少，国之所存者幸矣，印度、波斯、土耳其是也。"为了推广经正女学堂的影响和开办更多的女性学堂，梁启超从多方面指出了女性受教育的重要性和必要性。

女性若不读书，"天地之间之事物，一无所闻，而竭其终身之精神，以争强弱讲交涉于筐筐之间"①，故常有"妇人之见"以形容见识浅薄之人。但是接受教育后，"知有万古，有五洲，与夫生人所以相处之道。万国所以强弱之理，则其心也，方忧天下悯众生之不暇，而必无余力以计较于家人妇子事也"②。可见，教育在性格塑造、眼界拓展、处事能力方面皆有益处。

女性在学堂接受教育，学的不只是知识，也有劳动实践。女性在获得生存的能力后，可以寻找安身立命的工作，在经济上获得自由，从不劳而获的"分利者"转变为参与劳动创造价值的"生利者"。女性经济独立后，与男性之间的关系亦发生了变化，从不平等的依附者，变成平等的并存者，女性的家庭地位和社会地位得到了极大的提升。女性获得的经济收入，分担了家庭中的经济压力，带动收入的正增长。梁启超进一步指出："国何以强？民富斯国强矣。民何以富？使人人足以自养，而不必以一人养数人，斯民富矣。"③家庭作为国家的基本单位，万千个家庭的富裕造就了国家的富足安康。

女性作为母亲，是否受过教育、受教育的程度如何，都会影响下一代。在母亲孕育孩子的阶段，母亲的体力、智力就通过血缘关系对孩子产生影响。在孩子的成长阶段，母亲处于孩子接受各方面教育的第一站，优质教育会给孩子带来优质的启蒙，起着打好基础的重要作用，而且在日常生活中也会对孩子的发展有着潜移默化的影响。梁启超指出："孩提之童，母亲于父，

---

① 梁启超：《论女学》，张品兴主编：《梁启超全集（第一卷）》，北京：北京出版社 1999 年版，第 31 页。

② 梁启超：《论女学》，张品兴主编：《梁启超全集》（第一卷），北京：北京出版社 1999 年版，第 31 页。

③ 梁启超：《论女学》，张品兴主编：《梁启超全集》（第一卷），北京：北京出版社 1999 年版，第 30–31 页。

其性情嗜好，惟妇人能因势而利导之。"[①] 也就是说，母亲相较于父亲对孩子的成长影响更多一些，所以女性作为母亲接受教育更为必要。母亲美好的德性是孩子追求的榜样，良好的学问是孩子追求的目标，为孩子的成长确立了正确的三观。下一代的教育不仅关系着一个家庭的发展，也关乎国家的发展。梁启超提出治天下的两个关键就是"正人心，广人才"，而实现的途径则是"而二者之本，必自蒙养始；蒙养之本，必自母教始；母教之本，必自妇学始"[②]。品行端正、有真才实学的人是会对国家发展有积极贡献的人，国家有千千万万个这样在德性、才学上有所成就的人，何愁不兴。

由此观之，女性在接受教育后，对家庭、对社会、对国家的贡献逐渐凸显，与男性相比不相上下。梁启超甚至认为女性在某些方面还优于男性。在性格上居静、心细，更适合细心耐心的工作。在其他方面，"妇女苟从事于学，有过于男子者二事：一曰少酬应之繁，二曰免考试之难"[③]，或者"往往有男子所不能穷之理，而妇人穷之，男子所不能创之法，而妇人创之"[④]。

（二）给予女性平等的职业权

女性在接受和男性同样的教育后，抛开出身、家庭背景等因素，两者将在职业竞争上处于同一起点。马克思曾说："女性获得解放权利的第一个决定条件是，全部女性要重新回归到公共的工作劳动中。"[⑤] 梁启超也格外注重教育和职业的关系，女性若要独立，就要在接受教育后将所学无形的知识变现为有形的资产，这种变现途径就是职业。男女智力相同，都可以接受平等的教育，教育能激发每个人的所长。所以梁启超认为女性可以发挥性别优势，寻找最为合适的"基本的高等职业"。第一，女子有敏锐的洞察力、极致的耐心和

---

① 梁启超：《论女学》，张品兴主编：《梁启超全集》（第一卷），北京：北京出版社 1999 年版，第 31 页。

② 梁启超：《论女学》，张品兴主编：《梁启超全集》（第一卷），北京：北京出版社 1999 年版，第 32 页。

③ 梁启超：《论女学》，张品兴主编：《梁启超全集》（第一卷），北京：北京出版社 1999 年版，第 32 页。

④ 梁启超：《论女学》，张品兴主编：《梁启超全集》（第一卷），北京：北京出版社 1999 年版，第 32 页。

⑤ 中共中央马克思恩格斯列宁斯大林著作编译局编：《马克思恩格斯选集》（第四卷），北京：人民出版社 1972 年版，第 78 页。

细心；第二，女子看待事物比较理性客观，较为公平；第三，女子交际能被人优待，有一定优势，所以更适合史学、会计学、图书馆管理学、新闻学、教育学等工作。当然由于个性不同，女性还可以在其他以发挥创造力的学科上取得成就，这就应该"听女子自由选择"。

（三）给予女性平等的政治权

当女子与男子享有平等的受教育权，能够自由选择职业，具有独立人格的时候，才能有机会参与社会事务，为国家做贡献。梁启超"女权运动"的第三等级也是最高等级——政治平等权，由此才能得以实现。他把"女权运动"称之为"广义的人权运动"。女权运动的核心是要争取同男子一样在法律上的平等权利。妇女参政是解决妇女问题的先导，欲求社会之平等，必先求男女之平权；欲求男女之平权，非先予女子以参政权不可。

梁启超推崇宪法之政，希望与专制制度相抗衡，由民众来监督政府，这样法律才能成为保障人民各项权利的工具。同时，法治与宪政在本义上是相通的，如果建立宪政国家，可以保障立法权属于国民，立法以谋求国民最多数之最大幸福为宗旨。只有这样，才能将法治与民权很好地结合起来，保障每个人平等的天赋权利。梁启超除了把宪法当作妇女权利的"保护伞"之外，还专门提出两个要求：第一要"自动"。意思就是女子要拥有争取自身解放和自由的行动自觉性。"不由自动得来的解放。虽解放了也没有什么价值。"[①] 第二要有"阶段"。梁启超明确表示："若以程序论，我说学第一，业第二，政第三。"[②] 女性的解放是一个循序渐进的过程。首要的还是争得教育上的平等权，才能在知识和智力上不亚于男子，之后才能谈得上职业平等，最后才可谈到女子参政问题。

三、梁启超女性解放思想的局限性

（一）新旧思想的矛盾

梁启超的女性解放思想呈现中西融合、新旧相交的特点。梁启超从强

---

① 梁启超：《人权与女权》，张品兴主编：《梁启超全集》（第十四卷），北京：北京出版社1999年版，第4052页。

② 梁启超：《人权与女权》，张品兴主编：《梁启超全集》（第十四卷），北京：北京出版社1999年版，第4053页。

国保种的角度出发，把女子的教育水平与国家民族的兴衰联系在一起，主张兴办女学，并带动有志之士一同在全国各地开办了一批女子学校。此外，他从经济学的角度点明了女性在国民经济发展中的重要地位和作用，充分运用"生利分利"说一再申明女性解放的必要性，使社会重视女性在经济发展中的作用。但是梁启超的女性解放思想受历史时代的影响，尚存在一些局限之处。在学习内容上，梁启超希望女性依然保持传统女性对"德容言功"的关注，拥有相夫教子的技能；在学习人员上，《女学堂试办略章》中的招生标准规定把奴婢、娼妓等排除在外；在学习过程中，严格遵守男女大防，教学老师全部由女性担任，即使需要男教师，也将办公之处安排在远处，以隔绝接触。由此可见，梁启超对女性教育仍以"贤妻良母"的传统标准为目标，具有鲜明的保守性。

（二）权利与义务的矛盾

梁启超认为即使男女在各方面享有同等的权利和义务，但相比于男性，女性义务要先于女性权利。在他看来，中国积贫积弱已久，培育大量人才是打破现状、振兴国家的出路。如何培育大量人才？首先让困于家中的二万万女性接受教育，让女性在各方面发展，有能力参与到社会的发展中。其次通过提高女性的受教育水平，间接提高孩童的受教育水平，这两方面的教育提升都将为国家的发展提供源源不断的人才。梁启强调："母教之根本，必自妇学始，故妇学实天下存亡强弱之大原也。"他将国家兴亡和女子教育紧密结合，承认接受教育后的女性价值所在，不再是男性的负担和国家的拖累，而是利家利国的有用之人。也就是说，他提出的女性解放并不是基于女性自身的解放，更多的是看到女性接受教育后能够更好地履行相夫教子、服务国家的义务，因此，他的女性解放思想其实是在为服务国家发展的前提下提出的，最终目的在于保国保种。这种过于倾注于女性义务，而削弱女子自身诉求和权利的主张，让女性的义务同权利之间没有保持一致性，不能不说是梁启超女性解放思想的又一局限。

（三）女权与男权的矛盾

梁启超积极主张和保护女性权利的实现，致力于从根本上消除男女之间的身份和阶级差异，以保证男女在各方面的平等，完成女性的真正解放。梁启超大力推崇男女平权，体现了男女平等的进步理念，但是也表露了他思想中受时代局限的保守一面。梁启超的女权思想不是从女性自身出发、从女性的角度考虑问题，基本上是从男性的角度为切入点，并对女权的解放予以界定和规划，展现的是男性视角。由此看来，梁启超主张的女性解放并不彻底。这种女性解放颇有施恩的意味，因为男性需要女性的力量所以解放了女性，这也是他的女权解放思想中女权和男权相矛盾的地方。从男性角度发起女权运动，会忽视女性真实的心理需求和利益渴望。譬如，男性要求解放后的女性不仅要在家中继续相夫教子，还要在社会中作为新女性充分发挥价值。这虽说是一种美好的期望，但对女性来说其实是一种变相的压迫。这成为梁启超的女性解放思想的第三个局限性。在梁启超的这一主张的前提下，当男性利益和国家利益构建为一体时，女性的权利则容易被忽略。

四、梁启超女性解放思想的历史价值

梁启超以天赋人权、女权主义等学说为思想武器，指出女性处境凄惨其原因在于封建纲常伦理，深刻地揭露和批判了封建礼教对女性身心的束缚和迫害，呼吁男女平等实现女权解放。他将批判的矛头直指封建礼教，使其合法性和权威性受到质疑，促进了人们思想的解放。梁启超意识到女性在国家发展中的重要作用，组织发起了禁缠足运动，在理论上论述了缠足的各种弊端，带动全国各地成立不缠足会。不缠足运动在社会上掀起了一股潮流，有助于社会风气的开化。

在封建社会，女性教育以家庭教育的形式存在，内容仅限于教导三从四德，目的是更好地相夫教子。梁启超将兴办女学和救亡图存联系起来，论述了兴办女学的必要性，有力地冲击了传统的教育模式，推动了女性教育的发展。尤其培养了女性在经济上的独立地位，争取在职业乃至政治上的平等，塑造了女性独立完整的人格。梁启超倡导的女性解放，让女性清晰地认知到自身的基本人权和人生价值。他为促进、实现女性的解放，除了在理论上阐释、在报刊上大力宣传外，还积极付诸行动，成立中国第一所女学堂——经正女学堂，以实际行动推动女性教育的发展。梁启超的女性解放思想极大地促进了女性的觉醒。部分先进女性创立了中国第一个以女性为主体的团体——女学会，创办了中国第一份以女性为对象的报纸——《女学报》。她们有着强烈的爱国热情和强烈的历史责任感，成为近代中国爱国运动中不可或缺又极富特色的力量。

五、结语

梁启超是中国近代史上第一个全面系统论述女权思想的人，他从生活实际和国际环境中深刻体会到女性在社会发展中的作用，认识到女性解放是时代所需、历史必然。先从女性身体的解放开始，禁缠足、禁早婚，让女性拥有良好的身体素质，获得走出家门看世界的机会。女性从受教育中接触到新世界，思想得到了翻天覆地的转变，开始积极争取原本属于自己的权利。在教育、职业、政治上享受和男性同等的待遇，极大地提高了女性的社会地位。梁启超的努力唤醒了女性自觉和觉悟，为社会培养出具有自立精神的"女国民"做出了重要贡献。其女性解放思想对当代女性教育仍具有重要的意义。

梁启超的公私道德观及其当代价值

黄丽瑶[①]

（贵阳学院阳明学与黔学研究院，贵州贵阳，邮编：550005）

【摘　要】在中国思想史上，梁启超首次提出"公德"与"私德"的观念，并以其公德与私德的理念，对中国传统道德进行审视。本文首先从社会背景和理论来源两个角度介绍梁启超公德与私德思想的产生基础，即特殊的社会历史背景和对中国传统文化与外国伦理思想的吸收借鉴。接着对梁启超的公德与私德思想的主要内容进行阐述，包括梁启超对公德与私德这一概念的定义，以及二者之间的相互关系。最后，讨论了梁启超的公德与私德思想对当代的启示，并通过将梁启超的公德、私德思想研究与当今社会的发展相结合，提出加快社会公德建设的建议，使梁启超的公德与私德思想在当今社会的道德建设中发挥切实有效的作用。

【关键词】梁启超；公德；私德；道德观

梁启超学贯中西，是近代学术史上一位百科全书式的学者，也是中国近代资产阶级改良派的著名政治家、思想家、革命家，同时又是伟大的文学家和史学家。梁启超是我国将道德划分为公德与私德的第一人，他的公德与私德思想不仅对当时思想气候的形成产生了重大影响，也对后人在道德建设方面提供了宝贵的思想理论和社会实践财富。他通过对比中国和西方的德育思想，发现中国传统德育公德缺失，过分注重私德，特别是当时国民的"劣根

---

①　黄丽瑶，女，汉族，湖南邵阳人，贵阳学院阳明学与黔学研究院哲学专业硕士研究生。主要研究方向：伦理学。

性"很重,传统道德堕落。梁启超认为社会在变,规范人们的道德准则也应该随时间改变而改变,因此,必须认清现状,对国民的整体道德素质进行全面提升和改造,这对于当代道德教育具有很高的价值。

一、梁启超公私道德观产生的社会背景及理论来源

(一)社会背景

梁启超所处的时代很特殊,政治上国家主权被帝国主义侵略蚕食,内部则是腐朽的封建统治,经济上自足的自然经济在帝国主义列强的侵略下遭受重创,常年的闭关锁国让古老的中国在双重打击下喘不过气来,痛不欲生。中国的未来将走向何方,灾难深重的古老民族如何得到拯救,获得自由和解放?面对这个问题,在意识形态领域主要有三种代表性的思想:一种是主张恢复古代道德标准,坚持我国传统美德的"道德保守派";第二种是批判和继承道德派,主张在引进西方先进道德思想的同时,继承我国道德传统中的精华,弥补我国传统道德缺陷的"道德调和派";第三种是完全否定中国传统道德的价值,推崇西方道德,要求引进西方道德来全盘改造中国的"全盘道德西化派"。正是这三种思想的激烈碰撞,使人们对中国传统的旧道德有了进一步的认识,使人们对道德信仰产生了迷茫、动摇和疑虑。

1898 年流亡日本,是梁启超个人的一大不幸,但流落海外,却是意识形态领域不可多得的际遇。因为政治生活的暂时停滞,给了梁启超施展其他才华的精力和时间。身处异乡,梁启超很快就能熟读日文,学习新知识,接受新观念,这使梁启超的思想境界提升到了一个前所未有的新高度,梁启超的思想在日本的几年里无疑是最富有创造力的。其公德、私德思想便是在此期间形成的。梁启超于 1902 年发表《论公德》,提出公德思想,认为当下国民最缺的就是公德,所以必须以培养国民精神为优先,才能拯救国家。梁启超认为,道德不是一成不变的,它是在社会发展中不断变化的,所以不同的道德应该是在不同的时代发展起来的。梁启超的《论私德》发表于 1904 年年初,一改发表《论公德》时的观点,提出首先要重视私德,以培养国民的精神。

梁启超自知其思想中的矛盾,因此向世人阐明公德固然重要,但私德是必要的补充。这一点在梁启超看来,不能一概而论。

过去的两年，从公德到私德，梁启超的观点竟然完全相反，不免让人质疑。但是仔细分析可以看出，"多变"实际上与当时独特的历史条件是分不开的，而且还存在一个重要的原因，就是国民素质低下。所以，不管是公德还是私德，都是梁启超"救亡图存"的一种方式。

（二）理论来源

梁启超道德思想的形成并非偶然，除了社会背景之外还有其理论来源。梁启超早年学习儒家思想，成年之后对西方近代思想进行学习。其道德思想以中国传统为"本"，表现为"淬厉其所本有"和"采补其所本无"。

梁启超通过东学引入西学，进而创办新学。东渡日本后，梁启超开始学习明治维新之后的新文化。日本人研究的西学和明治维新的成功给了他新的视野，使其精神上获得了前所未有的解放。通过福泽谕吉而将道德二重划分，进一步完善了公德与私德及其对我国的启蒙思想。通过伯伦知理而提出国家思想，通过西方的社会制度而改造民智、民德。批判性地继承了边沁的功利主义思想，在公德方面肯定了"最大多数人的最大幸福"作为道德的根本原则；在私德方面否定了人人出于功利主义阿世盗名、苟且偷生的做法。因受达尔文"进化论"优胜劣汰的启示，思考西方公德与我国私德的差异，故提出改变。通过卢梭的个体道德和社会道德认识，发展了中国的道德革命。

另外，中国古代和近代思想在梁启超思想中不可忽视。在学习西方思想的同时，他并未忘记儒家传统道德中的合理成分，注重对中华民族传统美德的弘扬。他的"利群"主张与荀子对于人和禽兽的区别在于"群"相契合，强调"私德"时主张"正本、慎独、谨小"是作为新民必不可少的品格。"新民"不可一味学习借鉴外来思想文化，不能因一心追求西方而抛弃中国数千年的道德学术。近代康有为"仁"的思想以及道德思想直接影响梁启超救国救民、倡导新道德；严复、谭嗣同等近代中国先进知识分子对梁启超也具有一定影响。严复认为中国社会需要"鼓民力、开民智、新民德"，而在这之中"新民德"最重要却也最困难。梁启超认可严复的观点，将"新民"的观点系统化，认为在"新民"的思想中"民德"不可被忽视。

二、公私道德观的主要内容

公德与私德是梁启超道德思想中的重要内容，在英国社会学家斯宾塞利己主义、亚里士多德的群体思想的影响下，梁启超根据当时中国国民道德现状，提出坚持"公德"和"私德"两手抓。

（一）公德

1840 年鸦片战争，英国以坚船利炮敲开了东方古国的大门，清政府的"天朝上国"美梦从此彻底破灭，中国从此开始了受帝国主义压迫的凄惨生活。在救亡图存的爱国运动中，政治立场不同的爱国人士开始奔走，梁启超就是其中的一员，发起维新运动，但也仅仅是昙花一现。梁启超在维新运动失败后流亡日本，这让他反思运动失败的原因。梁启超在日期间大量阅读日本书籍，并深受福泽谕吉道德论的影响，促使他想要为中国设计一套全新的道德制度，以改变中国国民的道德现状。于是，梁启超主张学习西方的道德理念，建立"固吾群、善吾群、进吾群"的新道德——公德。这种道德可以普遍适用于中国社会，可以推动中国的发展。

梁启超将道德分为公德和私德两种，认为任何一种道德都有公德和私德两方面。但在"君为臣纲，父为子纲，夫为妇纲"的中国传统道德中，却更多地偏向于私德。这种狭隘的纲常伦理束缚着人的道德行为，从而使人们对国家和民族的伦理有所忽视。这种道德行为的缺陷，很容易让人养成这种自私的人格，只想到个人的利益、家庭的利益，而置集体、国家的利益于不顾。只知道享受国家赋予的权利，却没有想到自己应该对国家尽的义务。梁启超提出公德的概念，是为了改变国民这种观念，改变中国过于注重私德的现状。那么公德究竟是什么呢？梁启超指出："人人相善其群者谓之公德。"[①]他认为公德在一个国家、一个民族中扮演着重要的角色，强调说："人群之所以为群，国家之所以为国，赖此德焉以为成立者也。人也者，善群之动物也。人而不群，禽兽奚择而非徒空言高论曰群之，群之，而遂能有功者也。必有一物贯注举。而联络之，然后群之实乃举。若此者谓之公德。"[②]可见，无论是对国

---

① 梁启超：《新民说》，沈阳：辽宁人民出版社 1994 年版，第 16 页。
② 梁启超：《新民说》，沈阳：辽宁人民出版社 1994 年版，第 20 页。

家还是民族，公德是重要的素质。梁启超认为，我国有优秀的传统文化，其中公德很早就有所发展，尽管有偏袒私德的倾向。为此，他列举《论语》《孟子》中的经典语句，说："无国民之木铎，而道德所从出者也。其中所教，私德居十之九，而公德不及其一焉。"梁启超的公德观主要是围绕着"利群"来展开的，这里的"群"即群体，不是杂乱无章的组合，而是以国家利益为重、以满足大多数人的最大利益为目的的一种观念。爱国，是梁启超最想表达的公德观，也是"利群"最基本的内容。梁启超希望通过培养国民的"公德"意识，塑造出适应时代需要的新民。这也是梁启超在中国内忧外患的境况下，激发民众爱国热情的目的。这种身体力行为祖国的命运担忧的爱国精神值得我们学习。

梁启超力主公德的原因，首先，梁启超认为传统的私德观已经无法适应新的社会制度对人们的主体意识的要求。梁启超指出，道德规范不是一成不变的。我们一直提倡的私德，不能和现在的道德需要相适应。因此，当务之急是要用新的道德来处理国民与国家的关系问题。其次，就是现在的中国正处于内忧外患的境地，迫切需要大力提倡公德思想，才能从这种困境中走出来。用公德思想激发人们的爱国情感，把国家的事情当成自己的事情，正确看待国家与民族的关系。于是，他主张用公德思想处理国家与人民关系的道德革命论和彻底与传统旧道德决裂的道德革命。

（二）私德

梁启超在论述公德、私德的时候，比较偏向于公德。他觉得我们国家的国民缺少的是公德，但他并不是不主张私德。相反，梁启超觉得一个人如果没有私德，那么这个人就没有完全的人格。那么什么是私德呢？梁启超明确指出："夫一私人之所以自处，与一私人之对于他私人，其间必贵有道德者存。"[1] 私德，是处理个人与个人关系的德行，它包含两层意思：一是"人人独善其身"的自我处世之道；二是"一私人与他私人交涉之道义"。梁启超觉得私德是都要具备的。拥有私德，如同吃饭的需要，是做人的必备品德。他认为，私德的作用在于可以提高人们的道德修养，让人们做一个遵守传统道德规范的人。那么，私德该如何培养呢？梁启超认为，可以从以下三方面来

---

[1]　梁启超：《新民说》，沈阳：辽宁人民出版社1994年版，第22页。

探讨。

"正本"。梁启超认为所谓正本清源就是要把内心深处的欲望清除掉，不能把事情处理得功利化，要做到心往一处想，劲往一处使。梁启超举例说："试以爱国一义论之。爱国者，绝对者也，纯洁者也若称名借号于爱国，以济其私而满其欲，则诚不如不知爱国不谈爱国者之为犹愈矣。"[1] 所以做人要正本清源，千万不要假公济私，一定要把功利心从心里摒弃掉。

"慎独"。何谓慎独？梁启超引王阳明之言，谓"慎独，谓之致良知也。"他进一步指出，要做到慎独，要"以良知为本体，以慎独为致之功"。以"良知"为本体，使自己无时无刻不再通过"慎独"来反省自己。他认为，西方宗教中的祷告是其道德教化的源泉，中国人应从中学习，以收"涵养省察克治"之三功。中国人如果"日日如是，则个人之德渐入人人如是，则社会之德渐进"。

"谨小"。所谓谨小，就是对自己的要求细致入微。古人有云："大德不愈闲，小德可出入。"就是大事上要提高警惕，小事上可以适当放松。梁启超旗帜鲜明地反对这样的说法。他认为，如果平时不注意在细节上严格要求自己，时间长了，即使碰到大事，也还是不严格要求自己，就会养成散漫的习惯。所以他主张我们对待细节问题也应该以严肃的态度严格要求自己。

梁启超反对只注重私德而忽视公德的思想，认为私德虽然对人的道德修养起到了一定的加强作用，但同时也有一定的局限性。一是私德的面比较窄。梁启超认为，处理父子、兄弟、夫妻、朋友之间的关系，几乎都是用传统的私德。私德主要用在五伦的"熟人"圈子里。这就让私德的应用范围变得十分局限。其次，私德不能形成完善的人格，私德在道德修养方面起着不可忽视的作用，而道德修养也仅限于品性和自律问题。而且人格的形成不仅局限在这几方面，还包括一些价值观念，包括心理、社会认同感等。而这些方面的形成又是由人参与社会的活动所决定的。所以只限于私德是不能形成完善的人格的。再说，传统的私德使人们忽视了公德和社会意识的培养，究其原因，主要有两点阻碍了人们形成公德精神和社会意识的培养。

传统的家族伦理，使得人们忽略了公德精神的培养。那个年代不是以集

---

[1]　梁启超：《新民说》，沈阳：辽宁人民出版社 1994 年版，第 30 页。

体的形式把老百姓凝聚起来，而是以家庭的形式把老百姓凝聚起来。此情此景，造成民众既不团结于国家，也不团结其他人群的局面。人们只是把家族当作一个集体来看待，而把国家和其他公民排除在集体之外。这就使中国人形成了一种思维定式，国家的事情不是自己的事情，没有一个人把国家的事情当作自己的事情来对待，这样当然就无法培养人们的公德思想。

心中存有"束身寡过主义"。梁启超认为，人们以私德为主要道德规范，私德主要是对人与人之间的摩擦、责任、猜忌等方面进行规范。于是人们不断地约束自己，不去做超出自己"本分"的事情，导致"束身寡过主义"。也就是事不关己高高挂起。梁启超对这种精神是坚决反对的，认为中国现在之所以处于国弱民困的局面，就在于"束身寡过主义者"太多了。唯利是图，明哲保身，对国家、社会的利益毫不关心，致使缺乏公德之心。

（三）公德与私德的关系

梁启超在注重公德的同时也注重私德，他在《论公德》中对私德与公德的关系进行了探讨，后来在《论私德》中对这两者的关系进行了具体的剖析。梁启超认为，公德和私德是一种相互联系，并行不悖，非常密切的关系。

私德是公德的基础。自古以来在中国都有重私德的传统，通常情况下，每个人和周围的亲朋好友之间都会建立一种非常紧密的关系。关系之内的人互相帮助，有钱出钱，有力出力，互相帮助、倾囊相助也是司空见惯的事情，有句古话叫为朋友两肋插刀。而对于在这种关系之外的人，态度是比较冷漠的。私德者，人之道，个人素养，家国必昌。爱自身，爱小家，爱大家，更爱道义。心中有杆秤，时刻保持冷静，不跟风，当为民之楷模。深知我所做的一切都是为了自己，因为懂得人人有德，方有一个太平世。私德重于公德，公德重于大德。无私德者，必然无公德与大德。"私德"不错，是因为爱惜自己。"私德"不好，则是因为对自己太看得开了。然而，在国家存亡、民族大义前面，应该选择看开个人得失，甚至看开名利生死。

"私德"能够外推为"公德"，梁启超给出了这样的解释："道德之本体一而已，但其发表于外，则公私之名立焉。""公德"和"私德"为道德的一体两面，根据其本原而言，两者属于同一种德，无所谓公私之分。这就为"私德"外推为"公德"提供了逻辑前提。

公德是私德的外延。梁启超的公德是指中观伦理，个人对社会、民族、国家之间的关系应当承担的责任以及遵循的道德准则，使得国民个体道德品格评价的标准由私德转变为公德，目的在于利群。公德者，地之法，万物竞生，人类称王。无家国之别，无个体身份之分，同为人者，当相互扶持，抱团取暖。没有人有资格高高在上，所有的权利都是我们自愿给的。拥有再高的名望、富裕的人，在我的眼里也只是个平凡人。因为人者，原本就是渺小无比的。梁启超反复强调个体对群体、社会、国家应尽的职责和义务。利群的提出和发展在很大程度上促进了中国国民意识的觉醒，推动了公民道德、民族道德意识的建设，在今日仍有相当程度的可取之处。利群既是宗旨，又是其归宿。共产党的宗旨是"全心全意为人民服务"，提出的"从群众中来，到群众中去""解放群众"，无不闪耀着利群的光辉。梁启超根据斯宾塞思想理论，分析说："夫所谓公德云者，就其本体言之，谓一团体中人公共之德性也；就其构成此本体之作用言之，谓个人对于本团体公共观念所发之德性也。"也就是说，"公德"即"公共之德性"的简称。"公共之德性"源于个人对其所在团体的"公共观念"所发之"私有之德性"，可以简称为"私德"。此处的"公共观念"即对于"群"而言的责任义务。若将这种责任义务视为个体"私德"，那么，"公德"则来源于具备群体观念的"私德"的总和，是"私德"结合体的外延。

公德与私德的共同性。梁启超发表《论公德》时，认为"吾中国道德之发达，不可谓不早。虽然，偏于私德，而公德殆阙如"①，大力提倡公德意识，倡导公德建设，强调公德与私德的分殊性。但旅美归来之后发表《论私德》的时候，感慨万千，对之前的公德思想做了很大的更改，开始强调私德与公德的共通性。认为公德和私德并非对抗关系，而是"由内而外"的，从由私德发展成内化的公德，然后自觉地外化出来。即私德是公德的基础，公德是私德的延展。但在封建专制主义的黑暗统治下，由私德到公德的这个发展被割裂开来，公德与私德的辩证关系戛然而止。道德本无公私，公德与私德本质并不相悖，只是在道德实践过程中对于不同领域的道德要求才出现了公德与私德的划分。公德与私德共同组成道德，为私德向公德推演提供了逻辑前提。

---

① 梁启超：《新民说》，北京：中华书局1988年版，第5页。

梁启超认为，公德与私德关系紧密。他强烈反对将公德与私德对立起来，认为公德与私德是一致的，是一种并行不悖的关系。他认为私德是公德的基础，而公德是私德的延续和发展，两者相互作用，不可分割。梁启超所阐述的公德观和私德观，体现了像梁启超一样的改良人士欲救中华、救亡图存的爱国之心。但他要达到拯救中国的目的，仅仅依靠一种"新道德"，只能是一种空想。这也从侧面反映出梁启超受其阶级性影响，导致他思想上的局限性。

三、梁启超公私道德观的当代价值

在近现代历史背影下，梁启超作为著名的启蒙思想家和爱国人士，始终以鲜明的爱国情怀，紧紧围绕救亡图存这一主题，将其民族主义和国家主义的政治立场紧密地结合在一起。他对公德、私德关系的剖析，对中国传统道德与西方先进思想的兼容并蓄，对公私道德观建设路径的思考，都不失为一种积极有益的探索，对当代道德建设同样具有重要价值和启迪作用。

在 20 世纪初的中国积贫积弱、民德衰弱的情况下，认识到民族素质低下已经严重阻碍社会发展的梁启超，提出建设新道德，希望通过培育新道德的新民，改变落后挨打的国家面貌。"国也者，积民而成。国之有民，犹身之有四肢、五脏、筋脉、血轮也。未有四肢已断，五脏已瘵，筋脉已伤，血轮已涸，而身犹能存者，则亦未有其民愚陋、怯弱、涣散、混浊，而国犹能立者。"[1] 在中国特色社会主义现代化建设中，人的道德素质低下是不可能达致目标的。习近平总书记在十八届中央政治局第十二次集体学习时讲话中，引用了梁启超关于国民道德品质问题的论述，对道德建设问题进行了重点阐述。梁启超对道德与国家发展关系的理解、对道德建设的重视，以及探索道德建设的方式方法，给我们提供了很好的参考。

梁启超对公德建设尤为重视，他认为，公德的高下与群体、国家兴亡有着直接的关系。当时的中国，正是由于公德缺失，才造成了"政治之不进，国华之日替"[2]。必须大力提倡公德，才能振兴国家。今天的中国正处在改革开放时期，市场经济发展，一些人只顾追求个人利益，缺乏社会意识，没有

---

① 梁启超：《新民说》，郑州：中州古籍出版社 1998 年版，第 46 页。
② 梁启超：《新民说》，郑州：中州古籍出版社 1998 年版，第 64 页。

责任担当，对国家不闻不问。梁启超在百年前就指出："中国长期以来流行的'自了'主义、'束身寡过'主义、'独善共身'主义、'不与闻公事以为高'等长期以来在中国盛行的观念，对讲公德而言，乃是一大障碍。"① 个人在群体和国家中，对群体和国家负有不可推卸的义务和责任。要具有勇于承担社会责任的集体观念和国家意识，对集体和国家的政治生活要"利群""爱群"。再者，个人具有以国家民族为重的公德意识，才会有更大的作为。"一个人只有明大德、守公德、严私德，其才方能用得其所。"② 加强新时期的公德建设，应大力推行基础教育，重视道德教育，使人民既有相应的能力参与社会公共生活的意识，也有相应的能力参与国家政治生活；加大公德意识的宣传力度，以培养公民的责任意识、主人翁意识为己任，在全社会营造以"利群""爱群"为荣的良好氛围。大力弘扬中华民族优秀传统道德，增强人民群众的民族自豪感和自信心，将家庭教育与学校教育相结合，言传身教，从小培养，从生活点滴入手，培养社会意识、民族意识、爱国情怀。当前，中国正在进行社会主义核心价值观建设，习近平在北京大学与师生座谈时说："核心价值观，其实就是一种德，既是个人的德，也是一种大德，就是国家的德、社会的德。国无德不兴，人无德不立。"要以社会主义核心价值观引领道德发展，把公德建设与社会主义核心价值观建设结合起来。

梁启超曾提出"必以培养个人之私德为第一义"，希望以私德之修为，达致公德之目的。我国仍处于社会主义初级阶段，改革开放带来的经济发展成果和利益的调整与分配，使一部分人的价值观发生了动摇。功利主义、拜金主义、享乐主义有所抬头，人们对生活品质要求越来越高。梁启超认为，社会私德败坏的源头在于功利之心，而要解决这一问题，只能从源头上着手，去除功利之心。鉴于中国私德的现状，除了国家和社会要重视道德建设之外，个人可以从梁启超提出的正本、慎独、谨小三方面下功夫，进行自我教育。不为物欲所遮蔽，时时自省，在行动上常怀初心；更要注意无人监督时的言行举止，慎之又慎，不被一己私心所蒙蔽；严于律己，不放纵自己的行为，不姑息、不放过哪怕是道德上的一点小过失。

---

① 张锡勤：《中国伦理思想通史》（下册），哈尔滨：黑龙江教育出版社1992年版，第251页。
② 中共中央文献研究室编：《习近平关于社会主义文化建设论述摘编》，北京：中央文献出版社2017年版，第142页。

要让中国的民德"合公私而兼善之",塑造理想的新人格,是梁启超的终极理想。如今的道德建设,也应该以这种理想为目标。既有良好的社会公德,又有醇厚的个人私德,这才是社会主义事业需要的建设者和接班人。"要求人们培养自由、自治、自尊、自信、自强、自立、进取、冒险、坚毅、尚武等精神品德,培养群体意识、利群观念、国家思想、权利义务观念、公德观念。"梁启超关于理想人格的论述,在今天同样适用。梁启超特别注重对人的权利义务观念的培养,他认为这是肃清奴隶性、树立国民意识、塑造理想新人格的迫切需要。只有树立正确的权利义务观念,才会有自觉持久的爱国心,群体才能巩固。

四、结语

公德是外在的社会道德规范,但它能够体现社会的整体利益;私德始终与个人的道德认同、道德情感、道德意志等相关,反映出个人对公德的认识,是个人内隐德行。外在的道德规范只有内化为个人的德行才可以发挥功能。因此,不能单方面强调"公德"或"私德",而应是相辅相携,共同发展,这样才能为我国的现代化事业与社会和谐提供道德支持和精神动力。尽管梁启超在伦理观念上仍有许多不足之处,但整体而言,他的道德观中还是蕴含着一定的真理。重温梁启超的公私道德观,在建设有中国特色社会主义的今天,仍然具有深刻的意义。

达德学校、贵阳师范学校研究

达德学校是贵州民主革命的一面旗帜

周术槐①

（贵阳学院李端棻研究院，贵州贵阳，邮编：550005）

【摘　要】在近代贵州教育发展史上，达德学校就是一颗耀眼的明珠。这不仅是基于其先进的办学理念、办学思想、教学内容与教学方法，更主要的是基于其突出的办学成效与旗帜鲜明的社会实践活动。无论是在辛亥革命、五四新文化运动中，还是在土地革命和抗日民主革命活动中，我们都可以看见达德师生踊跃参与的身影。达德学校在著名教育家黄干夫、黄齐生、凌秋鹗、谢孝思等人的领导下，为我国民主革命做出了重要贡献，堪称贵州民主革命的一面旗帜。

【关键词】达德学校；黄干夫；王若飞；贵州民主革命

　　达德学校从其办学历程来看，它是晚清新式教育改革的产物。在这一过程中，李端棻与严修对达德学校创办人黄干夫等人的培养、教育与指导，直接影响了达德学校的办学指导思想与人才培养模式。在李端棻与严修的维新活动中，他们所倡导的教育救国、识才爱才、开放办学理念，被黄干夫等人所继承与发扬。达德学校在贵州近代教育改革与民主革命中能为社会培养数以万计的有用之才，与其所遵循的具有近代性质的办学理念、办学模式有着密切的关系。正如邓宗岳所言："达德的主要创办人黄干夫、凌秋鹗、黄齐生等是贵州近现代史上最早一批具有先进思想的前驱。他们受到清末革命维

_____

①　周术槐，男，贵阳学院李端棻研究院院长，历史学博士，三级教授。主要从事中国历史文化的研究与教学工作。

新思想的浸润而在 1901 年办了算学馆。……凌秋鹗等'教育革命'的指导思想，是十分明确的，影响是非常深远的。"① 无论是在辛亥革命、五四新文化运动中，还是在土地革命和抗日民主革命活动中，我们都可以看见达德师生踊跃参与的身影。达德学校在著名教育家黄干夫、黄齐生、凌秋鹗等人的领导下，为我国民主革命做出了重要贡献，堪称贵州民主革命的一面旗帜。

　　首先，从达德学校的办学指导思想来看。达德学校创办于清末"新政"时期。此时，新风气弥漫于整个学校校园，加之学校的创办人黄干夫、凌秋鹗等人富有浓厚的西学思想和改革创新意识，因此，在办学的指导思想上，从不因循守旧，致力以国内外的新思想、新观点、新内容、新方法来培养学生，致力以政治与教育的紧密结合来培养学生。达德学校的校训是"好学、力行、知耻"，办学宗旨是"智、仁、勇"。在这一校训与办学宗旨的激励下，达德学校的学生受益匪浅，更多的是以立志成才报效国家为导向。正如达德校友周诗若先生所言："达德校训在不同历史时期有不同的生命力，是培养达德学子高尚品德、上进精神、大智大勇的气度，为人民利益不惜献身的座右铭。"② 对于达德学校办学宗旨的革命性与进步性，曾在达德学校学习时间达 7 年之久的中共领导人王若飞体会尤深。他认为，达德学校诞生于清末风云激荡的时代。它的诞生是具有革命意义的。"达德学校的创办者们，都是受当时革命的影响，不满足于旧的封建专制神权迷信的生活与知识，极力在追求新的出路。他们在未办达德学校之先，已共同组织一个达德书社，订阅京沪新出的书报，来互相学习。从这些快报中去学得科学的民主的种种新知识，革命认识的发展，使得他们在革命的实践上，又前进一步，而创办这一所含有革命性的达德学校。"③ 王若飞对母校的回忆表明，人才的培养离不开教师的正确指导。达德学校之所以是一所具有革命性质的学校，是因为它的创办者、

---

　　① 邓宗岳：《与时俱进献身教育的凌秋鹗——纪念凌秋鹗先生逝世六十周年》，贵阳市政协文史和学习委员会、贵州省史学会近现代史专业委员会合编：《纪念著名教育家凌秋鹗》，（内部资料，2003 年），第 6 页。

　　② 周诗若：《让达德校训与时俱进》，贵阳市政协文史和学习委员会，贵州省史学会近现代史专业委员会合编：《纪念著名教育家凌秋鹗》（内部资料 2003 年），第 77 页。

　　③ 王若飞：《对于过去所受母校教育的印象》，中国人民政治协商会议贵阳市委员会文史和学习委员会、中国近现代史史料学会贵阳市会员联络处合编：《师生忆达德》，（内部资料，2003 年），第 77 页。

教育者大都具有革命的思想，革命的头脑。在这样一种环境氛围的影响之下，耳濡目染的达德学子关心民族解放，走上救国救民之路，成为一种普遍现象。关于母校人才培养的指导思想，王若飞曾明确提出了三点基本要求："第一，教育的路线，要适合时代的潮流，适合当时最进步最革命的阶级的需要。第二，教育家绝对不能脱离现实政治的斗争，凡是想回避现实政治斗争的教育家，不可免地要成为反动的、保守的、终于被人民气势抛弃的教育家。第三，绝对不能把学生的学校生活与实际社会政治生活隔离起来，绝对不能把学生的学习限制在书本上，而禁止他们积极参加实际社会政治工作，要努力使课堂的教授与生活的实际打成一片。"① 从这里我们可以看出，作为无产阶级革命家的王若飞，随着其思想觉悟与思想境界的提高，对母校的办学方向提出了适应新时代发展需要的明确要求：强调教育与政治的相结合，强调教育与现实的相适应。正是在这一思想的指导下，让达德学校的办学方向适应了民族发展与国家现实的需要。

其次，从达德学校的教学内容来看。甲午中日战争后，中国面临被瓜分的危险。后经戊戌变法、义和团运动、八国联军侵略中国、清末"新政"等系列历史事件，达德学校的管理者与教师们深刻地认识到"民族独立与解放、国家富强与人民富裕"的重要性。基于此，为了救国救民和改变现实，在达德师生的教学活动中，涉及民主与自由、爱国与创新题材的内容，成为达德人所关注与实施的重要内容。据达德学校原校长谢孝思老人回忆，黄齐生在达德学校期间，团结全校师生，开展了一系列新式教育活动："首倡改良旧剧，辛亥革命成功，编演川剧《大埠桥》（贵州明末英雄何腾蛟抗清故事），继而历年自编自导'新剧'（话剧）武训兴学、维新梦（意大利建国维新故事）等，每年向社会公演，轰动全城。这在中国戏剧史上，应写下重要的一页。他创办《达德周刊》研讨教育学术，评时政，鼓吹男女平等，婚姻自由，促进汉苗文化沟通，鼓励远游参观学习，开发贵州新文化。"② 表明达德学校在辛亥革命以后，在黄齐生的引领下，已经具备现代学校的基本性质。学校

---

① 杨植霖、乔明甫、薄一波：《王若飞在狱中》，北京：中国青年出版社 1961 年版，第53—54 页。

② 谢孝思：《黄齐生先生和他的教育思想》，贵阳市政协文史和学习委员会、贵州省史学会近现代史研究会合编：《百年人瑞谢孝思》，汕头：汕头大学出版社 2004 年版，第 24 页。

不仅追求民主、平等与进步，而且还倡导民族团结，要求学生积极参加社会实践活动，学习贵州民族文化。在辛亥革命前，梁启超主编的《新民丛报》、孙中山创办的《民报》、黄藻主编的《黄帝魂》、邹容撰写的《革命军》等进步书刊就在学校师生中传阅。《贵州省志·教育志》中指出："辛亥革命前，贵阳有平刚、张崀、彭述文等创办寻常小学堂及'科学会'；黄干夫、凌秋鹗等创立'算学馆'（后改达德学堂），他们以学校为阵地，鼓吹革命、传播科学。"[1] 对于达德学校的戏剧活动，查继壂认为有两个鲜明的特点："其一，所编的剧多是配合当时革命形势的需要，宣传反帝反封建、传播新思想、提倡新文化为内容。这与达德学校的主持人的进步思想分不开；其二，其编剧者，主要是黄齐生，而扮演者，有教员、有学生。因此，不管是从历史的角度，还是用今天的观点去看，这个方向都无疑是正确的，仍值得继承和提倡。"[2] 林开良、林朝晖在其研究中指出："1905 年民立小学堂更名为达德学堂。是年，章太炎先生主持的具有强烈反清思想的《国粹学报》在上海创刊，很快传入贵阳，达德学堂的教职员们看后深受启迪。时正值清王朝昏庸腐败，摇摇欲坠，各帝国主义国家加紧入侵，国家垂危，生灵涂炭之秋，黄干夫、黄齐生、凌秋鹗等为适应当时形势的要求……向学生灌输民族、民主革命的思想。"[3]

再次，从达德学校的人才培养成效来看。达德学校由 1901 年开创的算学馆到 1903 年的达德书社、1905 年的达德学堂，到 1912 年改为达德学校，相继办有男小部、女小部、男中部、幼儿园，为了配合职业教育还办了刺绣科。为解决郊区儿童读书难的问题，在贵阳南郊办了履三小学。解放后女小部改为科学路小学，现又恢复为达德学校。几十年来，达德学校为国家培养了大量的人才，为我国民主革命、社会主义革命和社会主义建设做出了贡献。[4] 达德原任校长谢孝思老先生明确指出："达德学校百年，培育了成千成万学生，不乏佼佼者，不乏栋梁才。忆昔日，不少校友漂洋过海，到日本、法国、德

---

① 贵州省地方志编纂委员会编：《贵州省志·教育志》，贵阳：贵州人民出版社 1990 年版，第 2 页。

② 查继壂：《贵阳达德学校的戏剧活动》，中国人民政治协商会议贵阳市南明区委员会文史资料研究委员会编：《南明文史资料选辑》（第 5 辑），（内部资料，1987 年），第 133 页。

③ 林开良、林朝晖：《贵州教育溯源》，贵阳：贵州人民出版社 2006 年版，第 254–255 页。

④ 参见曾玉琪等主编：《达德学校师生员工名录》（内刊，2001 年），第 106 页。

国、苏联等国留学，寻求救国之法。"①

民主革命时期，在达德学校培养的人才中，杰出的代表当属黄干夫、黄齐生的外甥王若飞。王若飞曾先后留学日本、法国、苏联，与中共主要领导人毛泽东、周恩来、邓小平等均有密切交往，曾担任中共中央秘书长。重庆谈判期间，王若飞协助毛泽东、周恩来为国共两党谈判工作的顺利开展付出了大量的精力与心血。王若飞的一生，是革命的一生，战斗的一生，为民族解放事业做出了贡献的一生。1946年，王若飞因飞机失事而离世。人们为之惋惜，纷纷撰文纪念这位伟大的共产主义战士。刘光在纪念文章中高度评价了王若飞："若飞同志是一位政治修养很深，革命经验丰富的战士。他的思想就是代表着毛泽东的思想路线——这是唯一正确的思想路线，即马列主义的革命理论与中国革命实际密切相结合的路线，说得更扼要些，就是忠心耿耿为人民服务的路线。"②

有人说，达德学校是"一所历史悠久而有光荣传统的学校，从这里，培植了许多有为的儿女，为国家、为民族，前仆后继、视死如归的无名英雄"③。据达德学校校史馆统计，达德学校为中国民主革命培养了20多位烈士。他们中有中共贵州省工委委员李策，中华民族解放先锋队贵阳队部副队长凌毓俊，中共贵州省工委机要工作人员严金姓，以及坚强的共产主义战士王定一、袁咨桐、聂汝达、杨光文、刘载铭、刘端模、戴绍民、贺正辉等。④以王若飞为代表的达德学子的优异表现，让达德学校成为近代贵州民主革命的一面旗帜。从达德学校走出去的革命烈士，为了民族的独立与解放，勇于奉献、不怕牺牲的革命精神，永远值得后辈铭记。

最后，从达德师生投身现实社会的重大实践活动来看。达德师生在贵州与全国的重大历史事件中，不畏强暴，不惧生死，为了民族解放的正义事业

① 谢孝思：《达德精神永放光芒——〈达德学校百年校庆〉序》，贵阳市政协文史和学习委员会、贵州省史学会近现代史研究会合编：《百年人瑞谢孝思》，汕头：汕头大学出版社2004年版，第32页。

② 刘光：《悼一位敬爱的青年导师——王若飞同志》，中共安顺地委、中共安顺市委、贵州人民出版社：《王若飞文集》，贵阳：贵州人民出版社1996年版，第301页。

③ 转引自马连儒、袁钟秀：《王若飞传》，贵阳：贵州人民出版社1996年版，第11页。

④ 洪波：《古迹与名胜相辉映——达德学校旧址巡礼》，中国人民政治协商会议贵阳市委员会文史和学习委员会、中国近现代史史料学会贵阳市会员联络处编：《师生忆达德》，（内刊，1997年），第152页。

而投身其中，勇往直前。

其一，辛亥革命前后的达德师生。

主动融入社会，做到教育与政治相结合，这是达德学校办学的鲜明特色。在辛亥革命前后，"学校所聘用的教师，人品学识俱优，且多有民主思想，既向学生传授科学文化知识，反对封建教育；又宣传自由、民主、平等等进步思想，提倡白话文，提倡演新剧（话剧），反对妇女缠足，提倡'天足'运动、婚姻自由等。该校后发展成为包括男校、女校、小学、中学的一所著名学校，为贵州培养了不少人才。在贵州辛亥革命前后，达德师生始终站在革命前列，该校是当时宣传革命的重要阵地之一"[①]。在贵州辛亥革命期间，"达德学校部分师生也组织起来，领了枪支。王若飞、聂守微此时已以优秀毕业生留校，成为辛亥革命运动中黄齐生、蔡衡武领导下的骨干。聂守微镇守达德学校，王若飞担任稽查城防工作"[②]。贵州辛亥革命取得成功后，达德学校的"蔡岳、凌秋鹗、黄齐生被军政府提名或任职"[③]。黄齐生坚辞，放心不下达德学校的教育教学与人才培养。

其二，反袁斗争中的达德师生。

袁世凯窃取辛亥革命胜利果实以后，倒行逆施，大肆镇压革命党人，卖国求荣，开展称帝活动。对此，达德学校师生在民主革命斗士黄齐生等人的领导下，积极开展反袁斗争。1915 年 1 月，日本提出灭亡中国的二十一条。5 月 7 日，日本向袁世凯政府发出最后通牒，要求全盘接受二十一条。袁世凯不顾全国人民的坚决反对，于 5 月 9 日答应日本，除了第五号各条"容日后协商"外，其余各条全部接受。袁世凯的恶劣行径，遭到全国人民的强烈反对。消息传到贵阳，达德师生在黄齐生的领导下参加了各界声势浩大的示威游行，宣传反帝救国的道理。6 月 29 日，黄齐生以隶书手书"勿忘五月七日" 6 个大字，刻石碑树立于校园，以激发师生的爱国热情。[④] 其后，连续两

①　冯祖贻、曹维琼、敖以深主编：《辛亥革命——贵州事典》，贵阳：贵州人民出版社 2011 年版，第 131 页。

②　谢孝思：《黄齐生传略》，中国人民政治协商会议贵阳市委员会文史和学习委员会、中国近现代史史料学学会贵阳市会员联络处编：《师生忆达德》（内部资料，1997 年），第 28 页。

③　冯祖贻、曹维琼、敖以深主编：《辛亥革命——贵州事典》，贵阳：贵州人民出版社 2011 年版，第 131 页。

④　参见曾玉琪等主编：《达德学校师生员工名录》（内刊，2001 年），第 38 页。

年，达德师生都举行了“勿忘国耻”的纪念活动。1916年5月7日，达德学校特召开座谈会，7日、8日、9日学生皆束巾手臂，上书“国耻纪念”。[①]1917年5月7日，达德学校学生在贵阳举行了反对日本“二十一条”最后通牒国耻纪念游行。[②]拳拳爱国之心内化于心，外化于行，让人钦佩不已。

1915年12月，袁世凯宣布称帝，接受百官朝贺，再次激起全国人民的反抗。云南宣布独立的同时，爆发了蔡锷领导的护国战争。在面对贵州当局态度不明朗的情况下，黄齐生激于义愤，由校长聂守微领衔，黄齐生、凌秋鹗列次，通电响应云南讨袁，积极参加讨袁活动，为终止袁世凯的复辟活动做出了积极贡献。

其三，五四运动时期的达德师生。

1919年1月18日，第一次世界大战战胜国在法国巴黎召开“和平会议”，北洋政府和广州军政府联合组成代表团，以战胜国身份参加会议，提出取消列强在华的各项特权，取消日本帝国主义与袁世凯订立的“二十一条”等不平等条约，归还大战期间日本从德国手中夺去的山东各项权利等要求。然而，巴黎和会在帝国主义列强操纵下，不但拒绝中国的要求，而且把德国在山东的特权全部转让给日本。此举引发了中国民众的强烈不满，引发了声势浩大的五四运动。

北京爆发五四运动的消息传到贵阳后，贵阳3000多名学子在贵阳市中山西路的梦草公园（今贵阳市恒峰步行街）集会游行。达德学校的师生也积极投入声援北京五四运动的洪流当中。1919年7月5日，全国学联贵州支会成立，号召各个学校每天都要派出宣传队在街头巷尾进行反帝反封建的宣传。为响应号召，达德学校每天晚上在学校门口、大十字、北门桥三个地方设立了宣传点，派出各年级的学生前往宣传。低年级的学生一般负责学校门口的宣传点。后来，达德学生还参加了查封日货的行动。达德学校师生编排话剧，将北京学生在五四运动中反对北洋军阀政府的行动搬上了舞台。[③]对于达德学校师生参加五四运动的情况，何治华在《忆周杏村老师》一文中也有所描述。何治华指出，北京五四运动的消息传到贵阳后，“达德学校首先响应，由周杏

① 参见曾玉琪等主编：《达德学校师生员工名录》（内刊，2001年），第40页。
② 岑永枫编著：《贵阳历史上的今天》，贵阳：贵州人民出版社2004年版，第182页。
③ 参见韦廉舟主编：《贵阳文物志》（第1辑）（内部资料，1983年），第62-63页。

村、王慎余指导学生成立'达德学校代表团'。组织学生上街游行，声势浩大。并组织学生在北门桥（今喷水池）、大十字和学校大门口搭台演讲，夜间也点马灯宣传，听众踊跃，直至深夜才散。宣传内容主要揭露日本帝国主义的侵华暴行和北洋军阀对外屈服，对内镇压学生运动的罪行"①。

其四，黄齐生对民主革命思想的广泛传播。

黄齐生是达德学校创办人黄干夫的兄弟、王若飞的二舅。黄齐生是达德学校的骨干教师，于1913—1914年曾担任达德学校的校长。达德学校的创立与发展，可以说凝聚了黄齐生的精力与心血。其重要贡献，主要涉及达德学校教学内容与教学方法的改革、达德学校民主革命思想传播等方面。在民主革命思想的传播过程中，黄齐生可谓贡献良多，尽心尽力。在达德学校，在法国，在延安，在重庆等地，都留下了黄齐生为民主与自由而奔波忙碌的身影。在达德学校办学的过程中，他倡议学校加办女学，招收女童入学；倡导"天足"运动，反对缠足；组织师生传阅《民报》《革命军》《黄帝魂》等宣扬革命思想的进步书刊；创办《达德周刊》，交流教学经验，发表政治时事评论，鼓吹婚姻解放，鼓励远游求学，提倡汉苗各族文化沟通等。诸如此类的进步行动，传播了民主革命思想，激发了师生的爱国热情。1937年9月，国共第二次合作，"可是不三月②，贵州国民党党部散出谣言：'共产党抗日不积极，团结无诚意'"③。为了弄清事实真相，消除民众的疑虑，黄齐生亲携家眷前往延安实地考察。在延安，黄齐生受到毛泽东等中央领导的热情接待。毛泽东称赞黄齐生是在共产党最艰难的时候，党外人士同情、爱护党的最早的一人。1938年4月回省城贵阳后，黄齐生在校内外宣讲中国共产党的抗日政策和主张，肯定共产党积极抗日的伟大功绩。此举一时还引起贵州地方当局的嫉恨，黄齐生不得不离开贵阳暂避风险。1940年夏，黄齐生应达德师生的邀请，又回达德学校工作。此次回校，他在继续宣传党的抗日政策的同时，还向达德师生介绍了自己在法国勤工俭学时的工作与生活情景。据达德校友

---

① 何治华：《忆周杏村老师》，中国人民政治协商会议贵阳市委员会文史和学习委员会、中国近现代史史料学会贵阳市会员联络处编：《师生忆达德》，（内部资料，1997年），第89页。

② 引文中的"可是不三月"是指不到三个月。编者注。

③ 谢孝思：《黄齐生先生和他的教育思想》，贵阳市政协文史和学习委员会、贵州省史学会近现代史研究会合编：《百年人瑞谢孝思》，汕头：汕头大学出版社2004年版，第26页。

罗朝章回忆："他（黄齐生，笔者注）讲赴法国勤工俭学的工作和在国外考察教育的情况。讲到赴法人员一面做工，一面求学，还要进行政治斗争的艰苦生活，勉励师生向革命先辈学习，不要怕战时的困难。他要求学生珍惜时间，发奋求学；教师要艰苦奋斗，办学育才。"① 早年我党领导人赵世炎、周恩来、李维汉、邓小平、王若飞等为了救国救民的远大目标都在法国勤工俭学，并接受马克思主义，为归国后开展革命工作积累了丰富的理论与实践经验。黄齐生以其在法国的所见所闻教育达德学子，表明黄齐生对党的理论与事业的高度认可。曾任达德学校校长的谢孝思老先生高度评价了黄齐生："先生（黄齐生）不愧是一个伟大的教育家，贵州历史上第一流人物！"②

其五，抗日战争时期的达德师生。

达德学校因为培养了像王若飞这样的杰出校友，因为拥有黄干夫、黄齐生、凌秋鹗、谢孝思等具有深厚的为国为民意识的教师骨干，力求与祖国同呼吸共命运，这是达德师生的突出特征。在民主革命时期，哪里有需要，哪里就有达德人。抗日战争时期，当中华民族面临危亡的时刻，达德师生勇敢地站了出来，尽自己的绵薄之力，为全民族的抗战做出自己应有的贡献。据史料记载，"在抗日战争时期，达德学校是抗日救亡运动的活动场所。一九三七年'七七'事变后，贵阳各校教职员工组织的'抗日救国会'即设在达德学校内。该校负责人谢仲谋（达德学校原校长谢孝思，笔者注）当选为总干事，推动了教育界的抗日运动。一九三七年四月，黄齐生访问延安后回到贵阳，曾在达德学校内做几次公共讲演，介绍延安见闻，宣传党在抗日战争中的方针，听者颇众，引起贵州当局的极大惊慌。在中共贵州省工委的领导下，筑光音乐会曾在达德学校成立达德支队，传播抗日歌曲，又组织学生积极投入抗日救亡运动，还在进步教师聂汝达等的支持下，学生中办起了地下刊物《新生》，积极宣传党的抗日主张，与国民党派在该校中的特务'教官'等进行不懈的斗争"。"达德学校还为党的革命活动提供有利条件。

---

① 罗朝章：《回忆达德中学的老师们》，中国人民政治协商会议贵阳市委员会文史和学习委员会、中国近现代史史料学会贵阳市会员联络处编：《师生忆达德》，（内部资料，1997年），第106页。

② 谢孝思：《黄齐生先生和他的教育思想》，贵阳市政协文史和学习委员会、贵州省史学会近现代史研究会合编：《百年人瑞谢孝思》，汕头：汕头大学出版社2004年版，第26页。

一九三八年十二月，八路军贵阳交通站负责人袁超俊①到达贵阳，经过黄齐生、曾俊候的协助，曾将该校男中部教室借给办事处，处理日常事务，为八路军交通站在贵州开展工作，提供极为有利的条件。"②对于达德学校与八路军贵阳交通站的关系，《贵州日报》报道："1938年年底，袁超俊率领人员到达贵阳，着手筹建交通站。1939年1月3日，交通站借用达德学校校舍开始办公，正式启用'国民革命军第十八集团军贵阳交通站'印章及信函。交通站建立后，采取公开工作和秘密工作相结合的方式，公开工作是为八路军、新四军转运军需物资和人员，秘密工作则是接受南方局交代的与一些秘密党员和统战对象的联系工作。……虽然贵阳交通站已成过往，但在抗日战争中做出了重大贡献。袁超俊在贵阳交通站的出色工作表现也得到了党中央的充分肯定。"③

综上所述，"达德学校是一所历史悠久、富有革命传统的学校，是民主革命的一面旗帜"④。林开良、林朝晖指出：达德学子王若飞等人，虽然离开了母校，但对母校的培育之恩一直心存感激。出国留学以后，仍时常给母校写信，鼓励在校学子奋发学习，报效祖国。此举让"达德学校办得生动活泼，具有强烈的革命精神"⑤。达德学校在数十年的办学历史中，不仅培养了近代中国民主革命所需要的人才，而且还积极投身民主革命，创造了大量可歌可泣的英

①　袁超俊（1912—1999），贵州桐梓人，贵阳达德学校学生。1930年加入中国共产主义青年团，1936年加入中国共产党。历任贵州共产主义青年同盟领导人、贵州司机工会主席、上海职业界救国联合会常务干事、上海工人救国会主席、上海全国救国会第二届执行委员会代表、八路军武汉办事处副官长、湘乡八路军临时办事处负责人、衡阳等地办事处负责人、八路军贵阳交通站站长、党支部书记、重庆中共南方局秘书等职。1943年6月随周恩来到达延安，在杨家岭周恩来处工作。1945年在中共第七次代表大会秘书处工作。1946年7月任中共南方局四川省委秘书长。11月，经周恩来安排赴上海从事秘密工作到到香港组建华润公司开展贸易工作，先后任华润公司党支部书记、华润公司副经理、华润公司（含招商局、三联书店）党总支部书记，同时承担电台机要工作，直至解放。1949年12月调北京任纺织工业部办公厅主任，1955年任纺织工业部机械制造局局长，1957年任中国国际旅行社总经理，1964年起任中国旅行游览事业管理总局副局长、党组副书记和党组代书记。
②　韦廉舟主编：《贵阳文物志》（第1辑）（内部资料，1983年），第63页。
③　杨桃、高伟、狄良军：《八路军贵阳交通站：传承精神担重任　红色初心永向前》，《贵州日报》2021年7月26日。
④　李作勋、毛有碧主编：《贵州史话》，北京：社会科学文献出版社2015年版，第169页。
⑤　林开良、林朝晖：《贵州教育溯源》，贵阳：贵州人民出版社2006年版，第305页。

勇事迹。基于这一光辉的办学历史，我们说，达德学校堪称近代贵州民主革命的一面旗帜。2019 年 10 月 16 日，达德学校旧址被中华人民共和国国务院授予"全国重点文物保护单位"光荣称号。这一称号，是对达德学校革命历史的高度肯定。

"德智体美"+"劳"教育方针诞生于贵阳师范学校

马筑生 ①

（贵阳学院教育科学学院，贵州贵阳，邮编：550005）

贵阳南明河畔，原有一处风景名胜，称"雪涯垂柳"。出贵阳次南门，行向排杉门方向，即可见河水清澈的水磨河。站在蟾宫桥俯瞰水磨河，桥影清楚地映于河水之中，好像桥上又架了一座桥，人们都习惯地称呼此桥为"桥架桥"或者"桥上桥"。过此桥，沿南明河北岸西行，可见一片梓木林。梓木林坡上边称"猪哽坡"，坡下边树林中隐隐可见丁文诚公祠。再西行是黔军昭忠祠。再西行，那一片高大的柳树丛中就是雪涯洞。洞前是来仙阁。雪涯洞只是一个不太大的崖洞，就着洞崖之势盖起了一座殿堂，不怎么宏伟，也不怎么幽邃，可观的是洞外的景物。洞右侧有一个宽敞的厅堂，叫"望水厅"，厅前有走廊。凭栏眺望，南明河就横在眼前，南明河水从西边流来，到这儿河身渐阔，河水愈清，颇有一些气势。河上常见有人打鱼。架一叶扁舟，用的是根长竹篙，可以撑，可以划。有时用竹篙迫击水面，溅起水花，啪啪作声，为的是赶鱼鹰（贵阳人都管鱼鹰叫"水老鸹"）入水捕鱼。春末夏初，发端午水，是南明河一年中的极盛时期。有人在岸边扳罾，捞鱼虾，鳞鱼蹦跳，站在望水厅上也看得见。河两岸树木奈蓊郁，特别是柳，更是繁茂。雪涯吟咏，总爱提到杨柳。

1902 年春天，贵阳名士、原清礼部尚书李端棻和他的学生于德楷、乐嘉藻，加上贵阳知名报人李裕增（满族）四人，出于"谋黔省教育之发展，振

---

① 马筑生，男，贵阳学院教育科学学院教授，主要从事儿童文学、教育学的研究与教学工作。

兴贵州文化，培养新学师资以应教育发展之需求"的目的，在贵阳次南门外，利用丁文诚公祠、黔军昭忠祠、雪涯洞、来仙阁等一片老建筑群创办了全国第一所中等师范学堂"贵阳公立师范学堂"。后来因为种种原因，自 1905 年起，贵阳公立师范学堂数易其名，在历经"师范教育讲习会""贵阳官立师范传习所""贵阳官立师范简易科"之名、辗转数地之后，又回到次南门外"贵阳公立师范学堂"原址，继续在雪涯洞、丁文诚公祠、黔军昭忠祠、来仙阁这片老建筑群，以"贵州官立优级师范选科学堂"之名办学。清宣统三年（1911）春，贵州提学使陈骧经贵州巡抚沈瑜庆同意，奏请清廷学部，获准将优级师范选科学堂改设为贵州官立两级师范学堂，分优级、初级两部。陈骧委任王仁阁任学堂监督（校长），乐嘉藻任教育长，杨映阶（字孟辉）任学监。

1911 年 10 月上旬，贵州官立两级师范学堂开学未及一年，辛亥革命爆发，清朝贵州各级政府官员束手无策，贵州官立两级师范学堂也被迫停止办学。1912 年 1 月，大汉贵州军政府学政司成立，正式将"贵州官立两级师范学堂"易名为"贵州省立初级师范学校"。学堂原设的优级部被撤销，专设初级部。委任刚从日本留学归来的尹于忠为校长，指令学校尽快开学复课。

尹于忠，名笃生，以字行。贵州贵阳人。清同治九年（1870）出生于贵阳一个贫寒的家庭。他小时候的生活遭遇与李端棻小时候的生活遭遇颇有些相似。他 6 岁时父母双亡。祖母钱氏一针一线做针线活赚点小钱度日，含辛茹苦养育孙儿尹笃生。因为家贫，尹笃生在 13 岁才得以进入私塾，师从塾师曾文笙读书。15 岁时，祖母钱氏也去世了。幸得曾文笙先生很看好刻苦好学的尹笃生，便周济他的生活，继续供他读书。生活的艰难让尹笃生尝尽世事的艰辛，他十分感恩恩师曾文笙大义，由此更加奋发努力。1896 年，26 岁的尹笃生参加贵筑县生员考试，高中第一名秀才。光绪二十八年（1902），贵阳贵山书院改称贵州大学堂，尹笃生考入学堂学习。两年后，学堂改称贵州高等学堂。

光绪三十一年（1905），刚上任的贵州巡抚林绍年即决定在贵州考选留日官费生。这事与后来任贵州省副省长的周素园先生直接相关。周素园是贵州毕节人。"周氏自明初迁黔，隆万后，始以科第显，入清而益盛"，祖上周履衢曾为拔贡（由各省学政选拔文行兼优的生员贡入京师，简称"拔贡"）、补四库全书馆誊录、河北定州典史、补遵化（今河北唐山市）州判，擢升顺天府密云（今北京市密云区）知事。嘉庆十年（1805）任职直隶开州（今河南濮阳市）知州，秩从五品。光绪二十一年（1895），周素园16岁，到大定府（今贵州大方县）考取秀才，后为贡生。那年（1895）"马关条约"签订，丧权辱国的时局大大地刺激了他，觉得平日所学不够应付环境了，于是就变着法觅取新书、新报，如《续富国策》《出使英、法、意、比四国日记》《万国史记》《万国公法》《时务报》《湘学报》等。周素园"天生一支笔，叙事持论都明白晓畅"，因此，众人对他刮目相看。周素园想去日本留学，家里虽薄有田产，但每年还要靠他教书补贴。自费出洋办不到，周素园便去普安厅做幕友。

光绪三十一年（1905），云南巡抚林绍年（字赞虞，福建闽县人。清同治十三年进士，授翰林院编修，光绪十四年任御史，以极谏慈禧动用海军经费修颐和园名噪四海。光绪二十六年迁云南布政使，就擢巡抚，兼署云贵总督等职）任贵州巡抚，来黔省时经普安。周素园代朋友、普安州官员闵华甫写了一封条陈，说了些贵州应办的事，着重的是派遣学生出洋。林绍年很是欣赏条陈的文采，赞同条陈的观点，于是采纳了这个建议，还说："闵某人很留心时事，笔下很不错。"林绍年到贵阳接印后，为听取贵阳各界名士意见，首先专门拜会前礼部尚书李端棻，听取了他对派遣学生出洋的见解。受李端棻等四人"谋黔省教育之发展，振兴贵州文化，培养新学师资以应教育发展之需求"而创办贵阳公立师范学堂的启发，林绍年通令每一行政区域就地筹款，至少派遣留日学生一名学习短期师范。他还停办了有名无实的"贵州高等学堂"，移动该学堂款项，准备公开考送公费留日长期学生20名。包括尹笃生在内的全省青年学人因之受到震动，纷纷摩拳擦掌，准备应考。周素园也辞馆诣省，准备参加留学考试。

那时，李端棻与于德楷（字仲芳）两人决心办实业振兴贵州经济，创立贵州"全省铁路矿务总公司"，李端棻任总经理，于德楷任副经理。李端棻、于德楷素知周素园的文才，聘他到公司当了总文案。由此，周素园与于德楷成为莫逆之交。林绍年知道了普安州官员闵华甫写的那封条陈乃周素园代笔，赞赏他是个人才，便一心想要他出国留学。为此他专门拜会李端棻，委托他的全省铁路矿务总公司保送周素园出国赴日留学。李端棻与于德楷都知道周素园是公司得力的干将，要留下他为公司做事。于德楷便对挚友周素园说："诸葛亮在隆中不过自修，学成也须求用。你看贵州这一片偌大的荒原，亭台楼阁够你布置得下许许多多，只等工程师来设计画图。就让一百步，斩刘荆棘，平治道路的工作，虽在我们不学无术的人，也还能做的。须知创造历史，还是少不了无名英雄呵！"周素园被于德楷说服了，便继续留在公司，不再提出国游学的事。

贵阳公立师范学堂于 1902 年春创办后，因缺乏数理化师资，便由李端棻出面找到贵州巡抚邓华熙，准备聘武备学堂日籍教习到贵阳公立师范学堂兼课，得到邓华熙同意。武备学堂地址就在雪涯洞旁，6 位日籍教习当然乐于多赚一份薪水，满口答应下来，并与贵阳公立师范学堂签署了聘用协议。

贵州武备学堂由贵州巡抚王毓藻于光绪二十四年（1898）4 月仿北洋武备学堂章程筹办，贵阳知府严隽熙为总办，定额 50 名。年冬清廷派北洋弁学堂生李荫贵、刘玉琦为步科教习。光绪二十五年夏（1899）学员由各县、绿营、各文武官员子弟挑选报送，光绪二十七年（1901）因义和团起事停办，后恢复。光绪二十八年（1902）7 月，贵州巡抚邓华熙聘日本人高山公通大佐为总教习，金子新太郎、郡山猪之助（爱田猪之助）、亲宫宗亲（亲宫宗青）、木藤武彦、冈山源六（石源太三郎）为教习。定额 80 名、附额 20 名。第 1 期 88 人于光绪三十年（1904）冬毕业。贵州武备学堂共办 5 期，后改为贵州陆军小学。

光绪三十一年（1905）12 月 15 日，日俄双方为抢夺我国领土而在我国境内发生战争。战争中日军占领我国辽阳，在贵阳公立师范学堂兼课的日本教习郡山猪之助等闻之饮酒庆贺，并邀请学堂一刘姓师范生与之共贺。具有爱国民族自尊心的这名学生拒绝接受邀请，日本教习郡山猪之助等恼羞成怒，动手殴打此学生，从而激起贵阳公立师范学堂师生愤怒，罢课抗议。主持学堂事务的学堂副办乐嘉藻为维护民族尊严，决定暂时停课，并要求日本教习郡山猪之助等向被打学生赔礼道歉。学堂总理（总办）于德楷与副办李端棻、李裕增支持乐嘉藻的决定。骄横自大的郡山猪之助等日本教习拒不认错，贵阳公立师范学堂即解聘全部日籍教习。李端棻将事件经过情况撰文寄给在日本的堂妹李蕙仙，交给正在日本横滨编印《新民丛报》的堂妹夫梁启超。梁启超看到文章后，除在《新民丛报》全文发表外，还在文前写了简介，文末加了评语，痛斥日籍教习的野蛮无理。《新民丛报》对此事的报道长达一万四千多字，是贵州学生最早的爱国反日行动的实录，引起国内外人士尤其是海外爱国侨胞的强烈反响。

贵阳公立师范学堂因缺数理化教习而暂时停办。当时该学堂只招收了3期90名学生，学生皆未完成学业。是年，贵州巡抚林绍年在贵州考选了留日官费生20名，加上各行政区域就地筹款选送的留日学习短期师范的学生和自费留日生，贵州首次一次性派出95名（一说共151名）贵州青年学生到日本留学，其中大部分是贵阳公立师范学堂的学生。贵州高等学堂考选了8名，尹笃生参考当选，获得公费留日长期学生资格，成为赴日本留学的第一批贵州公费生之一。是年，尹笃生东渡日本，入东京高等师范学校，专习师范教育。

在日本攻读6年后，尹笃生于宣统三年（1911）毕业。1912年1月，尹笃生回到了家乡贵阳。此时正值贵州辛亥革命成功，大汉贵州军政府成立学政司，即决定恢复"贵州官立两级师范学堂"办学。由于已是民国，便将学堂改名为"贵州省立初级师范学校"，正式委任在日本专习师范教育的尹笃生为"贵州省立初级师范学校"校长。

尹笃生受任于民国初年。此时是贵州省立初级师范学校最艰难的时期，可谓"受命于危难之时"。清宣统三年（1911）夏天，因辛亥革命爆发，"贵州官立两级师范学堂"停办，原两级师范学堂学生大多休学返乡。原两级师范学堂师资也都因学堂停办而离校另谋生路。当时学堂住有未能及时离校返乡的外县学生50余人。

贵阳自治学社那时开办了一所"公立法政学堂"，堂长（校长）钟昌祚（也是1905年贵州派出的留日学生）见"贵州官立两级师范学堂"停办，认为丁文诚公祠、黔军昭忠祠、雪涯洞三处教舍是公产，既然两级师范学堂停办了，那么，丁文诚公祠等三处公产应交给紧缺校舍的"公立法政学堂"学堂作为办学点。于是，向提学使司衙门提出要这几处地方。然而，提学使陈骧以"两级师范学堂"只是暂时停办为由，回绝了钟昌祚的要求。于是，钟昌祚在某一天黎明时分，带领"公立法政学堂"一百多学生，扛着几架竹梯、携带铺盖卷涌出刚开城门的次南门。守城门的巡防营兵见这一大伙人如此装束，齐刷刷出城，感到奇怪，要上前盘问，这些"愣头青"学生们怒目而视，吓得退了回去。他们乘渡船过南明河，分批前往"两级师范学堂"所在的丁文诚公祠、黔军昭忠祠、雪涯洞三地。钟昌祚前往丁文诚公祠,带头架竹梯翻进丁文诚公祠的高墙,打开大门让学生冲了进去。他们进入校舍,毫不客气地在各教室里,将课桌拼起来,铺上铺盖,一副准备长期在此驻扎下来的架势。

丁文诚公祠"两级师范学堂"看门的工友见势不妙,慌慌张张跑来问他们要干什么,他们以"我们要教室读书"为答,逍遥自在地往自搭的床铺上或坐或躺,不再理睬工友。没多久,工友从城里把1908年曾任贵州官立优级师范选科学堂教务长的任可澄先生请来了。学生们不理睬他。任可澄报了警。巡警来了,官府也出面,面对钟昌祚及众多的学生,也解决不了问题。后来还是"贵州官立两级师范学堂"教育长乐嘉藻(时任贵州教育会会长,与钟昌祚交厚)赶来,出面与钟昌祚商量,向他们许了想法解决"公立法政学堂"缺教室问题的愿,学生们才卷铺盖闹哄哄离开了。"贵州官立两级师范学堂"的教室及教学设备都是些旧物,经"公立法政学堂"的百把人一顿折腾,多有残损。

受任后,尹笃生校长立即到任,马上开始工作。尹笃生在原来李端棻提倡的"中国的教育体制也应效仿西方的模式——终身执业,聚众讲求"、学生"所学课程应'各执一门''分斋讲习',即按学科分类讲习,才能致精、致深,培养真正的专门人才,且学习理论应该与实际紧密结合"的办学理念基础上,结合自己6年留学所学,对"贵州省立初级师范学校"的教育教学模式进行通盘设计。

第一,他着手制定学校训育标准、训练目标、训练任务、训练要求、训练范围,制定校训、校歌。拟定校训为"诚、敬、勤、俭"四字;拟定师范学校校歌,歌词对四字校训做了解释:"诚则不欺,敬则不肆,勤则不嬉,俭则不侈。"

尹笃生校长为贵州省立初级师范学校拟定:

训练方针:德、智、体、美。

训练范围:思想、行动、学习、生活、修养。

训练要求:革命化、纪律化、科学化、劳动化、艺术化。

训练任务:打破封建思想,有牺牲奋斗精神,能服从团体的精神,能遵守公共的秩序,有精确观察,有系统研究,有劳工身手,具健全体魄,有欣赏艺术的情趣,有爱好自然的兴趣。

贵州省立贵陽師範學校校歌　　E調 4/4

贵州省立贵阳师范学校校歌

训练目标：养成中小学健全师资，同时训练国家健全的公民。

1912 年 1 月 4 日，蔡元培先生就任临时国民政府教育总长。1912 年 7 月，为抵制袁世凯专制，蔡元培先生辞职。1912 年 9 月，民国政府教育部颁布《小学校令》，同年 11 月颁布《中学校令施行规则》。教育部公布的教育宗旨："注重道德教育，以实利教育、军国民教育辅之，更以美感教育完成其道德。"强调了美育的作用。一般认为，这个教育宗旨，融入蔡元培先生"五育"思想，标志着我国首次把美育作为教育的重要组成部分。

尹笃生校长却在《小学校令》《中学校令施行规则》正式颁布之前的 1912 年年初，就制定了包含"德、智、体、美"的贵州省立初级师范学校训练方针，而且在"训练要求"中提出"劳动化"，在"训练任务"中提出"有劳工身手",以强调"劳动教育",并从 1912 年 4 月 4 日贵州省立初级师范学校开学之日起正式予以实施。贵州省立初级师范学校成为全国最早将"德、智、体、美"定为学校训育训练方针,将"劳动"定为学校训练要求和训练任务并予以实施的学校。因此,我们可以自豪地说,"'德、智、体、美'教育方针加'劳动'教育"诞生于贵阳南明河畔的贵州省立初级师范学校。

贵州省立师范学校训育标准图

第二,延聘学校教师,召回原贵州官立两级师范学堂学生。

在延聘学校教师上,尹笃生一方面秉承"贵阳公立师范学堂"创办者李端棻主张的"或就地聘延,或考试选补"的原则;另一方面根据当时军阀主黔、政局屡变的现实,提出"依靠黔人"办学的主张,并抱定了"以黔人之力,振兴贵州教育"的决心。"贵州省立初级师范学校"相继聘贵州籍名师杨映阶、萧协臣、萧子友、黄子久、官馥滋、黄进甫、刘尧冥、桂百铸、严寅亮、李俶元、杨覃生、陈廷芬、王延直、黄耀初、向知方、丁宜中、王漠、金华西、田君亮、韩汝煊、景方桢、唐文琴、阮为藩、孟光涛、尹赞卿、王礼本、赵毓祥、孙立斋等学有专长、经验丰富的名师为各科教师,杨孟辉、萧子友皆担任过学监。

尹笃生校长一是四处动员原贵州官立两级师范学堂学生返校;二是招收新生入学。"贵州省立初级师范学校"学生数很快达到 230 人。

　　第三，编印课程讲义，制定规章制度。尹笃生校长制定了贵州省立初级师范学校的教学计划及学校的各种规章制度，如教师钻研教材的制度、教师《教学日志》制度、学生寄宿舍的管理制度等。他亲自检查，天天查看教师《教学日志》。发现教学进度慢的，便与该教师面谈，请教师自定时间补课。由于尹笃生校长严格的管理，贵州省立初级师范学校教师人人钻研教材，注重讲课艺术，从来无人缺课，教学秩序井然有序，贵州省立初级师范学校形成了严谨、重教、勤学、朴实的学风。

　　尹笃生校长对学生管理十分严格。每日早晚亲自查看学生宿舍三次。学生犯了校规，他从不恶言厉色申斥，而是将犯规学生请到校长室，耐心教诲。贵州省立初级师范学校学生对尹笃生校长心悦诚服，爱同父亲。

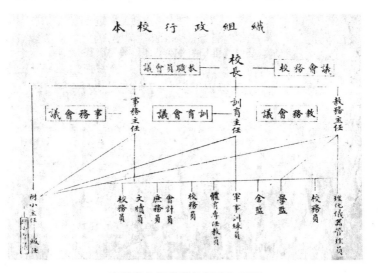

贵州省立师范学校行政组织图

　　第四，因陋就简，解决教室、图书馆、学生寄宿舍、食堂的困难。经3个月的准备，学校于1912年4月4日开学，并以此日为贵州省立初级师范学校校庆日。1913年，学校易名为"贵州省立师范学校"。后因贵州师范教育的发展，镇远、盘县、都匀、遵义等地新设省立师范学校。为区别起见，省立各师范学校多冠以所在地地名，"贵州省立师范学校"亦在1935年更名为"贵州省立贵阳师范学校"，简称"贵师"。

　　尹笃生校长想尽办法，不断扩大贵州省立师范学校规模，完善学校设施。

贵州省立师范学校原址丁文诚公祠、黔军昭忠祠、雪涯洞、来仙阁等建筑规模都不大，贵州省立师范学校一发展就不够用了。1913年年底，滇军第一次侵黔，贵阳遭遇兵灾，贵州省立师范学校受损严重。兵灾之后，学校仅剩教室一间。尹笃生校长四处奔走呼吁、申请，得到贵州护军使署拨款，添修贵州省立师范学校教学楼和学生寄宿舍。在尹笃生校长的主持下，学校用申请争取到的贵州护军使署拨款购买临校土地，在丁文诚公祠北面所购"梓木林"接"猪哨坡"处，修建教学楼和学生寄宿舍。一年多时间，他亲自监工，节约开支，终于将教室和学生寄宿舍建成。教学楼东面和西面各一栋，对称地相向着，楼上楼下各有两个教室。北面一看，楼下是教员室，楼上是仪器标本室，南面是校门。四面合抱，中间是一片庭园，绿草如茵，杂植花卉树木。院里有梧桐数株，高出檐上。学生坐在楼上的教室里上课。窗外的梧桐，枝叶萧疏，十分可爱。两个教室之间有一小屋，内置风琴，供学生弹奏。上课是书声，下课是琴声，宁静幽雅，实在是个读书的好地方。书声之中，有时夹以英文，带着些洋气。学生寄宿舍二人一间，便于学生自修。

建于丁公祠北面"梓木林"接"猪哨坡"处的贵州省立师范学校教室

贵州省立师范学校新教学楼建成，旧的建筑派作别的用场。丁公祠做了图书馆，两厢是阅览室，对厅是藏书室。黔军昭忠祠改成学校附属小学的高小部，初小部仍设在城内的大兴寺。雪涯洞还是老样子，供师生课余游憩。

尹笃生校长为了让学生能够安心学习，向贵州督军署请求力争，终于使师范学生获得公费生待遇。凡经考试被贵州省立师范学校正式录取的学生，皆享受公费生待遇。除膳食免费供给外，还发给课本及夏、冬两季制服，以及鞋、帽、棉被等物资。

　　1915 年春，为便于第一期学生实习，尹笃生校长又想法筹款，在贵阳大兴寺创设了贵州省立师范学校附属小学。1916 年春，贵师第一期学生 23 人毕业。以后历年都有毕业生，到 1920 年，尹笃生任校长期间毕业学生达 200 多名，遍布贵州各县。由此学校声誉蒸蒸日上，贵州学子十分踊跃地报名投考贵州省立师范学校。

　　尹笃生校长主持的贵州省立师范学校，招考录取学生，十分严格。公平考试，择优选录，不徇私情。贵州省立师范学校为省立公费生待遇学校，每年来报考的学生非常之多，每每在应录取名额的 10 倍以上。为杜绝说情，尹笃生校长组织了省立师范学校阅卷委员会。阅卷评分后，学生试卷统交尹笃生校长复核，依得分次序录取。有一次，贵州督军刘显世、政务厅长何麟书给尹笃生校长来函，为某一考生说情。还未看完，尹笃生校长即将来信撕碎抛掷于桌上，愤然说："宁可撤职不当校长，也决不能滥收充数。"尹笃生校长不徇私情如此，听闻此事的人，皆竖大拇指称赞。尹笃生校长解释说："师范学生毕业后要为人师表，所以必须严格，我们应为千秋万代负责。"

　　尹笃生校长主持的贵州省立师范学校，在办学过程中还开设了附属机构——小学师范练习所和附属小学。练习所是应民国初年小学教育发展之需设立的。当时小学师资奇缺，亟待提供师资人才。学校于 1912 年 8 月创设练习所，学生来源为高等小学毕业生及有同等学力者，学制为一年，经毕业考试合格者即派充各小学初级小学教员。（小学师范练习所停办时间不详。）附属小学为师范生实习基地，贵师附小于 1914 年设立。由原贵州省立模范小学中区分校改设，校址设在贵阳大兴寺（中华南路，原市二轻局所在地），后迁文化路。

贵州省立师范学校史地组教室

贵州省立师范学校自然科学组教室，
学生正在上课

在尹笃生校长和贵师教师、学生们的共同努力下，贵州省立师范学校被誉为"贵州师资的摇篮"，为国家、为本省培养了不少栋梁之材。如贵州省立师范学校毕业生张敷荣留学美国，回国后任四川大学教授；谭勤余留学日本，回国后任贵阳师院、贵州大学教授；萧文灿留学德国，回国后任贵阳师院院长；刘雪苇成为著名文艺理论家，是参加延安文艺座谈会的唯一贵州人，并记录了毛泽东同志在延安文艺座谈会上的讲话并整理为文发表，使之传世；孙铭勋成为著名平民教育家；袁晓岑成为一代国画大师；邵正祥（字明轩）、朱厚锟（字止安）成为贵州省立师范学校校长，等等。

截至1920年，尹笃生任校长9年，励精图治。他不断想方设法筹款，购置了不少图书和教学仪器。学校校产校舍及实验器材、教学设施逐年增加，办学规模日趋扩大，学校有所成就，成为贵州师范教育设施最完备、办学质量最好的学校。学校添建了教室、宿舍、食堂等建筑，并设有图书馆、美术馆、博物馆及理化实验室。在校学生达到400余人。

贵州省立师范学校学生寄宿舍及操场
（学生正打篮球）

贵州省立师范学校图书馆
（丁文诚公祠改设）

贵州省立师范学校理化实验室，教师正在为学生做实验示范

1920 年 10 月 10 日，尹笃生校长因积劳成疾，感染时疫不幸逝世，享年仅 50 岁。全校师生痛悼。他身后萧条，连治丧费也没有，贵州省立师范学校全体在校学生一致同意将入校时每人所缴 10 元保证金捐赠给尹校长家属，做抚恤之用，并为之立纪念碑一座以示悼念。纪念碑立在贵阳雪涯洞旁水磨河边贵州省立师范学校校园内，为长方形石碑。碑的正面为大字楷书"故校长尹笃生先生纪念碑"，由贵州省立师范学校教师、著名书法家严寅亮书写；其他三面由原贵州官立两级师范学堂监督（校长）、著名学者王仁阁（王庆麟）手书；基座刻有尹笃生先生逝世后捐款修建纪念碑的全体学生姓名。

尹笃生先生纪念碑

尹笃生校长品德高尚，专心办学，贫穷不能夺其志。1914 年，贵州巡按使龙建章为了照顾他，准备安排他去某县当县长。他婉言谢绝了龙建章的好意。正如学生们的赞誉，说尹校长从受任接办贵州省立师范学校到不幸逝世，"无一日不在校，无一事不自理，不但不干预政治，连家事都不甚注意。像这样办学的精神，就是外国著名的教育家也不过如此"。严寅亮先生有副挽联对尹笃生校长一生进行了评价："访我于梦草池边，话旧六年，心迹光明清似水；吊君在雪涯洞口，怀人九月，文章歌哭冷对冰。"

李端棻、严修、黄干夫的达德情缘

周术槐①

（贵阳学院李端棻研究院，贵州贵阳，邮编：550005）

【摘　要】研究近代贵州教育发展的历史，达德学校是我们必须面对的对象。研究达德学校办学的历史，李端棻、严修、黄干夫三人作为近代贵州新式教育的倡导者与推行者，三人的达德情缘肯定不能回避。其中，李端棻对严修有举荐之恩，严修对黄干夫有培养之情。他们三人因为共同的思想理念，共同的爱国情怀，从不同的地域，以不同的年龄与身份，先后来到贵州贵阳，影响了达德学校的改革与发展。综合达德学校的办学历史，我们从历史环境、师生关系、个人情谊、办学理念诸方面可以发现，他们三人与达德学校有着深厚的不解之缘。

【关键词】达德学校；李端棻；严修；黄干夫

甲午战争以来，面对国家山河破碎、民族危亡局势日渐加深，李端棻心急如焚，忧心忡忡。国家的出路在哪里？民族的希望在哪里？以李端棻、严修为杰出代表的维新人士首先想到了教育，想到了人才。没有新式的教育做支撑，没有强大的人才做基础，国家振兴将是一句空话。在这种情况下，戊戌变法活动虽然失败了，李端棻亦因此而以"滥保匪人"罪被革职查办，但李端棻、严修等进步官僚始终以国家民族利益为重，其教育改革的初心从未改变过。在这一过程中，创办于1901年的贵阳达德学校，可以说是李端棻与

---

①　周术槐，男，贵阳学院李端棻研究院院长，历史学博士，三级教授。主要从事中国历史文化的研究与教学工作。

严修倡导教育维新的产物。虽然他们没有直接参与达德学校的创办，但他们的教育维新理念直接影响了达德学校的创办人黄干夫等人的人才培养活动。我们从历史环境、师生关系、个人情谊、办学理念诸方面可以发现，他们三人与达德学校有着深厚的不解之缘。

一、李端棻在经世学堂的教育改革与实践

1901 年，李端棻获得朝廷特赦，平安回到西南故土贵阳。1902 年，李端棻欣然接受贵州巡抚邓华熙的聘请，担任贵州经世学堂（原名学古书院，在今贵阳市护国路）山长兼讲席。

在经世学堂，李端棻教育维新的初心仍在。其间，他不是被动地应付教学与管理，而是积极思考学堂的教育改革与长远发展的问题。他期待通过亲身参与新式教育的改革实践活动，将自己一以贯之的教育改革主张予以落实。对此，可以从他此一时段的诗作中窥视其内心活动。我们以《应经世学堂聘》一诗为例，李端棻在诗中说："帖括辞章误此身，敢膺重币领群英。时贤心折谈何易，山长头衔恐是名。糟粕陈编奚补救，萌芽新政要推行。暮年乍拥皋比位，起点如何定课程。"① 对于此诗的心境，《李端棻年谱》的作者王美东认为："该诗表达了作者接到此消息时，心生惶恐、担心不能胜任山长之职。但此事又激发了作者心中的雄心壮志，作者希望能借此机会好好施展才华，传播西学，促进贵州维新事业之发展。"② 贵阳学院的戴岳教授认为，此诗表明"李端棻已经萌生课程意识，具有了课程设置的思考"③。我们再以《有感》一诗为例，李端棻在诗中说："七十犹如此，百岁将奈何。舻棱空想像，日月已蹉跎。伏枥惊残岁，攀鞍愧伏波。四方多猛士，定可挽天河。"④ "定可挽天河"明确表达了诗人对改革的雄心壮志：只要大家齐心协力，努力前行，未

---

① 李端棻：《应经世学堂聘》，张周全主编：《李端棻研究资料汇编》，北京：中央民族大学出版社 2021 年版，第 48 页。
② 王美东：《李端棻年谱》，贵州民族大学图书馆、贵州世居民族研究基地编：《贵州世居民族文献与文化研究》（年刊），2016 年，第 129 页。
③ 戴岳：《李端棻〈普通学说〉课程思想析论》，周术槐主编：《李端棻：近代教育改革的先驱》，成都：西南交通大学出版社 2020 年版，第 27 页。
④ 李端棻：《有感》，张周全主编：《李端棻研究资料汇编》，北京：中央民族大学出版社 2021 年版，第 46 页。

来是可期的。"李端棻将维新变法事业的希望寄托在后来者的身上"①，可见他虽经历了戊戌维新失败的打击，但对教育改革还是充满期待的。

在经世学堂的教育改革中，李端棻重点做了两方面的工作。

一是亲自撰写教学讲稿——《普通学说》。在《普通学说》中，李端棻解释了哲学学科与自然学科的基本道理之后，强调："为学之最初一步，普通学是也。西人谓之文学、质学。质学，东人又谓之科学，凡人类应有之智识悉具于是。学校用者谓之教科书……不明普通学不能学专门……又有取此种汇集多数合刻一部，日本谓之百科全书，最便自习。"②在1919年五四新文化运动之前，这篇《普通学说》实际上相当于一篇"白话文讲稿"。它明白无误地告诉人们学校教育的未来发展方向。它对许多新名词、新概念都做了清晰的介绍和解释。在课程目的、课程内容、课程设置、教科书的取舍，西学的翻译，中国历史、地理书教科书的编撰等方面均做了详尽阐释。其影响可谓巨矣。对此，戴岳教授评价："《普通学说》的课程内容虽然主要是介绍西方的自然科学和社会政治，但李端棻便没有忽视中国历史、地理的学习，他抛弃的是封建教育中迂腐、落后的部分，其对西学的倡导，实质是强国、救国的爱国情怀的反映。"③

二是注重将西方思想文化引入课堂。这主要表现在李端棻为经世学堂每月举办的月考之中。其中，第一次考题为《卢梭论》，第二次考题为《培根论》。两次考题均以西方启蒙思想家为对象，表明李端棻在课堂教学中已不满足于以传统经学作为教学的主体内容，而是将西方的思想文化纳入日常的教学之中，让学生了解和认识西方思想文化中关于民权与自由的思想。不仅如此，在学生对考题一脸懵然的情况下，李端棻拿出梁启超主编的《新民丛报》供学生阅读，从而让学生认识到西方思想文化为何物。

李端棻在经世学堂的教育改革实践活动，让贵阳的进步青年开阔了眼界、增长了知识。此举在推行的过程中虽然遇到了一定的阻力，引起贵阳保守势

---

① 钟家鼎：《李端棻评传——兼论维新官僚在戊戌变法中的地位与作用》，海口：海南出版社2004年版，第334页。

② 李端棻：《普通学说》，张周全主编：《李端棻研究资料汇编》，北京：中央民族大学出版社2021年版，第24页。

③ 戴岳：《李端棻〈普通学说〉课程思想析论》，周术槐主编：《李端棻：近代教育改革的先驱》，成都：西南交通大学出版社2020年版，第32页。

力的非议，但其启蒙示范效应是显而易见的。其中，尤其是《普通学说》的推行，为贵州近代教育改革指出了明确的方向。正如张新航先生所言："《普通学说》一书篇幅虽然不长，却体现了李端棻学习西方及日本的社会科学和自然科学，培养国家有用人才的主张。他鼓励贵州有志之士'共求进取之途'，并愿'与诸君勉力赴之'。这充分说明李端棻是我国教育改革史上一位十分重要的人物，《普通学说》一书可以说是贵州近代教育史上提倡新学、提倡教育兴国的教科书。"① 李端棻比黄干夫年长 38 岁。在黄干夫的心中，李端棻肯定是德高望重的前辈。这位来自朝廷、见过大风大浪的教育改革先驱，在经世学堂的教育改革举措，对于黄干夫创办的达德学校而言，具有巨大的示范带动效应。黄干夫作为贵州新式教育的创办者，在与前辈李端棻的接触与交往的过程中，有机会当面聆听李端棻的谆谆教诲。达德校友肖成汉指出：黄干夫"曾得到李端棻先生的教诲"②。

二、严修在学古书院（经世学堂）的教育改革与实践

学古书院原名正习书院，又称"南书院"，嘉庆五年（1800）由贵州布政使常明所建。光绪初年，改名学古书院，1898 年改名为经世学堂。

学古书院的改革与李端棻有间接的关系，与严修则有直接的关系。严修原籍浙江，1860 年出生于天津。他是经李端棻推荐于 1894 年开始担任贵州提督学政的，是李端棻教育改革思想的坚定支持者与践行者。1896 年，李端棻向光绪帝上《请推广学校折》。受此影响，严修在学古书院大力推行教育改革，一直想在贵州开办具有新式教育内容的书院，希望能培养通晓时务的人才，以应对时局。《贵州教育溯源》的作者指出："一八九六年（光绪二十二年）五月，礼部尚书（似今教育部长）李端棻向朝廷上奏，请求自京师以及各省府厅州县皆设立学堂。次年二月，贵州学政严修在李端棻的感召下即在贵阳创办了贵州经世学堂。"③ 这实际上也阐明了学古书院的改革与李端棻和严修之间的关系。

---

① 张新航：《李端棻及其所著〈普通学说〉一书》，《贵阳文史》2005 年第 4 期，第 32 页。
② 肖成汉：《黄齐生先生悼凌秋鹗校长》，贵阳市政协文史和学习委员会、贵州省史学会近现代史专业委员会合编：《纪念著名教育家凌秋鹗》，贵阳市政协文史和学习委员会、贵州省史学会近现代史专业委员会合编：《纪念著名教育家凌秋鹗》（内部资料，2003 年），第 44 页。
③ 林开良、林朝晖：《贵州教育溯源》，贵阳：贵州人民出版社 2006 年版，第 253 页。

严修在学古书院的改革，涉及教学内容、教学方法、招生考试方法、西学课程的引进等多方面。其中，尤其是西学，"严修是清末最早把西方科学技术引进贵阳教育的学者。严修在清末担任贵州学政期间，改革学古书院，引进西方科学技术教育学生，在贵阳以至整个贵州教育史上，具有划时代的意义"①。

为提升学院的办学成效，严修聘西南巨儒雷廷珍②为山长，在学古书院开办"准齐课额，经算兼课"中西学堂式的专修班。雷廷珍追溯道："西学之本在算，算于黔中绝学也，特每朔，创设算课，捐廉重奖，以开风气，黔士通代数微积者，至今遂彬彬焉。"③雷廷珍对严修在贵阳的西学教育思想给予了充分肯定。光绪二十三年（1897）十一月在离任之际，严修上《奏请设经济专科折》，向朝廷提出仿照康熙、乾隆年间两次举鸿词、一次举经学的特科先例，"请破常格迅设专科"。对那些"周知天下郡国利病""熟谙中外交涉""算学译学擅绝专门""格致制造能创新法""堪游历之选""工测绘之长""统立之专名"的人才，予以量材取用④，一时掀起惊天涛澜。梁启超认为，严修奏请经济特科是戊戌新政的起点，他说："贵州学政严修，适抗疏请举特科，得旨允行。当时八股未废，得此亦足稍新耳目，盖实新政最初之起点也。"⑤经世学堂成为"全国教育改革的先声，比熊希龄、梁启超在湖南创办的'时务学堂'还早半年"⑥。可见严修也是中国教育改革的先行者之一。

对招生制度的改革，此乃严修主持贵州学政时期的神来之笔。1897年春，严修在贵州改革学古学院（1898年改名为经世学堂），在全省范围内考选40名高才生入学学习。黄干夫当时已是秀才，亦名列40名高才生中。黄干夫就是严修在学古书院开展教育改革的大背景下进入学古书院求学的。

黄干夫（1871—1935），名禄贞，字伯廉，号干夫，贵州安顺人。黄干夫

---

① 转引自王平：《严修与贵阳教育》，政协贵阳市委员会编：《贵阳教育发展历程：百年教育》，贵阳：贵州人民出版社2016年版，第34页。

② 雷廷珍（1854—1903），字玉峰，贵州绥阳人。光绪戊子年（1888）举于乡。后屡游京师，以圣学时务著为论说干时。著有《经义正衡》《文字正衡》《时学正衡》等书。乙未丙申间（1895—1896），应经世学堂聘，主讲经学于省门。雷廷珍在贵阳讲学，很得教育界和学术界赞赏。他提倡教学和研究经学，都必须通经为体，追本求源，匡时为用。

③ 转引自王平：《严修与贵阳教育》，政协贵阳市委员会编：《贵阳教育发展历程：百年教育》，贵阳：贵州人民出版社2016年版，第34页。

④ 舒新城编：《中国近代教育史资料》（上），北京：人民教育出版社1981年版，第34页。

⑤ 梁启超：《戊戌政变记》，长沙：岳麓书社2011年版，第46页。

⑥ 李作勋、毛有碧主编：《贵阳史话》，北京：社会科学文献出版社2015年版，第26页。

从小好学，年轻时，曾跟随表兄彭雨生学习。彭雨生信奉天主教，能从教会借回数学、格致等方面的书籍。黄干夫看到后如获至宝，经常废寝忘食地自学，掌握了许多现代科学知识。

在学古书院，由于黄干夫勤于学习，表现优异，深得贵州学政严修的赏识。黄干夫因此而与严修结缘，并成为严修的得意门生。严修在日记中对黄干夫的评语是："普定（安顺当时属普定府）黄生禄贞，气平静，与人无争，心思粟密，尝以己意造正弦表，绘自行车图，又以纸为地球，界画如法。其于格致之学，性尤近也。惜无名师前导，又无仪器、图书以资其用。使处于津沪楚鄂之区，所造远矣。"[①]

历史的发展总有其内在的关系。关于严修对学古书院（经世学堂）的改革成效，有研究者指出："严修在黔的三年和此后一段时间，通过经世学堂培养出了贵州历史上第一批学兼中西的人才。这批人才在此后贵州政治、经济文化教育方面做有重大贡献，尤以教育方面贡献最突出。"[②]

在严修实施的教育改革中，黄干夫创办达德学校，可以说是严修教育改革在贵州结出的硕果。黄干夫在学古书院即贵州经世学堂求学，直接得益于严修教育维新思想的影响，为达德学校成为贵州教育名校奠定了重要的思想基础。

三、黄干夫、李端棻直接影响了达德学校的创办与发展

1901 年，作为严修得意门生的黄干夫离开经世学堂，与凌秋鹗[③]等借用贵阳城南忠烈宫创设"算学馆"（此为达德学校的前身），从事算学、物理研究，公推黄干夫为馆长。1903 年，在算学馆基础上，黄干夫等人发起成立了"达德书社"，分科讲学。同时购买梁启超在日本主编的《新民丛报》和孙中山在日本东京创办的《民报》等刊物，师生互相讲习研究。1904 年，达德书社黄干夫、凌秋鹗等 18 人创办"民立小学堂"，公推黄干夫为堂长，凌秋鹗、聂竹书等为董事。达德民立小学堂的创办，使贵州的学校教育在教育近代化

① 安永新：《达德学校创始人黄干夫》，何静梧等著：《贵州社会文明的先导：贵州历代著名教师》，贵阳：贵州教育出版社 2000 年版，第 103 页。
② 冯祖贻、曹维琼、敖以深主编：《辛亥革命——贵州事典》，贵阳：贵州人民出版社 2011 年版，第 123 页。
③ 凌秋鹗（1876—1943），名云，字秋鹗，贵阳人。曾中秀才，后在贵阳以教私馆为业。

的转型中前进了一步。这是贵州有学校的开始。1905 年年初,"民立小学堂"更名为"达德学堂",添办初等预备科(幼稚班)。黄齐生 ① 加盟达德学堂后,学校倡导男女平等的观念。不仅倡议开办女学,而且还提倡"天足"运动,反对女子缠足。② 达德学堂是贵州最早开办幼儿教育和女子教育的学校。其对女子教育与女权的重视,反映了达德学校教育维新的方向。

达德学堂的办学成效,让李端棻看到了贵阳教育改革的希望。他不仅关注达德学堂的教育教学与人才培养,而且还亲自前往达德学堂视察,为达德学堂鼓劲加油。达德学校创办人凌秋鹗的侄子凌惕安在《清代贵州名贤像传》中记载了 1907 年 6 月,75 岁高龄的李端棻亲到达德学校视察时的情形:"乡先辈之有名德者,余犹及见李苾园先生。光绪丁未岁(1907 年,笔者注),先生方主讲在籍,常以其暇日视察学校。时余年十六,适在庠,遥见先生来,蹑朱履,袍色蔚蓝,修髯若雪,侍者二人扶掖登阶,巡行久之始去。及今思之,老辈风徽,至深引慕。"③ 据说校长黄干夫陪同李端棻"导观各陈列室"④。从李端棻到达德学堂视察这一情节,我们可以从三方面来看:第一,体现了李端棻对达德教育维新理念的认可;第二,体现了李端棻对达德学校办学成效的关心与关注;第三,体现了李端棻深厚的教育救国情怀。自戊戌变法以来,李端棻一直关心教育改革,推行教育改革举措,终极目的就是期待通过教育改革,培养新式人才,挽救国家危亡局势,改变家乡面貌。而达德学校在黄干夫一班人的推动下,办学成效显著。这不能不让李端棻产生"遂了平生愿"之感。正如李端棻对陪同视察的达德学校校长黄干夫所言:"余方以耄庆,何期今日喜见乡校之兴呼!"⑤

---

① 黄齐生(1879—1946),名禄祥,又名鲁连,字齐生,号青石,晚号石公,安顺人。年轻时曾当过学徒和店员,1904 年开始在达德学校任教。黄干夫之弟。其对达德学校的贡献良多。他既是勇猛的民主斗士,又是坚韧不拔的教育改革家。1946 年 4 月 8 日乘飞机自重庆返延安途中失事,成"四八"烈士之一。享年 67 岁。

② 参见贵阳市政协文史和学习委员会、贵州省史学会近现代史研究会合编:《百年人瑞谢孝思》,汕头:汕头大学出版社 2004 年版,第 16 页。

③ 凌惕安:《清代贵州名贤像传》第 1 集第 4 卷:《李端棻》,上海:商务印书馆 1946 年版,第 7 页。

④ 凌惕安:《达德学校创办人黄干夫先生(节录)》,贵阳市志编纂委员会办公室编:《贵阳人物续》,贵阳:贵州教育出版社 1996 年版,第 62 页。

⑤ 凌惕安:《达德学校创办人黄干夫先生(节录)》,贵阳市志编纂委员会办公室编:《贵阳人物续》,贵阳:贵州教育出版社 1996 年版,第 62 页。

四、李端棻官"复原衔"让达德学校迎来了发展的春天

1904 年（光绪三十年）大赦回籍已三年的李端棻"恩诏开复原衔"①。对此，民国《贵州通志·人物志》"李端棻"条目中亦有记载："二十七年（公元 1901 年）恩赦回籍，三十年（公元 1904 年）开复原衔。"② 李端棻官"复原衔"，政治处境与人际关系变得相对宽松，其诗作《请托者多，作此以谢之》中得到体现："冷淡情怀世不知，妄将俗事强人为。极峰无赖非亲故，巧宦何须要护持。干木逾垣思远避，曹丘推毂竟何辞。吾安吾分吾心得，见好还妨物议滋。"③ 李端棻并不是一个把官衔看得极重的人。他有他的做人底线及行事准则。他所关心的，还是教育改革的问题。

官"复原衔"虽然没有多大实质性的意义，但至少其教育改革主张所遇到的阻力相应得到减缓，可以抽出更多的时间与精力开办新式学堂。其中，贵州通省公立中学（今贵阳一中）的创办，就是一个典型案例。据《民国贵州通志》载："光绪三十一年十月，在籍前礼部尚书李端棻、四川候补知府于德楷和内阁中书康尔镛、任可澄、前仁怀厅训导华之鸿，呈请就次南门外雪涯洞创设中学堂。经贵州巡抚林绍年批准，将原设在本书院的贵阳府中学堂改移来雪涯洞，并更名'贵阳中学堂'。"④

当时就整个贵州来看，新式学校的创办步入一个快速发展时期。据民国《贵州通志》统计，从光绪二十八年至宣统二年（1902—1910），贵州全省共兴办各类学堂 683 所。其中，小学 655 所，中学堂 6 所，师范学堂及师范传习所 10 所，实业学堂 6 所，高等性质的学堂 6 所。此外，还有私学堂、旅居贵州的外省籍人士举办的客籍学堂、教会学校、女子学堂等。⑤ 这种情况并未表明与李端棻官"复原衔"有直接的联系，但至少也反映出清政府对教育维

---

① 凌惕安：《清代贵州名贤像传》第 1 集第 4 卷：《李端棻》，上海：商务印书馆 1946 年版，第 4 页。

② 冯楠总编：《贵州通志·人物志》，贵阳：贵州人民出版社 2001 年版，第 201-202 页。

③ 李端棻：《请托者多，作此以谢之》，张周全主编：《李端棻研究资料汇编》，北京：中央民族大学出版社 2021 年版，第 44 页。

④ 转引自王美东：《李端棻年谱》，贵州民族大学图书馆、贵州世居民族研究基地编：《贵州世居民族文献与文化研究》（年刊），2016 年，第 134 页。

⑤ 参见贵州省地方志编纂委员会编：《贵州省志·教育志》，贵阳：贵州人民出版社 1990 年版，第 14 页。

新的立场与态度发生了变化，即基本认可李端棻等人的教育改革举措。

李端棻的官“复原衔”，表明清政府对教育改革越来越宽松了。正是在这种宽松的政策环境下，达德学校迎来了发展的春天。1905 年 8 月，受贵州巡抚林绍年派遣，达德学校负责人黄干夫前往日本学习与考察教育。1907 年回国时，黄干夫从日本购买科学仪器数十箱回校，引起省城巨大轰动。“自此，本校建立了教学仪器室。”① 光绪三十四年（1908）四月二十八日，为了改良私塾，在达德学校设“改良私塾研究会”，以黄干夫为会长，张彭年为副会长，凌秋鹗、贾鱼卿、黄齐生、顾以红、聂竹书为讲员。② 学校每周日集中私塾教师讲习新科学知识，研究教学方法。

作为达德学堂的主要创始人，黄干夫显然是一个很有进取意识的校长。他对达德学校的贡献，党的领导人、黄干夫先生的外甥王若飞曾给予了充分肯定。王若飞说：“由达德书社更进而创立达德学校，如今达德学校也已有了三十年以上的历史。男女高中初中小学完备，学生千余人。它在贵州新文化的传播上，是尽了很大的作用。舅父（黄干夫，笔者注）在达德学校创立发展的历史上，是不可磨灭的。”“在辛亥革命以前，舅父不仅努力于科学知识的提倡与传播，并且从事政治变革的工作，积极参加辛亥革命运动，所以舅父在贵州新文化运动的传播与政治变革上，是尽了很大的努力，这是舅父可引为自豪的。”③

五、结语

综上所述，李端棻对严修有举荐之恩，严修对黄干夫有培养之情。三人因为共同的思想理念，共同的爱国情怀，从不同的地域先后来到贵州贵阳，影响了达德学校的改革与发展。综观达德学校的办学历史，我们可以从历史环境、师生关系、个人情谊、办学理念诸方面发现他们三人与达德学校深厚的不解之缘。

---

① 参见曾玉琪等主编：《达德学校师生员工名录》（内刊），2001 年，第 27 页。
② 参见岑永枫编著：《贵阳历史上的今天》，贵阳：贵州人民出版社 2004 年版，第 160 页。
③ 王若飞：《祝大舅父六四寿辰的一封信》，中共安顺地委、中共安顺市委、贵州人民出版社编：《王若飞文集》，贵阳：贵州人民出版社 1996 年版，第 108 页。

专题六

李端棻生平事迹

研究

《李端棻年谱》补

郑永华①

（北京社科院历史所研究员，北京，邮编：100101）

　　《李端棻年谱》是推动李端棻研究进一步深入的基础性工作。前贤详细梳理相关文献史料，为后人提供了重要参考。②但因条件所限，其中对中国第一历史档案馆所藏档案的运用，尚嫌薄弱。本文据以略做补充。

同治十一年壬申（1872） 四十岁

　　十一月二十七日，到任云南学政。

　　李端棻奏："窃臣蒙恩简放云南学政，跪请圣谕后星驰就道。于本年十一月二十七日行抵云南省城，准云贵总督兼署学政臣刘岳昭，将云南学政关防并文卷、书册移交前来。当即恭设香案望阙叩头，祗领任事。"③

同治十二年癸酉（1873） 四十一岁

　　值学政换届之期，八月初一日命仍留云南学政。

　　《清实录》："……浙江学政胡瑞澜、云南学政李端棻、贵州学政韦业祥，俱留任。"④

---

　　① 郑永华，男，北京市社会科学院历史研究所研究员，历史学博士。主要从事中国历史文化的研究工作。

　　② 王美东：《李端棻年谱》，《贵州世居民族文献与文化研究》辑刊2016年卷，中国社会科学出版社2019年，第78-157页。

　　③ 录副奏折，云南学政李端棻奏报接印任事日期事，同治十一年十二月初四日，档号：03-4664-085。原档藏于中国第一历史档案馆，下同不注。

　　④ 《清穆宗实录》卷三百五十六，同治十二年八月丁丑。

在云南举行岁、科考试，办事认真，获巡抚肯定。

云南巡抚岑毓英奏："兹臣旋省，留心查访，该学臣考试各棚，均属认真，关防亦颇严肃，尚无劣迹。"①

同治十三年甲戌（1874）　四十二岁

历经云南各府、州县，逐步完成全省岁、科考试。

李端棻奏："窃臣仰承恩命，再视滇庠，当即通行各府、厅、州举行考试。……自兵兴以来，均未能如期考试。刻下军务一律肃清，据各府、厅、州先后禀请按临前来。臣于本年正月二十四日先考澄江，以次考临安、广西、曲靖三棚，四月二十日回省。五月初八日考广南、东川、武定三属，二十七日竣事。八月初一日出试大理，以次考永昌、景东、楚雄三棚。至广南、韶通、东川、永昌、顺宁、普洱、景东、镇沅等府厅，向系岁、科并考，均已次第试竣，于十一月三十日回省。臣每按临一处，先期严查密访。凡有招摇撞骗怀挟等弊，责成提调、巡捕、教官随时拿办。场内坐号，臣亲自稽查。有犯规乱号者，立予惩创。"②

光绪元年乙亥（1875）　四十三岁

上半年主持迤东各属科考，下半年在省城举行恩科补遗考试。

李端棻奏："窃臣……光绪元年三月二十日回省，起程举行科考。先按试迤东之曲靖、广西、临安、澄江四棚，及附属临安考试之开化府、元江直隶州二属。于五月二十四日竣事，二十六日自澄江旋省。六月二十四日考试云南府及武定直隶州二属。至七月初八日竣事，即考送文闱遗才，九月考送武闱遗才。"③

李端棻奏："臣查云南科举，从前俱系于正案录取外，至乡试期前录遗，历久无碍。本年正值科试，臣按临各属，悉心体察。因地方叠遭兵燹，士子

①　朱批奏折附片，云南巡抚岑毓英奏为密陈云南学政李端棻尚无劣迹事，同治十三年正月，档号：04-01-12-0517-047。
②　录副奏折，云南学政李端棻奏报岁试全省并岁科连试之府厅事竣情形事，同治十三年十二月十九日，档号：03-7176-011。
③　录副奏折，云南学政李端棻奏为云南各属科考事竣事，光绪二年五月初一日，档号：03-7178-005。

困苦流离，现在甫就肃清，尚未能全数归业，糊口四方者十有五六。若随棚录遗，则科举距乡试之期尚远。士子中如有为生业所累，或资斧维坚者，恐不能回籍应试。……故准臣回省后，汇齐录遗，但须先报有案，方能收考。傥道途遥远，或家属不谙事例，一经漏报，必致向隅。……就云南情形而论，是随棚录遗，不无窒碍之处。本年举行恩科，仍照从前在省录遗。臣校阅文艺，秉公弃取，不敢稍有曲抑宽滥。"①

署理云贵总督岑毓英奏："兹查云南学政李端棻到滇四载，凡科、岁考试各属，关防颇为严肃，操守亦属廉洁，并无劣迹。"②

光绪二年丙子（1876） 四十四岁

继续于迤西各府考试，完成全省科考。

李端棻奏："嗣于本年二月二十一日出省，接试迤西楚雄、大理，及附楚雄考试之黑、白、琅三盐井，附大理考试之丽江府、永北厅、蒙化厅共二棚。于四月初四日竣事，初十日由楚雄旋省。"③

闰五月十九日，亲母何氏病卒于云南学政衙署，二十四日旋以丁忧交印卸任。

署理云南巡抚潘鼎新奏："窃臣准云南学臣李端棻咨称，光绪二年闰五月十九日亲母何氏在署病故，系亲生之子，例应丁忧，扶柩回籍守制。……将云南学政关防一颗暨文卷、书役卯册，于本月二十四日委云南府教授蔡晋华赍送前来。"④

《清实录》："云南学政李端棻丁忧，命翰林院编修李岷琛提督云南学政。"⑤ 但这是朝廷得知李端棻丁忧，并任命下任学政的日期，并非其母去世的时间。

---

① 录副奏折，云南学政李端棻奏为云南乡试科举仍照旧章在省录遗事，光绪元年七月二十八日，档号：03-5091-010。

② 朱批奏折附片，署理云贵总督岑毓英奏为密陈云南学政李端棻考试无劣绩事，〔光绪元年〕，档号：04-01-13-0331-016。

③ 录副奏折，云南学政李端棻奏为云南各属科考事竣事，光绪二年五月初一日，档号：03-7178-005。

④ 录副奏折，署理云南巡抚兼署学政布政使潘鼎新奏为学臣李瑞棻丁母忧现文闱已近请迅赐简放事，光绪二年六月初三日，档号：03-5110-114。

⑤ 《清德宗实录》卷三十五，光绪二年六月癸丑。

光绪三年丁丑（1877）　四十五岁

在籍守制。此年朱批奏折，将李端棻以翰林院侍读学士身份，列为应署汉祭酒人员名单之首。①

光绪五年己卯（1879）　四十七岁

服阕入都，迁陕西道监察御史。年底以叔父李朝仪补授顺天府尹，重回翰林院任职。

四月初十日，上奏折参与"议大礼"。

李端棻奏："为谨遵懿旨妥议另折恭陈事：闰三月十七日钦奉两宫皇太后懿旨：以吏部主事吴可读遗有密折，等因，钦此！臣于本月初一日赴内阁会议。诸臣之意，以继统似涉建储，不敢参议，不得擅请，不能预拟，以无庸置议覆奏。诸臣盖以为于此，固有难于置议者也。然臣谓议者诚难，未若两宫今日筹此之难，与夫皇上他日处此之难也。初次懿旨，则谓生有皇子，即承继穆宗为嗣。此次懿旨，则谓吴可读请预定大统之归，前降旨时即是此意。夫继嗣非建储也，然合两次懿旨而绎之，则有类乎建储矣。建储非祖训也。此一难也。议者力避建储之迹，于是立一说，曰懿旨既有'即是此意'之文矣，然则两宫确有大统归于嗣子之意矣。若即以将来继统者为继嗣，自可两全。但如此则承嗣之皇子不能指定，又恐两宫为穆宗立嗣之心未能早慰也。此二难也。议者则又生一说，曰欲定承继，又非建储，惟有俟皇子众多以后，由皇上择定一人，秘禀慈闱，宫禁外朝仍不宣播，以符不建储之旧制。然而神器所归，最宜慎重。若定之亟，无以协择贤之义。定之缓，又无以惬两宫之心。此三难也。且即使承嗣、承统合而为一，为先帝谋者尽善矣，我皇上大宝躬膺，亦必无别择宗子之理。若不筹计及此，则两宫惓念穆宗之心，与垂爱皇上之心，尚未能交慰也。此四难也。此时两宫若不再申一命，群臣若不更赞一词，专待亲政之年自行裁度。皇子甫生，而即宣承嗣之旨，廷臣必争之，曰：'此违建储祖训也。'皇子既生，而不闻承继之旨，廷臣必又争

---

①　朱批奏折，呈应署汉祭酒翰林院侍读学士李端棻等员朱圈单，光绪三年三月十八日，档号：04-01-01-0950-110。

之,曰:'此违初次懿旨也。'此五难也。诸臣知其难,故惟以斟酌尽善,昭示无私,望之于皇上。微臣虑其难,则以为筹及两全,莫衷一是,惟在乎两宫。伏愿皇太后详思远虑,并责令王大臣再四筹维,如何而圣意可必行,如何而祖训可不背,如何而穆宗之大统垂于久远,如何而皇上之孝友利于推行,必于此时先求一会通无碍之策,以待圣裁。臣知圣虑渊深,不惟有两全之道,并可诒百世之谋矣。(臣)愚昧之见,是否有当,伏乞皇太后皇上圣鉴。谨奏。"[1]

此折曲尽立储、立嗣之两难,在很大程度上维护了慈禧太后的政治权威。梁启超《清光禄大夫礼部尚书李公墓志铭》对其评价甚高,谓:"其议大礼一疏,益言人所不敢言,识者谓司马文正、欧明文忠之濮议,皆不及焉。"

六月二十一日,上折奏劾侍讲王先谦"莠言乱政",阻塞言路。

李端棻奏:"奏为莠言乱政、显违祖训,请旨惩戒以儆官邪事:窃惟古来圣君贤主,以至我朝列祖列宗,无不以广开言路为急,以闭塞言路为戒。近来屡谕臣工尽言阙失,仰见皇太后、皇上实有乐闻直言之意。即军机大臣及各部院大臣等仰体训谕,集思广益,亦皆有愿受善言之诚。乃侍讲王先谦所奏,忽谓言路不可太杂,宜防流弊,谬以朋比党援为辞。此折一上,众论哗然。方今朝廷清明,大小臣工奉公守法,安有朋党?窃思进言在下,而听言在上,可行者采之,不可行者置之。上有圣裁,何虑其杂?伏读此次谕旨,云实事求是,曷胜钦服!臣下进言但论其是与不是,实与不实耳。岂且有凭空逆亿,加以党援攻讦之名者也哉!恭译世宗宪皇帝《御制朋党论》,所褒者面折廷争也,所斥者默无献替也,所深恶者蒙蔽人君之耳目也。然则进直言者,自非朋党;阻直言者,乃真朋党也。该侍讲借朋党之名,以钳制言路之口,是以世宗御论所是者为非,以世宗御论所非者为是。借祖训以舞文,肆诋諆以惑众,是非淆乱,莫甚于此!国朝二百余年来,每遇条陈弹劾,有先后交章论奏者矣,有同日具奏者矣,有联衔具奏者矣,事所常有,例所不禁。从无此人既言,即不许他人再言之理。如该侍讲之说,以后条奏事件,意见相同者则可诬为党援,意见不同及参劾者则可诬为攻讦,总之欲使言官不能

---

[1] 录副奏折,陕西道监察御史李端棻奏为谨遵懿旨妥议建储事宜事,光绪五年四月初十日,档号:03-5665-018。

启口而已。虽谕旨仍令剀切敷陈，而言者恐触法网，跋前疐后，其孰能尽言乎？且近日已奉谕旨训饬，言事诸臣本无流弊，该侍讲乃敢别造谬说，阻塞言路，意存蒙蔽，其居心实不可问，此风亦断不可长！诚恐相率效尤，举朝缄默，畏罪不言，则从此群臣之贤否，天下之利弊，朝廷无由得知，蒙蔽圣聪，隐患不可胜言。可否仰恳乾纲独断，将该侍讲立予斥革，治以故违祖训之罪，以为妄逞谳说者戒。臣职居言路，遇有阻塞言路者，理当纠劾。是否有当，伏乞皇太后、皇上圣鉴。谨奏！"①

此折录入朱寿朋《光绪朝东华录》，但有删节，亦有讹误。其后续，见于《清实录》："李端棻辄以王先谦为莠言乱政，并请将该侍讲立予斥革治罪，措词过当，适开攻讦之渐。所奏殊属冒昧，著毋庸议。嗣后言事诸臣，仍当遇事直陈，不得自安缄默，亦不得稍存私见，任意妄言，毋负谆谆诰诫至意。"②

《清史稿》"李端棻传"载："光绪五年，转御史。以叔父朝仪官京尹，回避，改故官。"梁启超《清光禄大夫礼部尚书李公墓志铭》亦言："服阕入都，迁监察御史，未几京兆公尹京兆，回避返词曹。"清廷谕命李朝仪出任顺天府尹，为光绪五年十一月十五日。③李端棻回避，自都察院御史回翰林院任职，亦当在光绪五年十一月十五日前后。

光绪十一年乙酉（1885） 五十三岁

时任日讲起居注官、詹事府少詹事，与山东道监察御史熊景钤联衔上奏，请求将贵州改由四川总督兼辖。

其奏称："我朝各省总督之设，或并或裁，或改隶或兼辖，备载皇朝《会典》诸书。近如新疆、台湾，均各添设巡抚，诚以海防、边防、练兵、筹饷，事权重大，不得不责有专归。仰见圣圣规画创制，具有深意，臣等曷胜钦佩。伏念贵州界在滇楚蜀粤四省之中，雍正年间，云贵总督兼辖广西。迨乾隆初年，云南、贵州各设总督。乾隆十二年，始改云贵总督，两省各设巡抚。良

① 录副奏折，陕西道监察御史李端棻奏为侍讲王先谦莠言乱政显违祖训恳请立予斥革治罪事，光绪五年六月二十一日，档号：03-5139-088。
② 《清德宗实录》卷九十七，光绪五年六月癸亥。
③ 录副奏折，新授顺天府尹李朝仪奏为奉旨新任顺天府尹谢恩事，光绪五年十二月初八日，档号：03-5143-064。

以汉苗杂处，离合靡常，故不能不随时制宜，以资控制。今者元气未复，土产尤稀，田地半多荒芜，征纳久难足额。而且游勇苗顽，伺隙思逞。练兵养勇，需款更殷。发放稍迟，攘夺立见。种种危殆情形，若不设法变通，断非持久之计。臣等再四思维，惟有改隶四川，庶以联痛痒之谊，而期有无之通。"

续谓："溯查癸未年，云贵督臣岑毓英奏定贵州岁需的饷一百三十万两，除本省岁入二十余万两，近年各省协济且不足三十万。其指拨可恃者，惟四川包认盐厘四十万两耳。固由四川督臣丁宝桢公忠体国，不分轸域，亦实以该督臣隶籍贵州，谂知贫瘠情形，故不能不竭力图维，保全边圉。该督臣万一迁调他省，承其后者境地非其所辖，缓急未必周知。既无责成，终必延宕。一朝失此有着巨款，则饥溃之变，旦夕可决。若隶入四川，则责有专归，不独此项的饷不至有名无实，且事有急需，或以四川协济各省之饷互相抵拨，或先由四川垫发，待各省协饷解到归款。彼此通挪，庶几有可着手。贵州既免乞饷之难，四川亦有不能不顾之势。曩者康熙间三藩之变，大兵方攻滇、黔、秦、蜀转饷彼此推诿。廷臣奏称皆由总督分设之故，应合川、陕为一总督，俾体谊相关，随地可以调拨。仁庙特允其请，一转移间，饷事以集，前事可覆按也。"

再称："贵州山枯水急，生计歉薄。由威宁以达镇远，客商驮马之络绎者，以云南货物为大宗。今既滇界与法通商，不过十余日旱路，便可达于轮舶。商民惟利是视，断无舍易就难之理。滇货悉数入海，此后小民生路之绝，计日可待。若改隶四川，则官商之入黔者，自必取道蜀东，货物捆载，行李往来，小民可获付任之利。而川民之入黔垦荒者，亦不至有客民之疑。明初贵州诸罗不靖，奢香除赤水乌撒道，立龙场九驿，由间道以通四川，而诸罗遂定，其明效也。在四川初无所损，在贵州则大受其益，或亦酌盈济虚之要道乎？"[①]

奏折最后强调："以上三条，实贵州目前要务，不可缓图。"所论不仅涉及贵州改隶问题，还牵涉云南巡抚的裁撤存留等重大变动。奏折递上以后，

---

① 录副奏折，詹事府少詹事李端棻、山东道监察御史熊景钊奏为贵州地瘠民贫饷糈不足拟请改隶川督兼辖以资接济而靖边隅事，光绪十一年十二月十九日，档号：03-5093-011。

时届年底例行封印，光绪帝传旨留中。^①其后续，见于《清实录》："詹事府少詹事李端棻、御史熊景钊奏贵州地瘠民贫，饷糈不足，拟请改隶川督兼辖，并请将云贵总督改为云南总督，裁撤巡抚一摺，国家设立行省，均系因地制宜，岂可轻议更改。至所称贵州糈饷由四川拨给，实以丁宝桢籍隶贵州，故能竭力图维一节。黔饷系户部奏明指拨，丁宝桢遵旨办理，并非专顾桑梓私情。该少詹事等遽谓丁宝桢迁调他省，饷需必致延宕，识见殊属浅陋，所奏著毋庸议。"^②

熊景钊，字楠卿，号畲滋，贵州贵阳府贵筑县人。原籍江西临江府清江县，世居贵阳一品坊。同治九年庚午科贵州省乡试举人，中式第十一名。同治十年辛未科进士，二甲第三十二名。任翰林院庶吉士，散馆授编修，历官湖广道、山东道、四川道监察御史等。

光绪十三年丁亥（1887） 五十五岁

九月二十四日由詹事府詹事，升内阁学士兼礼部侍郎衔。

《清实录》："以詹事府詹事李端棻，为内阁学士兼礼部侍郎衔。"^③

光绪十四年戊子（1888） 五十六岁

国史馆以李端棻担任提调兼总纂官纂修《大臣年表》《皇清奏议》有功，上奏请奖。

奏称："再臣馆前提调兼总纂官、内阁学士兼礼部侍郎衔李端棻，……均在馆有年，此次纂修《大臣年表》及《皇清奏议》等书，或当开办之初搜求博洽，或任编校之役考核详时。该员等以历蒙迁擢，受恩甚深，均据声称不敢仰邀奖叙。理合据实陈明，应否给奖之处，出自天恩。"^④

李端棻此前已出任国史馆提调兼总纂官，后升内阁学士兼礼部侍郎衔。

①　录副奏折，呈御史赵时熙少詹事李端棻封奏等折拟旨单，光绪十一年十二月十九日，档号：03–5685–021。

②　《清德宗实录》卷二百二十二，光绪十一年十二月癸未。

③　《清德宗实录》卷二百四十七，光绪十三年九月戊寅。

④　录副奏折，国史馆奏为馆前提调兼总纂官李端棻等员此次续纂大臣年表及皇清奏议等书请奖事，光绪十四年十二月二十五日，档号：03–5242–133。

当日《随手档》，记"国史馆续纂年表出力人员奖叙"谕旨题由。① 具体内容见于《上谕档》，首称："国史馆《文武大臣年表》及《臣工奏议》，自同治十三年奏办，后经在馆各员续加编纂，全书一律告成。所有尤为出力各员，自应量与奖叙，以示鼓励。"在一大批升奖名单之后，又称："前提调、总纂各员，应否给奖等语，内阁学士李端棻、太常寺卿徐致祥、刑部右侍郎周德润，均著交部议叙。"② 可见李端棻以国史馆提调兼总纂官之职，参与《文武大臣年表》及《皇清奏议》编纂，但因前一年已升内阁学士兼礼部侍郎衔，故仅予议叙，未再升赏。

光绪十八年壬辰（1892） 六十岁

十月二十二日，由内阁学士升刑部右侍郎。

《清实录》："以内阁学士李端棻为刑部右侍郎。"③

光绪十九年癸巳（1893） 六十一岁

十二月十四日，由刑部右侍郎转左侍郎。

《清实录》："转刑部右侍郎李端棻为左侍郎。"④

光绪二十一年乙未（1895） 六十三岁

军机处以李端棻、汪鸣銮、溥良、会章四人名单上呈，李端棻列于首位，但用意未载，或系署理某职的候选名单，具体待考。⑤

光绪二十二年丙申（1896） 六十四岁

五月初二日，上奏《时艰需才请推广学校敬陈管见事》，即后世著名的《请推广学校折》。该折有《时务报》《渝报》《皇朝经世文新编》《变法自强奏议汇编》《光绪朝东华录》等不同版本，辗转流传，各有不同。原件尚存中国

---

① 随手档，光绪十四年十二月二十五日，档号：03-0257-4-1214-333。

② 中国第一历史档案馆编：《光绪朝上谕档》第14册，桂林：广西师范大学出版社1996年版，第486-488页。

③ 《清德宗实录》卷三百十七，光绪十八年十月丙子。

④ 《清德宗实录》卷三百三十一，光绪十九年十二月壬戌。

⑤ 录副奏片，呈李端棻等员名单，光绪二十一年，档号：03-5336-076。

第一历史档案馆，其文已多转录，从略。①

　　奏折递上后，得到光绪帝谕旨："该衙门议奏。"② 次日原件又进呈慈禧太后"慈览"。③

光绪二十三年丁酉（1897）　六十五岁

　　二月初九日，以遵故母遗命捐银一千两，用于尚节堂氂妇棉衣，请旨建坊，获准。

　　佚名奏："刑部左侍郎李端棻谨遵故母李何氏遗命，于历任俸银节省项下捐输一千两，汇交黔省发商生息，以作尚节堂氂妇棉衣之用。由署贵筑县知县张正煊，详经粮储道黄元善核转请奏前来，奴才查士民捐赀养恤孤贫，银在一千两以上者，例得准其建坊。今该侍郎李端棻遵母遗命，捐俸恤氂，实属乐善好施，克承先志。合无仰恳天恩，俯准嘉奖建坊，以资观感……（朱批：著照所请，礼部知道。"④）

　　该奏折无署名，无日期。其事载于光绪二十三年《清实录》："以遗命捐俸恤氂，予刑部左侍郎李端棻之母何氏建坊。"⑤ 又有《随手档》可证："侍郎李端棻遵母遗命捐俸恤氂请建坊由，著照所请，礼部知道。"⑥ 可知断于光绪二十二年有误，实在光绪二十三年二月初九日。

　　二月二十一日，与吏部右侍郎溥善，勘察东陵修整风水围墙工程，后又参与修理泰陵等处工程，严肃认真，官纪为之整肃。

　　《清实录》："派吏部右侍郎溥善、刑部左侍郎李端棻，恭勘东陵修整风水围墙工程。"⑦

---

　　①　录副奏折，刑部左侍郎李端棻奏为时艰需才请推广学校敬陈管见事，档号：03-7209-070。具体考校，参见拙稿：《李端棻〈请推广学校折〉版本考略——以新发现的清宫档案为中心》，即刊。

　　②　录副奏片，军机大臣奏为侍郎李端棻奏请推广学校以励人才等折片奉旨恭呈慈览事，光绪二十二年，档号：03-5731-138。

　　③　录副奏片，军机大臣奏为初二日侍郎李端棻等封奏折片六件恭呈慈览事，光绪二十二年，档号：03-5351-051。

　　④　朱批奏折，奏为刑部左侍郎李端棻遵故母命捐俸恤氂请旨旌奖建坊事，光绪二十二年，档号：04-01-14-0092-104。

　　⑤　《清德宗实录》卷四百一，光绪二十三年二月戊辰。

　　⑥　随手档，光绪二十三年二月初九日，档号：03-0292-1-1223-037。

　　⑦　《清德宗实录》卷四百一，光绪二十三年二月庚辰。

《清实录》:"派修泰陵等处工程,原派之刑部左侍郎李端菜调补仓场侍郎,可否另派大臣一员,会同修理。得旨:毋庸添派。"①

梁启超《清光禄大夫礼部尚书李公墓志铭》:"其权工部也,监修陵工,前此奉职者,率以侵冒为固然,公严绝苞苴,同列惮之,官纪一肃。"

七月初七日,由刑部左侍郎转任仓场侍郎。由监修陵寝回京上任后,与仓场侍郎长萃联衔上奏,销算漕粮、清除积弊。十月二十六日因"全漕告竣",获议叙。

《清实录》:"调刑部左侍郎李端菜为仓场侍郎。"②

《清实录》:"以全漕告竣,予仓场侍郎长萃、李端菜、暨升任侍郎廖寿恒,议叙。"③

此期李端菜与仓场侍郎长萃联衔呈上奏折或题本较多,目前所见,以八月二十三日为最早。现将部分有代表性者,择录于下。

仓场侍郎长萃、李端菜题:"题为海运白粮销算事。窃据坐粮厅监督宝菜、李绍芬册报:光绪二十二年海运……通仓收受通完讫,等情。臣等复核无异,除将清册送部外,谨缮册进呈御览。"④

仓场侍郎长萃、李端菜奏:"窃据太平仓监督惠崇、朱懋政禀称:据花户金楫量呈称:前于八月二十三、九月十六等日两次采买还仓米石,拉运出城时均经宝都老爷孙二、刘二拦车,索要出城使费银,每石五分。……等因前来。臣等查各仓霉变米石,责令花户买补还仓。……均已奉有明文,并无不合。……乃竟有稽查俸甲米进城御史宝安之家人孙二、刘二,向花户勒索银两之事。若如所禀,果系该御史有意勒索,深属有玷官箴,深负简任。即系家人撞骗,抑或花户舞弊,以财行求,均属有干法纪。且花户行贿之财,终必取偿于存仓之米。若不痛加惩创,既无以儆贪黩而肃纪纲,并无以杜漏卮而固仓庾。相应请旨饬下步军统领衙门,将此案人证解交刑部,彻底根究,

---

① 《清德宗实录》卷四百七,光绪二十三年七月辛亥。
② 《清德宗实录》卷四百七,光绪二十三年七月甲午。
③ 《清德宗实录》卷四百十一,光绪二十三年十月壬午。
④ 户科题本,仓场侍郎长萃、仓场侍郎李端菜题为销算光绪二十二年海运白粮事,光绪二十三年八月二十三日,档号:02-01-04-22648-011。

按律严办。"①

光绪二十四年戊戌（1898） 六十六岁

继续在通州办理仓场事务，与长萃联衔奏上核实仓务办法八条等折。

仓场侍郎长萃、李端棻奏："……臣等伏查山东漕务疲敝太甚，经该道桂春实力整饬，各帮弁于领运上届正供暨各处兵米，迅速交清，并无贻误，自应稍示鼓舞，以策将来。"②

仓场侍郎长萃、李端棻奏："……臣等备位仓曹，窃见有名无实之弊盖非一端，仰体我皇上宵旰勤劳、实事求是之意，酌议仓务核实办法八条，敬为我皇上缕析陈之。

一、各仓霉变应补米石，宜核实数目，督令买补，另册造报，不宜与实存米数牵也。……各仓册报，厫名宜核实厘定也。……仓存土米，亟宜核实清理也。……各仓气头、厫底，仍应照例揭除，以定应补数目也。……各仓采买米石，宜宽其限格也。……新陈搭放成数，宜酌量变通，核实开放也。……仓存籼米，亟宜酌定放款也。……运送官三仓黄老米，宜照内务府则例加给之数，核实奏销也。……

以上各条，率皆名实不符，苟非亟正其名，必不能详按其实。为此恳请饬部核议施行，庶于仓务核实办法，不无裨益。"③

仓场侍郎长萃、李端棻奏："……查部议整顿复盘章程以清土米，改定搭放成数以济兵食，及严杜采买流弊，准销加增升斗体立用行，均于仓务大有裨益，自当遵照办理。惟其中尚有部臣力持大体，而臣等按之实事有骤难遵行者，不得不缕陈详细情形，以期斟酌尽善。……所有部议仓务办法有骤难遵行之处，并酌拟复盘章程，谨恭折具陈，伏乞皇上圣鉴训示遵行。再臣李

① 录副奏折，仓场侍郎长萃、仓场侍郎李端棻奏为家人勒索花户牵涉言官请旨究办事，光绪二十三年十一月十四日，档号：03-5516-061。

② 录副奏折，仓场侍郎长萃、仓场侍郎李端棻奏为遵保山东押运出力员弁事，光绪二十四年二月十六日，档号：03-6316-021。

③ 录副奏折，仓场侍郎长萃、仓场侍郎李端棻奏为酌拟仓务核实办法请饬议行事，光绪二十四年四月十三日，档号：03-6678-011。

端棻驻通催提奉省粟豆、河运漕粮，未克呈递膳牌，合并陈明。"①

仓场侍郎长萃、李端棻奏："……臣等溯查通关税课，自咸丰初年即有缺征，历经奏请减成赔补。此次该厅实征银数，除正额无亏外，其短征之盈余银两，据称因开办铁路，粮货改道运京所致，实与往年情形不同。可否免其赔补之处，相应请旨饬下户部核议施行，为此据情代奏。"②

六月初六日，李端棻奏上《维新变法条陈当务之急四事折》。该奏折已佚，其内容，康有为《自编年谱》等文献有所回忆。更可靠的记载见于上奏四日后奕劻、孙家鼐等人关于李端棻奏折的议复。对此，孔祥吉曾在《康有为变法奏议研究》一书中摘录，今录其全貌，以便参考。

庆亲王奕劻说片："查仓场侍郎李端棻所奏四条。

第一条，请皇上晓谕群臣，以息争论。奴才见近来时事艰难，凡大小臣工，以国事为心者无不愿中国之自强，其愚无识者道听途说亦无关国是，则争论之说可勿虑。惟其言变法，则云小变不如大变，缓变不如急变。窃思祖宗成法俱在，果实力奉行，自能日有起色。彼西法之善者，未尝不可参用。若第师其制度，学其梢末，是仍袭其皮毛也。且以中国四千年来之习尚，四百兆人之心思，而骤欲大变而急变之，王道无近功，恐操切非所以治天下也。

第二条，请皇上选博通时务之人，以备顾问。奴才以为如令各部院择尤〔优〕保荐，召对时察其品学纯正、才具明敏者，俾朝夕侍从，讲求治理，诚足有裨圣治。然品类不齐，亦薰莸异器，必严加选择，慎之又慎。盖此非如南斋之徒，以词章供奉也。且以圣祖仁皇帝之天亶聪明，而高士奇犹招摇纳贿，声名狼藉，则君子小人之辨，不可不严也。至于汤若望、南怀仁者，圣祖特以其精于天文测算、制造仪器，偶一召问而已。至内外大臣开馆辟贤一节，政官既有司官，督抚亦延幕友，且各公事纷繁，亦恐无此闲暇，与诸人讲求。况自行延请，自行保荐，亦恐开党援奔竞之风。

第三条，特派绅士督办各省学堂。奴才以为宜令各省督抚，选择明敏端正在籍绅士奏派督办，必能整顿学校，而培植人才。

---

① 录副奏折，仓场侍郎长萃、仓场侍郎李端棻奏为部议仓务办法碍难遵行酌拟复盘章程事，光绪二十四年六月初十日，档号：03-6678-014。

② 录副奏折，仓场侍郎长萃、仓场侍郎李端棻奏为坐粮厅监督宝棻等员短征盈余税银事，光绪二十四年七月初三日，档号：03-6403-022。

第四条，请删减则例，以杜胥吏之奸。奴才以为胥吏舞弊，由于则例繁多，亦由于司官不能熟谙则例。若将则例稍从删减，再令各司员皆熟谙则例，遇事不必询胥吏，而胥吏自不能舞弊矣。"①

孙家鼐说："查仓场侍郎李端棻所奏，共有四条。其第四条，意在删减则例。查事多窒碍，惟在胥吏舞文，困君子而便小人，无不因缘例案。应行照办，以杜弊端。

"其第一条，臣工未能尽喻皇上意旨，尚多争论等语。臣见近日臣工愿变法自强者十有六七，拘执不通者不过十之一二。惟新旧党之相争绝少，而邪正党之相争实多。盖变法不难，而行法之人最难。用非其人，则小人道长，君子道消，治乱安危，所关匪细。贤人君子不无思深虑远之心，盖皆以宋时王安石为鉴也。皇上宣示臣工，若能严申君子小人之辨，则争论者，自当渐化矣。

"第二条，请皇上选择人才，在南书房、懋勤殿行走。此亲近贤人之盛意也，惟朝夕侍从之臣，不专选取才华，尤须确知心术。方今讲求西法，臣以为若参用公举之法，先采乡评，博稽众论，庶贤否易于分办〔辨〕。至大臣开馆延宾一节，诚恐公事傍午，暇日无多，且亦无此经费，较之胡林翼等为督抚，盖难并论。且胡林翼等之开宾馆，自有照料宾馆委员，非真终日与宾客周旋也。惟在各大臣休休有容，集思广益。果有好贤之雅，亦不必以接纳为高。

"第三条，请京官、绅士在本籍办理学堂。臣以为当由各省督抚，访求品学兼优、能符众望者为之，自可以培养人才之效。权归督抚，绅权不可太重，庶无喧宾夺主之虞。"②

光绪二十五年己亥（1899）　六十七岁

遣发新疆，途中因病重，请求留于张掖调治，获准。

兵部奏："准陕甘总督咨，据署皋兰县知县张庭武详称，案据家丁林魁呈

①　录副奏片，总理各国事务大臣奕劻奏为李端棻所奏选博通时务之人以备顾问等四条敬陈管见事，光绪二十四年六月初十日，档号：03-9447-074。
②　录副奏片，管理大学堂大臣孙家鼐奏为李端棻所奏四条敬陈各省访求京官绅士在本籍办理学堂等管见事，光绪二十四年六月初十日，档号：03-9447-075。

称：'家主、已革礼部尚书李端棻素有体疾，去岁八月初一日，在礼部昌黎祠行礼，闪跌在地，触伤右手、左足，骨节麻木酸痛，运动不灵。请假调理未效，复续假二十日。八月十九日假期内，钦奉上谕发往新疆，懔遵力疾起程。至陕西病势愈重，延病调治，略见轻减，旋即西行。十二月行抵甘省，病转加剧，当又延医调治。正月稍能步履，定期二月十一日启行。突于初十日感冒风邪，发热咳嗽，胸膈饱涨，两胁作疼，呃逆不止，言语坐卧，顿失其常。两月以来尽力医治，无如甘省向无良医，药物真者绝少。以故缠绵日久，血气愈亏。今因久病拖延，饮食过少，虚弱日甚……几成痿痹之症。此去新疆尚远，家主年近七旬，仅余残喘。家丁危迫无计，恳祈转禀，准在此间调治。一俟稍痊，即行前进'等情。"①

此折叙述李端棻在途中患病详情，同时以可靠史料，佐证了陈夔龙所记李端棻在上任礼部尚书初日即"托病请假"之史事。②

光绪二十六年庚子（1900） 六十八岁

继续留于张掖治病。

兵部奏："为请旨遵行事：准陕甘总督咨，据署张掖县知县详称，据已革礼部尚书李端棻家丁郗升呈称，'家主端棻前患伤寒等症，于五月内由陕甘总督咨部，经兵部奏闻，七月奉到回文，李端棻准其在甘赶紧调治，一俟就痊，即行起解，等因。家主遵即医治，至八月病势稍见减轻，即于九月起程，行至古浪，病即反复，仍复力疾前进至甘州，十分委顿。乃调治多方，迄无一效，委实难于就道。家主年届七十，急欲西进，受寒益深，受病益重，现时行动需人扶掖，只得据实呈恳查验，一俟稍轻，即图西进'等语。卑职亲往查验得实，并无捏饰，理合出具印结，详报转咨。除批饬令赶紧调治务痊，再行起解外，相应咨部查照，等语。……经臣部奏明，于光绪二十五年七月初九日，军机大臣面奉谕旨：兵部奏革员患病，可否俟调治就痊再行起解一折，李端棻著准其赶紧调治，一俟就痊，即行起解，钦此！钦遵行知，遵照

---

① 录副奏折，大学士管理兵部事务荣禄等奏为发往新疆军台效力已革礼部尚书李端棻途中患病逾限请旨准其调治痊愈后再行起解事，光绪二十五年七月初九日，档号：03-5933-141。

② 相关辨析，参见冯祖贻：《李端棻是否在戊戌政变前"托病"请假》，《贵州社会科学》2008年第3期；以及拙稿《中国第一历史档案馆所藏李端棻档案及其史料价值》，即刊。

在案。今复据陕甘总督咨称，据张掖县详报，亲验得革员李端棻实系因病不能起程，出具并无捏饰印结，据此批饬赶紧调治就痊，再行起解，咨部查照。"①

此时的署张掖县知县，不仅在生活上对李端棻多有照顾，还向其上司出具"实系因病不能起程，并无捏饰"的官方印结，以便李端棻继续留在张掖调治身体。《苾园诗存》"作诗以书扇款式赠张掖某县令"中所叙述的"明年春，序康移宰斯邑，适馆授餐，久而弥笃"，或即其人。

光绪二十八年壬寅（1902） 七十岁

赦归贵阳，与人共同创办贵阳公立师范学堂，同时与端方等地方大员有交往。

端方电报："贵阳探送李尚书苾园师钧鉴：情况极为驰系，屡与同门宝主试、胡学使暨王守仁俊、陈令树屏、武令延绪等谈及，咸切神驰。兹共筹得它纹银一千一百余两，合之陈子钧京卿、李少东廉使所赠，共银一千五百四十两零，细数详函，于今日交贵州军械委员罗令万华带上，方另具，食物四种。到时统乞鉴存，先此电达。"②

端方电报所涉及的一千五百多两白银，或与创办贵阳公立师范学堂相关，具体待考。

李端棻电报："武昌端帅钧鉴：棻同年胡朴庵太守葬江夏县属磨七墩地方，兹据伊子署贵阳府胡守汝霖面称，据接家电，该处开毒烟局，县谕其家属勒迁坟墓。祈念胡太守安葬多年，饬县另择他地，勿平官墓，存殁均感。弟李端棻代恳。哿。"③

端方电报："贵州省城李苾园夫子鉴：哿电悉，已饬县遵办，胡守祖茔现

---

① 录副奏折，大学士管理兵部事务荣禄等奏为发往新疆严加管束革员李端棻在甘肃张掖县病重请旨可否俟病痊后再往起解事，光绪二十六年五月初二，档号：03-5389-118。
② 端方档，湖北巡抚兼署湖广总督端方为筹银于今日交贵州军械委员罗万华带上事致贵阳探送李苾园尚书电报，光绪二十八年十月十四日，档号：27-03-000-000009-0107。
③ 端方档，贵州经世学堂讲席李端棻为祈饬江夏县勿平胡朴庵太守墓事自贵阳致端方电报，光绪二十八年十一月二十一日，档号：27-01-002-000091-0045。

保护无恙。"①

哿，电报代日韵目，表示"二十日"。胡朴庵，当为胡有诚，湖北江夏人，1852 年壬子科中举，与李端棻同为同治二年（1863）癸亥恩科进士。胡有诚为二甲第二十名，李端棻为二甲第四十二名。

光绪三十三年丁未（1907）七十五岁

十月十二日病逝于贵阳家中，次年年初由贵州巡抚庞鸿书向清廷奏闻。

庞鸿书奏片："再据布政使松塈详称，前礼部尚书李端棻于光绪三十三年十月十二日在籍病故等情，详请具奏前来。臣复查无异，除咨部查照外，理合附片陈明。……光绪三十四年二月十三日奉朱批：知道了，钦此！"②

以上档案，不仅可以提供李端棻鲜为人知的历史细节，佐证与丰富文献记载之疏略，亦可借以纠正此前因资料不足所导致的讹误。相信随着更多档案的发掘与整理，必将进一步促进李端棻研究的扩展与深入。

---

① 端方档，[湖北巡抚兼署湖广总督]端方为电悉已饬县遵办胡守祖茔现保护无恙事致贵州省城李苾园夫子电报，光绪二十八年十一月三十日，档号：27-03-000-000010-0150。
② 录副奏折，贵州巡抚庞鸿书奏为前礼部尚书李端棻在籍病故事，光绪三十四年二月十三日，档号：03-5498-108。

李端棻与贵阳何氏家族

何先龙 ①

（开阳县文化和旅游局，贵州贵阳，邮编：550300）

【摘　要】贵阳先贤李端棻祖籍湖南清泉县（今湖南衡南县），出生于贵阳，成长于贵阳。李端棻幼年丧父，由其母亲何氏抚养成人。在李端棻的幼年时期，时常出入母亲的娘家即贵阳的何氏家族之中。贵阳的何氏家族对李端棻幼年的成长产生了重要影响，尤其是舅父何亮清对其影响最大。与此同时，李端棻与表弟何麟书的关系亦十分密切。李端棻支持何麟书经商，何麟书敬重李端棻的人品与才华。何麟书的陪伴，让从外地归乡的李端棻感受到亲情的温暖。

【关键词】李端棻；何亮清；何麟书

　　贵阳先贤李端棻，出自湖南清泉县（今衡南县），其祖父大约清代乾隆时迁居贵阳。因幼年丧父由母亲何氏抚养成人，何氏出自明初定远入黔后三起三落的贵阳何氏家族。因此，贵阳何氏家族对其成长、为学等都有重要影响，特别是作为清末翰林的其舅父何亮清对其早年学习影响极大，故李端棻晚年说："吾一生为学之道，得之吾舅"；其诗作则由表弟何麟书搜集汇编成册并保存至今，成为研究其生平、思想、文学诸方面的第一手材料。

---

　　① 何先龙，开阳县文化和旅游局，主要从事贵州地方文化的研究工作。

一、贵阳何氏家族的来源及三起三落

1.贵阳何氏家族由两支何氏合族组成

一支何氏明初入黔，原籍南直隶凤阳府定远县（今属安徽）。现存《隆庆四年贵州乡试录》载，隆庆四年（1570）贵州乡试的搜检官有"贵州前卫右所百户何木（惟乔，直隶定远县人）"①。又据修文县六屯镇都堡村现存清咸丰八年（1858）重立始祖何济川墓碑碑文称：始祖济川公"江南凤阳府定远县昌邑乡大雍街人也，洪武七年（1374）从沐国公征黔，平定有功，恩封世袭格都堡前卫千户指挥使"。碑阳正中主碑文为：赐敕进义校尉何公济川墓。另一支何氏明末入黔，出自安徽庐江，明代游宦四川长寿（今属重庆市），明末为避战乱迁居贵阳。道光《贵阳府志·何梦熊传》："何梦熊，字渭飞，其先庐江人，官于长寿，因家焉。明末避流寇之乱，始徙贵阳之小高寨，遂为贵阳人……吴逆（吴三桂）之变，云贵陷没……贝子章泰、湖广总督蔡毓荣进讨，驻师安顺，梦熊诣军门见毓荣，陈进取策……遂偕之北出，败贼别帅于平远（今织金县），复黔西、大定（今大方县）、毕节，梦熊计居多……事平，乃归里……久之，卜居开州之思茅坪（今开阳县冯三镇堕秧村司毛）……子孙遂为开州人。子锦，别有传。"②民国《开阳县志稿》："雍正八年（1730）明通榜（副榜）：何锦，明通进士，选庶吉士，官知府。""乾隆乙丑科（1745）：何德新，司毛坪人，何梦熊人（之）孙。""乾隆己丑科（1769）：何德峻，选庶吉士，德新之弟，以贵筑学中。""乾隆丁未科（1787）：何泌，庶吉士，官编修，德新之子，五区快下人。""乾隆癸丑科（1793）：何学林，庶吉士，官浙江杭嘉湖道，德新之侄……五区快下人。""嘉庆壬戌科（1802）：何应杰，庶吉士，官编修，何泌之子，五区快下人。""咸丰庚申科（1860）：何亮清，庶吉士，官四川嘉定府知府，五区快下人，学林之孙。""咸丰庚申科：何庆恩，官即用知县，亮清之侄，五区快下人。""咸丰庚申科：何鼎，州人德峻之孙，即用知县。"上述10人，民国《贵州通志》也都有记载，道光《贵阳府志》有前7人的记述。何麟书《复解县长幼莹函》："本支先代手泽，既闻

---

① 《天一阁藏明代科举录选刊·乡试录》，宁波：宁波出版社2016年版，第8823页。
② 道光《贵阳府志》（二）卷七十六《传四·何梦熊传》，载《中国地方志集成·贵州府县志辑》13，成都：巴蜀书社2006年版，第405-406页。

有遗稿，多藏长房舍侄士瑗所，年前瑗侄又已溘逝。奉书之后，曾函嘱舍侄孙福民检箧钞集；不意近接筑（贵筑）讯，福孙日前夭亡，继承无人，散佚可虑，拟得便亲归料检，珍重保存。唯新志成书，期限迫急，恐不能待。兹先就行箧所携，抄成一纸奉上，即冀誊览。如此后限内，再有搜集，再当继续录寄，以副雅意。"① 可见，1937 年开阳县县长解幼莹倡修民国《开阳县志》时，曾致函寓居昆明的何亮清之子何麟书征集何氏族谱，何麟书收手抄何氏族谱资料寄给解幼莹并回函。光绪《昌化县志》：知县，国朝"何子澄，贵州开州举人，（康熙）三十九年（1700）任"②。民国《崖州志》："何子澄，贵州开州举人。康熙年间由昌化县摄州篆，当堂判断，惠爱士民，卓有政誉。"③因此，民国《开阳县志稿》多采录贵阳何氏等望族族谱资料，并据何麟书提供的何氏族谱资料记载了开阳两支何氏合族的史料，从长寿入黔的何梦熊在康熙后期卜宅迁居开州思茅坪时，明初入黔的何济川一支明代因四人中举为官渐成望族，清初开州何人凤之子何子澄已于康熙二十年（1681）中举后任昌化知县、代理崖州知州，因母辞世未能见最后一面而回乡为母守孝。刚迁居开州的何梦熊由于人生地不熟，且两支何氏都源自庐江郡，就与何子澄联宗叙谱，认何子澄（何济川 10 代孙）为族弟，何梦熊之子何锦即为 11 代，何德新、何德峻为 12 代，何泌、何应杰分别为 13 代和 14 代。民国《开阳县志稿》还把定远入黔一支的 13 代何学林记作何德新之侄，并将司毛何梦熊一支的何泌、何应杰记作定远入黔一支居住的快下人。

2. 何氏家族自明初入黔以来三起三落

定远入黔何氏自明初开始驻守贵州前卫右千户所格都堡（今修文县六屯镇都堡村），明清到民国时期三起三落。

首先，何氏第一次兴旺于明嘉靖末万历时期，至明末因战乱被污受害衰落。何木为何济川第六代孙，嘉靖末中武举，隆庆时授格都堡百户（正六

---

① 民国《开阳县志稿》第五章《教育》第三十五节《科贡·开州进士表》，第十二章第六十五节《艺文》，台北：成文出版社有限公司 1970 年版，第 431–432、902 页。

② 光绪《昌化县志》卷六《职官·国朝知县》，载《中国地方志集成·海南府县志辑》7，成都：巴蜀书社 2013 年版，第 424 页。

③ 民国《崖州志》卷十七《宦迹一》，载《中国地方志集成·海南府县志辑》7，成都：巴蜀书社 2013 年版，第 148 页。

品），随即迁居贵阳，标志着何氏首次兴起。第七代何图出，字起潜，万历甲午科（1594）举人，出任四川潼川州（今三台县）知州，作《潼川府旧题名记》。[①]诰封奉直大夫，妻诰封宜人；父何极赠奉直大夫、潼川州知州，母张氏加封太宜人。《澹志斋集》："《四川潼川州知州何图出制》曰：国家于巴蜀诸郡置州二十，隶省者六；而东川析邑独多，几与列郡埒，诚剑外一大都会也，非懋检贤良莫与称矣。尔四川潼川州知州何图出，邃学宏猷，高才敏识，乡书简秀，邑校横经，爰从郡理之能，擢典州牧之重，而游刃有余；厘剔数百年之画，理丝无扰，清修贻万世之安。露润桑麻、风清粢莠，七城受治，三载功高。是用授尔阶奉直大夫，锡之诰命。夫孔道惮人，朕所轸念。选用良吏，固将安之。尔既屡试有效矣。尚益愍前猷，弘收永誉，酬庸有典，朕不尔遗，钦哉。制曰夫闺阁之秀，如玉在佩，动必有声，母谓壶行不外见也。朕是以嘉予贤臣，必遴功淑媛，尔四川潼川州知州何图出妻封孺人苏氏，孝谨自持，言笑不苟，竭甘毳以佐白华之养，鬻瓒珥而襄青简之勤。曳缟从官剖竹著誉。是用加封尔为宜人，载崇纶绋之锡，益谨珩璜之规。"[②]道光《世德堂庐江郡鸿开世绪（何氏）族谱》："何图呈，字起易，万历庚子（1600）举人，初为广西太平府永康州（今扶绥县）知州。"与著名诗人谢三秀交好，赴广西永康州任知州时，谢三秀作《送何起易刺史之粤西》赠之："斗酒送君秋欲暮，经术兼饶经世具。七载离家昨始归，又听寒猿啼别路。粤西之西风候殊，千峰万壑烟模糊。到来五马行春处，桂海应还明月珠。"[③]何图呈任永康知州在万历末天启初，曾奉命参与平奢崇明、安邦彦之乱，天启初参加平奢安的郧阳巡抚蔡复一在一封书信中提道："都清守营尚存二千五百余……弟檄究提调，何图呈坚而不肯服，何守又似有实地，不敢甚妄者……二十六日，领此兵撞营往普定从征，其虚实必难逃洞察，据何知州再报，实数二千三百

①　乾隆《潼川府志》卷三《土地部·公署》，四川潼川（今三台县）：清乾隆五十年（1785）刻本。

②　［明］顾起元：《澹志斋集》卷八《诰敕》，南京：顾氏遁园嫩真草堂，明万历己未（1619）刻本。

③　［清］唐树义等编，关贤柱点校：《黔诗纪略》卷十四《谢君采三秀三》。贵阳：贵州人民出版社1993年版，第571页。

余名。"① 何图呈兄弟中举任知州后何氏逐步兴旺起来。到南明永历即清顺治初，孙可望据黔，何兆柳被诬几乎全家遇害。《嘉庆重修大清一统志》："何兆柳，开州人，崇祯庚午（1630）举人。水西贼化沙围副将方国安于大方城，总督朱燮元委兆柳救援。兆柳捐资助饷，救国安，斩化沙杓。流贼至黔，兆柳集义勇捍其乡，孙可望杀之，籍其家，子东凤、鸣凤并死之。康熙（康熙当作顺治，洪承畴顺治十五至十六年驻贵阳）年间，少子人凤白其冤于经略洪承畴。事闻，给还家产。"② 道光《贵阳府志》："顺治初孙可望据贵州，名为明臣而跋扈自如，诛戮由己。兆柳方家居，为副总兵陶洪谟所构见杀，子东凤、鸣凤咸遇害，惟幼子人凤为家人所负逃获免。十六年，讼其冤于我朝，经略洪承畴为之转奏，得谕旨还其家资。"③ 第八代何兆柳中举为官，后在贵阳被贵州副总兵陶洪谟所诬，父子三人同遇害，没收家产，何人凤只身逃脱避难，何氏家族第一次家道中落。

其次，南明时何人凤任开州知州何氏再度兴旺，道光时何正机被诬充军再次中落。南明永历元年（清顺治四年，1647），第九代何人凤（字羽侯）从贵阳迁居开州快下（今开阳县双流镇快下）避难，永历四年（1650）被永历帝任为开州知州。开阳县云开街道温泉村顶兆出土的《明直政大夫羽侯何府君（人凤）墓志铭》（现藏于开阳县水东文化陈列馆）："我府君讳人凤，字羽侯，贵阳府人，其原籍江南也。祖讳兆柳，崇祯庚午举人，官授蓟辽监军……年十五即遭父难……遂以游击转知开州事，年甫二十有二也……戊辰（1628）七月二十日丑时生。"何人凤妻王氏墓志铭及道光何氏族谱也有相似记载。何人凤任开州知州后乃入开州籍，并尊父何兆柳为开州始祖。顺治十六年（1659），何人凤向驻守贵阳的经略洪承畴申冤，洪承畴报顺治批复给何家平反并发还家产。何氏从此逐步恢复元气，到乾隆时何学林中进士为官再度兴旺起来。道光《贵阳府志》："何学林，字茂轩，开州人。乾隆五十八年（1793）进士，选庶吉士，官编修，改御史。嘉庆五年（1800）充江南

①　[明]蔡复一撰、何丙仲点校：《遁庵全集》中《遁庵文集》卷四《郿牍上》，北京：商务印书馆 2018 年版，第 485 页。

②　《嘉庆重修一统志》卷五百《贵州统部·贵阳府》，上海：上海涵芬楼影印，1934 年。

③　道光《贵阳府志》卷七十六《明善行传第十三·何兆柳》，载《中国地方志集成·贵州府县志辑》13，成都：巴蜀书社 2006 年版，第 399—400 页。

副考官，六年（1801）提督湖南学政。出为苏淞常镇道，调杭嘉湖道，卒于官。为御史日，曾劾巡抚颜检，后检移抚浙江，学林适为杭嘉湖道，检不以曾被劾而有私怨，学林恪慎供职而内无惧心，卒相得。叠次保奏兼奏，署按察布政，世两称之。"① 何学林为官后迁居贵阳三块田（今龙泉巷）。道光时何学林之子何正机被诬充军伊犁。同治《石门县志》："何正机，字梅皋，贵州开州附监生。道光元年任，清谨儒雅，勤于政事，百废俱兴。"② 光绪《新宁县志》：道光朝"何正机，贵州开州人，附贡，十三年（1833）十二月任"③。清代新宁县即今广东台山县。《大清宣宗成皇帝实录》卷六十四：道光四年（1824）春正月己丑，"又谕：嵩孚奏，遵旨查明各属报修仓廒，分别酌议应修应缓应停一折……兹据该抚查明湘乡、宁乡、衡阳、黔阳、保靖、石门、临湘、东安、八县仓廒，业经悉照原估拆修完固……惟该县等于勘估后并不听候部覆，辄即先行拆修，均属不合。所有率行领项拆修之……现任保靖县知县邱裕霖、石门县知县何正机……俱著交部议处"。卷二四九："道光十四年（1834）二月戊申，谕内阁……广东学政李泰交于本年正月十八日在署内自缢殒命，该督等亲往看视，查阅该学政遗笔字迹，内称'幕友闻知县何正机捏款入控，幕友、家丁与何正机通同一气'等语。既据该学政亲属呈出，廉州府寄信字有牵涉何正机之处，必应调省确切查讯，以期水落石出。着该督即将署合浦县知县何正机调取到省，并该学政幕友、家丁等一并质讯明确，是否另有情弊，彻底根究，据实具奏，毋稍含混。"卷二五二：同年"五月癸未，谕内阁：卢坤奏、撤审知县供情狡执，请暂行革职审办一折。广东学政李泰交在署自缢一案，前降旨着该督将署合浦县知县何正机调取到省，并该学政幕友、家丁等一并质讯明确，据实具奏。兹据奏提道：何正机叠次研鞫，恃无质证，任意狡卸，所称家丁蒋贵告假回京之处，难保非有心匿混虚实，均应确究严办。除将该已故学政现在幕友、家丁讯取确供外，其回籍之幕友许子松、张廷文及家丁双贵等，并在粤就幕之高振瑛，均应提集质究，以期

① 道光《贵阳府志》（二）卷八十一《耆旧传六·良臣传第三十三》，载《中国地方志集成·贵州府县志辑》13。成都：巴蜀书社2006年版，第486页。

② 同治《石门县志》卷七《职官志·文职》，载《职官方志丛书·华中地方第二八五号》。台北：成文出版社有限公司1975年版，第526页。

③ 道光《新宁县志》卷二《职官表·国朝知县》。广东省新宁县（今台山），清道光十九年（1839）刻本。

水落石出。拣发知县何正机着暂行革职，并着贵州巡抚将贵筑县廪生许子松、贵阳府举人张廷文，迅饬各原籍地方官查提，派委妥员押解赴粤，交该督提同应讯人等严讯确情，彻底究办，毋稍含混，致有不实不尽"。卷二五六：道光十四年九月癸酉："卢坤著加恩赏还太子少保衔，并给还双眼花翎矣。其前此疏防，亦难辞咎，著仍带革职留任。"卷二六四：道光十五年（1835）三月癸酉，"又谕：卢坤奏，审明已革知县请托实情，从严定拟一折。此案，广东已革知县何正机于该省前任学政李泰交考试廉州府属，辄敢向该学政恳求多取该县前列童生，实属玩法。何正机着发往新疆效力赎罪，以示惩儆"①。民国《合浦县志》："今考：道光十三年癸巳学使李泰交按临合浦，因不录县榜元刘之翰一案，自裁于省学院署。学使仆从多索役，□知县何某侍父为学使座师，乃杖之，学使衔甚。适幕宾以试卷荐之瀚居首，幕宾与何同乡，疑何为之翰关说，摈不录。未几，何调新宁，学使言于大吏必黜何而□试新宁。何怒，诟学使痛诋其非，学使忿而自裁。事闻，大吏逮之翰，□簿辩白，皆□□□而试，文甚佳，上其□，释之归；次年郡试，冠其曹，补弟子员。"②民国《贵州通志》："李泰交，字昶林，贵阳人。嘉庆戊寅（1818）举人，庚辰（1820）进士，选庶吉士，授编修，迁赞善，再迁中允，出为广东学政。"③可见，何学林乾隆末期中进士为官后再次从开州迁居贵阳。李泰交早年在贵阳曾拜何学林为师，何正机道光元年（1821）选任湖南石门县知县，道光四年曾因未批先建石门县仓库交部议处，有幸并未受到严重处罚。据民国《合浦县志》考证，据《道光朝实录》载："幕友闻知县何正机捏款入控，幕友、家丁与何正机通同一气"。道光十三年（1833），何正机任合浦县知县时被诬一案，更像李泰交死后受到杖责的李泰交幕友或家丁故意所为，实乃何正机幕僚向广东学政李泰交据实推荐刘之翰，并非何正机所为，且其中也未提到有

① 《大清宣宗成皇帝实录》（二）卷六十四"道光四年春正月己丑"条，（四）卷二百四十九"道光十四年二月戊申"条、卷二百五十六"道光十四年九月癸酉"条，卷二百五十二下"道光十四年五月癸未"条，（五）卷二百六十四"道光十五年三月癸酉"条。北京：中华书局1986年版，第14、756、818、908、46页。
② 民国《合浦县志》卷五《前事志·事纪》，载《广东历代方志集成·廉州府部》六。广州：岭南美术出版社2009年，第558页。□为缺字。
③ 民国《贵州通志·人物志》卷五《分部·清三·政事上·贵阳府》，载《中国地方志集成·贵州府县志辑》10。成都：巴蜀书社2006年版版，第199页。

赖赂行为。即使牵涉何正机，按清单法律也不致叛充军。当时奉命核查的两广总督卢坤因故被革职留任，革去太子少保并摘去双眼花翎。卢坤可能由于官场失意迁怒于何正机，便做成冤案。而何正机被诬充军事据现存史籍足可辨明，但何正机被诬充军伊犁后何氏家族再度衰落。

最后，何氏第三次兴旺于咸丰十年（1860）"一榜三进士"，至清末何亮清怠政免职，到 1920 年"民九事变"何氏第三次衰落。民国《贵州通志》："何亮清，字湘雪，贵筑人，学林孙。咸丰庚申（1860）进士。授翰林院编修。官至四川保宁府，署成绵道，所至政绩昭著。光绪初年卒于四川。著有《苍漪山房诗钞》，善书法。从侄何鼎暨族人某（何庆恩），均咸丰庚申（1860）进士。时黔籍进士仅中十名（据该榜进士题名碑，贵州仅中五名），而何氏居其三，故有一榜三进士之称。"[①] 何庆恩履历档案："臣何庆恩，贵州开州进士，年三十六岁；庚申科进士，归班知县；今签掣福建汀州府永定县知县缺，敬缮履历，恭呈预览。谨奏。同治六年（1867）六月二十八日。"[②] 民国《贵州通志》："何鼎，字梦庐，一字丹邻，开州人，道光甲辰（1844）举人。咸丰庚申（1860）进士，官叶县知县。罢官后，侨居汴梁（开封），辟园种海棠三百株，跌宕诗酒，颇称好事……光绪丁丑（1877）北游，不数年而客死江南矣。所著有《游嵩日记》《游终南太乙小记》《蔬香小圃漫录》。"[③] 咸丰十年（1860）何氏家族以"一榜三进士"名扬贵州，即何亮清、何鼎、何庆恩同中进士。而该榜贵州仅中进士 10 名（按题名碑，贵州只中 5 名），何氏就占 3 名，何氏家族因此闻名贵州。"一榜三进士、五代七翰林"中，何梦熊一支占 6 名，何济川一支占 3 名，标志着何氏家族第三次兴旺起来。何亮清钦点翰林院庶吉士馆官时因错韵即用知县，任四川候补知府、署保宁府知府时，由于官场腐朽，醉心诗歌、书法而怠政。光绪十五年（1889）因"声名狼藉"革职，何氏从此第三次衰落。1920 年贵州"民九事变"，何麟书一家惨遭杀戮，何氏进一步衰落。"何麟书（1874—1943），贵州贵筑县人。

---

① 民国《贵州通志·人物志》卷五《分部·清三·政事上·贵阳府》，载《中国地方志集成·贵州府县志辑》10.成都：巴蜀书社 2006 年版，第 203 页。

② 《中国第一历史档案馆存清代官员履历档案全编》26.上海：华东师范大学出版社 1997 年版，第 683 页。

③ 民国《贵州通志·人物志》卷五《分部·清四·文学·贵阳府》，载《中国地方志集成·贵州府县志辑》10.成都：巴蜀书社 2006 年版，第 283 页。

光绪二十九年（1903）中举。次年，授拣选知县……（宣统二年，1910）七月二十四日，何麟书被公推为贵州国会请愿同志会上书代表……1912 年春，何麟书参与策划贵阳'二二事变'和请滇军入黔。唐继尧率滇军夺取贵州政权后，任何麟书为都督府政务处学政司司长。4 月上旬，参与发起成立统一党贵州支部。不久，被任为贵州东路巡按使……1913 年春，驻湘北伐黔军被击溃遣散后，何麟书改任贵州教育司司长、唐继尧秘书。次年 7 月，任贵州政务厅厅长。1919 年年初，改任黔中道尹。1920 年 11 月 10 日夜，贵阳发生'民九事变'，因其家被重点搜杀而避往云南。"①《贵州省志·军事志》：1920 年"11 月 10 日晚，何应钦坐镇警察厅指挥，警卫营长孙剑锋、副营长林子贤连夜召开连、排长会议，令第 1 连解决凌国先营，第 2 连解决张三元营，机枪连向督军署警戒；另派几名排长分头逮捕郭重光、熊范舆、何麟书等人。会后立即行动，刘显潜的凌国先、张三元、王梅村三个营先后被缴械；郭重光、熊范舆被枪杀，何麟书出走……这事件发生在民国九年，故称民九事变"②。何麟书在贵州光复后，历任贵州军政府学政司司长、教育司司长和黔中道尹。1920 年贵州发生"民九事变"，何麟书一家男丁被杀殆尽，他侥幸逃避于昆明，何氏家族第三次衰落。据 2014 年开阳何氏编印的《何氏家乘》，何麟书子侄辈从政者有第七子何士琛，毕业于解放军后勤学院后参加北大荒开发，任过友谊农场党委书记、场长、友谊县县长、双鸭山市政府秘书长等职；其孙何力获博士学位后任过贵州科学院院长，当选贵州省人民政府副省长、贵州省人大常委会副主任。其余子孙多从事科教工作，如何士珺毕业于中国人民大学统计系，任大连大学教授；侄子何士璇同济大学毕业后，长期在贵州从事科研工作，主编《贵州宏图》，出版《何士璇文集》；其孙何克勇留学英国获硕士学位后回国，任中央民族大学外国语学院博士生导师；曾孙何述钟获北京大学博士学位后，赴美国威斯康星大学麦迪逊分校药学院做博士后研究，现任贵州大学药学院教授等。

---

① 冯祖贻等主编，《辛亥革命——贵州事典》，贵阳：贵州人民出版社 2011 年版，第 256-257 页。

② 贵州省方志办编：《贵州省志·军事志》第六编《民国军事》，贵阳：贵州人民出版社 1995 年版，第 353 页。

二、贵阳李氏家族的来源与何李两家联姻

贵阳李氏家族原籍湖南衡阳府清泉县（今衡南县），光绪《湖南通志》道光二十五年乙巳恩科萧锦忠榜："李朝仪，清泉人，直隶大名知府，补用道盐运使衔。"同治二年癸亥恩科翁曾源榜："李端菜，清泉人，翰林院编修。"嘉庆二十一年丙子科："李朝显，清泉人，贵州中式。旧志未载，今据县志补。"道光十七年丁酉科："李朝仪，清泉人，贵州中式。"①同治《清泉县志》：进士：嘉庆"乙巳，李朝仪，直隶大名知府，补用道盐运使衔"。"同治癸亥，李端菜，翰林院编修。"举人："（嘉庆）丙子（1816），李朝显，贵州榜，清泉县教谕。"（道光）丁酉（1837）："李朝仪，贵州榜。""封赠：李文瑾及妻朱氏，以孙朝仪大名知府道衔貤赠；李之治及妻刘氏，以子朝仪道衔赠。"②何麟书《蕊园诗存序》："蕊园先生，余长姑母之子也。"梁启超《清光禄大夫吏部尚书李公墓志铭》："其先湖南衡州府清泉县人……祖始迁黔，乃籍贵阳之贵筑。""公生于道光十三年（1833）癸巳九月初十日。"③可见，贵阳李氏家族原籍湖南衡州府清泉县（今衡南县），李端菜祖父李之治大约乾隆时入黔，道光初期，李朝显娶何正机长女为妻，何李两家遂成通家之好。

三、李端菜与何亮清父子

（一）李端菜与何亮清

《道光二十九年己酉科贵州选拔同门录·年齿录》（国家图书馆藏清末刻本）："何亮清，道光己丑年（1829）正月二十九日丑时生；贵筑优廪生，民籍；原籍江南凤阳府定远县。曾祖讳允哲，邑庠生，晋封中宪大夫；曾祖姚氏许，晋封恭人。祖父讳学林，乾隆壬子（1792）举人，联捷钦点翰林院庶吉士，乙卯（1795）散馆授职检讨，历充文渊阁校理、国史馆纂修、日讲起居注官、巡视东城御史，掌浙江山西道监察御史，户科掌印给事中，庚申

① 光绪《湖南通志》卷一百三十六《选举四·进士三》，卷一百四十二《选举十·举人六》，卷一百四十三《选举十一·举人七》。上海：商务印书馆1934年版，第2730、2732、2836、2846页。

② 同治《清泉县志》卷七《选举》，载《中国方志丛书·华中地方第三六〇号》，台北：成文出版社有限公司1975年版，第160、161、162、168页。

③ 国家清史编纂委员会编：《梁启超全集》第十八卷《诗话诗词集》，北京：团结出版社1999年版，第5192—5193页。

（1800）试差第一江南乡试正考官，湖南提督学政，江苏苏松都粮道，浙江杭嘉湖兵备道，兼署按察使司、布政使司马，诰授中宪大夫；祖母氏李，诰封恭人。父讳正机，历知湖南石门、泸溪、广东合浦、新宁、河源县事，敕封文林郎；母氏戴，敕赠孺人。"《翁心存日记》：咸丰二年二月十日（1852 年 3 月 30 日），"贵州小门生何亮清来，授源、松（翁曾桂）两孙读者也，品学俱长，人亦温雅。"咸丰十年闰三月十七日（1860 年 5 月 7 日），"贵州小门生何亮清，新科进士，复试一等十三名，源孙等之师也"。同治二年（1863）四月二十七日："何君亮清诗'贻我'，'贻'字失黏，列三等，渠场中懵然不觉，岂非命耶？"翁心存孙翁曾源同治二年（1863）中状元的会试履历中所载受业师为"何孟寅老夫子，名亮清"①。《翁同龢日记》："何孟寅写作极佳，而诗中用'贴我贻我'仄，用此字虽平仄双收，生僻已极，孟寅云是日草稿本是'率育'，不知何以误写，阅过数次并未见到。命也。"②光绪十五年（1889）何亮清《皇朝琐屑录序》："戊辰（1868）予筦嘉定厘局……庚午（1870）予摄乐山县篆……己丑（1889），君游锦城（成都），予留居鸥宿山房，私叩近作，乃出《皇朝琐屑录》以示。"落款："诰授资政大夫、赐进士出身、前翰林院庶吉士、赏戴花翎、丁卯（1867）癸酉（1873）乡试同考官、四川补用道、权保宁府事、如弟何亮清顿首拜序。"③据此，何亮清与常熟翁氏家族关系非同一般：早年先拜在翁心存门下为"小门生"，翁同书任贵州学政时获赏识任翁曾源（后中状元）和翁曾桂塾师。咸丰十年中进士，选翰林院庶吉士后又拜在帝师翁同龢门下。翁氏父子对何亮清评价很高：翁心存认为"品学俱长，人亦温雅"，翁同龢认为"写作极佳"。关于何亮清卒年，有不同记载。《光绪朝朱批奏折》：四川总督刘秉璋光绪十四年十二月二十二日（1889 年 1 月 23 日）上《奏为委任何亮清署保宁府知府事》保举何亮清署保宁府，光绪十五年八月初六（1889 年 8 月 31 日）又上《奏为特参四川署保宁府知府何亮清试用知县吕明钟行险胆大请旨革职事》："……查候补知府、署

① 张剑整理：《翁心存日记》第三册、第四册。北京：中华书局 2011 年版，第 858、1488、1510、1842 页。

② 陈义杰整理：《翁同龢日记》；北京：中华书局 1989 年版，第 204–205 页。

③ ［清］钟琦：《皇朝琐屑录》卷首"何序"，四川嘉州（今乐山市）：清光绪二十三年（1897）钟氏刻本，第 1 页。

保宁府知府何亮清声名狼藉，试用知县、署阆中县知县吕明钟行险胆大，均不足膺民命，未便稍事姑容，相应请旨，即将候补知府何亮清、试用知县吕明钟一并革职，永不叙用，以肃官常。谨附片具陈，伏乞圣鉴。谨奏。"同年十二月，朱批"著照所请，吏部知道"①。民国《贵州通志》载何亮清"光绪初年卒于四川"。现存何亮清墓碑立碑时间为：光绪甲午（1894）九月谷旦。可见，民国《贵州通志》说何亮清卒于光绪初年显然不确；民国丁丑（1937）何麟书《苾园诗存序》："咸丰庚申（1860），先公成进士，改庶常，旋散馆为四川知县。越二年［李端棻同治二年（1863）中进士］，先生亦乡会联捷入词林，为京曹。南北万里，迄于先公之殁，阅二十有六年（1889），甥舅乃不复一相见，亦可悲已。"②与何亮清光绪十五年（1889）作《皇朝琐屑录序》并于同年十二月因"声名狼藉"免职相印证，故何亮清光绪十四年（1888）经刘秉璋奏署保宁府知府，卒于光绪十五年十二月（1890年1月）被免职后不久。又据何亮清《皇朝琐屑录序》自署"诰授资政大夫"，按清制资政大夫为正二品文散官，中国第一历史档案馆保存有同治五年七月初七山东巡抚阎敬铭所上《奏请将四川同知何亮清原有劳绩改获以知府用先换顶戴事》，故同治五年（1866）何亮清就以劳绩获封资政大夫、二品顶戴。此外，"一榜三进士"中，何鼎也因疏于政务被革职。何鼎中进士后先任河南叶县知县，同治八年（1869）因"才不称职"被河南巡抚李鹤年上奏"请降职开缺"，后调福建沙县知县；中国第二历史档案馆存有光绪二十一年（1895）大学士管吏部事务张之万《题为遵旨议处沙县知县何鼎等疏防监犯杨受瀅越狱逃脱照例革职事》。何庆恩生平材料，除了前述其官员履历外，民国《开阳县志稿》载其原名毓芝；民国《永定县志·职官志》载，同治间，"何庆恩，贵州进士"。按民国《开阳县志稿》和《八寨县志》与修文六屯民国旧谱，何庆恩字苏泉，为同治开州恩贡、光绪二年（1876）选八寨县（今丹寨县）训导、升都匀教谕，何大瑄长子，何庆松长兄。因何大瑄与何亮清（名大镒）同辈，故民国《贵州通志》称其为何亮清之侄，但未载其名。贵州省图书馆藏《何兰舫遗

---

① 中国第一历史档案馆编：《光绪朝朱批奏折》第六辑《内政·职官》六，北京：中华书局 1995 年版，第 640—641 页。

② 何麟书：《苾园诗存序》，《贵州文献季刊》第五期，贵阳：贵州文献委员会 1949 年编印，第 45 页。

诗》所附同治壬戌科（1862）恩贡、湄潭县教谕何渔珊（何赞清号渔珊）序开篇云："福建省东街口研古斋。此系胞侄，己酉举人，庚申进士，选授福建省汀州府永定县知县何兰舫所作也。"由此可知何庆恩号兰舫，但不知是何庆恩曾寓居福建省城福州东街口研古斋，还是何赞清在福州东街口研古斋作序。

李端棻幼年丧父，拜舅父何亮清为师并获舅父救济。何麟书《苾园诗存序》："苾园先生，余长姑母之子也。幼孤，家綦贫，依母以居。常授业于中宪大湘雪公学诗古文，时余家亦中落，先公甫登贤书，屡踬于春闱，以舌耕自给，时分馆谷周济之。先生嗜学，性至孝，家无儋石，自甘藜藿，而日必竭蹶备甘脂以奉母。先公亟称许之，尝曰：'苾园忠孝之忱根于性生，异日必能为国家尽瘁'。"[①] 足见何亮清与李端棻甥舅分别因家道中落和丧父，自幼贫苦。何亮清比李端棻大几岁，尚可靠教书养家糊口，李端棻则孤苦无依；何亮清对幼年李端棻生活多有接济，对其学习影响很大，故李端棻晚年说"吾一生为学之道，得之吾舅"，实乃肺腑之言。

（二）李端棻与何麟书

何麟书（1874—1943），号季纲（一作季刚），何亮清之子，李端棻表弟。戊戌变法失败后，李端棻因"滥保匪人"罪，"著即行革职，发往新疆"后，直到光绪辛丑（1901）才以年老多病被赦回故里贵阳。当时何麟书年仅27岁，正在家中苦读准备参加乡试，经常到表兄家相伴，何麟书兄弟将李氏口授诗作百余首抄录汇集成册。光绪三十一年（1905），何麟书兄弟计划经商，李端棻闻讯后"力赞其成"，并作《赠何季纲表弟》诗："书田难得兆丰年，通变聊将子母权。霸主事功惟足食，圣门货殖亦称贤。治生岂曰非儒者，择术何妨法计然。欲救国贫先自救，萌芽商学要精研。[乙巳岁（1905），予兄弟议经营商业，先生力赞其成，作此诗以赠。书注。]"[②] 可见，早在清末贵阳风气未开之时，何麟书兄弟决定经商，李端棻作为戊戌变法推动者和中国近代新学先驱者之一，给予表弟热情支持和鼓励，也足见两个表兄弟间感情

---

① 何麟书：《苾园诗存序》，《贵州文献季刊》第五期，贵阳：贵州文献委员会 1949 年编印，第 45 页。

② 何麟书整理：《李苾园先生遗诗》，许先学，龙尚学主编：《金筑丛书·贵阳五家诗钞》；贵阳：贵州教育出版社 1995 年版，第 19 页。

非同一般。何麟书《苾园诗存序》："其生平喜为诗，心有所触，一一托之吟咏，家居数年，所作尤夥，几于无日无诗；顾随手散佚，其家人又不知收弃，存者绝尟（鲜）；幸余弟兄时在左右，尝口授而笔录之，积之数年，得百数十首，综先生生平之作，什不逮一，然吉光片羽，藉以窥先生襟袍，且使后生小子有所取法，岂不与连城拱璧，同其宝重耶。"① 可见，李端棻被赦回故里后的两年中，何麟书兄弟经常陪伴在其身边，将其口授诗作百余首笔录结集为《苾园诗存》（后贵州文献馆征集时改为《李苾园先生遗诗》）。1920 年"民九事变"时，何麟书险些丧命，仓促出逃时还不忘带着李端棻诗作，足见表兄弟感情真挚及对李端棻诗作的珍惜。因此，何麟书最早将李端棻诗作结集成册，予以整理和研究，并给予了中肯评价。《李苾园先生遗诗》成为如今不多见的研究李端棻生平、事迹、思想的最珍贵第一手材料。

---

① 何麟书:《苾园诗存序》,《贵州文献季刊》第五期，贵阳：贵州文献委员会 1949 年编印，第 45 页。

李端棻与印江柳氏家族

张 明 ①

（贵州大学历史与民族文化学院，贵州贵阳，邮编：550025）

【摘 要】清代印江柳氏家族是一个书香文化之家。成同年间，天下大乱，印江柳氏家族的杰出者——柳宗芳由进士而建立军功，后因忧劳成疾，病逝军中。其子柳元翘请李端棻为其父撰《墓表》。考察李端棻所撰《墓表》，可知李端棻与柳氏家族有"通家"之谊（表亲），对进一步研究李端棻的社会关系能够提供有益的线索。

【关键词】李端棻；印江；柳氏家族

一、印江柳氏家族

印江是黔东北梵净山脚下一个古老宁静的县城。北宋赵匡胤乾德三年（965），建有"思邛县"（治今印江城西甲山村），属思州。其时在思邛县建有西岩寺、三清观。西岩寺建于乾德三年（965），比湖南岳麓书院（始建于976 年）还早 11 年。西岩寺是贵州著名的千年古寺，是梵净山地区迄今可考的最古老寺庙，是为梵净山佛教的祖庭。

元代，改"思邛县"为"思印江长官司"，隶思州军民宣抚司，土司制度开始在印江实行。明永乐十一年（1413），贵州正式建省，"思印江长官司"属思南府（治今思南县）。明弘治七年（1494），废除"思印江长官司"，改为"印江县"，隶思南府。

---

① 张明，男，土家族，双硕士（中、美），贵州大学历史与民族文化学院副教授，硕士生导师。研究方向：中国思想史、区域文化史、阳明学。

印江改土归流后，人文兴起，人才辈出，特别是清代以来，印江科举发达，有一家父子兄弟皆有科举功名的，其中印江县城柳氏家族，就是印江著名的科举文化之家，"两代三名人，父子两进士"。简述如下：

柳宗芳（1819—1876），字芷汀，印江县城人，道光二十九年（1849）乙酉科经魁举人（科考前5名），咸丰十年（1860）庚申科进士。柳宗芳签分四川，补灌县知县，历任苍溪、盐源、长宁等知县，均有政声，剿匪尤著奇绩，升直隶州加知州衔。光绪二年（1876），以积劳成疾，病卒于泸州差次，归葬印江南乡。李端棻为其撰《柳芷汀乡先生墓表》。著有《谷诒堂诗钞》，收集诗词178首，存藏于印江县档案馆。

柳宗蘧（？—1907），字鹤樵，别号柳桥，柳宗芳之弟。游泮后两应乡举未售，即不复就试，纳粟以同知指分山东，后宦于蜀。一任新都，两任四望关，再任雷波厅，所在均著政绩。晚岁闭门谢客，以著述自娱。著有《开拓西藏大事记》若干卷及《柳桥边诗三十首》。光绪三十三年（1907）殁于成都。

柳元翘（1854—1922），字筱汀，柳宗芳之子。光绪十七年（1891）辛卯科举人，其父曾列经魁，元翘复然，乡中传为佳话。光绪十九年（1893），在印江任"依仁书院"院长，曾撰书"邑侯赖老父台大人德政碑并记"。光绪二十一年（1895）进京参加会试。正值甲午战败，清政府准备签订卖国条约，柳元翘慨然参与康有为发起的"公车上书"，被朝廷"禁试"三年。光绪二十四年（1898）中戊戌科进士，以大挑一等知县签分安徽。辛丑（1901）授芜湖，旋署当涂，报最，送部引见，以直隶州升用，并加知府衔，复回芜湖县。邑有巨绅崔国英者，曾充驻俄公使，俚官通判，横于乡，吏莫敢诘。元翘以事逮治其侄，按律科罪，国英衔之，赂大吏罢其官。光绪三十三年（1907），元翘弃政从教，先后在广东、广西、湖南、湖北游历讲学。1918年，任可澄编写《贵州通志》时，担任采访，著《续修贵州通志·印江采访贰次编纂呈报》《贵州通志·印江报解》第三期。著有《吴江春柳吟》《愚溪遁叟遗稿》传世。

印江柳氏家族两代三名人，并称"三柳"。他们从晚清至民国一直活跃于军政与文化领域。不仅是印江重要的文化世家，而且在近代历史上留下了精彩的一页，是当前贵州历史研究不容忽视的重要文化世家之一。

二、李端棻为柳宗芳撰《柳芷汀乡先生墓表》

咸同年间，天下大乱，作为出身于科举的儒家知识分子，柳宗芳像曾
（国藩）、左（宗棠）、李（鸿章）一样，具有传统的"经邦治国平天下"思
想。他长期在四川领军作战，不幸积劳成疾，于光绪二年（1876）病逝于泸
州。与柳氏家族有"通家"之谊（表亲）的李端棻特为柳宗芳撰《柳芷汀乡
先生墓表》一文，追溯其生平事迹并表彰他的军政事功。提供给学界朋友，
以作进一步研究的线索和资料。全文如下。

《柳芷汀乡先生墓表》

予官京畿时，尝闻吾乡父老谈及下游印江，居万山中，豁然开朗，
山水明秀，若古桃源状，意必有魁垒奇伟之士挺生其间。尝按思南郡志，
印建学于明万历三十四年（1606），至今二百余年矣。而邑人士可考者，
选拔十有一，举人四十有九，进士三，其由拔贡中甲乙科者，惟芷汀柳
公一人而已。世以此艳称之。

公讳宗芳，别号芷汀，与吾宗有通家谊，生平行径得其大凡。少自
刻苦，泊通籍，悠然如韦素，识者早知公之志事为不凡也。释褐后签分
四川，先是委办秀山边防猫猫山军务，事平旋省，即奉委分统安定左营，
中间为川督协揆骆文忠公所知，历任以苍溪、盐源诸边要地，旋题补灌
县知县。其后吴制军棠亦以边滇之长宁委公。公官署十余年，以兵事相
终始，其分带安定营也，先后奉檄援剿定远、涪州、綦江，所至未交，
绥贼辄闻风遁。大府叠保以同知升用，其署苍溪也，县邻陕，时回匪乱，
警耗日数闻，重以大军络绎过境，公转饷不误军书，以其暇筹边设防，
应付无遗误。川以北若阆中、广元、昭化等县，幸得苍澳以捍藩篱，均
恃无恙，骆文忠以此知公，知益稔。未几，滇匪由滇窜永北，遏盐源，
文忠素伟公胆略，拔署县事，临辞秘授机宜以往。至则发匪朱昌幅已窜
入黄草坝，公督练丁激土目走之，回首杜文秀卵翼狼狈，盘踞大理十数
年。时侵据县界，将欲大举寇边。公念县请饷远，乞师又不时至，乃捐
廉俸，募丁壮，甫成军而滇匪已由盐井压东关而阵，相持十余日，贼攻
具技穷，乃改踞近城民房，逐日常以金鼓聒军中，以乱人听，暗掘隧道，

以火药实朱棺二，乘晓睡梦中，燃之以轰东城，东城公所常川注重之地也，城圮十余丈有奇。是时砖石横飞，烟尘蔽天日，悍贼百余人复乘势先登，突为女墙反扑，悉数压毙，此中似有天焉。初公闻警，袖匕首拟自裁，为侍从所夺去，公得不死，立为号召，悬不次之赏，竭立抢获，乘间躬督士卒堵塞裂口，贼反胜为败，遂乃越境引去。

其时，因细故，与本属宁远府钟昌勤不合，肃清具禀，未能悉缕战状以呈，以致文忠上其绩，仅奉旨赏戴蓝翎，以同知直隶州升用，而公弗较也。事竣饬赴灌县本任。其令灌也，拊循闾里，训迪英髦，经指授者多知名士，创设城乡义学二十余塾，弦诵之声遍里巷。檄调同治庚午（1870）科乡试同考官，鹗荐之文，一时号称得士。秋闱毕，吴制军保以卓异第一，给咨引见，虽阳城上考，回任候升，循例事也。

旋川后，吴制军仍以长宁边滇需材，强公往。公至治如灌江，政声雀起，而滇匪窜踞兴文县之九丝寨，兴文令某拥兵自卫，作壁上观。公以邻封谊，率团练会客军进剿，身为军锋，阵戮其渠帅，匪党仍溃入滇境，蜀下南道赖以无事。事闻，特旨赏换花翎，加知府衔，遇缺即补直隶州知州，而公至此竟积劳成疾，痰湿不时举发，请息仔肩，巡道延祐委办成溪口百货厘金，少慰其劳。其时并闻大府题奏，有升补泸州之请，而公已卒于泸城差次矣。

公在川所致有政声，尤长于兵事，临阵尝与士卒共甘苦，故人皆用命，所向有功。咸丰初元，天下多故，惟蜀差完善，秦、滇诸逆垂涎久。骆文忠公以公才能当其冲，川南北屹若金汤，公与有力焉。独居灌数年，无纤警而循声尤卓著，为诸县最，所谓魁垒奇伟者非欤？国家承平久，自粤西金田倡乱，海内骚然，赖文武士勠力勘定之。时身系安危有知人鉴者，相国曾文正公，楚抚胡文忠公外，首推花县骆文忠。凡经三公所赏拔，自韦布特达以跻节钺者难偻指数。公受骆文忠公知最深，而仕进固止于是，生平志事百不一展，又困之以茧丝保障，俾积劳以终，亦何说。然自公显达后，邑人士咸奋于学，文武登贤书者，至四五十人，非公有以兴起之，曷克飚举若是，则公之增重于印者何如哉，吁！洵可表也！

公卒之次年，公子廪生元翘扶榇旋里，将卜葬于南郊之原，印俗葬隧无志，既葬，将表其墓门之石，不远京师持以文属，谊不克辞，乃揭公之大节与其光印邑者，特为之表，而附以志焉。

公子元翘，能读楷书，继公之志事者，将于是乎在。公著有《谷诒堂诗文稿》，待梓。①

_____

①　冯楠总编：《贵州通志·人物志》，贵阳：贵州人民出版社 2001 年版，第 1004—1005 页。

李端菜为中华复兴历史贡献的思考

陈 政 ①

（贵州省人大常委会研究室，贵州贵阳，邮编：550004）

【摘 要】本文对清礼部尚书、著名维新派大臣、京师大学堂首创者和梁启超的举荐者李端菜的历史地位及其历史贡献进行浅述。文章包括倡导创办新学、创办京师大学堂、举荐维新志士、投身维新变法、做官清廉勤政5个部分。说明李端菜是一位在19世纪末20世纪初对中国变法图强有重大影响的历史人物。

【关键词】中华复兴；维新变法；李端菜

　　李端菜（1833—1907），字芯园，清贵州省贵筑县（今贵阳市）永乐人，同治二年（1863）考中进士，入翰林院，授编修、擢升御史。先后任过山西、山东、四川、广东等省乡试主考官、全国会试副总裁。历任云南学政、监察御史、刑部、工部侍郎、仓场总督、礼部尚书等职。为官公正清廉，直言敢谏，唯才是举。光绪十五年（1889）典试广东，赏识梁启超才华，许配从妹。支持康有为、梁启超变法。上书请设京师大学堂（北京大学前身），增开外文、算学、天文、地理、格致等课程；建藏书馆、仪器院、译书局、报馆，派留学生出国学习等。戊戌变法时期，密荐康有为、谭嗣同于光绪帝，旋升礼部尚书。又上疏请求删改衙门旧例，主张御门誓群臣，开懋勤殿议制度，派朝士归各地办学校等。变法失败被革职，充军新疆。途中患病，留甘

　　① 陈政，男，贵州省人大常委会研究室。产业经济学博士，应用经济学博士后。主要从事政治经济学的研究工作。

州。光绪二十七年，赦归原籍，受聘主讲贵州经世学堂，传播天赋人权、自由平等思想，介绍学生阅读《新民丛报》等刊物。参与创办贵州省公立中学堂（今贵阳一中）及贵阳公立师范学堂，并亲自授课，传播新学。发起成立了贵州铁路矿务总公司，维护利权等。他是一位 19 世纪末 20 世纪初对中国历史进程颇有影响的人物，但其生平及贡献研究材料不多，现就其历史地位及主要贡献进行浅析，供行家、学者参考。

一、倡导创办新学，为维新变法先锋

李端棻自同治二年（1863）入翰林院，至光绪二十二年（1896），从事学政三十三年，深知科举制度以八股取士的弊端，针对时弊，进行深刻的反思，并借鉴西方教育方式提出改革对策。光绪二十二年正月初二日（1896 年 6 月 12 日），上奏《请推广学校折》，建议在全国进行教育改革，推广学校；疏请在北京设立京师大学堂，各省会设中学堂，各府州县办小学堂。重点教习外文、算学、天文、地理、理化和外国历史；建设图书馆、科学馆、翻译局、办报纸和派留学生等。均获批准，并于两年内逐一付诸实施。普及教育，培养人才振兴国运，从而拉开了向现代化教育转型的序幕。他在总结洋务运动开办学堂"教之之道未尽"的缺失后，提出了一整套办学纲领。

第一，在学制方面。①府州县选民间俊秀子弟年 12 岁至 20 岁者入学，其诸生以上欲学者听之，三年为期。②省学选诸生 25 岁以下者入学，其举人以上欲学者听之，三年为期。③京师大学选举贡监生 30 岁以下者入学，其京官愿学者听之，三年为期。

第二，在教学内容方面。①府州县学课程诵四书通监小学等书，而辅之以各国语言文字及算学、天文、地理之粗浅者，万国古史近事之简明者，格致理之平易者。②省学课程诵经史子及国朝掌故诸书，而辅之以天文舆地、算学、格致、制造、农桑、兵矿、时事、交涉等。③京师大学课程一如省学，唯益加专精，各执一门，不迁其业。省学和大学由于课程名目繁多，可分科讲习，等其荣途，一归科第，予以出身，一如常官。如此，则人争濯磨，士之向往。风气自在，技能自成才，不可胜用矣。

第三，在办学经费方面。鉴于国家患贫，可将各省所设之书院改建为学堂，增广功课，变通章程。旧有的公款不足，始拨官款补助之。这样所需较少易于筹积。至于京师大学，因在首善之区，不宜因陋就简，示天下以朴。当酌动币藏，以崇体制。每岁得十余万，规模已可大成。

第四，在讲课教习方面。宜令中外大吏各举才任教习之士，悉以名闻，或就地聘延，或考试选补。海内之大，必有可以充其任者。

李端棻的高明之处还在于，他认为仅办学校不能满足培养"异才"之需，还要建设五项配置措施。一是设藏书楼。即今图书馆，收藏中外书籍，供学生广阅博览，拓宽知识面。二是创仪器院。即今实验室，供学生"试习"，使学业达到"专精"。三是开译书局。培养外语人才，及时翻译西方最新著作，使学生"增益见闻，开广才智"。四是立报馆。帮助学生"足不出户，而于天下之事了然也"，有助于培养国家有用的"识时"人才。五是选派游历。即选派优秀学生出国留学，"精益求精，以期大成"。

《请推广学校折》不仅获光绪皇帝的重视和采纳，还得到朝臣的赞同和支持。光绪二十四年七月八日（1898年8月24日），京师大学堂宣告成立后，李端棻又奏请朝廷派员督办各省学堂，光绪皇帝采纳他的建议，各类学校在全国如雨后春笋般建立起来。

李端棻以《推广学校折》投身维新变法，并促成了康梁关于变法之根本兴学育才的实现，遂使新政萌芽，起到了为维新变法鸣锣开道的作用。后来变法虽然失败，新政遭"后党"（慈禧太后之流）的否定，而《推广学校折》仍在全国继续施行。

二、倡言创办京师大学，奠定北京大学万国所瞻之基础

梁启超对李端棻《推广学校折》评价很高，认为深切详明。由梁启超所拟定的《京师大学堂章程》没有沿袭同文馆，而是本着李端棻奏请之意，全文8章49节，内容远远超过同文馆的旧章，放眼世界，建一所近代的新式大学堂。第一章，总纲。规定京师大学堂为各省之表率，万国所瞻仰。规模当极宏远，条理当极详密。不可因陋就简，有失首善体制。第二章，学堂功课。中西兼备，"西学为体，中学为用。二者相需，缺一不可。体用不备安能成才"。"此次设立学堂之意乃欲培植非常之才，以备他日特达之用。"为此依照西方和日本学校通行功课，分别为两类，普通学十种。普通学卒业后每学生各占一门或两门，专业进修。外语则为必修。凡学生在20岁以下，必须

认习一国语言文字。①课时。6 小时在讲堂，由教习督课；4 小时归斋自课。②考验。依西例用积分法，普通学功课，能一课者为及格；课外书，将所读书条举心得，入札记册，教习评阅记注分数，以为高下之识别；西文功课，以背诵、默写、解说三事记注分数，每月总核其数之多寡，列榜揭示。③考课（试）。每月一次，就普通学十类中，每类命一题，以作两艺为完卷。其头班学生习专门学者，则命专门之题试之，由教习阅定，分别上取、次取。其课卷札记列高等者，择优刊布，布诸天下，以为楷模。第三章，学生定额500 名。其中翰林院编检、各部司员、大门侍卫、候补、道州府县以上及大员子弟、八旗世职后裔之愿入学者，为 300 人，各省中学堂学成领有文凭咨送来肄业者 200 人。按功课之优劣分为六级，给予膏火（津贴）。宁缺毋滥，宁严毋宽。功课不及格者，随时黜降。并于前三级学生中选其高才者，作为师范生，专讲求教授之法，为他日分往各省学堂，充当教习之用。第四章，学成出身。鉴于此前所设各学堂不能成就人才，虽由功课未能如法教习，未能得人，亦由国家科第仕进不出此途，学成而无所用。也就是要以京师大学堂和各省学堂培养人才，以取代科举。各府州县之小学卒业领有文凭者，作为经济科生员升入中学；由中学卒业领有文凭者，作为举人升入大学；由大学卒业领有文凭者，作为进士，引见授官。大学堂中卒业各生择其尤高才者，先授以清贵之职，仍遣游学欧美各国数年，以资阅历而期大成，加以不次擢用，庶可济时艰而劝后进。第五章，聘用教习。鉴于同文馆及北洋学堂等，多以西人为总教习，而学堂功课既中西并重，华人有兼通西学者，西人必无兼通中学者，前此各学堂于中学不免偏枯，皆由以西人为总教习，但专就西文而论，英、法、俄、德诸文并用。第六章，设官。设管学大臣一员，以大学士尚书侍郎为之，如管国子监事务大臣之职。设总教习一员、分教习汉人 24 员，总办一员、提调 8 人，供事 16 员，藏书楼提调一员、仪器院提调一员。第七章，经费。西方凡一切动用款项皆用预算表决算表。即有计划地开支，而"中国向来无列表预算之法，故款项每患舞弊，其帑越多，成效越少"。故"宜力除积弊，采用西法，先列为常年预算表、开办预算表，然后按表拨款办理"。使有以自养，然后可责以实心任事。以上各项经费总计五十余万两，数额不小。特别规定"一切工程及购书购器等费，皆由总办提调经理，皆当实支实销，不得染指官场积习"。第八章，新章。即其他未尽事宜，应由各该官员另行续拟新章。与之相比，京师大学堂按章程规定，无论教学内容和学校规模都有很大的拓展。一是将京师大学堂作为"各省之表率"，并与各地的中、小学堂组成一个由初级到中级到高级的教学体系。也就是在全国普及教育，让天下的童生皆有机会入学，逐级递升，学而有成，以致用，从而为国家培养时用的人才。这就从根本上改变了历代科举制度只重考试、不管教育的积弊，为废除科举奠定基础。二是教学内容，"中西并重，观其会通，无得偏废"。并由洋文、洋语扩大到政治、经济、历史、地理、数学、物理、化学、矿学、商学、兵学、卫生学等，诸多学科。这就改变了洋务学堂"徒习西语西文，而于治国之道、富强之原，一切要书多未肄及"的缺陷。同时分科教学，有利于培养各类专业人才，以供国家社会方方面面的需要。三是讲求实践，尤其是理科。诸如天、算、声、光、化、电、农、矿、机器制造、动植物，各种学问，必备仪器，供学者观摩，实地考察，以求事半功倍。四是注重培养师资。于大学堂中专设一"师范斋"，选前三级学生中之高才者，作为师范生，专讲求教授之法，为他日分往各省学堂，充当教习之用。五是强调教习的重要。总教习"必择中国通人学贯中西能见其大者，然后可以崇礼制，而收实效"，一改同文馆以西人为总教习的成例。指出"学习之成就与否全视教习，教习得人则纲目皆举；教习不得人，则徒糜巨帑"。照此《章程》的规定，其所要办的，当是一所现代化的综合性的高等学府，远比同文馆优胜多了。

辛亥革命后，京师大学堂改名北京大学。据说北大百年校庆时，把李端棻排在创业者的首位，严复排在第二。这种忠实于历史的表达，值得颂扬，也就是说，北京大学的首创者是贵州的李端棻一点不过分。

三、举荐维新志士，为国家变法提供了栋梁之材

如果说兴学育才是推行新政的长远大计的话，李端棻则认为变法是时下之举，急需一批改革维新的人才。光绪皇帝下诏求贤，臣工畏于后党势力，大多处于观望状态。李端棻却敢冒天下之大不韪，无所顾忌，不怕丢乌纱，甚至以身家性命担保，推荐了康有为、梁启超、谭嗣同等出类拔萃的改革志士。光绪皇帝召见这些人面见后，分别授给四品衔，均给予重用。如准康有为在总理衙门行走；令梁启超办译书局；令谭嗣同、刘光第、杨锐、林旭等

担任军机处章京，审阅新政奏折，草拟新政诏书。至此，维新变法得以正式启动。变法失败后，李端棻被充军新疆，其罪名主要是"滥保大逆不道之康有为等"。李端棻积极支持康有为、梁启超的维新变法活动，向光绪皇帝密荐康有为、谭嗣同等十余名维新名士。戊戌变法时，进一步策划新政，与顽固派做了坚决的斗争，成为当时著名的维新派官员。他的维新思想还影响和启迪了流寓京师的贵州籍人士。光绪二十一年（1895），康有为、梁启超发动著名的"公车上书"时，贵州举人纷纷参加。现存603人名单中，贵州竟有90余人，几乎占六分之一。这是贵州文人学士在中国近代史上留下光辉的一页，此举与时任礼部尚书李端棻密不可分。

四、投身维新变法，为维新变法提供了智力支撑

李端棻为维新变法提出了一系列卓越的主张和建议，几乎都被光绪帝采纳。其中最重要的是光绪二十四年四月（1898年6月）所上的《维新变法条陈当务之急折》。主要内容包括：①御门誓众，以定国是；②开懋勤殿，议定新法；③改六部则例，裁减冗员；④选派通才督办各省学堂。

这四项都是变法的根本大事，李端棻的见解比其他人深刻且高出一筹。在此期间康有为提出的设法律局，御史杨深秀等人提出的新政局和变法局等，仍属于朝廷的职能部门。而李端棻提出的懋勤殿，具备西方议院性质，既有权利制定法律，又能监督朝廷施行。而改六部则例，裁减冗员，也属开先河之举。正如梁启超指出："中国举国几半冗员也，蠹民实甚，然大臣亲友姻娅遍满中外，谁敢为之。非圣主雷厉风行，岂能及此。"光绪皇帝是一位敢为之君，采纳此建议后，裁撤了詹事府、通政司、光禄寺、鸿胪寺、太常寺、太仆寺、大理寺等朝中有名无实的机构和冗员；朝廷在地方所设机构中属此类的也在裁撤之列。另外，"至各省设立之办公局所，名目繁多，无非位置闲员，薪水杂支，虚糜不可胜计，著一律裁撤尽净"。如此大规模精简机构，裁汰大批冗员，乃历朝历代所未有。因此，梁启超赞李端棻"二品以上大臣言新政者一人而已"。康有为称赞李端棻"抗疏维新冠九卿"。可见李端棻在维新变法中的贡献。

李端棻在戊戌变法中的卓越表现，上得皇帝重用，下得维新派推崇和全国上下图强复兴人民的拥护，所立功绩，不在康有为、梁启超诸人之下。葛

诗畅在《黔参通讯》2006 年 8 期上撰文认为："研究中国近代史的史学家们对李端棻其人其事如果视而不见，见而不明，或明而不著，起码是件遗珠之憾的事。故望中国的史学家们，在重编中国近代史戊戌变法章节时，别再遗忘了这样一位有重大贡献的历史人物——李端棻。"李端棻是贵州人的骄傲，对中国近代历史的贡献居黔之首。

五、做官清廉勤政，为中华复兴尽心尽力

李端棻幼年丧父，由叔父京兆尹李朝仪教养成人。同治二年（1863）中进士，擢升御史后，直言敢谏。任云南学政时，奔波于各府州县，亲临按试，所到之处，"躬先节俭，严杜需求"。在省会昆明，有一骄将以重贿为子弟开后门，被当面斥退，令其反省排除了不正之风。

任监察御史期间，李端棻曾就加强海防、整屯武备、简化"大礼"仪制诸问题，向清廷提出"言人所不敢言"的意见，可见其无私无畏的胸怀。李端棻为官刚正不阿，以国家利益为重。一身清廉，出淤泥而不染。在工部任上，监修陵工。"前此奉职者率以侵冒为固然，公严绝苞苴，同列惮之，官纪一肃。"（梁启超：《清光禄大夫礼部尚书李公墓志铭》）

李端棻思想开明，一向认为人才对国家前途至关重要。他在主持各省乡试时，为国家选拔了一批批具有真才实学的举人。光绪十五年（1889），典试广东时，他非常赏识梁启超的才华，将堂妹许配给梁，梁几次进京会试及完婚都住在他家。病逝后回葬老家贵阳永乐乡，家人驰书日本，梁启超从日本寄来《清光禄大夫礼部尚书李公墓志铭》，起首就以极其尊敬的语气称："启超以光绪己丑受学贵筑李公，旋婿公妹，饮食教诲于公者且十年。""戊戌，启超以国事获罪走东瀛，公亦以同罪戍西域。遂不复相见。……"表达对李端棻的恩师之谊。

李端棻主张变法图强以求中国。光绪二十二年（1896）五月，他向光绪皇帝上《推广学校折》，建议在全国进行教育制度改革，疏请在北京设立京师大学堂，各省会设中学堂，各府、州、县遍设各级学堂；重点教习外文、算学、天文、地理、理化和外国历史；还建议设图书馆、科学馆、翻译局，办报纸和派留学生等。均获批准，并于两年内逐一付诸实施。

戊戌变法失败后，李被革职发配新疆，两年后赦还故里，受聘为经世学

堂山长，仍坚持宣传维新思想，传播西学，开通风气。还关心桑梓，开办矿业，兴办学校。遗著有《清推广学校折》《维新变法条陈当务之急》《苾园诗存》等。

李端棻政治上具有卓识，学术造诣亦深。又善书法，融欧、赵为一家，远肇二王，刚柔相济，极有姿致。晚年喜作楷、行书，楹联字幅，皆为公私珍藏，现有若干珍品流传于世。其为官为政为人及诗文、书法，《清史稿》《贵州通志》均有记述。李端棻一生忧国忧民，为晚清新政做出了重大贡献，功德无量，名垂青史，位居近代名人之列，应与林则徐、龚自珍、康有为、梁启超、谭嗣同等志士齐名。

参考文献：

［1］《清史稿》，北京：中华书局1978年版。

［2］《贵州百科全书》，北京：中国大百科全书出版社2005年版。

［3］侯清泉：《贵州历史人物》，贵阳：贵州人民出版社2000年版。

［4］葛诗畅：《黔参通讯》，贵州省人民政府参事室2006年8期。

对李端棻有关争论问题之我见

史继忠 [①]

（贵州省文史研究馆，贵州贵阳，邮编：550001）

【摘　要】近年来，在贵阳学院李端棻研究院的推动下，李端棻的研究取得了令人瞩目的成绩。在取得成绩的同时一些问题研究的分歧也呈现了出来。譬如，李端棻在戊戌变法中的表现问题、《请推广学校折》的作者问题等。诸如此类问题需引起我们的高度重视。对此，本文就相关问题阐述了笔者的立场，期待通过笔者立场的阐述，缩小分歧，形成共识。

【关键词】李端棻；争论；共识

　　近年来，对李端棻及《请推广学校折》[②]的研究有了新的进展，发掘了不少资料，展开争论，把研究引向深入。研究历史最重要的原则就是"实事求是"，尊重历史，尊重事实，做到"无一字无来历"。按照历史唯物主义的观点，人物和事件都不能脱离当时的历史背景。对史料要认真研究，论从史出，评价务必客观、公允，不能带有个人情绪和偏见。为此，仅对争论中的一些问题，发表一点儿个人意见，供大家参考。

　　争论的焦点之一：关于李端棻在变法中的表现，特别是实授礼部尚书一事。事情经过是这样：光绪二十四年（1898）四月二十三日，光绪皇帝下"定国是诏"，宣布变法。四月二十七日，西太后强令皇上将帝师、朝中支持

---

　　① 史继忠，男，贵州省文史研究馆原副馆长，主要从事贵州历史文化的研究工作。

　　② 特别说明：李端棻上《请推广学校折》，原载《德宗景皇帝实录》卷三九〇第 1-3 页及《光绪朝东华录》（四），《变法自强奏议汇编》卷三第 1-3 页。光绪二十二年（1896）八月二十二日，《时务报》刊载，收入《时务报》第六册。中国第一档案馆编入《光绪朝上谕档》第二十三册。

变法的户部尚书翁同龢开缺，断皇帝股肱，并规定："二品以上官授职者须到太后前谢恩。"七月十九日，光绪皇帝以"阻恪主事王照条陈"之罪将礼部尚书怀塔布革职。二十二日，实授裕禄、李端棻为礼部尚书。[①] 梁启超在此事按语中写道："二十二日乃实授，今仅署理者，以上无权授二品官之权，须请命太后也。上向来无用人之权，至是最为放手办事，然仅署理，上之无权如此。太后之操用人之权，一毫不假手于上可见。"事情十分清楚，光绪帝屡次要求西太后变法皆未得允，只好舍位忘身下诏变法。光绪帝出于无奈，只好以"实授"之名启用裕禄、李端棻为礼部尚书，署理礼部之事，辅佐变法。破格提拔李端棻是光绪皇帝的谕旨，而非慈禧太后恩准，此事足可证明李端棻是光绪皇帝倚重的维新派，而不是慈禧太后的"后党"。论者无视事实，说"李端棻是慈禧同意的"，试想，慈禧能同意让一位维新派的核心人物任如此高位吗？慈禧太后绝不能容忍维新派核心人物任礼部尚书，13 天后，便将李端棻革职，发配新疆。

论者以为对李端棻的惩处太轻了，慈禧下令缉拿康有为、梁启超，将谭嗣同、林旭、刘光第、杨深秀、康广仁、杨锐六人立即正法，而"李端棻连被捕的资格都没有，最后的罪名也只是保举康有为，重遣的结果只是充军。假若李端棻是康梁维新派的核心，在慈禧盛怒之下，李端棻的结局是这样吗？"论者对李端棻有偏见，这里姑且不谈，但慈禧太后的惩处是有区别的。谭嗣同等六人是变法的实际施行者，他们以军机章京直接参与新政，罪不可赦，必须立即正法。康有为、梁启超公然鼓吹变法，但未实际执行，故下令缉拿。朝中支持变法的大臣，若张荫桓、徐致靖、李端棻等则惩以终身监禁，革职永不叙用或流放。陈夔龙在《梦蕉亭杂记》中写道："吾乡李尚书端棻亦遭严谴。尚书学问渊雅，性情笃厚，徒以为人所累，致罹党祸。都人士莫不怜而惊。"[②] 恻隐之心人皆有之，李端棻 65 岁发配新疆，京城人士莫不怜之，说他的惩处太轻，真叫人不可思议。

---

① 按王美东《李端棻年谱》推论，李端棻实际上是光绪二十四年（1898）农历七月二十日就被擢拔为礼部尚书。农历八月三日因病请假。故其任职礼部尚书的时间为 13 天。七月二十二日为实授职位日。参见王美东：《李端棻年谱》，贵州民族大学图书馆、贵州世居民族研究基地编：《贵州世居民族文献与文化研究》2016 年版，第 112—113 页。

② 陈夔龙：《梦蕉亭杂记·卷一》，上海：上海古籍书店 1983 年版，第 16 页。

论者以陈夔龙的《梦蕉亭杂记》为据，申称李端棻托病告假是"政治退缩"。《梦蕉亭杂记》中写道："八月朔，由通至京，余谒之于邸第。谓公曰：'交非恒泛，不作谀词。今日为公贺，恐明日将为公吊耳。……'公曰：'然则何以教我？'余曰：'时局如此，成败利钝，未能逆料。只有谢病辞官，尚是保身一法。'公曰：'初三到任，已传知阁部曹司并发谕帖，此事岂能中止。……'公于行礼时，故为失足不起，众目共睹，忽忽扶归。即缮折请假二十日。"① 李端棻接受陈夔龙"谢病辞官"之事不假，但以此认为是李端棻"政治退缩"，则失之公允。光绪皇帝舍位忘身宣布变法，西太后大为震怒，即令将翁同龢开缺以还击，帝后反目公开化。西太后授荣禄为直隶总督兼北洋大臣控制畿辅重地，而光绪帝将礼部尚书怀塔布革职，矛盾白热化。李端棻若此时上任，势必火上浇油，导致变法前功尽弃，归于失败。因此，李端棻托病请假，实为明智之举。李端棻以大局为重，不因"小不忍而乱大谋"。他在《丁文诚公奏稿》序中写道："士大夫苟出而图天下事，忍与不忍之间，身之功罪，民人社稷之利病，安危系然。"又曰："使公当日稍有不忍，其不威惕势禁，重为疑忌者之僇笑也。几希！子曰'小不忍则乱大谋'，信乎，谋天下之事者之非忍不成也。……谋定于审，行成于果，成败得失，争几微于忍不忍之间……苟出而图天下也，未有不志同术、道同方，自立于不败之地而后可以大有为于天下。"② 李端棻深谋远虑，看到实权掌握在西太后手中，光绪帝手中无权。若将帝后之间的矛盾激化，处处与西太后针锋相对，必使变法归于失败。

梁启超在《清光禄大夫礼部尚书李公墓志铭》中写道："启超以光绪己丑受学贵筑李公，旋婿公妹，饮食教诲于公者且十年。"③ 有人说："若从年龄上论，李比梁长，梁赴京后又住在李家，在旧学和官场应酬往来上，李可以为师。但在思想上，却大不一样。梁中举后即拜康有为为师，成为康有为的得意弟子。所以当梁赴京，结亲李家时已成为康有为变法最得力的助手，新

---

① 陈夔龙：《梦蕉亭杂记·卷一》，上海：上海古籍书店 1983 年版，第 16-17 页。
② 丁宝桢：《丁文成功奏稿·序》［黔新出（2000）内资准字第 107 号］，郝向玲等校对，贵阳：贵阳快捷激光印刷厂印刷 2000 年版，第 1-2 页。
③ 梁启超：《清光禄大夫礼部尚书李公墓志铭》，转引自张周全主编：《李端棻研究资料汇编》，北京：中央民族大学出版社 2021 年版，第 100 页。

学造诣已领袖全国。说李影响梁或指导梁，从何谈起？"照此说法，梁启超"饮食教诲于公者且十年"的话不可信。李端棻只能"在旧学和官场应酬往来上"影响梁启超，在思想上却是梁启超影响李端棻，梁又受教于康有为，于是虚构出康有为教导梁启超，梁启超教导李端棻的荒谬逻辑。陈夔龙的说法不同。他说："尚书时为仓场侍郎，封奏独夥，均系维新变法，与平素旧学宗旨大不相符。"其实，通旧学的何止李端棻，曾国藩、李鸿章、丁宝桢、张之洞等人都是如此。康有为在万木草堂讲的是《孔子改制考》和《新学伪经考》，而不是西学。梁启超在时务学堂任中学总教习，而不是西学总教习。梁启超说："甲午以前，我国士大夫言西法者，以为西人之长，不过在船坚炮利，机器精奇，故学之者不过炮机船舰而已。此实我国致败之由也。乙未和议后，士大夫渐知泰西之强，由于学术，颇有上书言之者，而刑部侍郎李端棻奏最为深切详明，得旨允行。"事实上，鸦片战争后，清政府即派大臣出国考察，西学日渐传播，否则，不可能出现洋务运动。李端棻在朝中任官，与丁宝桢、黄遵宪、黎庶昌等人关系密切。丁宝桢的奏稿、黄遵宪的《日本国志》、黎庶昌的《西洋杂志》等均为李端棻所熟知。在这种历史背景下，李端棻对西学认识不断深化，以至士大夫论泰西之学者，以李端棻之奏"最为深切详明"。李端棻遇赦还乡后，主讲经世学堂，月课出题"卢梭论""培根论"，与学生讲孟德斯鸠的"三权鼎立论"、达尔文的"进化论"、赫胥黎的"三演论"，足见他的西方学术素养颇高。为了普及知识，编写了《普通学说》，涉及算术、几何、代数、中国地理、中国历史、外国地理、外国历史、地文、地质、理化、生理、博物、政治、法制、经济、伦理16个学科，足见李端棻知识广博。因此，李端棻"只知旧学不知西学"之说，纯属主观臆断，违背"无一字无出处"的原则。

也许是笔者孤陋寡闻，但把奏折与文学作品、学术著作混为一谈似为不妥。奏折是官员呈请皇上批复、决策的官方文书，在奏折上必须注明上奏者的官衔、姓名和日期，谁上的奏折就署谁的名字，不存在所谓"著作权"的问题。譬如，光绪二十二年五月初二，刑部侍郎李端棻奏《请推广学校折》。上奏人的资格有严格规定，一般是四品以上官员，不具备这种资格的人不能直接上奏。奏折的内容关系国家大事，格式统一规范。奏折负有法律责任，经皇帝批准的付诸实行。如所奏之事被驳回或产生不良后果，上奏人要受惩处，或降职或罢官，严重的要遭到刑惩，谁也不敢冒名顶替。许多封疆大臣皆有幕僚，或参与议论，或拟稿，或誊录，但奏折上只能署该大臣姓名，无所谓"著作权"之说。五月初三，光绪皇帝谕内阁："李端菜奏，请推广学校以利人才一折，著该衙门议奏。"七月，孙家鼐上《议复开办京师大学堂折》称："议复刑部左侍郎李端菜奏，请推广学校以励人才折内，京师建立大学堂一节"①，都明确指出《请推广学校折》为李端菜所奏。可是，近年来，有人却提出《请推广学校折》系梁启超代拟，并说此事"已经考订"。李、梁师生之谊，姻亲之情，"每聚首，娓娓而谈西学，侃侃而论维新"。梁启超参与其事是可能的，但是否代拟，我们在梁启超的著作中找不到证据，说有人做过"考订"是不真实的，根本没有拿出一条完整的史料，全凭主观臆断。梁启超是个坦荡君子，对李端菜推崇备至，从未说过此奏折为他代拟，在光绪二十二年（1896）八月二十一日将李端菜《请推广学校折》全文载于《时务报》（见《时务报》第六册），并称："刑部侍郎李端菜奏最为深切详明，得旨允行。"

李端菜《请推广学校折》原载上海书局编辑出版的《变法自强奏议汇编》卷三第1—3页，与《时务报》所载完全相同。中国第一历史档案馆编、广西师范大学出版社出版的《光绪宣统两朝上谕档》中，将此折载于《光绪朝上谕档》第二十二册。按规定，奏折的原件归入"上谕档"，而军机处所录副本及有关抄件归入"录副档案"。论者将"上谕档"与"录副档案"混在一起，宣称《请推广学校折》有多种版本，让人难以信服。他们把《时务报》所刊《请推广学校折》谓之"坊间本"，认为与原件不符。其实，《时务报》登载的奏折是绝对可靠的。梁启超不可能在李端菜上奏、皇帝御批的奏折上增减一字，篡改原文，何况原件已入"上谕档"，《德宗景皇帝实录》卷三九〇有案可查。

总体来说，对历史事件的研究与判定，应本着尊重历史事实，从具体史料出发的原则，切忌主观臆测。这是作为历史研究者最基本的立场与方法。

---

① 《孙家鼐议复开办京师大学堂折》，北京大学校史研究室编：《北京大学史料》第1卷（1898—1911），北京：北京大学出版社1993年版，第23页。

专题七

"端粲后学"研究

严修与"贵州新学之萌芽"

刘 平 刘润雨 ①

（复旦大学历史系，上海，邮编：200433）

【摘 要】严修是清末民初著名教育家，曾任翰林院编修、贵州学政、学部侍郎，戊戌维新前夕以奏开"经济特科"名世。1894 年至 1897 年，严修任贵州学政，正值甲午战争后、戊戌维新前国内改革呼声强烈之时。他在贵州着手推行一系列新式教育改革，被贵州学界称赞为"二百年无此文宗"。本文以这一时期的严修为考察对象，探讨僻处边地的贵州学界是如何接触、传播新学的。既往研究维新思潮者对此已有涉及，但大多是关注严修推行新学的一系列"结果"，对于其间"事中人"的心态鲜少关注，尤其是对贵州学界如何接受新思想之实态、受影响的程度等问题多有忽略。本文结合近年出版的《严修日记》等资料，深入考察以严修为代表的贵州学界接受新学时的心态及其动态过程，以期增加人们对地方性维新思潮运行轨迹的了解。

【关键词】严修；新学；时务；戊戌维新；贵州

严修（字范孙）是清末民初著名教育家，曾任翰林院编修、贵州学政、学部侍郎，戊戌维新前夕以奏开"经济特科"闻名于世，1919 年与张伯苓共同创办南开大学。根据严修的"自订年谱"②，从甲午（1894）到丁酉（1897），适值壮年的严修不仅经历了长子成家、长孙出生等人生节点，在仕途上也有重大变动——从京官外放，就任贵州学政。

---

① 刘平，男，复旦大学历史系教授、博导，主要从事中国历史文化的研究与教学工作。刘润雨，女，复旦大学历史系 2020 级博士研究生。

② 高凌雯补：《严修年谱》，济南：齐鲁书社 1990 年版，第 6 页。按，年谱原名《范孙自订年谱》。

严修赴任贵州学政之际，时值甲午中日战争爆发。三年任满回京后不足半年，他又经历了百日维新、戊戌政变。因为徐世昌的关系，严修在京与袁世凯过从甚密，同时在维新观念上又与康有为、梁启超思路契合，以至于在戊戌政变后被认为是"新党"，免去翰林院职务，回到天津老家。可知，1894 年到1897 年不仅是上层政治人物酝酿变法的紧要关头，也是严修思想形成的关键时期。与前者相比，严修的作为或许更能反映当时大多数官员对于维新的态度。

除了北京、上海等维新重镇^①，此前有关戊戌前后地方维新进程的探讨多集中在湖南^②，针对四川、江西等地也有一些研究^③，对广东地区的探讨主要集中在以康梁为首的粤籍维新人士研究上。贵州地处西南，严修称该地"地处边瘠，士多患贫，嗜利偷安"^④。就是在这样一个"风气未开"的地方，维新举措如何传播推行，收效如何，大有探讨空间。有关严修督学贵州这段历史，既有研究多从上层视角出发，探究李端棻、严修等地方官员与贵州近代化的关系^⑤，较少关注普通学界中人对于新学、时务的具体接受过程。本文结合近年出版的《严修手稿》《严修日记》等资料，对此进行补充——中下层群体的

---

① 相关研究有熊月之：《戊戌维新与上海》，《史林》1998 年第 2 期，第 10–12 页；白思奇：《北京会馆与戊戌维新——从城市历史的角度看戊戌维新》，《北京社会科学》1999 年第 1 期，第109–113 页；赵文：《戊戌维新与上海现代化进程》，《华东师范大学学报》（哲社版）1999 年第 1期，第 47–52 页；邱国盛：《从戊戌维新看近代北京、上海的城市互动》，《北京社会科学》2003年第 4 期，第 111–118 页等。

② 郑焱：《王先谦在湖南维新运动前期的促进作用》，《湖南师范大学社会科学学报》1986年第 3 期，第 49–52 页；罗志田：《近代湖南区域文化与戊戌新旧之争》，《近代史研究》1998 年第 5 期，第 53–83 页，以及《思想观念与社会角色的错位：戊戌前后湖南新旧之争再思——侧重王先谦与叶德辉》，《历史研究》1998 年第 5 期，第 56–78 页；茅海建：《张之洞与陈宝箴及湖南维新运动》，《中华文史论丛》2011 年第 3 期，第 221–311 页；贾小叶：《陈宝箴与戊戌年湖南时务学堂人事变动》，《人文杂志》2011 年第 6 期，第 95–101 页等。

③ 刘熠：《地方的维新：戊戌前后四川省的办学运作》，《社会科学研究》2016 年第 3 期，第 140–148 页；汪叔子：《江西"戊戌维新"考述》，《江西社会科学》1997 年第 10 期，第 46–51 页。

④ 严修：《报贵州上游岁试事竣折》，天津图书馆编：《严修手稿》第 23 册，天津：天津古籍出版社 2012 年版，第 180 页。

⑤ 熊宗仁：《严修视学黔中述评》，《贵州文史丛刊》1984 年第 2 期，第 41–47 页；黄江华：《严修与贵州教育近代化》，《安顺学院学报》2007 年第 1 期，第 39–42 页；刘学洙：《李端棻、严修与贵州新学》，《黔疆初开》，贵阳：贵州人民出版社 2013 年版，第 145–149 页；李素华：《贵州官书局述略》，《兰台世界》2016 年第 14 期，第 152–154 页；冯尔康：《严范孙贵州学政的教育业绩与撰写经济特科奏折的思想学识准备》（导读），陈鑫点校：《严修日记：1894—1898》，天津：天津古籍出版社 2017 年版，第 1–40 页；安尊华、张命春：《论张之洞、李端棻、严修与贵州教育近代化》，《贵州文史丛刊》2018 年第 2 期，第 93–100 页；等等。

思想变迁也是"启蒙"一词的应有之义。

一、贵州学政严修之"维新"

潘光哲借用奥地利社会学家舒兹（Alfred Schutz）的学说，将晚清士人所面对的新知识新学问比喻成一座"知识仓库"[①]。一旦某些书被视为经典、必备，它就进入士人的知识仓库。潘光哲认为《时务报》为读者、作者提供了交流的机会，成为一个"公共空间"，也是这种"知识仓库"中的一员[②]，严修接触到《时务报》在当时不是一件稀奇的事。

督学贵州的严修不断拓展自己的知识仓库，在传统经籍之外，他对新学广泛涉猎，除了《盛世危言》《泰西新史》《海国图志》《西学书目表》等书[③]，他还广泛阅报，如《京报》《汉报》《申报》《沪报》[④]等。此外，他也热衷研习数学和英语，如看《数理精蕴》《代数细草》《代数术》《形学备旨》，抄写《洋聊斋》[⑤]，偶尔还涉猎体育等方面的书籍。[⑥]无论出于主动还是被动，晚清士人已经不可避免地要学习、知晓西方的东西。

然而，严修真正与维新派扯上关系，要直接归因于《时务报》。正如潘光哲所言："《时务报》发展的群众基础，首先不是纯粹由报馆本身打下的，在它方甫起步的时分，首先便得力于清廷封疆大吏提供的资源，同时也得力于参与《时务报》的士大夫私人关系网络。"[⑦]严修最初接触到《时务报》就和这种"私人关系网络"有关，他曾在日记中记载：

---

① 潘光哲：《晚清士人的西学阅读史，1833—1898》，台北："中央研究院近代史研究所"，2014年版，第4页。

② 潘光哲：《晚清士人的西学阅读史，1833—1898》，台北："中央研究院近代史研究所"，2014年版，第186页。

③ 见《严修日记》，2017年版，第411、442、476、572页。

④ 见《严修日记》，第43、72、428、640页。按，《汉报》亦称《字林汉报》，《沪报》亦称《字林沪报》，此处皆沿用《严修日记》中的叫法。

⑤ 见《严修日记》，第200、360、395、476、521页。

⑥ 《严修日记》第394页记有《幼学操身》一书。按，《幼学操身》由曾任海关官员的英国人庆丕（Paul Henry King）和北京人翟汝舟译自日文版，于1890年由上海广学会出版，是清代最早的体育教材。

⑦ 潘光哲：《晚清士人的西学阅读史，1833—1898》，台北："中央研究院"近代史研究所，2014年版，第171-172页。

> 玉峯言，黎莼斋之胞侄受生（名汝谦）孝廉（乙亥），曾再出洋，通晓时务，古文则专学桐城，刻在上海时务报馆主笔，与玉峯极相善。[①]

黎庶昌（字莼斋）的侄子黎汝谦是《时务报》主笔之一，雷廷珍（玉峯）为贵州本地儒士。严修来黔之后与雷关系密切，交往颇多，并在1894年聘其为官书局董事，1897年又聘其为学古书院山长，正是雷廷珍向严修推荐了遵义同乡黎庶昌的侄子黎汝谦。黎庶昌曾任驻英参赞，他支持新学，曾出资办洋务学堂。此外，黎汝谦的姑父是西南大儒郑珍。因为良好的家世背景，黎汝谦的中西学功底都很好，曾出使日本，与维新派交往密切，因此被《时务报》聘为主笔，《时务报》从第1册起就开始连载其与蔡国昭合译的《华盛顿传》。从这段日记可以看出雷廷珍与黎家交好，这是严修后来力推《时务报》的一个契机。此次引介之后，严修与黎家的交往多了起来，在十月二十五日（1896年11月29日）的日记中记录了黎家几名后生。[②]

严修在家信中曾回忆，丙申年九月（约为1896年10月）第一次阅读到《时务报》。[③]但翻阅1896年12月之前的日记并没有找到相关记录，按照严修这一时期记日记的习惯，一天之内凡是有关政务、会客、读书、通信的内容均会录及。如果严修的记忆准确无误，那么可以推测1896年10月间当他第一次阅读《时务报》时，并未产生足够的重视，所以在日记中忽略不记。但在1896年年底，日记中有关《时务报》的内容就多了起来，其中或许与1896年11月在遵义督考时结交黎家有关，尤其是与得知黎汝谦"刻在上海时务报馆主笔"一事有关。

到了1897年4月，随着维新风气的鼓噪和自身的新学积累，严修开始重视《时务报》，并给书院学子发放。他后来决定以官书局作为《时务报》在贵州的代派处之前，曾向贵阳知府严绍光写信商量此事：

---

① 严修著：《严修日记》，天津：南开大学出版社2001年版，第411–412页。按，据《续修四库全书》影印稿，校订本脱一"馆"字。

② 严修著：《严修日记》，天津：南开大学出版社2001年版，第422–423页。

③ 家信中写道："去年九月检阅《时务报》之托人代订一分现已阅至十一号。"严修：《答廿九号》，天津图书馆编：《严修手稿》第21册，第16548页。按，该回信没有注明日期，但后文提及严修托人订《时务报》给书院学生一事，可推测该回信写作时间在1897年，"去年"指1896年。

《时务报》第十七册开载，凡各处代派报者均一律提二成作经费，若以官书局作为代派处，则八十分（份）之价可得百分（份）之报，再多一倍则肄业（生）四十分（份）便已有著。①

此信的起草时间为丁酉二月（1897年3月），八月份此事得以落实。②不久，八月初九日（1897年9月5日）就有善后局送来《时务报》41份的事情，这41份大概就是严修信中提到的代派处八成折扣换算来的。综上所述，从《时务报》第17册（1897年1月13日发行③）号召各省设派报处给八折优惠开始，到丁酉二月（1897年3月）严修决定将官书局作为《时务报》在贵州的代派处之一，其间只用了两个来月。

上文提及的《时务报》贵州代派处之一的官书局也由严修主导设立。赴任之初有人向他建议"黔省宜设书局"④，不久他即开始筹备此事。1896年春贵州官书局正式成立，也零售过《时务报》，不过数量不多。据《时务报》第59册刊登的《本馆寄报收款清表》⑤，丙申年（1896）官书局的《时务报》销量只有15份，远不如另一派报点长春巷李宅，而次年即远超李宅⑥，因官书局在该年成为《时务报》代派处之故。

严修所云"再多一倍则肄业（生）四十分（份）便已有著"，指的是学古书院40名学生每人可以获一份《时务报》。从1896年秋开始，严修对贵州书院进行革新，以学古书院⑦为试验点，革新书院课程，加算学、英文，并将书院旧有藏书清理上架，供人借阅。又从省府、各州府选拔40名高才生入住

---

① 严修：《复严绍光太守》，天津图书馆编：《严修手稿》第15册，第11424—11425页。

② 丁酉年七月十七日（1897年8月14日）的日记中记有"时务报馆答崇智信"语。《严修日记》，第512—513页。

③ 上海图书馆编：《中国近代期刊篇目汇录》第1册，上海：上海人民出版社1965年版，第578页。

④ 甲午年十一月初二（1894年11月28日）的日记有"谭（芝云）言，安顺府有学田。又言，黔省宜设局……"《严修日记：1894—1898》，第55页。

⑤ 《本馆寄报收款清表》，沈云龙编：《近代中国史料丛刊三编》第33辑《时务报》第59册，台北：文海出版社1987年版，第4032页。按以下直接使用《时务报》。

⑥ 丙申、丁酉年贵州两处售报点的销量分别是，丙申：官书局15份、李宅130份；丁酉：官书局190份、李宅110份。按，贵州长春巷李宅是时任刑部侍郎的贵州籍官员李端棻的老家。李与梁启超有姻亲关系，此处派报点应与李端棻有关。

⑦ 嘉庆年间建，也有"正习书院""南书院"之称。

书院，上述 40 份《时务报》即是给这 40 人订阅的。后来严修扩大范围，于 1897 年 9 月发文劝饬全省各学教官购阅《时务报》。[①] 在全省广推《时务报》的同时，严修还于 1897 年 9 月与幕僚商量奏设经济特科一事[②]，以拔擢实用型人才。

综上，严修在黔期间进行了一系列推行维新的举措：筹建官书局、改革书院、将官书局作为《时务报》代派点、奏设经济特科等。但细加分别，这些举措并非一蹴而就，时间节点上的差别不是单纯的递进过程。联系 1894 年至 1897 年的全国文教风向，会发现其中暗含严修在走向维新时可能面临的契机与抉择。

严修于 1894 年年底赴任之初便有建官书局之举，大概是因为"官书局"是严修既往经验里的一种常识——此前在曾国藩、左宗棠、李鸿章等大员的支持下，各省纷设书局。光绪七年（1881），直隶总督李鸿章在严修的家乡天津设官书局。稍后王先谦在湖南设思贤书局，张之洞在广州开广雅书局。[③] 到甲午之际，书局建设已多。[④] 因此，官书局设置对曾在翰林院任职的严修来说，应是"知识仓库"中的"成例"。

而改革地方书院，增设新学课程对他来说就没有那么多可以直接照搬的成规，因为此前的新式学堂大多是为了培养专门人才的军事学堂与同文馆[⑤]，但也并非毫无头绪——就在严修着手进行书院改革前不久，1896 年 6 月，时任刑部侍郎的李端棻上《请推广学校折》，建议自京师与各省府州县皆设学

---

① 丁酉年八月二十日（1897 年 9 月 16 日）的日记中有"改《通饬各学劝谕诸生购阅〈时务报〉》札，原稿李孝廉拟"的记录。《严修日记：1894—1898》，第 528-529 页。该劝购令后来被《时务报》刊登在第 50 册上。

② 丁酉年八月十五日（1897 年 9 月 11 日）的日记中有"（与）邵吾谈极久，与商奏设特科事。邵吾以为然，吾志乃定"。《严修日记：1894—1898》，第 527 页。

③ 梅宪华：《晚清官书局大事记略》，《文献》1992 年第 1 期，第 247-258 页。

④ 1895 年前，全国各地已经设立近 30 家官书局。张宗友：《晚清官书局与近代文献传承》，《古典文献研究》2012 年第 15 辑，第 106-145 页。

⑤ 近代新式学堂始建于洋务运动时期，到 1895 年之前一共创办了 20 余个新式学堂，但大多是为了培养专门人才的军事学堂与同文馆，且多在"中体西用"这一思想下办学，并没动摇科举制度；覆盖的地区也有限，主要分布在直隶、福建、北京、上海等地，因此才会有李端棻 1896 年上书请推广学校之举。严修的书院改革并非单一的实用主义（如培养军事、外语人才），而是以文化课程为主，并力图与科举改制相配合。有关洋务运动时期新式学堂的情况，参见杨益茂：《洋务运动时期的新式教育》，《北京社会科学》1996 年第 1 期，第 108-118 页。

堂,府县选地方较为年轻的学子入学,开放藏书楼、设仪器院、开译书局、广立报馆、选派留学生等。[1] 8月,管理官书局大臣孙家鼐提议创办京师大学堂,得到光绪支持。京官要员们的维新上书对地方官员无疑是一种刺激,当时设立学堂、改革学制的舆论在1896年夏秋之际掀起一股小高潮,故而不难理解严修为何于1896年9月开始筹划改革书院。1896年年底,湖南士绅王先谦等也向巡抚陈宝箴建议设立时务学堂,说明此时设立新式学堂已经从朝臣之议扩展到地方的实际运作。

而严修对于《时务报》的推广,除了结交遵义黎家的原因外,张之洞等大员对该报的鼎力支持也助推了严修的维新步伐。[2] 严修在一道饬令中说:

> 为通饬事,照得学校为作育人才之地,学官有转移士气之权……欧美诸洲,窥知此意,官报民报,月益日增。阅报之人,下及妇孺,故能民智大启,庶政维新,富强之基,实由于此。近来内外臣工,多有奏请设立报馆者,如管理书局大臣孙奏开办事宜,刑部左侍郎李请推广学校折,内俱有译报一条,业经奉旨允行,本院接准部咨,曾将全稿刊布……现在直隶安徽两湖江浙山西广西诸省,均因该报有裨政学,或由官府札饬所属,或由院长劝谕诸生,官吏士民咸知购阅……合行札饬,为此仰该教官遵照,文到即先自购一分,以为倡率,并劝谕士绅,随时购取,书院有余款者,亦可酌量添购……体知新可以为师之训,念识时方为俊杰之言,勿墨守旧闻,自涂耳目;勿固执己见,自误功名。[3]

纵观全文,严修劝饬教官、学生自购,主要有三个理由:①诸多高官大员发出劝饬令;②贵州地处偏远,学习农政矿物等知识是当务之急;③科岁考试改革,兼及时务策论,考生不要自误功名。严修在开篇就提及孙家鼐、

① 李端菜:《请推广学校折》,杨家骆编:《戊戌变法文献汇编》第2册,台北:鼎文书局1973年版,第292–296页。

② 见张之洞:《饬全省官销〈时务报〉札》,《时务报》第6册,第356–358页。按,《时务报》第6册刊发于1896年9月27日,严修于当年12月23日收到的"省书局寄来《时务报》五册"中可能就有该册。

③ 严修:《贵州学政严饬各学教官购阅时务、知新报札》,见《时务报》第50册,第3391页。按,原稿大致拟定于1897年9月,《时务报》第50册刊行于1898年1月3日。

李端棻等人的折子，并列举全国九个地方的劝谕阅报令。尤其是张之洞、陈宝箴等人的带头，在引领风潮方面有着举足轻重的作用。① 在 1897 年 4 月给兄长回信时，严修提议让兄长严振为侄子请算学、洋文老师："弟窃观方今时局，风气日新，科举一途，不久必有变动，兹专授以诗文帖括之学，恐将来不能致用，为考试计，亦未免吃亏。弟以为每日课程，宜匀出两三个时辰，专门习西学。"②

严修推动贵州教育近代化之功自不必说，但"新式教育""近代化"等议题并非突然结出的果实，其枝干叶脉上，仍生长着诸多传统思想，比如，各省开办新式学堂，不仅有自身趋新的因素，也蕴含着一种政治嗅觉。严修受到李端棻、张之洞、陈宝箴等大员的影响，开始革新书院并力推《时务报》。反之，上层维新人物对于杰出的地方维新官员也欣赏有加。李端棻就对严修颇为赏识——戊戌变法期间，内外臣工保荐一批经济特科人才，李端棻保荐的 16 人中就有严修。③

二、严修的维新思想与策论试题

1895 年春到 1897 年秋，严修按试贵州上下游各府，完成了岁科两试、录遗、会考优拔等事。④ 后来，严修命人将这些考题汇编成《纪题》。清初以来的科举大体沿用明制，考八股文和试帖诗，形式上的限制使考生和考官能够发挥的空间有限——专以"四书五经"出题又要避免重复，出题已经很难有新意。⑤ 但相比前一年的试题，严修 1896 年所出题目已大大增加了策论内容，现将严修在黔历年所出策论、算术等带有接引新学之意的试题单独摘录如下。

---

① 此类叙述已然成为一种模板，如邹凌瀚上书请设"务实学堂"时写道："窃见顺天府尹胡、山西巡抚胡、山西学政钱、刑部侍郎李、贵州学政严、侍讲学士秦、安徽巡抚邓先后奏请设立中西学堂……京师又新设大学堂，以待各省之抢升，此实中国转弱为强之机，淬柔为刚之本。"见邹凌瀚：《请设务实学堂禀》，朱有瓛编：《中国近代学制史料》第 1 辑（下），上海：华东师范大学出版社 1986 年版，第 765–766 页。

② 严修：《第二十号寄兄》，天津图书馆编：《严修手稿》第 21 册，第 16571 页。按，对照日记，该信件应起草于 1897 年 4 月 29 日。

③ 茅海建：《戊戌变法的另面》，上海：上海古籍出版社 2014 年版，第 97 页。

④ 贵州有 13 府、3 直隶厅，厅附于府设考棚，按地理位置分为上游 5 棚，下游 8 棚，下游交通不便，岁、科两试连考。见陈鑫：《〈严修日记〉前言》，《严修日记》，第 11 页。

⑤ 王夏刚：《学政与清代学术》，葛志毅编：《中国古代社会与思想文化研究论集》第 2 辑，哈尔滨：黑龙江人民出版社 2007 年版，第 167–186 页。

严修在黔期间所出部分试题（只摘录策论题和算术题）

年份	日期	考试地点和类型	策论试题
乙未	十月十七日 1895 年 12 月 3 日	镇远考优	论西学之用与用之之法（此为今日为当务之急，有志用世者不可不一留意，彼极口痛诋者，皆不知世变者也）
	闰五月二十一日、二十三日 1895 年 7 月 13 日、15 日	贵阳岁试	算术题
丙申	四月二十七日 1896 年 6 月 8 日	黎平考优	根据贵州蒙学诸弊，请考生作《师说》一篇
	六月初五日 1896 年 7 月 15 日	都匀考优	论泰西各国强弱；同治中兴名臣赞
	六月十五日 1896 年 7 月 25 日	都匀科岁连考遴选二场	问：董子有言："为政而不行，甚者则必变更化之，当更化而不更化，虽有大贤，不能为善治也。"能引申其说欤？
	七月初六日至二十日 1896 年 8 月 14 日至 28 日	贵阳科试	"通其变使民不倦"讲义；论"大变则大益，小变则小益"；同治中兴功臣颂；"霍去病不学古兵法"赋；算术题；论化学之用；拟辑《西学书目》序例；"来百工则财用足，柔远人则四方归之"；针对王安石反对以诗赋取士而苏轼以为不然之争，论孰优孰略
	十月十二日 1896 年 11 月 16 日	遵义科试	算术题
丁酉	正月十四日 1897 年 2 月 15 日	安顺科试	论商鞅变法、杨炎变法
	八月初二日 1897 年 8 月 29 日	录遗、大收	问：恒星、行星之殊

* 本表基于《严修日记》附录一《纪题》整理，题目大多直录，部分题目太长则根据原文酌情概括。严修在 1897 年 10 月结束督考，行将离任。

表中可见，相比乙未（1895），丙申（1896）的新式考题大大增多，且都集中在 1896 年下半年。开始只在优、拔考试中出此类题，后来在正式的岁试、科试中也兼考策论。"新试题"数目以省府贵阳 1896 年下半年科试为最，试题涉及改革、兵法、算学、化学、论科举之弊等多方面的内容，而该府上半年岁试中除了经史帖括，只有算术题是比较新的。其他州府由于"黔中士子囿于见闻，外府尤甚"①，策论试题数远不及贵阳，可知地方州府信息闭塞，也是"启蒙"更难以触及的地方。

1897 年 4 月，礼部议准科岁考试兼及时务策论。而在 1896 年秋，朝中尚未颁布明确谕令②，但严修已经在地方实际考试策论，应该与 1896 年夏秋李端棻、孙家鼐等人的奏折不无关系。李端棻 1896 年 6 月在《请推广学校折》中痛陈科举之弊："今日诸馆，未备图器，未遣游历，则日求于故纸堆中，终成空谈……利禄之路，不出斯途，俊慧子弟，率从事帖括以取富贵，及既得科第，遂与学绝，终为弃材。"③ 8 月，孙家鼐在《议复开办京师大学堂折》中也建议将学问分为天学、政学、商学、医学等 10 科，并认为"中国素重科目，不宽予以出身之路，终不能鼓舞人才"，主张以"算学""时务"两途拓宽出身。④ 同时，梁启超在《时务报》撰文称："学校不立，学子于帖括外，一物不知。其上者考据辞章，破碎相尚，语以瀛海，瞠目不信。……法弊如此，虽敌国外患晏然无闻。"⑤ 可知，不待戊戌变法开始，设学堂、改科举、推广新学的声音就已从京师开始掀起一股潮流。

1896 年 8 月，严修在下游督考时，对朝野舆论自然有所风闻，所出科考试题的变化也是对这些舆论的因应。追随朝廷要员不仅是一种政治站队，更与儒林文士的理想相关。严修是地方官，也是秉承经世致用理想的读书人。他时常读《曾文正年谱》《曾文正家书》⑥，对张之洞也十分推崇。⑦ 曾、张都是

① 严修：《答陈佑之太守》，天津图书馆编：《严修手稿》第 15 册，第 11425 页。

② 事实上，直到 1898 年戊戌变法期间才明确发布一系列有关岁、科考试加入时务策的上谕，见上谕档光绪二十四年五月初五日、五月十二日、六月初一日等条。中国第一历史档案馆编：《光绪朝上谕档》，桂林：广西师范大学出版社 2008 年版。

③ 李端棻：《请推广学校折》，杨家骆编：《戊戌变法文献汇编》第 2 册，台北：鼎文书局 1973 年版，第 292-296 页。

④ 孙家鼐：《议复开办京师大学堂折》，杨家骆编：《戊戌变法文献汇编》第 2 册，台北：鼎文书局 1973 年版，第 425-429 页。

⑤ 梁启超：《论不变法之害》，见《时务报》第 2 册，第 69-77 页。

⑥ 分别见严修著：《严修日记》，天津：南开大学出版社 2001 年版，第 209、520 页。

⑦ 严修曾把张之洞讲治学方法的《輶轩语》作为参考书推荐给学生，在其任满回津给家人送礼时，也给家中男性后辈们每人赠送了一本《輶轩语》和《尊经书院记》。见《严修日记》，第 707-708 页；友人陈宝泉也提及严修对张之洞的仰慕："慕张文襄公之所为……逮文襄逝世，公确见天下事决无可为，遂谢病辞职。盖先生之政界生涯，于此终矣。"见陈宝泉：《严先生事略》，天津图书馆编：《严修手稿》第 22 册，第 17214-17223 页。

洋务运动的重要推手，严修在出维新相关试题时，也会附上"同治中兴名臣赞""同治中兴功臣颂"之类的题。可见在当时传统官员的思想中，维新与"中兴"这样的宏大理想相关。秉承这一理想，严修在黔积极接引新学，最后开始筹划变科举。

可见，戊戌维新正式开始之前，变革科举的舆论已经很炽烈。① 除了上述李端棻、孙家鼐的建议，维新人士梁启超和徐勤还在《时务报》上接连发表《论科举》（1896 年 10 月）、《论学会》（1896 年 11 月）、《中国除害议》（1897年 10 月）等文抨击科举制度，这些议论曾招来张之洞的不满。② 张实际上对科举也时有针砭。1897 年 10 月，徐世昌赴鄂联络军务时，张曾说："（当今挽回大局之要有三）曰多设报馆，多立学堂，广开铁路。而所以收此三者之效者，曰士农工商兵，然必欲观此五者之成，仍不外乎变科举。"张、徐二人对"词章之学者其汨没人材益甚"大谈特谈，可在行动上，张的态度是，"至于变科举，尚不可以旦夕计，然终必至于变而后已"③。梁启超曾对张之洞等官员这种温和改良主义予以痛斥："八股取士锢塞人才之弊，李鸿章张之洞何尝不知之，何尝不痛心疾首而恶之，张之洞且尝与予言，言废八股为变法第一事矣，而不闻其上折请废之者，盖恐触数百翰林、数千进士、数万举人、数十万秀才、数百万童生之怒，惧其合力以谤己而排己也。"④ 事实上，张之洞也并未全如梁启超所说，他在戊戌变法期间也曾与陈宝箴共同上疏拟定变革科举之法。不过与严修对照，严在戊戌变法正式开始之前就上疏变科举，实为不易。同为朝臣，严修在科举改制这条路上比位高权重的张之洞走得更早。

综上所述，如果说此前一直在翰林院任事的严修对于维新、改革的认识仅限于理论，那么督学贵州的三年让严修俨然成为一名实干家，任期之初建

---

① 自康乾之际的博学鸿词科到清季，科举改制的声音一直存在，祁貢、冯桂芬、薛福成、郑观应等人都曾提出要变革八股、设专科，到戊戌之际形成一股思潮，此时的各种改革措施比以前更集中、更具体。

② 其幕僚顾印愚曾致信《时务报》总理汪康年："河间大怒，广雅亦不平，此无益而有损之文，以后请加检对也。"顾印愚：《致汪康年第五通信件》，上海图书馆编：《汪康年师友书札》第 4 册，上海书店出版社 2017 年版，第 3010 页。

③ 张徐此段交往记录在徐世昌丁酉年的日记中，见徐世昌：《徐世昌日记》第 21 册，收入《国家清史编纂委员会·文献丛刊》，中国人民大学出版社 2013 年版，第 10325—10329 页。

④ 梁启超：《戊戌政变记》（丁酉重刊），沈云龙主编：《近代中国史料丛刊》第 92 辑，台北：文海出版社 1973 年版，第 144 页。

设官书局、之后又改革书院等举措若是出于仿效，那么奏设经济特科就是严修主动谋求更大范围之变革的行为，此事也让其声名鹊起，后来被梁启超誉为"戊戌新政之原点"①。

三、士林学子与时务新政

严修是贵州近代化过程中一位非常重要的人物，离黔之后，贵州学界称其为"二百年无此文宗"②。严修在黔督学三年，对地方学人学风多有评骘。在与巡抚商议办官书局时，他曾提及："（黔士）好古力学之士所在多有，惟见闻太隘，志趣不广，曾经面询，各生佥称黔省地处偏隅，士子以无从购书为憾。……可否仿照各省设立官书局以惠士林。"③严修认为黔省士子"见闻太隘""所患为贫"④"好学之念不胜其求利之心"⑤。某次阅诸生札记后，严修本拟择优奖书，又怕所奖书籍与学生志趣不合，遂换成奖买书钱。⑥可后来发现有学生拿到这笔钱后，"因不时之需，随手耗去，到买书时，又谁肯节衣缩食？"⑦这才又把奖银改回奖书。

法国史学家夏蒂埃（Roger Chartier）在研究阅读史时，十分注意物质文本对于阅读的重要性，认为"不存在任何书写文本的阅读能够独立于读者获得文本的方式"⑧。这一结论对于媒介相当落后的地区尤为明显。以贵州为例，就出版和印刷而言，严修虽然十分重视在黔扩充书籍，设立官书局，整理书院旧藏书，然而还是有许多问题制约了新式教育，兹举几例：第一，官书局印书、运书太慢——思州刺史曹慧斋时常向严修索要局书，但经常"迟迟不到"，严修反倒诉苦："尊家而外，若遵义若松桃若威宁州学皆时来催问，目前竟无以应之。"⑨第二，木板印刷太贵，便宜的石印书籍太少，难以满足外

---

① 梁启超：《戊戌政变记》，第148页。
② 《徐世昌序》，《严修日记》，第787页。
③ 严修：《咨文一则》，天津图书馆编：《严修手稿》第23册，第17986页。
④ 严修：《寄李嗣香前辈》，天津图书馆编：《严修手稿》第15册，第11487页。
⑤ 严修：《上尹琅若师》，天津图书馆编：《严修手稿》第15册，第11432页。
⑥ 严修：《复雷玉峯孝廉》，天津图书馆编：《严修手稿》第15册，第11404–11405页。
⑦ 严修：《示学古书院应课诸生》，天津图书馆编：《严修手稿》第23册，第17603–17604页。
⑧ （法）夏蒂埃：《作为表象的世界》，张弛译，陈恒等主编：《新史学》第12辑《历史与历史学家》，郑州：大象出版社2014年版，第83–84页。
⑨ 严修：《复曹慧斋》，天津图书馆编：《严修手稿》第15册，第11354–11356页。

府州县需求——威宁学官曾寄钱向严修购书，严修称："来函专指石印，而言省中现购之书官本十之九石印，止十之一也。"① 书籍运送至地方后，严修还考虑到"虽士子周知，尤恐其吝于购取"，遂令地方清理公产作为购书经费，将书籍免费发放至各学官，学子可至学官处借阅。② 之后又向贵阳知府严绍光借府衙活字板去官书局印书。③ 第三，黔省学田管理不善④，在此背景下，如果遇上一些特殊情况，寒士去府棚考试的旅费都成问题。所以严修在 1895 年 7 月完成上游岁试之后，得知下游有旱灾，粮价昂贵，就奏请下游考试延期。⑤ 再如，1896 年 1 月严修在石阡进行岁、科考试时，有一考生执意带病考试，理由是如若因病错过此次考试，参加补考需要另交卷费。⑥ 为省卷费恳求带病入考，足见寒士之艰。第四，贵州缺乏新学老师，严修曾多次向外地请教师来黔，但多次未成。⑦ 以上种种，都是严修在黔推行维新举措所受之制约。

那么，举步维艰的新式教育在学子那里又收效几何呢？以贵州接受官办新学教育的第一批学生为例，这批学生是严修改革学古书院后录取的 40 名"高才生"，不仅学经史，也接受英文、算学、天文等教育。书院的课程设置可以从当时一名学生的日记中得知，现存当时"高才生"之一姚华的一份日志⑧，其中反映出传统的经史教育仍是这一时期的主流，占据了学生每日大部分的时间。至于新式教育，除了数学，主要是通过阅看《时务报》来了解时事。⑨

---

① 严修：《复周少轩、赵仲权》，天津图书馆编：《严修手稿》第 15 册，第 11442 页。

② 严修：《复某太守》，天津图书馆编：《严修手稿》第 15 册，第 11441–11442 页。

③ 严修：《复严绍光太守》，天津图书馆编：《严修手稿》第 15 册，第 11424–11425 页。

④ 相关论述见严修：《上尹琅若师》，天津图书馆编：《严修手稿》第 15 册，第 11430–11434 页。

⑤ 严修：《报贵州上游岁试事竣折》，天津图书馆编：《严修手稿》第 23 册，第 18024–18026 页。

⑥ 分别见严修著：《严修日记》，天津：南开大学出版社 2001 年版，第 266 页。

⑦ 严修曾去函长沙钟太守聘请一名算师，但算师言"道远修微"不肯就聘。《严修日记》，第 475 页。此外，严修曾电请张之洞聘一懂微积分者赴黔，出岁奉、程仪共四百五十金聘之，该算师也没有答应来黔。见天津图书馆编：《严修手稿》第 23 册，第 18272 页。

⑧ 《日志》书影见邓见宽：《从一份〈日志〉看贵州经世学堂》附录，《贵阳文史资料选辑》第 12 辑，贵阳：贵州省贵阳市委员会文史资料研究委员会 1993 年编印，第 45 页。

⑨ 与现代人喜欢早起看报这一习惯不同，姚华日志中记载自己每日在"灯下"看报，盖因报纸所登载的并非当下之事，都是"列国去年情形"。此时距离贵州第一份现代意义上的报纸《白话报》《贵州教育官报》问世尚有数年，足见《时务报》对于地方维新的意义。

学古书院这 40 名学生是贵州新学教育的首批成果，他们在后来的社会政治活动中大多都发挥了重要作用。陈廷缜根据其父陈钟浚口述，辑录严修选拔的高才生名录 39 人。① 其中遗漏了开阳钟昌祚，钟从学古书院毕业后入武备学堂，1908 年同盟会成员张百麟在贵州成立"自治学社"。钟昌祚被推举为社长，成了辛亥革命的一员，也成了清王朝在黔统治的颠覆者。② 辛亥革命时期，贵州以政治主张的不同分化为两个派别：宪政派和自治学社。从阶层来看，宪政派大多出自地方士绅家族或思想进步的晚清官员；自治学社则多寒士。③ 宪政派多有举人以上功名，而自治学社以秀才、廪生较多。④ 上述学古书院 40 名高才生和宪政派关联更多，如刘显世、陈廷棻、王延直、华之鸿，还有严修夸奖过的李琳、熊范舆等人。⑤ 加入自治学社的钟昌祚在学古书院 40 名高才生里实属少数。

同一时期的严修，由于受到袁世凯被黜一事的影响，从学部侍郎任上辞官回津，在清末民初之际无意官场，逐渐远离政治，专办教育。他在学古书院的学生们则在此时纷纷登上地方舞台。这不光关乎政治立场，也是两代人的生命交替，即毕仰高（Lucien Bianco）所说的"代际革命"。⑥ 老师与学生做出不同的选择也与他们在旧制度、社会结构⑦ 中的位置有关。如上所述，严

---

① 陈廷缜：《严修与贵州经世学堂》，《贵阳文史资料选辑》第 8 辑，贵阳：贵州省贵阳市委员会文史资料研究委员会 1983 年编印，第 50-56 页。按，陈的父亲陈钟浚为严修选拔的 40 名高才生之一，此文是他结合父亲口述所作。

② 民国《开阳县志稿》第十一章《人物》，台北：成文出版社，1970 年影印本，第 753-756 页。

③ 杜文铎：《辛亥革命时期贵州宪政会耆老会的夺权和滇军侵黔》，《贵州社会科学》1980 年第 2 期，第 53-61 页。

④ 严池华：《辛亥革命前后"自治""宪政"两党斗争见闻》，《贵阳文史资料选辑》第 2 辑，贵州省贵阳市委员会文史资料研究委员会 1981 年编印，第 35-50 页。

⑤ 严修曾言："黄平李琳……皆有志之士""贵阳熊继先（熊范舆）……皆少年而聪颖者也"。见《严修日记》，第 531 页。

⑥ 毕仰高（Lucien Bianco）在研究 20 世纪 20 年代共产党领导的农民运动时，认为与其说它是一场"阶级革命"，不如说是一场"代际革命"，即强调的不是思想上有无一种阶级意识，而是不同的两代人受新思潮影响的难易程度。相关论述转引自（美）罗威廉（William Rowe）：《红雨：一个中国县域七个世纪的暴力史》，李里峰等译，北京：中国人民大学出版社 2013 年版，第 256 页。

⑦ （法）涂尔干（Émile Durkheim）、（英）布朗（Radcliffe-Brown）、（法）列维·斯特劳斯（Claude Levi-Strauss）等社会学家开创的结构主义学派强调社会的整体规则、结构对人的影响，认为人在社会中的行动不是单一抽象的，与其所处的结构位置有关。

修、雷廷珍等地方官绅对于《时务报》的推广内含多种因素，不是一句“思想进步”就能概括的，其中也暗含了仿效上级、迎合舆论等原因。而学子由于与尚未进入官僚集团这一体系，所以对这种“仿效”行为并不敏感，甚至很多学子出于各种原因直接放弃科考，改行他业（如钟昌祚），甚至站到现有旧体制的对立面。

对此，廖梅说《时务报》主要吸引了上层、中层和中层偏下的士大夫，特别是中层士大夫①，对“中层”是哪一部分人并未详述。如果从社会结构的角度来看，其所说的“中层”不一定是品级上的区分，而指他们既没有“上层”士大夫之游刃有余，也没有下层读书人可将官场动态“置身事外”的条件。他们必须牢牢关注着上方动向，并及时因应，很多地方官对新学的推广多少与此种心态相关，《时务报》在贵州的传播即是一例。然而由于上述结构性的限制，不管是趋新的官员还是学生，大多只是在体制内谨慎行事。比如，严修在黔任上针对科举的维新举措及其 1897 年奏设经济特科的内容只属于梁启超在 1896 年就已提出的变科举之法的“中策”和“下策”，是“戴着镣铐跳舞”之举，同时也更符合当时之实际。②另外，就接受了新学教育的学生而言，其中虽有钟昌祚等加入同盟会，在西南地区革命起义的人，但大部分还是倒向政治立场更加温和的宪政派。即便这样，以“思想进步性”“革命彻底性”等概念来要求时人未免显得苛刻，落入钱穆先生所说的“时代意见”之中。传统社会的官僚体制中，严修以及他亲自挑选的这 40 名高才生已经走在时代的最前列。与其说官僚制度制约了他们趋新的步伐，不如说这种官僚体制让他们在青壮年时期树立了一种立身入世的目标，激励着他们不断“进步”。现代社会中，读书与做官，教育与政治的关系已被基本解构，读书与国事政治剥离开来，各自划界。“时务”一词含义中有关政治的部分也逐渐消失，成为更加纯粹的“知识”，几乎与“新闻”这一中性词同义。可以说，教育改革与信息的便捷化，让“时务”这门在晚清颇为微妙的学问消失了。

---

① 廖梅：《汪康年：从民权论到文化保守主义》，上海：上海古籍出版社 2001 年版，第 64 页。
② 梁启超在《时务报》第 7、8 册发表《论科举》的变法文章，认为变科举之法有三：上策是将科举与新式学校制度（小学、大学、出洋留学三级）结合，从大学毕业生里挑选朝廷官员；中策是多设诸科，与现行八股帖括并行；下策是现行科举仍依旧制，但从考试内容与题目上入手，出一些时务、新学的题。此三策的激进程度是逐级递减的。梁启超：《论科举》，见《时务报》第 8 册，第 483–488 页。

四、结语

本文通过考察严修督学贵州期间的一系列举措，探究甲午战后到戊戌维新之前地方对新学、时务的接收过程，对地方官员、学子所谓的"思想进步"做了具象化的注解。首先，考察了严修维新思想的形成过程，从书院改革和科考新试题这两件事可以发现，1896 年下半年是严修维新举措集中开始的时期，这与 1896 年夏秋之际李端棻、孙家鼐等人对于新式学堂的推崇不无关系。一个十分微小的细节：从这一年九月十一日（1896 年 10 月 17 日）之后，严修写日记所用的字体从之前略微潦草的行书变为十分工整的楷书。① 当时也正值他着手改革学古书院，这一细微变化的具体原因已无从得知，或许可以佐证改革书院这件事让严修的心境发生了一些变化。另外，严修之所以十分重视《时务报》，背后也不免有结交维新派人士以及当时朝野上下维新舆论鼓噪之原因。其次，本文展示了底层学子接受新学教育时面临的诸多困难，以及如今所说的"启蒙"是以何种方式在下层读书人群体中产生影响的。

甲午战争刺激了报业与新书出版，1895 年至 1898 年，全国报纸种数增加了 3 倍以上。② 这一时期出版的《公车上书记》《西学书目表》《泰西新史揽要》③《时事新论》等书是严修的案头常备。④ 正是在这样的文化风气与社会大背景下，以张之洞、陈宝箴、严修、王先谦、邓华熙等人为代表的朝臣和地方官绅做了诸多维新尝试。可以说在戊戌变法正式到来之前，各地维新运动已经展开。正如有学者言，"变法失败后，维新报刊反而更加勃兴，取得了维新派所能取得的最高成就"⑤，地方上的维新运动也不是从戊戌变法才开始的，在此之前已有推行，也正是地方不断兴办新式学堂，引介创办报纸的维新潮流为戊戌变法之展开做了思想铺垫。

然而，从更大范围来看，无论是严修还是学古书院的学生，较之普通秀

---

① 见影印本严修《蟫香馆使黔日记》，《续修四库全书》史部传记类，第 583 册，第 178 页。
② 姚琦：《中国近代报刊业的发展与百年社会变迁》，《社会科学辑刊》2001 年第 6 期，第 122—127 页。
③ 英国麦肯齐（Robert Mackenzie）著，李提摩太和蔡尔康于 1895 年将之翻译成中文出版。
④ 《严修日记》，第 240、288、476、547 页。
⑤ 吴廷嘉：《戊戌与明治时期的中日维新运动之比较》，《世界历史》1987 年第 4 期，第 83—95 页。

才、廪生都只是很小一部分，更不要说没有读过书的普罗大众。李端棻由于保举了维新党诸多人士，在变法失败后被发配新疆，后赦回贵阳。李回乡后致力于讲学，但所教诸生仍不知卢梭为何人，甚至写诗中伤李。① 再者，严修1896年7月从黎平府考罢回省时曾路遇当地苗人，据其日记记载："窗外苗妇来觇者数辈……每一轿过则俛颈凝视，或相与哗笑，间以啧啧之声。"② 苗妇们的谈话内容无从得知，但从其"哗笑""啧啧之声"中可知，严修所畅想的"阅报之人，下及妇孺，故能民智大启"在当时仍是相对遥远的目标。

---

① 诗言"（一）康梁遗党至今多，请尔常将颈子摩，死到临头终不悔，敢将孔孟比卢梭。（二）居心只想做奸臣，故把康梁分外亲，此君曾被康梁误，复把康梁再误人。"见殷亮轩：《戊戌政变后回贵阳的李端棻》，《贵阳文史资料选辑》第2辑，贵阳市政协文史资料研究委员会1981年编印，第99-100页。

② 《严修日记》，第350-351页。

论梁启超与贵州近代化发展

姚　诚 [①]

（贵阳学院阳明学与黔学研究院，贵州贵阳，邮编：550005）

【摘　要】梁启超先生是我国近代知名思想家，在朝廷官员李端菜的帮助下，他的思想与实践对贵州近代政治、经济和文化教育的发展产生了极大的促进作用。文章系统整理了梁启超先生的学说对贵州近代社会所产生的积极影响，这不但有利于厘清梁启超先生的思想，还可以为当前贵州的发展提供历史借鉴。

【关键词】梁启超；李端菜；严修；近代化

西方国家近代化的主要标志是经济工业化和国家民主化；而我国近代化主要是指工业化及其所带来的社会各方面的重大变革。由于贵州地处西南边陲，交通不便，信息闭塞再加上封建统治势力根深蒂固，专制思想严重束缚着人们的思维方式与行为模式，使得贵州近代化进程缓慢，远远落后于全国平均水平。在梁启超先生学说的指引和贵州先进知识分子的共同努力下，贵州近代化的政治、经济和文化得到了很大的发展。

一、梁启超推动贵州近代政治的发展

（一）对贵州政界人物李端菜的影响

李端菜，字苾园，贵州贵筑人，一生致力于改革事业，被称为"贵州追

---

① 姚诚，女，贵阳学院阳明学与黔学研究院研究生，贵州遵义人。主要从事马克思主义哲学的研究。

求近代化第一人，是晚清重臣中从体制内部站出来向旧体制挑战的第一人"①。

光绪十五年（1889），梁启超参加广东乡试，其文章以"圣人揭经学之要，所以存经也。盖诗书礼学，经之本也"论述"子语与子不语"的原因，以及对"神异不经之说"的批判②，得担任主考官的李端棻的青睐，定为第八名。在其后和梁启超几次谈话中，李端棻觉得他谦恭有礼，志向远大，就把堂妹李蕙仙许配给他，一时间李、梁联姻传为美谈。

在京期间，李端棻与梁启超经常就"西学""维新"问题进行讨论，他还常利用其政治关系向梁启超多次举荐和结识各方名流，亦为日后梁启超与康有为合作筹划维新变法运动打下坚实的基石。梁启超曾说："启超以光绪己丑受学贵筑李公，旋婿公妹，饮食教诲于公者数十年。"③可见二人之间的感情非同一般，交往之密切亦可见一斑。与此同时，梁启超一再把康有为举荐给李端棻，盛赞其为人和变法思想，是从南国边陲之地来政治中心地带的"疯言者"和"狂悖者"。可以说，若不是梁启超向李端棻介绍康有为，维新派实难跻身朝廷决策圈，"百日维新"也就谈不上了。

甲午战后，光绪帝降旨征询"通达中外能周济时用之才"④。由于慈禧太后的阻遏，时过数月，应招者屈指可数。在此困境下李端棻力排众议，向光绪帝推荐了严修、康有才等16位维新人士。而此前的"公车上书"事件则是对梁启超与康有为"变法成天下之治"⑤主张的有力支持。在这份题名录中，共有603人，其中贵州就有95人。李端棻身为朝廷大臣，不便公开支持该运动，但以其表兄李端启为代表的李氏一族却公开参与了请愿运动。此后，全国各地纷纷响应，并涌现出许多代表人物，其中又以戊戌六君子之一的谭嗣同最为引人注目。通过这些积极参与上书者，我们可以窥见晚清贵州士风转变及地方官员参政意识的增强。偏远之乡、政治相对落后的贵州有如此众多的举人参与上书，梁启超和李端棻的作用自不待言。

---

① 刘学洙：《李端棻：一部改革者的大书》，《当代贵州》2006年第1期，第61页。
② 陈占标：《梁启超应乡试中举的诗文》，《广东史志》1999年第3期，第38页。
③ 梁启超：《清光禄大夫礼部尚书李公墓志铭》，张周全主编：《李端棻研究资料汇编》，北京：中央民族大学出版社2021年版，第100页。
④ 王澈：《光绪皇帝关于签署〈马关条约〉的朱谕》，《历史档案》2005年第2期，第1页。
⑤ 冯友兰：《中国哲学史新编》（第六册），北京：人民出版社1995年版，第113页。

（二）对贵州留学日本学生的影响

甲午战争以后，在东洋求学渐成国人的共识。"出国游学，西洋不如东洋。东洋路近费省，文字相近，易于通晓，且一切西书均经日本择要翻译。"[①] 此后，清政府开始大量选派中国学生赴日留学。随着留日学生人数增多，他们也成为日本各方面人士关注和研究的对象。自光绪三十年（1904）起，日本政府为了加强对中国的控制，将培养留学生作为国策之一。

当时贵州师资极其紧缺，贵州麻江县的教员周公寿被指派带领贵州省的学生前往日本留学与考察教务。两年时间转瞬即逝，回黔后，在贵阳号召有识之士共同兴办了 1 所官立高等小学堂和 9 所初等小学堂。据《贵州通志》记载：尽管省财政窘绌，但是仅光绪三十一年（1905），就有 151 名学生被派往日本，或由贵州官方选派或自行承担费用。[②] 在贵州留学的鼎盛时期，来自兴义的下五屯刘氏家族创始人刘官礼和他的儿子刘显世带头资助 40 多个兴义青年出国。其中包括留学归来后成为民国时期首位贵州籍国会议员的刘显治、首任交通部部长王伯群、贵阳生生药房总顾问王聘贤、陆军一级上将何应钦等。而自贵州出现第一批留学日本的热潮后，留学人员开始络绎不绝。其中有被誉为"四八"烈士的民主革命先驱黄齐生，无产阶级革命家周达文、王若飞，著名矿产勘探专家乐森璕，著名地质学家丁道衡，现代新闻教育家谢六逸，数学教育家刘薰宇，"刻铜圣手"姚华，以及彝族诗人余达父。

戊戌变法失败后，梁启超于 1907 年创办了"政闻社"。在此后数十年中，"政闻社"一直活跃在中国的知识界和政界，成为资产阶级改良主义者宣传立宪主张、宣扬民族主义思想的重要阵地。不少在日本学习的贵州学子追崇梁启超的立宪思想，将其视为精神领袖，纷纷加入该组织。如蹇念益提倡君主立宪，"顾不变无以救亡，亦姑循立宪之程，国之福也，不幸失败，则国人当益憬然于失败之由，而知所务矣"[③]。刘显治与梁启超政治观点也不谋而合，加入"政闻社"后成为该社的主要成员之一。梁启超曾于 1915 年作《致籍亮侪、陈幼苏、熊铁崖、刘希陶书》，敦促他们在西南开展反袁活动。在梁启超

---

① 中国史学会主编：《戊戌变法》（二），上海：上海人民出版社 1961 年版，第 225 页。
② 任可澄：《贵州通志·前事志》（第 4 册），贵阳：贵州人民出版社 1991 年版，第 898 页。
③ 贵州省博物馆编：《贵州省墓志选集》，贵阳：贵州省内部书刊印刷许可证（84）黔出业字 65 号 1986 年版，第 224 页。

致刘显治函中告知病体正逐渐复原,"请释远念"。从日本留学回黔后,钟昌祚担任了开阳劝学所总董兼开阳高等小学堂堂长的职务,经常到偏远村寨帮助村民读书识字,并且屡次宣讲救亡图存的爱国主义思想。他在办学过程中发现当地的文化资源非常丰富,于是就把这些优秀传统文化作为重要内容来开展研究工作,并通过自己的努力将之发扬光大。

贵州赴日留学生回国后,通过对贵州社会风气进行观察分析和研究,提出自己的观点和看法。此外,还在社会实践中采取创办报刊、开展社团活动等形式积极入世,完成了从传统文人到近代知识分子的转变,为中国早期资产阶级知识分子提供了有益借鉴,是推进贵州近代化政治发展的先锋人物。

(三)《清议报》和《新民丛报》的影响

梁启超创办的《清议报》《新民丛报》广泛发行,学者们称之为"《新民丛报》时代""言论界的骄子"。[①]在这个时期,梁启超是著名的政论家之一,他以犀利深刻的眼光,对旧中国进行了全面批判。严复认为他"主暗杀主破坏,其笔端又有魔力,足以动人"[②]。

《清议报》创办于光绪二十四年(1898),目的是"主持清议,发展民智"。在《清议报》第一至八册上,梁启超刊登了他撰写的《戊戌变法记》,详细地记录了由光绪帝主持的百日维新运动过程,强调戊戌变法的全新意义。该报一方面披露了慈禧罪状,提出反对"废立"光绪帝;另一方面,介绍了西方资产阶级政治学说,同时鼓舞国人醒悟奋进。因此在近代中国思想史上占有重要地位。《论中国人种之未来》是于光绪二十五年(1899)发表在该报上的一篇文章,梁启超首次把中国命运同中国国民联系起来,文中说:"凡一国之存亡,必由其国民之自存自亡,而非他国能存之能亡之也。"[③]贵州不少有学之士通过阅读该刊得到了思想的启迪,力求突破封建专制制度的压迫。

光绪二十八年(1902),梁启超创办了《新民丛报》,这是国外最著名的改良派报纸。他在该报上发表了许多政论、知识性文章与时评,旨在通过从

---

① 李剑农:《中国近百年政治史》(1840—1926),武汉:武汉大学出版社 2006 年版,第 169 页。

② 中国史学会编:《辛亥革命》(一),上海:上海人民出版社 1957 年版,第 100 页。

③ 吴其昌:《梁启超传》,北京:东方出版社 2009 年版,第 284 页。

政治、军事、宗教、实业、文学和自然科学等方面对西方学说的阐释来"开民智、造新民"。他在传播西方学说过程中兼容并蓄，其"新民文体"风靡一时。具有思想启蒙作用的近代自由思想逐渐传播到中华大地，该报刊登的文章也在贵州一些寻求救国真理的知识分子之间流传，为他们提供了可以借鉴的材料。

很明显，梁启超在不同层面上为贵州近代政治的发展做出了贡献，培养出一大批具有现代意识的知识分子。

二、梁启超推动贵州近代经济的发展

《马关条约》允许日本在中国开放港口建厂，这对中国的工业发展是一个重大打击。以梁启超为代表的资产阶级呼吁开展"实业救国"运动，力求推动中国农业、工业、商业及交通的发展，以提高国家的综合实力。

贵州人民逐渐意识到，消除贫困的唯一途径是提高生产力来发展工业，于是纷纷开始探索贵州工业发展的新路子。如光绪二十五年（1899），地方商人陈明远联合外国公司运用现代化采掘冶炼技术开采铜仁市万山地区的汞矿。[①] 光绪二十八年（1902），贵州华商普安公司与法国来福公司为开采贵州正安府的铅矿创办了华洋正安铅矿公司。但由于条件所限，其规模和效益都很有限。光绪末年（1908），负责贵州矿业事宜的唐炯招募东方技术人员，在威宁等地进行勘探和开发铜矿。安顺巡抚瞿鸿熙在安顺成立了丰泰矿业有限公司，开始大规模开发地区铜矿。毕节、遵义一带的开阳、绥靖州等地也出现了采矿热潮。后来，由于新政措施的推动，贵州巡抚林绍年还在贵阳设立了农工商总局和政府财政局。此后，贵州各地陆续有一些企业相继兴办起来，为贵州的工业化打下了基础。贵州工业的发展不仅使当地农民增加了一定的物质财富，而且也带动了资本向贵州流动，促进了贵州近代经济的发展。

总体来看，梁启超的实业救国思想有力地促进了贵州近代经济的发展和工业技术与管理水平的提升。

---

① 李映福、周必素、韦莉果：《贵州万山汞矿遗址调查报告》，《江汉考古》，2014 年第 2 期，第 31 页。

三、梁启超推动贵州近代文化的发展

（一）推进李端棻教育改革的步伐

梁启超曾说："变法之本，在育人才；人才之兴，在开学校。"① 但由于人轻言微，无法上达下通，难以对社会产生变革作用。于是，时任朝廷官员的李端棻就成为他的代言人。梁启超曾言："李端棻屡上封事，请开学堂、定律例、开懋勤殿、大誓群臣诸大事，二品以上大臣言新政者，一人而已。"②

光绪二十二年（1896），李端棻为促进国家教育的发展，向光绪帝上书《请推广学校之折》。他在奏折的开篇就指出此次上书的缘由："时事多艰，需才孔亟，请推广学校，以厉人才，而资御侮"，强调"人才之多寡，系国势之强弱"。③ 此前的新式学堂设立二十余年，而国家仍难以从中选拔人才，主要原因是只注重学习西方的语言和文字这类理论的东西，而难以将治国理念落实到国家发展的实处。此外，学堂大多设立在京都，使得其他省份的学生缺少学习机会。由此他主张在全国开设新式学堂、实行对教育体制的改革。在收到奏折的当天，光绪帝即批复"著该衙门议奏"，军机处将其上报慈禧太后"慈览"后存档。④《请推广学校折》是我国近代教育史上著名的纲领性文件，鼓励在全国范围内建立新型学校，摒弃封建用人体制的官僚思想，推动清政府取消了壬寅学制、癸卯学制，加快了废除科举体制的步伐。

变法失败后，李端棻被革职查办，谪戍新疆，三年后遇赦回黔。他没有因为官场上的不得志与政治上的打击就心灰意冷，也没有因为年老体衰就失望沮丧，在贵州经世学堂任职的这段时间里，他用新思想、新观念培育学生，按照梁启超创办的《新民丛报》的内容，在课程中以培根和卢梭的学说启迪年轻人。⑤ 他还在贵阳王家巷的私宅招募学生，讲授卢梭、赫胥黎、孟德斯鸠、

---

① 梁启超：《变法通议·论变法不知本原之害》，《饮冰室合集》第1册（文集之一），北京：中华书局1989年版，第10页。
② 梁启超：《戊戌政变记·新政诏书恭跋》，扬州：江苏广陵古籍刻印社1990年版，第46页。
③ 汤志钧、陈祖恩：《中国近代教育史资料汇编——戊戌时期教育》，上海：上海教育出版社1993年版，第116页。
④ 郑永华：《〈请推广学校折〉：开启中国教育近代化进程的珍贵档案》，《北京档案》2019年第11期，第46页。
⑤ 何幼兰：《李端棻与近代中国教育》，《贵阳学院学报》（社会科学版）2006年第4期，第9页。

达尔文等人的思想，强调自由平等，开阔了贵州学子的视野。但是，由于这些活动不利于封建保守势力，被批为"大逆不道"。不久，李端棻被迫辞去经世学堂的职务。

看到很多学生由于家庭经济困难无法上学，于是他在整理了经世学堂讲稿，汇编成《普通学说》一书。在《普通学说》中，他明确表示，读书有两种途径："一救时者，学成即以致用也；一穷理者，毕生优游于一学之中，穷其已发见者以增进人类之智识。"[①]本书只有一万多字，却内涵充实，详尽介绍了西方的自然科学基础知识，向处在落后、封闭状态下的贵州人民讲述了已在京津沪汉等通都大邑流行的"普通学"。《普通学说》的发表，在贵州教育史上是一个具有标志性的事件，它昭示着"新学"进入贵州，是提倡"科学救国"的重要教材，对以后新学在贵州的传播和本土化产生了巨大的影响。李端棻明确指出，在中国教育改革的三个阶段中，贵州的实力普遍不强。与东南各省相比，贵州地处偏远，与西方教育的接触不多，近代教育的发展水平不高。国家正在用人之际，他期望能在自己的努力下让贵州学子能为国家的发展做出贡献。他在临终之前数月写信给梁启超："昔人称有三岁而翁，有百岁而童，吾年虽逾七十，志气尚如少年。天未死我者，犹将从诸君子之后，有所尽于国家矣。"[②]真切地表达了暮年深挚的爱国情怀与勇攀高峰的思想品格。

（二）带动严修对贵州教育的改革

李端棻在职时，曾保荐来自天津的维新名士严修为贵州学政。严修于光绪二十年（1894）出任贵州学政，在近四年的任职时间里，他积极推动新学在贵州的传播，是第一位在贵州传播西方文化的学者。

当时的贵州地处偏远，交通闭塞，很多早已在东部沿海地区流传甚广的新书籍、新知识，在贵州难觅其踪。严修在离京之时，携带了14箱书籍。除去自己日常阅读之外，全部用来供贵州士子借阅。他在贵州期间，正值清政府因战败被迫与日本签署丧权条约之际，有识之士都在寻找增强国家实力的

---

① 钟家鼎：《李端棻评传——兼论维新官僚在戊戌变法中的地位与作用》，海口：海南出版社2004年版，第336页。

② 秋阳：《李端棻传》，贵阳：贵州民族出版社2000年版，第187页。

方法。科举出身的严修知道,旧式书院以八股文培养学子的方法难以培养有用之才。到任不久,他就发表了《观风告示》和《观风题》。所谓"观风"就是指通过观察实际问题,反思政治事务的得失,从而提出解决办法。通过观风试卷考试,鼓励学生关注当前问题,以此来选拔优秀学生。同时明确要求学生熟悉世界知识,为国家和百姓的福祉做出贡献;积极改进贵州的腐败教风,以有效且公正的方式为国家遴选人才。

受到梁启超《西学书目表》《读西学书法》的启迪,为了使学员们关心国事,认识当时方兴未艾的维新思潮,他不但在贵阳创办资善堂书局,而且创办《时务报》发行所,通过京津亲友,购买80余种中、西学图书,并大批征订《时务报》《申报》,使地处僻远封闭的贵州与京沪之间声息贯通,诸生亦感时代之新风。《观风榜》上的考题内容主要涉及政治、经济、军事等方面,岁科两次考试均出现策论试题。同时他对学古书院进行改造,把学生划分为各种班级,设置算学、英语、地理等课程。严修更注重算学,当时不少学生不懂学习,只知道死记硬背,没有养成良好的学风。为了改变这种状况,首先,注重培养师资。其次,改进教材。因贵州偏远且工资不高,难以找到合适人选,严修只好在当地找到一名称职的老师,自己则边研究边讲课。光绪二十二年(1896),在短短10个月内,他赴南书院调查83次,月均8次,大部分时间都去上算学课。改革后的学古书院不论在教学方法,还是在课程设计和校规管理等方面,都具备了近代学堂教育的特色,一些学生受严修"科教兴国"思想的影响,积极参与教育工作,促进了贵州近代教育的发展。在他任职期间,还出了清代唯一一个贵州的状元夏同龢。严修任职期满离开贵州后,贵州巡抚王毓藻将贵阳学古书院改为贵州省最早的一所近代高等学堂——贵州经世学堂。

(三) 推动贵州师范教育的发展

就国际维度而言,17世纪法国首先萌发了师范教育的理念和实践,此后200年间师范教育体系首先在法国、德国、美国和日本等国家形成。晚清时期,面对西方列强的侵略和中国社会现实的需要,以黄遵宪为代表的中国士大夫积极学习西方先进的师范教育体制。19世纪末20世纪初,随着西学东渐,我国有识之士提出了改革传统师范教育制度的设想,并付诸实施。然而由于种种原因，这一构想未能得到有效贯彻和落实。

为了改变旧中国师范教育思想的混乱局面，梁启超通过对中国历史和现实的考察，首次将"中国师范教育问题"作为一个独立命题，撰写了《变法通议·论师范》，对中国师范教育之地位、功能和宗旨等做了较为系统的讨论，明确提出："救天下之道，莫急于讲学，讲学之道，莫要于得师。"①梁启超认为，师范学校是"学子之根核""人才之大原"，正是由于清政府为了巩固封建专制统治，采取愚民政策，中国教育才如此落后："师道不立，而欲学术之能善，是犹种稂莠而求稻苗，未有能获者也。"②

受此影响，光绪二十八年（1902），李端棻与乐嘉藻等人创办了贵阳公立师范学堂，为新式教育在贵州的发展奠定了基础。这所学堂是贵州乃至全国第一所新式师范学堂，不仅规模大而且师资水平高，不仅在贵州省内产生了重大影响，而且对全国各地也产生了较大影响，开创了全国新式师范教育的先河，具有鲜明的示范效应。

（四）推动女学思想在贵州的传播

在我国封建社会，只有男性有受教育的权利，女性只能待在家中相夫教子。梁启超极力反对社会对女子受教育权利的剥夺，认为"女子无才便是德"是应当摒弃的封建落后观念，因为这将导致女子愚昧无知。

在《变法通议·论女学》一文中，他谈到了女性文化教育的重要性，呼吁国家关注女性教育："国人无男无女，皆可各执一业以自养，而无或能或不能之别。故女学与男学必相合。"③明确表示应当赋予女性与男性一样的社会权利，女性与男性都要接受教育并且要有一技之长来从事社会生产。这样不但能推动社会生产力的发展、为国家发展建言献策，还能在社会上形成勤奋劳作以自强的风气。

主张男女平等、推动女性文化教育发展的思想经《时务报》传入贵州后，

---

① 梁启超：《复刘古愚山长书》，《饮冰室合集》第1册（文集之三），北京：中华书局1980年版，第12页。

② 梁启超：《变法通议·论师范》，《饮冰室合集》第1册文集之一，北京：中华书局1989年版，第35页。

③ 梁启超：《变法通议·论女学》，《饮冰室合集》文集之一，北京：中华书局1989年版，第43页。

部分有识之士，如凌秋鹗、黄烈诚、白铁肩、谭佛侠等人都主张让女性获得受教育的机会。这为近代贵州的女性文化教育成功起步争得了广泛的群众基础和舆论支持。

此外，梁启超还发表了《创设女学堂启》，并为中国第一所女子学堂——经正女学堂亲自制定章程。他的妻子李蕙仙成为中国第一位女校校长，为近代女校的建立树立了榜样。光绪二十九年（1903），曾在日本留学的黄干夫先生深知培养人才为第一要务，召集34人成立了"达德书社"。第二年书社改为学堂，后又改为学校。由于学堂人员变动频繁，后来由黄齐生先生主持。同年八月，黄齐生发起增设女学的号召，后该校招收十余名女学生，这是贵州现代女子教育的开始。光绪三十四年（1908）三月，达德学堂向政府建议改良私塾，开始聘请女教师。黄齐生还主导编排了《武训兴学》，其中角色均由学校男女教师和学生扮演，这在当时是一个极大的突破。光绪三十三年（1907），白铁肩女士在贵阳护国路设立私立光懿女子学堂，开设了算数、音乐、国文等课程。宣统二年（1910），王开媛女士出资创办了黎平府荷花塘女小学，该校至今仍在。这些学校都是当时贵州较有影响的新式女性教育学堂，为贵州省女性教育奠定了基础。据相关文献的统计，到辛亥革命前夕，在贵州省各地已相继成立了三十多所女校。① 学生们毕业后纷纷回到家乡参加革命活动，积极宣传妇女解放和反帝爱国运动。

四、结语

纵观梁启超先生的一生，其爱国主义观念，表现为忧国忧民的情怀；其不畏风险迎难变法，展现了锐意改革的气魄；其不畏封建势力，坚持推广新学——先生的思想直接或间接地推动了贵州近代政治、经济和文化的发展。时至今日，先生的思想仍具有积极意义。

---

① 张羽琼：《贵州古代教育史》，贵阳：贵州教育出版社2003年版，第438页。

"端棻文化"与南明区学校人才培养研究

罗丽锐 ①

（贵州大学哲学学院，贵州贵阳，邮编：550025）

【摘　要】贵州先贤李端棻先生在百年前提出的《请推广学校折》与《普通学说》，发出贵州教育近代化的先声，拉开向现代化教育转型的帷幕，被誉为"中国近代教育之父"。《请推广学校折》和《普通学说》作为"端棻文化"教育思想的集中表达，高度凝结了先贤的教育改革与重视人才思想。李端棻于光绪二十二年六月上奏的《请推广学校折》，针对落后教育所面临的困境，"敢为天下先"，提出解决困境的教育对策，论述改革教育与培养人才的重要性。其晚年编著的《普通学说》是对《请推广学校折》的完善。回顾历史铭记先贤，展望未来携手发展。本文立足于"端棻文化"，聚焦于人才培养，挖掘对我们今天的启示。

【关键词】"端棻文化"；教育思想；人才培养

一、"端棻文化"时代背景探析

清朝末年，国家动荡，外敌入侵，西方列强对中国这片肥沃土地虎视眈眈，中国面临"数千年来未有之强敌"和"数千年来未有之变局"。② 自鸦片战争爆发以来，开始丧失独立自主地位，形成内忧外患的局面，逐渐沦为半殖民地半封建社会。为了挽救民族危机，中国人民奋起反抗，救亡图存成为每

---

① 罗丽锐，贵州大学哲学学院硕士研究生。主要研究方向：科学技术哲学。
② 安尊华、张命春：《论张之洞、李端棻、严修与贵州教育近代化》，《贵州文史丛刊》2018第2期，第93页。

个中国人心底的最强音。中国从闭关锁国的困境中睁开眼，在饱受欺凌中砥砺前行。第二次鸦片战争之后，清朝统治者内部针对解决内忧外患问题，分为保守派和洋务派两大阵营。洋务派主张学习西方先进技术，建立新式学堂，其目的是维护封建统治。例如，洋务派代表人物李鸿章、曾国藩、左宗棠、张之洞等人以"自强、求富"为口号，以"师夷长技以自强"为宗旨，以"中学为体、西学为用"为原则。但仅是为了学习西方先进技术，而保持制度不变，初心便意味着这项运动注定会失败。八股取士的科举制已不能适应时代发展之需，反而成为桎梏，"开眼看世界"与"师夷长技以制夷"并没有撼动科举制的地位。洋务派主张建设新式学堂，但仍未能从根基上撼动科举制。伴随着洋务运动的发展，一些有识之士逐渐认识到，仅学习先进技术与器物并不能从根本上挽救中国所面临的困境。经历过洋务运动失败的李端蔡追寻困境的根源，以敏锐的眼光发现正是教育体制与观念的落后造就了当下的局面。

李端蔡之所以有如此远见，与他的经历和思想相关。李端蔡一生命运坎坷，家庭贫困，年幼丧父后与母亲二人相依为命。"先是在筑受业于娘舅何中宪，后随侍季父朝仪于京师。"[1] 自幼勤奋好学，学习经史诸子以备科举。在经历各级考试后，于1863年（同治二年）考取进士，进入翰林院。先后担任多省主考官，从事学政33年。正因如此，李端蔡深知科举制度的利弊。"兹因舍亲梁生启超出都，略陈数语，令彼代答拳拳。再者，梁生乃弟己丑广东所得士。渠曾在学海堂，以文字受知于执事。"[2]1889年（光绪十五年），李端蔡出任广东省乡试主考，恰遇满腹经纶、深受西学熏陶的考生梁启超，对其颇为欣赏。"弟爱其妙龄好学，会试后，以先叔京兆公所遗幼女结婚，近益研精中外之故，所造愈深。"[3] 李端蔡将堂妹李蕙仙许配梁为妻，两人的交往为梁启超日后发展提供了重要基础，也对李端蔡思想的进一步转变产生深远影响。作为戊戌维新时期的代表人物，康有为、梁启超等人在洋务运动时期的

---

① 秋阳：《李端蔡传》，贵阳：贵州民族出版社2000年版，第23页。

② 《李端蔡致张之洞书信》，张周全主编：《李端蔡研究资料汇编》，北京：中央民族大学出版社2021年版，第85页。

③ 《李端蔡致张之洞书信》，张周全主编：《李端蔡研究资料汇编》，北京：中央民族大学出版社2021年版，第85页。

西学东渐过程中维新思想逐渐成熟。"变法之本，在于人才；人才之兴，在开学校；学校之立，在变科举。"① "正在为国家民族处于危难之中，康有为上书请求变法，欲求挽救国家民族的危机。"② "尝考察西之所以富强，不在炮械军器，而在穷其劝学。"③ 与康有为、梁启超二人深交，使得李端棻的维新思想和教育改革思想越发坚定。梁启超曾言："启超以光绪己丑受学贵筑李公，旋婿公妹，饮食教诲于公者且十年。"④ 体现了对李端棻的敬重、感激与爱戴之情。李端棻作为光绪皇帝与康有为、梁启超等变法家的中间纽带，有力地推动了戊戌维新运动的进程。

李端棻深知腐朽落后的根源在于科举制度重考试而轻教育，忽视教育初心，束缚了学生的思想，天下士子无由成才，难被任用。为了挽救民族危机，当务之急是进行教育改革，重视对人才栽培。人才之强盛直接关系到国家之强弱。李端棻"敢为天下先"，上奏《请推广学校折》。《请推广学校折》全称叫《时事多艰，需才孔亟，请推广学校，以厉人才而资御侮折》，于1896年（光绪二十二年）6月12日上奏。

1898年（光绪二十四年）9月21日，慈禧太后发动政变，历时103天的变法运动失败。李端棻因密荐康有为、梁启超、谭嗣同等人，以"滥保匪人"的罪名被革职，发配新疆。历经千辛万苦的李端棻在发配途中获赦，回家乡贵阳。李端棻并不因仕途失意而灰心气馁，更不因年近古稀身体衰老而消沉。在给梁启超书信中写道："昔人称有三岁而翁，有百岁而童，吾年虽逾七十，志气尚如少年。"⑤ 虽是获罪革职，回乡仍受到家乡人的尊重与爱戴。他随即投身贵州教育事业，以实现教育改革之宏愿。他不改初衷，继续讲学、办学，

———————————

① 中国史学会主编：《中国近代史资料丛刊·戊戌变法》（三），上海：神州国光出版社1953年版，第21页。

② 秋阳：《李端棻传》，贵阳：贵州民族出版社2000年版，第41页。

③ 中国史学会主编：《中国近代史资料丛刊·戊戌变法》（二），上海：神州国光出版社1953年版，第148页。

④ 梁启超：《清光禄大夫礼部尚书李公墓志铭》，张周全主编：《李端棻研究资料汇编》，北京：中央民族大学出版社2021年版，第100页。

⑤ 梁启超：《清光禄大夫礼部尚书李公墓志铭》，张周全主编：《李端棻研究资料汇编》，北京：中央民族大学出版社2021年版，第102页。

传播维新思想，推动教育改革。"犹复以奖励后进，开通风气为己任。"[1] 李端棻在职期间曾保荐维新名士严修为贵州学政，经过三年扎实的教育改革推行，使新学在贵州得以推行。李端棻返乡后，在此基础上创办新式学堂，对维新教育理念身体力行。李端棻返乡两年间，经过对地方教育的调查与研究，深感贵州的教育情况堪忧。1902 年（光绪二十八年），李端棻应贵州巡抚邓华熙的邀请，主持贵州经世学堂。同年，李端棻与于德楷、乐嘉藻等人创办了贵州第一所公立师范学堂，取名为贵阳公立师范学堂（后来的贵阳市师范学校，于 2009 年并入贵阳学院），开创了贵州师范教育的先河，为贵州师范教育的发展做出了卓越贡献。1906 年，李端棻又联合于德楷、唐尔镛、任可澄等创办贵阳中学堂，后更名为贵州通省公立中学堂（1950 年与省立贵阳高级中学、省立贵阳中学、私立中山中学、国立师院附中、私立伯群中学五校合并，命名为贵阳一中）。同期李端棻编撰《普通学说》，这是对《请推广学校折》的填充与完善。《请推广学校折》与《普通学说》作为"端棻文化"教育思想的集中表达，凝结了先贤的教育改革与重视人才思想，对当代中国的教育改革与人才培养仍具有启迪意义。

二、"端棻文化"教育思想的主要内容

（一）《请推广学校折》的主要内容

《请推广学校折》开头指出"时事多艰，需才孔亟，请推广学校"[2]，目的是"以厉人才，而资御辱"。初心是推动教育改革以爱国，培养人才以强国。中日甲午战争的惨败，宣告洋务运动的破产，极大地刺激了李端棻，促使他反思中国战败的原因，并思考强国御侮的举措。[3] "人才之多寡，系国家之强弱也。"[4] 为何光绪帝多次降旨求贤，却少有经世致用的人才出现？当时全国各地的书院私塾，所传授的是八股试帖、经义诗赋等，并不能培养急需人才。

---

① 梁启超：《清光禄大夫礼部尚书李公墓志铭》，张周全主编：《李端棻研究资料汇编》，北京：中央民族大学出版社 2021 年版，第 102 页。

② 李端棻：《请推广学校折》，张周全主编：《李端棻研究资料汇编》，北京：中央民族大学出版社 2021 年版，第 16 页。

③ 李晓兰：《李端棻晚年教育思想的演变》，《教育文化论坛》2013 年第 5 期，第 24 页。

④ 李端棻：《请推广学校折》，张周全主编：《李端棻研究资料汇编》，北京：中央民族大学出版社 2021 年版，第 16 页。

虽在洋务运动中开设了大量学堂,如同文馆、实学馆、广方言馆、水师武备学堂、自强学堂等,"皆合中外学术相与讲习",但仍存在"教之之道未尽"的弊端。在《请推广学校折》中,李端棻经过深入探析,总结出以下五点原因:

其一,"诸馆皆徒习西语西文,而于治国之道,富强之原,一切要书,多未肆及"[①]。教育内容存在弊端、落后,内容过于简单,只学西语西文,并未学习到西学之精髓、强国之根本。其二,"学业不分斋舍,生徒不重专门"[②]。学业专业化水平不足,类似物理、化学、工业制造等近代科学发展下新式学科专业性极强,不加以分门别类设置课程,术业无专攻,学子未能深入钻研,不能学有所成以报效国家。其三,"今之诸馆,未备图器,未遣游历,则日求之故纸堆中,终成空谈,无自致用"[③]。理论联系实际不够,学用脱节,运用理论指导实践意识不足,没有充分将理论与实践相联系,使得新式学堂所培养的学子夸夸其谈,纸上谈兵,难有所作为。其四,"利禄之路,不出斯途,俊慧子弟,率从事帖括以取富贵,及既得科第,逐与学绝,终为弃材"[④]。科举制度与新兴的新式学堂存在矛盾,并且新式学堂毕业学子社会认可度不足,毕业出路没有得到较好的安排,学习热情得不到激励。其五,"今十八行省只有数馆,每馆生徒只有数十,士之欲学者,或以地僻而不能达……况于功课不精,成就无几"[⑤]。新式学堂数量少、规模小、学生少,且功课不精,质量不足,成就有限,远不能达到实际所需。

李端棻提出,为了革故鼎新,消除弊端,必须对科举制做大的改革,核心不是语言文字,而是富国强兵之道,以更高的效率培育国家所急需人才。李端棻提出具有可实操性解决困境的"一经五纬"教育对策。"一经"即设立官府的新式学堂,京师以下各省府州县皆设学堂,改书院为学堂,并规定学

[①] 李端棻:《请推广学校折》,张周全主编:《李端棻研究资料汇编》,北京:中央民族大学出版社 2021 年版,第 16 页。
[②] 李端棻:《请推广学校折》,张周全主编:《李端棻研究资料汇编》,北京:中央民族大学出版社 2021 年版,第 16 页。
[③] 李端棻:《请推广学校折》,张周全主编:《李端棻研究资料汇编》,北京:中央民族大学出版社 2021 年版,第 17 页。
[④] 李端棻:《请推广学校折》,张周全主编:《李端棻研究资料汇编》,北京:中央民族大学出版社 2021 年版,第 17 页。
[⑤] 李端棻:《请推广学校折》,张周全主编:《李端棻研究资料汇编》,北京:中央民族大学出版社 2021 年版,第 17 页。

习年龄、内容、期限。将科举制与新式学堂贯通，在全国各地有层次地展开，形成完善的学科教育体系。"五纬"则是围绕各级学校的建立，多元一体促进教学，如设立藏书楼、创立仪器院、开译书局、广立报馆、选派游历。如此，便能解国之急需，育经世致用之才。他的改革方略既体现其思想的先进性，和康梁精神相呼应，又展现出成熟的政治家、改革家的务实性。

（二）《普通学说》的主体内容

所谓"普通学"是针对"专门学"而言的。"还乡以来，瞬将二载，睹吾乡人士未尝不思为学，而或蔽或偏，莫能自拔。"① 由此得知，面对当时处于落后、闭塞条件下的贵州民众，李端菜结合实际，初心在于推广普及具有基础性、实用性的新理念。"学校所收容或有限……校外诸君于自修自习之时，代辟蹊径。"② 李端菜将"普通学"延伸至学校之外，乃至整个社会。彰显教育改革理念下开放包容的思想，将新学说、新风气带入贵州，在社会上起到思想启蒙的作用。

《普通学说》作为"端菜文化"教育思想中不可或缺的部分，提纲挈领地指出培育人才、重视人才的重要性，并对课程内容、教育方式、体系完善提出相应建议。李端菜指出读书有两种途径："一救时，一穷理。救时者，学成即以致用也；穷理者，毕生优游学于一学之中，穷其已发见者，探其未发见者，以增进人类之智识者也。"③ 为了便于向大众传播，李端菜将学以致用类命名为救时之学，将突破认知类命名为穷理之学。认为："若今危急存亡之秋，救时之学断不可缓，亦不可少。""穷理之学，非今日所急需，亦非鄙人所能言。鄙人之所言者，救时之学也。"④ 面对积贫积弱的中国，当务之急是救时之学，以一剂猛药彻底解决根本问题。救时之学，在于解决现实问题，与时俱进，并无一成不变之法。在此基础上，李端菜进一步阐述"普通学"的意

---

① 李端菜：《普通学说》，张周全主编：《李端菜研究资料汇编》，北京：中央民族大学出版社 2021 年版，第 23 页。

② 李端菜：《普通学说》，张周全主编：《李端菜研究资料汇编》，北京：中央民族大学出版社 2021 年版，第 23 页。

③ 李端菜：《普通学说》，张周全主编：《李端菜研究资料汇编》，北京：中央民族大学出版社 2021 年版，第 23 页。

④ 李端菜：《普通学说》，张周全主编：《李端菜研究资料汇编》，北京：中央民族大学出版社 2021 年版，第 24 页。

义与内容。"为学之最初一步，普通学是也。""不明普通学不能学专门，欲求专门之大成，则普通学之程度亦须随之而高。"① 按照层次划分，普通学作为最基本的一类学问，在普通学基础之上深入钻研为专门学。显然，首先要推广和普及普通学。在课程开设与内容安排上，开设算术、几何、代数、中国地理、中国历史等 16 科，无一不是实用之学。并分门别类讲述自己对各科的理解认识和学习方法。李端棻指出，开设课程应是基础的，全面、具体、明确，如此才能达到普及教育的效果。倡导普通学并以此希望更多人具备普通学的基础知识，进一步提高成为专门人才，同时帮助贵州一些有志之士学习新知识，追求新思想，了解新学，开阔视野。

《普通学说》不单是对《请推广学校折》的完善，更是其学校教育思想的深化。充分体现了李端棻作为先进知识分子所具有的历史责任感和使命感。他推行的一系列措施，一定程度上改变了贵州落后的教育状况，促进了贵州近代教育的发展，为开启黔地民智做出重大贡献，激励着一代又一代后起之秀们奋发图强，立志报国。

三、"端棻文化"对南明区学校人才培养的启示

贵州先贤李端棻先生在百年前提出的《请推广学校折》与《普通学说》，发出贵州教育近代化的先声，拉开了中国教育（包括贵州教育在内）向近代化教育转型的帷幕。"端棻文化"经历岁月的洗礼仍不失其璀璨，"人才强国"的思想至今仍不失其进步性，足见其高瞻远瞩之韬略。李端棻不仅是我国新式教育的积极倡导者和先行者，更是新式教育的身体力行者和实践者。其教育思想对当代学校教育仍然具有重要启示和借鉴价值。教育兴则国家兴，教育强则国家强。教育不仅关乎个人发展、家庭幸福，而且关乎国家强盛、民族复兴。我国一直把教育事业放在优先发展位置，推动教育改革发展更是重中之重。教育决定着当下，也眺望着未来。传承过去、造就现在、开创未来，教育是推动人类文明进步的重要力量。而人才如何培养，正是教育的首要问题所在。

《请推广学校折》以敏锐的眼光提出"教之之道未尽"；流于表面的学习

---

① 李端棻：《普通学说》，张周全主编：《李端棻研究资料汇编》，北京：中央民族大学出版社 2021 年版，第 24 页。

而不关涉治国、强国等的学习才是落后与洋务失败的根源。虽不同时代人才培养方式有所不同，但重视精英教育，对人才培养落到实处，是相同的。人才的选拔与培养，不是对已有知识的学习，而是为自身能力提高而学习。"诸学或非试验测绘不能精，或非游历察勘不能确"①。所强调的正是实践在人才培养中的重要位置，在培养方式中要注重理论与实践的结合，以理论作为支撑实践的基础，以实践来加深理论的学习。纸上得来终觉浅，绝知此事要躬行。只有深入实践，做到二者的合一，才能使教育发挥培育人才的作用。《请推广学校折》中提出学堂等级层次的分类，逐渐形成了基本的教育体制结构，在全国形成大学、中学、小学的教育体制，为我国教育发展体制奠定了基础。完善教育体制，丰富教学内容，是教育中至关重要的一环。在《普通学说》中，对"普通学"的定义："凡人类应有之智识悉具于是。"② 普通学与如今的基础教育具有相似之处。但李端棻认为普通学的开设并非一成不变、千篇一律。应在三个维度进行衡量比较，方可确定具体的实施方案。其一，"学校用者谓之教科书，程度之高低，则随学校之大小而异"。其二，"欲求专门之大成，则普通学之程度亦须随之而高"。其三，"何等学堂应用何等教科有一定之程，故其书特便教授"③。学校人才培养的过程中，应该根据程度高低、专业难易、自身条件等规划课程，更应该根据学科深度，及时对教学内容进行优化与调整。

李端棻在贵州兴办学校的种种举措，将《请推广学校折》的提议变为现实，对贵州近代教育起到重大作用，为后人留下宝贵的教育思想，更是宝贵的历史文化资源。对历史人物最好的缅怀是继承其人文精神，深入挖掘"端棻文化"内涵和当代价值，丰富教学内容，充分利用教育载体，探索多渠道教学法。既能彰显独特文化底蕴，增强学生文化归属感、自豪感，更有利于激发学子热爱家乡的情怀，积极投入建设家乡之中。

百年大计，教育为本。秉承"端棻文化"，发展新时代教育，培育新时代人才，这是我们的重大而光荣的使命！

---

① 李端棻：《请推广学校折》，张周全主编：《李端棻研究资料汇编》，北京：中央民族大学出版社 2021 年版，第 17 页。

② 李端棻：《普通学说》，张周全主编：《李端棻研究资料汇编》，北京：中央民族大学出版社 2021 年版，第 24 页。

③ 李端棻：《普通学说》，张周全主编：《李端棻研究资料汇编》，北京：中央民族大学出版社 2021 年版，第 24 页。

林绍年与贵州近代教育的发展

冷　强① 陈培各②

（六盘水市民族中学，贵州六盘水，邮编：553001；
贵州医科大学，贵州贵阳，邮编：550001）

【摘　要】在清末新政的影响下，贵州开始了教育的近代化历程。作为贵州巡抚，林绍年积极推行清末新政，十分重视贵州的教育，在任上，先后开办蚕桑学堂、选派留学生、筹办客籍学堂、振兴女学、高等学堂设立预备科、改设师范传习所等。通过选派留学生和开设各类新式学堂，为贵州培养了大批新式人才，促进了贵州教育的发展。

【关键词】林绍年；贵州；近代教育

林绍年（1846—1916③），字赞虞，晚号健斋，福建闽县（今福建省福州市）人。1874年中进士后，先后担任翰林院编修、监察御史、云南昭通府知府、贵州按察使、云南布政使、山西布政使、云南巡抚兼署云贵总督、贵州巡抚、广西巡抚、军机大臣、邮传部尚书、河南巡抚、民政部侍郎、经筵讲官、学部右侍郎、弼德院顾问大臣等职。

---

① 冷强，男，六盘水市民族中学历史学一级教师（中），硕士研究生学历，研究方向：中国近现代史。

② 陈培各，女，贵州医科大学副科级组织员，讲师，硕士研究生学历，研究方向：中国近现代史、思想政治教育、党史党建方向。

③ 关于林绍年的生卒年，梁茂林在《遗爱在贵州——晚清贵州巡抚林绍年的教育创新》中认为应是1849—1914年；刘学洙在《清末贵州巡抚林绍年》中认为应是1845—1916年；魏立永在《林绍年与清末新政》中认为应是1849—1916年。作者查阅原始资料《闽县林侍郎（绍年）奏稿》，认为林绍年的生卒年应是1846—1916年。

光绪二十二年（1896），李端棻向光绪皇帝上奏《时事多艰，需才孔亟，请推广学校，以励人才而资御侮折》（简称为《请推广学校折》），要求进行教育体制改革。1901 年，为维护清朝统治、挽救民族危亡，清朝推行新政，在教育方面进行系统性改革。1904 年，林绍年调任贵州巡抚，这一时期正值新政推行时期。林绍年到任后，多次选派留学生出国留学和开办各类新式学堂。他十分重视贵州教育的发展，努力发展贵州地区的教育事业，开设各类新式学堂，为贵州培养了大批新式人才，如蚕桑学堂、客籍学堂、营团速成学堂等；倡导振兴女学，重视女子教育，在一定程度上提高了女子的教育水平，培养了一批女性人才；大规模选派学生出国留学，开创了贵州史无前例的出国留学热潮，为贵州培养了大批新政和近代化所需的人才。他在贵州担任巡抚仅一年多的时间，但是给贵州留下了深刻的印记。林绍年在贵州的贡献涉及政治、经济、文化教育、军事等方面，本文主要从教育方面对林绍年在贵州推行的新政措施进行论述。

一、林绍年抚黔前的贵州教育现状

1. 科举制的影响

从隋代创立科举制一直到清代，在教育制度方面实行的都是科举制，贵州也不例外。科举制在创立之初发挥过重要的作用，但到了晚清时期，科举制的弊端就日益显现出来。"清末新政"之前的贵州教育就是一种传统的教育模式。考试内容以"四书""五经"和八股文为主，教育目的是培养官吏。这使得大批知识分子沉溺于儒家经典，而忽视了其他方面的学习。他们学习的目的是改变自身的境遇，甚至是为了升官发财。这种制度下，也使得这一时期地方的发展明显落后于其他省份。除此之外，贵州地方的各级学堂和书院规定，"生员之志，当学忠臣清官。""军民一切利病，不许生员上书陈言，如有一言建白，以违旨论，黜革治罪。"[①] 在科举制下，教育只是官府统治人民的工具，学校只是为官府培养"人才"的地方。这种学问与实际不符的教育，使教育失去了推动社会进步的作用。

---

① 孔令中主编：《贵州教育史》，贵阳：贵州教育出版社 2004 年版，第 93 页。

2. 经济发展的影响

贵州教育之所以发展不起来，最重要的原因是贵州经济发展的滞后。对于贵州这样一个大省，每年的田赋收入才十余万两，还比不上中原地区的一个大县。正是因为财政收入紧张，才造成了贵州教育投资的不足。由于贵州地理位置偏僻、交通不便、起步晚等原因，造成了贵州经济长期落后于其他省份。贵州的财政收入只能勉强维持官府的基本开支，能够投资到教育方面的资金就寥寥无几了。虽然官府鼓励发展教育事业，但有心无力，也只是随便提一提而已。所以，如果不把经济发展起来，那么就不可能在教育上有所作为。

1840 年鸦片战争后，西方的教育理念开始在中国传播。我国东南沿海一带，特别是当时经济较发达的地区，如北京、天津、广东、福建等地，先后创办了一些新式学堂。当时的贵州因为偏居西南，仍然处于闭塞状态。1894年严修担任贵州学政，才开始进行一系列的改革。从此以后西方的教育思想开始在贵州传播，各种新式学堂陆续在贵州得以创办。从最初的情况来看，新式学堂主要集中在贵州的各大中城市，如贵阳、遵义等地。由于贵州各地区经济文化发展的差异，使得贵州的教育呈现极大的不平衡性。据统计，在清末创办的 840 余所新式学堂中，小学堂有 781 所，占了绝大多数；中学堂只有 15 所，与小学堂形成巨大反差。[1]

在林绍年抚黔前，贵州在教育方面也并非毫无建树，在某种程度上突破了过去只考儒家经典的传统，特别是在教学方法和教学内容上。除了学习"四书""五经"等儒家经典外，还增加了自然科学和人文社会科学。如贵阳9 所初等小学堂的课程有修身、讲经读经、国文、算术、历史、地理、格致、图画、体操、乐歌 10 科，每周上课 35 课时。课程最多的是国文，每周 14节，其次是讲经读经，每周 6 节。[2] 1904 年，朝廷要求各地推荐优秀学生到国外去留学，其中规定贵州每年推荐 3 名学生。3 名学生不算多，但是贵州无法照办，可见贵州的教育状况了。清朝统治者一方面希望发展贵州的教育事业；另一方面又害怕人民在接受新式教育后对清朝的统治不利，于是采取了

---

① 张羽琼：《贵州古代教育史》，贵阳：贵州教育出版社 2003 年版，第 468 页。
② 孔令中主编：《贵州教育史》，贵阳：贵州教育出版社 2004 年版，第 163 页。

许多措施来阻碍教育的发展。

二、林绍年与贵州近代教育

(一)开设各类新式学堂,培养新式人才

1. 开办蚕桑学堂

林绍年在贵州创办各种新式学堂,以培养各种新式人才。光绪三十一年(1905)四月,林绍年上奏清政府开办蚕桑学堂。同年,贵州蚕桑学堂在贵阳创立。林绍年在《开办蚕桑学堂折》中说:"臣查蚕桑学堂之设,主于研究种桑养蚕各实业,用中国之老法,参西洋之新理,因黔省之天时地利,互相考证,期以宜于实用。"[①]他聘请外省的教习,带种桑养蚕的工人以及购买蚕种和机器来黔发展蚕桑养殖业,同时派学生到省学堂学习;派遣按察使全懋绩为总理,整修经世学堂,制定章程,择期开办。"学生分别堂内、堂外两级,堂内学生课以养蚕、制种缫丝、栽桑各专门之学为主,以算学、种植、理化、各普通之学为辅,两年卒业。堂外学生专在试验场学习养蚕、缫丝各法,半年卒业。堂内学生正取四十名,备取二十名,堂外学生不限定额。"[②]蚕桑学堂的性质为官办,所有经费支出均由政府划拨,与我们今天的公费学生一样。林绍年聘请的正副教习均为浙江蚕桑学堂的毕业生,他们从浙江带来了先进的养蚕技术和经验。在他们的帮助下,养蚕技术逐渐得到推广,为贵州培养了蚕桑人才。

林绍年创办的贵阳蚕桑学堂,在规模上相对云南等地的蚕桑学堂较小。在贵阳蚕桑学堂的推动下,贵州下辖各府、州、县等也相继创办了蚕桑学堂,林绍年任广西巡抚后的1906年,还筹办了广西蚕桑学堂。

2. 筹办客籍学堂

1905年,清政府废除了在中国存在了一千多年的科举制度,在贵州居住的外省官绅和商人的子女教育便成为一大难题。当时从云南赴贵州的官绅子

---

① 贵州省文史研究馆主编:《贵州通志·学校志》,贵阳:贵州人民出版社 2008 年版,第 72 页。

② 林绍年:《开办蚕桑学堂折》,林葆恒主编:《闽县林侍郎(绍年)奏稿》,台北:文海出版社 1968 年版,第 449、450 页。

弟和经商者达数十家，按照清政府的规定，科举制度废除以后，客籍官绅子弟和商人子女不能享有本地人的教育权利。为了维护在黔官绅和商人的利益，林绍年于1905年9月筹划在贵州设立客籍学堂，"拟节俸薪捐，集经费于省城，创设客籍中小蒙学堂各一区，为官商子弟就学之所"①。按学堂依照京师大学堂的章程，购买大量仪器和书籍，聘请教习来教授学生，一切都按官立学堂来统一管理。毕业生和官立学堂毕业的学生一样，由政府统一选拔安排。外省籍官绅和商人子弟除了享有专门为其筹设的客籍学堂以外，还享有在高等中小学堂的教育权利，"至黔省现当遵旨推广学堂之际，将来高等中小学堂内并应酌量附设客籍学生名额"②。

客籍学堂在贵州的建立，是贵州在教育创新方面的一大进步。林绍年建立客籍学堂的初衷是为了稳定在黔官绅和商人，使之更好地为贵州服务。该学堂的建立解决了官绅和商人子女的教育问题，使他们没有后顾之忧，这就为贵州的发展打下了坚实的基础。

3.设立预备科，改设师范传习所

为了讲求实际而使社会进步，林绍年在担任贵州巡抚后，主张在黔省中的高等学堂设立预备科。"学堂之设有下学之基础，方有上达之阶梯；有及格之人才，方有循序之进步。"③林绍年在任时曾先后派了数十人到京师大学堂和日本留学，但是鉴于黔省地势偏远、风气初开，该地区培养学生的水平及管理能力相对其他地区较落后，高等学堂也有名无实。"三年以来，空悬高等之名，曾无中学之实。"④1905年夏天，前礼部尚书李端棻和云南布政使刘春霖等人上奏清政府变通高等学堂以整顿中学堂，但效果不明显。这种情况到了林绍年任贵州巡抚后才有所好转。为了彻底改变不务实际的风气，林绍年详加勘察并要求学堂总理严于监督，并将高等学堂改为预备科，按照中学

---

① 林绍年：《筹办客籍学堂片》，林葆恒主编：《闽县林侍郎（绍年）奏稿》，台北：文海出版社1968年版，第492页。

② 林绍年：《筹办客籍学堂片》，林葆恒主编：《闽县林侍郎（绍年）奏稿》，台北：文海出版社1968年版，第493页。

③ 林绍年：《高等学堂设立预备科并派员出洋考察折》，林葆恒主编：《闽县林侍郎（绍年）奏稿》，台北：文海出版社1968年版，第519页。

④ 林绍年：《高等学堂设立预备科并派员出洋考察折》，林葆恒主编：《闽县林侍郎（绍年）奏稿》，台北：文海出版社1968年版，第520页。

堂制定的规章制度教授学生，在中西文、算学、体操的科目上添加中文一科。预备科六年毕业，其中一年赴日本学习速成师范。归国后教授预备正科，按照中学堂的章程五年毕业，之后学生进入高等学堂学习。

1901年，清政府推行新政，各地方督抚纷纷响应，连偏远的贵州也不例外。由于贵州教育水平较落后，人才优势也就不如其他各省，加之新式学堂的大规模创办，造成黔省人才资源的欠缺，特别是师范人才的不足，从根本上制约着贵州教育的发展。为了弥补师资的不足，林绍年于1905年上奏朝廷，主张改设师范传习所。1905年科举制度废除后，贵州师范教育的人才越来越少。之前贵州乡绅唐尔镛、任可澄等人提出，可采用直隶总督袁世凯等提出的办法——"就省城贡院改设师范传习所"①，林绍年即表赞同。该学堂的学生主要是以品行和学识为标准遴选的，以奏定章程为准，"定额一百二十名，先教一班，于十月初三日开办，卒业时试验合格，给予凭照"②。在林绍年看来，贵州要想进步，必须依靠人才。要培养人才，就必须储备师资力量。只有师资力量具备了，才能够为贵州培养越来越多的实用人才。对于师资，他认为师范教育是当前之首要任务，"速成师范尤能应我急需"③。

预备科和师范传习所的设立，是林绍年推行新政的一大举措。从某种程度上说，林绍年的这些做法还存在着诸多方面的不足。但是这些新式学堂的创办，促进了贵州新式教育的发展，为贵州培养了一些急需的师资力量，标志着贵州的师范教育进入一个新的阶段。

4. 支持创办"通省公立中学堂"

在此之前，贵州的教育也曾有过一些改变，这主要得力于19世纪末在贵州担任学政的严修。他认为，中国要自强，就必须把教育放在首位。在他的努力下，贵州创办了经世学堂。除了严修以外，当时对贵州影响较大的就是李端棻，他的影响体现在两方面：一是创办公立师范学堂；二是创办贵州中

---

① 林绍年：《改设师范传习所片》，林葆恒主编：《闽县林侍郎（绍年）奏稿》，台北：文海出版社1968年版，第525页。

② 林绍年：《改设师范传习所片》，林葆恒主编：《闽县林侍郎（绍年）奏稿》，台北：文海出版社1968年版，第525页。

③ 李大光等点校：《贵州通志·前事志》（点校本）四，贵阳：贵州人民出版社1991年版，第893页。

学堂（"次年改名为贵州通省公立中学堂"①）。

新政的大力推行，使贵州的士绅认识到新式教育的重要性，不改变落后的教育制度，贵州的教育就得不到提高。在此情况下，李端棻、于德楷、任可澄、唐尔镛、华之鸿等贵州士绅于 1905 年 10 月联名呈请贵州巡抚林绍年，要求创办新式中学堂。这一要求获得了林绍年的大力支持。② 1906 年，"通省公立中学堂正式创办。该学堂创办的经费一方面来源于贵州士绅的捐款，"如华之鸿一人就捐银七千两"③；另一方面来源于"公款以及过去科举时代的膏火费、学田等项收入作为补助"④。该学堂自创办当年三月开始招收第一批学生，共计 54 人，自第二年开始，便由旧校址迁入新校址。其校舍规模庞大，无论是师资力量，还是学生素质，在当时的贵州都是数一数二的。该学堂的办学历史有一百多年了，发展到今天，成为贵州省数一数二的重点高中——贵阳一中。提及贵阳一中，贵州人无人不晓，可以看出贵阳一中在贵州省的影响力。

5. 开设营团速成学堂

林绍年出任贵州巡抚后，鉴于清军战斗力的下降，建议清政府整顿军队，以提高军队的作战能力。他认为当前应把练兵作为首要任务，"维练兵为今日急务，然必有练兵之学而后可任练兵之事，则造就将弁其先务也"。练兵必须先具备理论知识，然后才能达到练兵的效果。只有将理论和实践结合起来，才能实现练兵的目的。林绍年主张开设营团速成学堂，以培养军事人才。因"绿营积惰，久成虚设"⑤，裁减绿营制兵的呼声日益高涨。鉴于此，林绍年主张全面裁汰绿营，为了弥补军队的不足，主张兼练团勇。林绍年到黔后，根据新政的需要，着手裁汰旧式军队，大规模编练新军。"整军御武，将才为先"⑥，随着新军的大规模编练，对军事人才的需求也不断增加。人才的培养，

---

① 梁中美：《晚清贵州新学的传播与困厄》，《科教文汇》2012 年第 9 期（下旬刊）。

② 《贵州通史》委员会编：《贵州通史》（第三卷），北京：当代中国出版社 2002 年版，第 738 页。

③ 《贵州通史》委员会编：《贵州通史》（第三卷），北京：当代中国出版社 2002 年版，第 738 页。

④ 魏立永：《林绍年与清末新政》，河北师范大学硕士学位论文，2011 年。

⑤ 赵尔巽：《清史稿》卷一三一《兵二》，北京：中华书局 1977 年版，第 3903 页。

⑥ 苑书义、孙华峰、李秉新主编：《张之洞全集》第二册，石家庄：河北人民出版社 1998 年版，第 1089 页。

来源于学校教育，军事人才的培养，来源于军事学堂。1901年9月，清政府发布上谕："练兵必先选将，而将才端由教育而成……但学堂成效既非旦夕可期。唯有先就原有将弁择其朴实勤奋者遴选擢用。"[1] 1902年6月，"袁世凯奏请朝廷批准设立行营将弁学堂，并作为经验推向全国"[2]。林绍年于1905年创办了贵州营团将弁速成学堂。学堂仿照日本速成师范学堂，招收60名学生，由学堂供给食宿，并在候补将弁世职内选择年力精壮和文理明顺者30名以及在边要各团绅内选择年龄在30岁以下身体强壮、通晓字义、家境清白者进入学堂学习。学堂聘用高等学堂教员黄士龙、邓启昆为教习。学生主要学习测算、操练以攻守进退为宗旨。学生以8个月为期限，学习成绩优良者发给奖学金，并派往各团营担任管带、哨弁、教习等职务。

林绍年创办的贵州营团将弁速成学堂，为贵州培养了大批当时比较适用的军事人才，毕业的学生大多成为军队的指挥官，为清末贵州新军的编练奠定了人才基础，客观上促进了贵州的军事近代化。该学堂培养的学生一方面成为晚清政府维护专制统治的工具，多次参与镇压民众的反清斗争；另一方面，也成为晚清政府的掘墓人，与新军一起成为推翻清政府在贵州统治的一支重要军事力量。

（二）倡导振兴女学，重视女子教育

1.女学思想的提出

中国封建社会，一直秉承流传着"女子无才便是德"的传统观念，女子的地位低下，男尊女卑、三从四德等思想长期存在于人们的大脑中。由于长期受到传统观念的影响，女子得不到教育的机会，所以女子的文化素质低下。这种状况到了19世纪40年代才有所好转，戊戌维新运动时期有了些许突破。1844年，英国人在宁波创办的第一所女子学校，女子开始接受教育，但该学校的影响较小。维新变法时期，中国的女子教育开始受到重视，标志性的事件是女子学堂的开办。康有为、梁启超、严复等人纷纷倡导振兴女学，提倡女子

---

① 中国第一历史档案馆编：《光绪宣统两朝上谕档》第27册，桂林：广西师范大学出版社1996年版，第172–173页。

② 朱寿朋编：《光绪朝东华录》，张静庐等点校，北京：中华书局1958年版，第4881–4882页。

教育。梁启超在1896年的《论女学》中疾呼："中国兴女学已成当今急务。"

1902年，清政府颁布了《钦定学堂章程》，1904年改名为《奏定学堂章程》，即"癸卯学制"。学制规定，女子可以采用家庭教育的方法，"少年女子断不宜令其结队入学"①。1907年，清政府公布《奏定女子小学堂章程》和《奏定女子师范学堂章程》，标志着中国的女子教育被提上了日程。作为贵州巡抚，林绍年认识到女子教育的重要性，在1905年9月上奏清政府的《振兴女学折》中，详细阐述了振兴女学的必要性。

2.女学思想的主要内容

林绍年说："学者益复专心实学，其人才之辈出，风俗之改移，皆可以如操左券。"②他提出借助全国已对振兴女学有一定认识的形势，大规模地开办女学，以提高女子的教育水平。他分析了中国女子的现状，认为女子虽多，但大多是对社会无用之人。只有振兴女学，才可以收到"少一坐食之人，即多一生财之人"③。为了打破人们对女子教育的顾虑，他提出了奖励女学的办法："凡民间妇女能教成女学生若干人，无封者给封，有封者加一级给封，其能教实业及各种科学者，更以难易多少为差。"④林绍年还颁布法令禁止缠足，规定"凡民间光绪二十年以后所生女子，有仍习缠足者，罪其父兄，由各乡自行议罚，以充女学经费，有功名者其罚惟倍，现任之官罚又倍之"⑤。林绍年振兴女学所采取的种种措施，是符合晚清社会发展的潮流的。

（三）大规模选派学生出国留学

派遣留学生是清末新政中一项重要的措施。清政府发布上谕："造就人才

---

① 舒新城主编：《中国近代教育史资料》（中册），北京：人民教育出版社1985年版，第383页。

② 林绍年：《振兴女学折》，林葆恒主编：《闽县林侍郎（绍年）奏稿》，台北：文海出版社1968年版，第510页。

③ 林绍年：《振兴女学折》，林葆恒主编：《闽县林侍郎（绍年）奏稿》，台北：文海出版社1968年版，第511页。

④ 林绍年：《振兴女学折》，林葆恒主编：《闽县林侍郎（绍年）奏稿》，台北：文海出版社1968年版，第511页。

⑤ 林绍年：《振兴女学折》，林葆恒主编：《闽县林侍郎（绍年）奏稿》，台北：文海出版社1968年版，第511页。

时系当今急务，前据江南、湖北、四川等省，选派学生出洋肄业。"① 从 1901 年开始，清政府陆续派遣学生出国留学，但是贵州一个也没有派出过。可以看出，贵州在选派留学生方面的落伍。

林绍年认识到贵州教育的落后，认为要想振兴贵州，就必须依靠教育，教育的关键在人才。所以他一方面开设各类新式学堂，另一方面选派留学生出国留学。在开设新式学堂以后，林绍年认为，一方面是贵州师资力量欠缺不能满足教育的需要；另一方面是师资水平低下，他们大多接受的是传统教育，对新式教育较难适应。为了培养急需的专业人才，林绍年于 1905 年 7 月在给清政府的奏折中提出："整顿学堂，必自广求教习始，然与其求之于人，不若求之己，与其画地而谋其旧，不如游学以图阙新。"② 在他的倡导下，先后有几批公费和自费学生出国留学。林绍年认为，日本集各国之长，且大多技术、专业是当前所急需的，所以选派的留学生主要是以留学日本为主。鉴于留学经费的不足，林绍年除了从财政抽拨经费外，还积极筹资，并鼓励自费留学。在林绍年的努力下，仅半年时间就已派出 64 名学生。其中，"官费、公费共 51 名，包括习速成师范者 29 名，习专门科学者 22 名；自费学生 11 名，包括考察学务者 2 名，习速成师范者 2 名，习专门科学者 7 名；随宦子弟自费生 2 名"③。这些公费生按照选派章程，毕业后应当回到贵州供职，成绩突出者给予奖励。这开创了贵州大规模选派留学生的先例。

1905 年 10 月，林绍年派遣 14 人到日本去考察学务，"一面遴派知府吴嘉瑞、陈鸿年，通判闵世荣、李绶，知县刘华琼、罗万华，从九周篆训，教职吴鼎、宋葆昌、季熙照、李立成，教员黄禄贞 12 员，由官给费前往日本；又直隶州知州谢祖禹，知州李大森 2 员自备资斧一同前往考察学务"④。在贵州留学生多以师范为主，而专习实业者寥寥数人，为此，1905 年 12 月，林绍年建议清政府要求续派留学生学习专业技术。林绍年从预备科的学生中选择

---

① 朱寿朋编：《光绪朝东华录》，张静庐等点校，北京：中华书局 1958 年版，第 4720 页。
② 林绍年：《选派学生出洋折》，林葆恒主编：《闽县林侍郎（绍年）奏稿》，台北：文海出版社 1968 年版，第 467 页。
③ 林绍年：《选派学生出洋折》，林葆恒主编：《闽县林侍郎（绍年）奏稿》，台北：文海出版社 1968 年版，第 468–470 页。
④ 林绍年：《高等学堂设立预备科并派员出洋考察折》，林葆恒主编：《闽县林侍郎（绍年）奏稿》，台北：文海出版社 1968 年版，第 522 页。

资质较好的 12 人，以 4 人学习速成师范，以 8 人学习完全师范。鉴于贵州财力的匮乏，林绍年首先选派一小部分学生赴日留学，待经费稍足再酌量添加。经统计，至 1905 年年底，林绍年共选派 73 名学生，"习完全师范者 8 名，习专门科学者 5 名，习速成师范者 37 名，随宦子弟及绅商自费生 23 名"[①]。

林绍年在担任贵州巡抚一年多的时间里，先后分三批共计派遣官费生 113 人、自费生 38 人，合计 151 人赴日留学，这为贵州的教育奠定了坚实的基础。《贵州省志·教育志》记载："1927 年以前的 16 年，贵州官费生只有 41 人，新中国成立的十年间，全省公派留学生也只有 23 人。"[②] 这是林绍年对贵州教育的一大贡献。一部分留学生回国后成为贵州辛亥革命甚至贵州民国史上政治、军事、经济上响当当的大人物。如任同盟会贵州支部长的平刚、同盟会员于德坤、杨荩诚等以及后来担任国民党交通部部长的王伯群和人们熟悉的何应钦等。留学生中对贵州教育、经济等方面做出过贡献的人也不少，如后来任贵州教育总会会长及贵州大学校长的周恭寿，贵州早期的经济学家刘显治，开办贵州省立医院的邓光济等。

三、结语

晚清新政中影响较大的当推教育改革，主要包括废除科举制度、办学堂、振兴女学、派遣留学生等。其中，废除科举开创了教育改革的序幕。林绍年调任贵州巡抚期间，恰逢废除科举制度的过渡期。他到任后一改过去落后的教育方式，注重新式教育的发展。他开办了各种新式学堂，为贵州培养了各式各样的新式人才。如开办蚕桑学堂，将前任巡抚创办的名不符实的高等学堂降为预科，中学堂及师范传习所的创设等均是他对贵州教育的贡献，大多还是贵州教育史的"第一"，属创举之列。此外，他还振兴女学，提倡女子同男子享有同等的权利和义务，反对女子缠足，使贵州女子教育不至于落在全国之后，他的思想在当时也属先驱者之列。

林绍年在教育改革方面的成就，对贵州影响最深远的要推派遣留学生了。

---

① 林绍年：《黔省秋冬两季咨送学生出洋片》，《闽县林侍郎（绍年）奏稿》1968 年版，第 567、568 页。
② 贵州省地方志编纂委员会：《贵州省志·教育志》，贵阳：贵州人民出版社 1990 年版，第 388–390–391 页。

贵州由于长期落后和闭塞，派遣留学生也落后于其他省。林绍年来黔之后，在他的努力下，贵州积极行动起来，先后三批派学生赴日留学，20 世纪初出现了第一次"留学热"的浪潮。从全国来看，"留学生从 1896 年的 13 名，增加到 1904 年的 2400 名、1906 年的 12000 名，仅贵州就有 151 人"[1]；据统计，"辛亥革命前贵州派出的留学生在全国留学生总人数中 1901 年为 1/136，1904 年为 1/63，而 1905 年即升到 1/27。而当时贵州人口为全国总人口数的 1/53。可见，按人口比例看，贵州出国留学生大大超出全国的平均数"[2]。这个数字直到贵州改革开放前也没有达到。这 151 人在日本毕业后没有选择留在日本，而是全部回国，这些学生在不同的领域为贵州的建设做出了应有的贡献。

林绍年是一位具有一定新思想的有作为的官吏。林绍年为了振兴贵州教育事业，大力兴办各种新式学堂，"黔抚林绍年以新学为属吏课最"。但地方官吏往往借"新政"之名横征勒派，遂使许多"善政良法"成为"作奸为虐之一端"。林绍年推行新政所带来的后果，恐怕是他没有估计到的。

---

① 冯祖贻、曹维琼、敖以深编：《辛亥革命贵州事典》，贵阳：贵州人民出版社 2011 年版，第 134 页。

② 冯祖贻、曹维琼、敖以深编：《辛亥革命贵州事典》，贵阳：贵州人民出版社 2011 年版，第 141 页。

教育改革，薪火相传

——以严修和林绍年为中心

史继忠 [1]

（贵州省文史研究馆，贵州贵阳，邮编：550001）

【摘　要】严修与林绍年在晚清时期，都曾主政过贵州。严修担任贵州学政，林绍年任贵州巡抚。在贵州任职期间，两人均倡导新式教育，致力新式人才的培养，为贵州教育的近代化做出了卓越贡献。本文以严修和林绍年在贵州的教育实践活动为中心，对贵州教育近代化的成效进行分析，强调严修与林绍年是贵州教育近代化的重要推动者与引领人。他们的功绩，应当永远铭记。

【关键词】严修；林绍年；贵州教育改革

清末，在推动贵州教育近代化的过程中有两个官员起了重大作用：一个是贵州学政严修；另一个是贵州巡抚林绍年。严修任贵州学政是李端棻保举的。李端棻上《请推广学校折》后，严修率先改革贵州学古书院，创办"经世学堂"，又奏请"设立经济专科"。林绍年任贵州巡抚仅 10 个月，三次上《请选派学生出洋片》，选派 151 人留学日本，为贵州培养了一批师范教师和科技人才，并派官员到日本考察教育和政务，功不可没。

---

① 史继忠，男，贵州省文史研究馆原副馆长，主要从事贵州历史文化的研究工作。

一、教育改革的先驱——贵州学政严修

光绪皇帝有励精图治之志，而朝中旧臣因循守旧，无人可用。于是，于光绪二十年（1894）下诏"求贤"。令下数日，大臣多持观望态度，不敢贸然举荐。而仓廪侍郎李端棻却保举 16 名英俊之士为朝廷所用。据《戊戌履霜录·内外举荐表》记载，李端棻保举的 16 人中，第一名便是翰林院编修严修。① 严修，字范孙，号梦扶，直隶天津人，生于咸丰十年（1860）。5 岁入私塾，8 岁入府学，18 岁补廪生，22 岁中举，光绪九年（1883）成进士，改庶吉士，授翰林院编修。光绪二十年（1894）经李端棻保举，出任贵州学政。在任三年多，创办贵州官书局，改革学古书院，并于光绪二十三年（1897）上《奏请设经济专科折》。②

莅任后，深感贵州读书风气未兴，书籍缺乏，严修自捐薪俸银 1000 两，仿天津书局之例，创设贵州官书局。书局设址于贵阳资善堂（今贵阳慈善巷），聘贵州名宿绥阳举人雷廷珍为董事，以天津书局编印的《各省官书目》为蓝本，到外地购买图书。严修读梁启超的《西学目录表》和《读西学书法》后，深感"泰西之学"为当务之急，于是印制《数理精蕴》《几何原理》《算学启蒙》等自然科学书籍，又印《泰西新史揽要》《时事新论》《海国图志》《适可斋纪行》之类介绍外国历史、政治之书，代销《时务报》和《申报》，使士人有书可读，自勉于学。官书局之设，与李端棻倡导的"藏书楼"是一致的。

严修重视"观风""劝学"，改革科场弊端。他巡视"上游五棚"（安顺、兴义、大定、遵义、贵阳）和"下游八棚"（平越、镇远、石阡、思州、思南、铜仁、黎平、都匀），了解官学、书院、科举考试状况。深入各地，"悉心搜访人才"，通过查访、阅卷、面试发现不少人才。譬如，黔西的欧阳浚、贵阳的饶焕奎、修文的王怀彝、铜仁的唐桂馨、玉屏的郑以方、麻哈（今贵州麻江县）的周恭寿、兴义的刘显治、普定的黄禄贞等。对他们的品性、德

---

① 《戊戌履霜录·内外举荐表》，中国史学会主编：《戊戌变法》（一），上海：上海人民出版社 1957 年版，第 395 页。

② 王承礼辑注，张平宇参校：《严修年谱》，济南：齐鲁书社出版 1990 年版，第 101 页。

才加以评骘，逐一记入《蟫香馆使黔日记》。

光绪二十二年（1896）五月初二，刑部侍郎李端棻上《请推广学校折》，开宗明义写道："时事多艰，需才孔亟，请推广学校，以励人才而资御侮"①。光绪帝谕内阁："李端棻奏，请推广学校折以励人才一折，著该衙门议奏。"总理各国事务衙门议复："今日广励官学，诚属自强本计。……业经奉旨通行各省遵办在案。"② 于是，严修于光绪二十三年（1897）率先改革学古书院（南书院），选拔贵州各府州高才生 40 名入学。课以经史、算学、格致（物理、化学）、外语、时务，讲求"经世致用"之学，时人谓之"经世学堂"。他聘雷廷珍为山长兼讲经史。严修自任西学教习，传习贵阳名士郭竹居所著《勾股细草》《代数细草》《张文笺注》等书。"经世学堂"在全国领先，比湖南熊希龄等所办时务学堂还要早半年。它培养了贵州第一代讲求"经世致用"、学兼中西的人才。后来有不少人留学日本，出类拔萃之士如创办贵州公立师范学堂的乐嘉藻，名声冠绝燕京的姚华，创办"算学会"和"达德书社"的黄禄贞（黄干夫），贵州省教育会会长周恭寿，与李端棻、唐尔镛、华之鸿创办贵州通省公立中学堂的任可澄，创办"科学会"与乐群小学的彭述文，等等。

光绪二十四年（1898）正月初六，严修上《奏请设经济专科折》，开头写道："奏为时政维新，需才日亟，请破常格，迅设专科，以表会归而收实用。"与李端棻"奏为时事多艰，需才孔亟，请推广学校，以励人才而资御侮"的精神完全一致而有发挥。严修所说的"经济"并非经济门类，而是"经世致用"的一种新的表述，包括内政、交涉（外交）、理财（财经）、经武（军事）、格致、考工（制造）六门，目的是启用讲求实际的"旷出特达"之士。"专科"是针对科举而言，认为"以稽古为荣"的庸儒、腐儒"无补时用"，应以"变今为切要"，选拔"百才绝艺"的专门人才。开经济专科（又称特科），目的在于打破千百年沿袭的用人制度，围绕"破常格以搜才"的中

---

① 李端棻：《请推广学校折》，转引自张周全主编：《李端棻研究资料汇编》，北京：中央民族大学出版社 2021 年版，第 16 页。

② 《总理衙门议复李侍郎推广学校折》，北京大学校史研究室编：《北京大学史料》第 1 卷（1898—1911），北京：北京大学出版社 1993 年版，第 22–23 页。

心思想，大胆提出"录用无拘资格""去取无限数额""考试无限疆域"的主张。他认为"天下之大，何时无才，何地无才"。针对论资排辈、按部就班的用人弊端，提出"录用无拘资格"，无论是布衣、知县、道员或翰林院检讨、编修、侍读学士，一视同仁，凡有"非常之才"者"均准保送与试"。考试合格者，"皆比于正途出身，不得畸轻畸重"，量才录用，不论资格，不限名额，不分地域。他另立"经世致用"人才标准，凡能周知天下郡国利病、熟谙中外交涉或算学律学擅绝专门、格致，制造能创新法者，取其专长，破格录用，故曰特科。他认为，用人一律经过考试，而人品、实绩必经保举，"但凭考试，不由荐举，恐滥竽充数，复蹈前辙"。各级官员应留心"搜访"，举荐出类拔萃之士的官员应当重赏。对"以无才可荐为词"、埋没人才的官员要"请旨惩处"，使内外诸臣"皆知重才，不敢因循诿谢"。《请设经济专科折》被光绪皇帝采纳施行，于次年开设"经济特科"，为"变科举、兴学堂"开辟了道路。

光绪二十四年（1898），严修在贵州学政职位上任满返京，贵州地方士绅为之建"严学使范孙去思碑"。然因变法失败，朝廷未委任新职，仅保留"翰林院编修"的名号。他携眷回到天津，结识袁世凯、段祺瑞等权贵。光绪二十八年（1902）七月，严修自费到日本东京、神户观光，考察日本教育。归国后，聘一名日本教师在家办严氏女塾，与林墨青等人创办天津民立第一、第二小学，主持创办官立小学三所，成立补习所。得直隶总督袁世凯重视，被任命为直隶学校督办。在天津创办直隶客籍学堂、北洋法政学堂、师范学堂、工艺学堂，开办官立小学多所及女子小学、保姆讲习所等。

光绪二十六年（1900），"八国联军"入侵中国。为了挽救宗庙社稷覆灭，清廷宣布预备立宪，实行"新政"。是年，刘坤一、张之洞会衔向清廷上《江楚会奏变法三折》，强调"变科举、兴学堂、奖励游学者为根本大计"。光绪二十九年（1903年癸卯年），张之洞、荣庆、张百熙等上《奏定学堂章程》，1904年1月被清廷公布，即"癸卯学制"，确立近代教育体制。光绪三十一年（1905），袁世凯、张之洞奏请废除科举，自明年停止乡试、会试，设立学部统管教育。张之洞被授军机大臣兼管学部，以严修为学部侍郎。此间，严修提出道德教育、国民教育、实用教育三位一体的主张，积极协助张之洞推广新式学堂和派学生留学日本。

"中华民国"成立后，严修返回天津，于次年与张伯苓到日本、俄国、德国、比利时、英国、法国、瑞士、荷兰、意大利等国考察教育。1918 年取道朝鲜、日本赴美国、加拿大考察。回国后，严修、张伯苓在天津创办南开学校，设立"范孙奖学金"。周恩来在南开组织"觉悟社"，后得到严修的资助前往欧洲勤工俭学。后来，南开学校发展为南开大学，设有数学、物理、化学、生物、中文、历史、哲学、法学、经济等系，成为著名的综合性大学，将严修称为"南开校父"。1929 年，严修在天津逝世，享年 69 岁。

二、贵州早期留学教育的推动者林绍年

李端棻上《请推广学校折》，开启了中国近代教育的先河。后来，戊戌变法虽然失败，但教育改革的浪潮依然滚滚向前。其中，贵州巡抚林绍年选派留学生出国就是一个绝好的证明。

李端棻在奏折中提出"一经五纬"的教育改革主张，在"自京师以及各省府州县皆设学校"的同时，将教育推而广之，与兴学校之益相辅而成，设藏书楼、创仪器馆、开译书局、广立报馆、选派游历者。李端棻所说的"选派游历者"包括两方面的内容：一是"游历各国，肄业于彼之学校，纵览乎彼之工厂，精益求精，以期大成"；二是派官员游历各地，考察矿产、商务、地理，以知天下郡国利病。光绪二十七年（1901），刘坤一、张之洞会衔上《江楚会奏变法三折》，强调"变科举、兴学堂、奖励游学者为育才之根本大计"。光绪三十一年（1905），张之洞任军机大臣兼管学部，派大批学生留学日本。据此，贵州巡抚林绍年抓住这一时机，三次上《请派留学生出洋片》，在贵州选派 151 人留学日本，实现了"派留学生"零的突破。

林绍年，字赞虞，福建闽侯（今福州）人，生于道光二十六年（1846）。同治十三年（1874）中进士，历任翰林院编修、会试同考官、国史馆协修官、山西道监察御史、云南昭通知府、云南巡抚兼署云贵总督。光绪三十年（1904）十一月调任贵州巡抚，次年九月即改任广西巡抚，在贵州共 300 天，时间虽短，却做了不少实事。

以往派到贵州的封疆大吏，无论是总督或巡抚，都以"平乱"为治黔要务。林绍年一反常人之议，认为"平乱"只不过"治标"而已，非但不能治

黔，反而越搞越乱，"筹剿筹防，艰难万状"。在他看来，"贵州问题"的关键在"穷"，"岁入钱粮不及他省一郡之多""人民生计过艰"，难以糊口。他冷静分析贵州省情，确定"使地无不尽之利，人无不业之身"的治黔方针，让"地尽其利，人尽其力"，有事可做，有饭可吃。他认识到贵州地理的优势，概括为"地居中土，寒暑均适，五谷皆宜，富有矿产"四句话，认为贵州得天独厚。经过冷静思索后，他认为"穷"的根源在于为官者抱着无所作为的消极态度，"倡率不力"。由于不重视教育，以至"民智未开"，不知如何发挥"地利"，于是把教育作为"本中之本"，放在首要地位。

在居黔的10个月中，林绍年夜以继日，努力开辟财源。支持安顺知府瞿鸿锡开发矿产，用股份制创办丰泰公司。又奏请设立制造局、艺习所、劝工所，请日本教习研究艾粉用途和制造方法，考察桐油、漆树、茶叶，大力发展蚕桑。在这10个月中，他竭尽全力抓教育，继承严修讲求"经世致用"的教育方针，开办蚕桑学堂、将弁学堂、客籍学堂，支持李端棻、唐尔镛、华之鸿等改贵阳府学为贵阳中学堂，创办贵州通省公立中学堂。此时，李端棻已恢复礼部尚书衔。林绍年关于整顿教育之事多听取李端棻的意见。在视察贵州大学堂时，让林绍年感触最深的是"空悬高等之名，而无中等之实"。因此，他听取李端棻的意见，将贵州大学堂改名为预科。他认为"整顿学堂，必自广求教习始"。办学须有教师，"求之于人，不如求之于己"，派留学生到日本求学，培养师资。

为了办好教育，必须提高教师质量。为此，林绍年接受了周素园先生的建议，及时派遣学生出洋留学。在光绪三十一年（1905），他先后向朝廷上《请选派留学生出洋片》《高等学堂设立预备科并派员出洋考察片》《秋季两季咨送学生出洋片》，采取多渠道咨送的办法，即由府州筹款，地方人士资助，自费留学等办法，先后考选和选派了151人到日本留学和考察。这是贵州省派遣留学生的第一次。第一批64名，其中官费生51名，公助生3名，自费生10名；第二批为考察人员，有知府吴嘉瑞、陈鸿年，通判闵荣、李缓，知县刘华琼、罗万华、周篆训，教职吴蒲、宋葆昌、季熙照、李立成，教员黄干夫，直隶知州谢祖禹，知州李大森等14人；第三批73名，官费生50名，自费生23名。这些留日学生是贵州第一代具有新思想、新知识的高层次人才。他们推动了近代文化、教育、科技、实业的发展，推动了辛亥革命，涌现出了不少出类拔萃的人物。[①] 兹举例如下：

——王文选，字伯群，以字行。参加同盟会，是发动护国运动的重要人物之一。后担任国民政府交通部部长兼交通大学校长，创办上海私立大夏大学（华东师范大学前身）。

——周恭寿，创立官立两等小学堂，主持《贵州教育公报》，担任省立模范中学校长，当选贵州省教育总会会长，任贵州省教育厅厅长和省立贵州大学校长。其胞弟周昌寿跟随留学日本，回国后在商务印书馆任编审，负责审订全国大、中学物理教科书。

——吴绪华，任贵州省公立法政学校校长、省立贵阳中学校长。

——尹于忠，字笃生，以字行。贵州省立师范学校校长，为教育奉献终生。

——周步瑛，贵州省立女子师范学校校长，后任四川大学数学教授。

——黄禄贞（黄干夫），创办达德学校，后任贵州实业司长，创办功工局、农事实验场、女工讲习所、商品陈列所。

——萧协臣，自费留学日本，创办贵阳私立正谊小学，又任正谊中学校长。

——王梦淹（王佩芬），先在贵州公立法政学校教日语，后任省立模范中学校长、省立贵阳中学校长、贵阳县立中学校长，后在私立大夏大学、国立贵州大学、贵阳师范学院担任中文教授，执教 60 年。

——王延直，著有《普通应用论理学》，成为国人撰写逻辑学之先导，是"黔人篆书家之冠"。

——邓光济（邓文波），创办贵州省立医院并担任院长，其妻日本女医师岩濑妇佐掌妇产婴医科传习所。

——张靖（张寒杉），初为法官，后以书画名世。曾任西北历史文化研究会副主任、中国美术协会西安分会副主席、陕西省文史研究馆馆长。

——余达父，彝族，自费留学日本，任贵州大汉军政府立法院议员、法

---

① 参见侯清泉编著：《历代名人与贵州》，贵阳：贵州人民出版社 2004 年版，第 352 页。

政学校教员、贵州大理分院庭长、贵州省政府顾问，是彝族著名诗人，有《邃雅堂诗集》十四卷、《罂石精舍文集》四卷传世。

——钟昌祚，回国后被推为贵州自治学社社长，为辛亥革命流尽最后一滴血。

——吴鼐，以教职身份出国考察，文学团体"南社"发起人之一，后以刺杀袁世凯闻名于天下。

李端棻的教育目的观与新时代的育人目标

范光留①

（贵阳一中李端棻中学，贵州贵阳，邮编：550005）

【摘　要】李端棻是晚清知名的教育改革家。他高度重视人才培养的目的性、针对性和有用性，认为人才的培养不是无目的的。针对国家积贫积弱的现状，李端棻指出，人才培养的目的在于兴学济世、救时穷理和责任担当等方面。贵阳一中李端棻中学作为一所以李端棻文化为校园主体文化建设的学校，根据李端棻的教育目的观，在人才培养的过程中，注重学生理想信念的教育、综合能力的培养和有责任、敢担当意识的培养。事实证明，在新时代的基础教育中，这一路径不仅可行，而且成效显著。

【关键词】李端棻；教育目的观；育人目标

教育目的作为教育活动的起点和归宿，不仅决定着教育活动的实践走向，如课程与教学目标的确定、教学内容与方法的选择、教学评价的开展等，还在一定程度上是教育活动区别于其他社会活动的重要标志。《请推广学校折》和《普通学说》中的相关论述，都在一定程度上反映了李端棻所持的教育目的观，主要集中体现在兴学济世、救时穷理和责任担当几方面。

为全面贯彻落实习近平总书记关于培养担当民族复兴大任的时代新人要求，结合义务教育性质定位，从有理想、有本领、有担当三方面，明确义务教育阶段时代新人培养的具体要求。教育部 2022 年出台的《义务教育课程方

---

① 范光留，男，贵阳一中李端棻中学执行校长，中学一级教师。主要从事基础教育管理与教学工作。

案》中明确了培养目标:"义务教育要在坚定理想信念、厚植爱国主义情怀、加强品德修养、增长知识见识、培养奋斗精神、增强综合素质上下功夫,使学生有理想、有本领、有担当,培养德智体美劳全面发展的社会主义建设者和接班人。"李端棻先生的教育目的观与当前新时代育人目标非常契合,这种契合既体现了端棻先生教育目的观的前瞻性和时代性,同时又体现了新课程方案的历史沿革与传承。在当下,对于我们研究端棻先生的教育思想和开展"端棻后学"系列活动,都有着非常重要的价值和意义。

首先,兴学济世与培养有理想的人。

李端棻上《请推广学校折》之时,正在《马关条约》签订之后,清政府积贫积弱,试图通过兴办学堂等措施变法图强之时。但变法所需要的人才匮乏,"人才之多寡,系国势之强弱"。在这种背景下,李端棻上《请推广学校折》,目的是通过教育改革来为国家培养能够担当拯救国家和民族于危难之中的人才,就是兴学济世。

历史发展到今天,教育经历了翻天覆地的变化,可是"为党育人、为国育才"出发点还是没有变。教育部出台的《义务教育课程方案》,对要"培养什么人"的问题做了全面回答。围绕培养目标,在课程方案中首先明确要培养"有理想"的时代新人。所谓有理想就是要培养人"热爱祖国,热爱人民,热爱中国共产党,学习伟大建党精神。努力学习和弘扬社会主义先进文化、革命文化和中华优秀传统文化,理解和践行社会主义核心价值观,逐步领会改革创新的时代精神。懂得坚持走中国特色社会主义道路的道理,初步树立共产主义远大理想和中国特色社会主义共同理想。明确人生发展方向,追求美好生活,能够将个人追求融入国家富强、民族复兴、人民幸福的伟大梦想之中"。

端棻先生的"兴学济世"和"培养有理想的人"都强调了教育的重要性、人才的重要性,更强调了人才的培养必须和国家的前途、民族的命运和人民的幸福紧密相连。

其次,救时穷理与培养有本领的人。

在《普通学说》中,李端棻对其教育目的观进行了详细阐述。指出:"读书分两途:一救时者,学成即以致用也;一穷理者,毕生优游于一学之中,穷其已发见者以增进人类之知识者。"也就是说,教育的目的包括两方面:一是救时，学以致用以济时需；一是穷理，对新知识的探求与创造。二者之中，鉴于当时的社会发展需要，李端棻在教育的目的方面侧重于"救时"，认为"若今日危急存亡之秋，救时之学断不可缓亦不可少"。但李端棻同时也提到，并不是"穷理"就不重要，"非谓今日之士不应穷理，但为救时之学者，须占最多之数始能足一国之用"。

在《义务教育课程方案》中，国家明确要培养"有本领"的时代新人，即"乐学善学，勤于思考，保持好奇心与求知欲，形成良好的学习习惯，初步掌握适应现代化社会所需要的知识与技能，具有学会学习的能力。乐于提问，敢于质疑，学会在真实情境中发现问题、解决问题，具有探究能力和创新精神。自理自立，热爱劳动，掌握基本的生活技能，具有良好的生活习惯。强身健体，健全人格，养成体育运动的习惯，掌握基本的健康知识和适合自身的运动技能，树立生命安全与健康意识，形成积极的心理品质，具有抗挫折能力与自我保护能力。向善尚美，富于想象，具有健康的审美情趣和初步的艺术鉴赏、表现能力。学会交往，善于沟通，具有基本的合作能力、团队精神"。

无论是端棻先生强调的"救时穷理"侧重于"救时"，还是我们今天对培养目标的"本领"要求，都是对所需的人才提出要学会学习、探究创新、劳动生活、身心健康、尚美向善、交流协作等适应终身发展的关键能力和必备品格。

最后，责任担当与培养有担当的人。

在《普通学说》开篇，李端棻结合被赦回贵阳之后对贵阳教育的观察，说明了撰写《普通学说》一文的目的。这可以看作是对其教育观的另一种阐释。李端棻提到在回贵阳之后，"睹吾乡人士未尝不思为学，而或蔽或偏莫能自拔"。也就是说，看到贵州的士子并不是不想学习，而是由于地处偏远，消息闭塞而不得其途，因此撰写《普通学说》来讨论这个问题。在李端棻看来，教育不仅要兴学济世，满足国家的发展之需，也应该考虑士子的需要，满足他们的教育需求，培养他们心系家国、情系民生的责任与担当精神。对教育的需求是需求的题中应有之义。从这个角度来讲，李端棻教育思想中所蕴含的责任担当的教育目的观，在今天仍然具有深刻意义。

立足社会现实和未来发展需要，教育部出台的《义务教育课程方案》中明确要培养"有担当的人"。就是要培养学生具有"坚毅勇敢，自信自强，勤劳节俭，保持奋斗进取的精神状态。诚实守信，明辨是非，遵纪守法，具有社会主义民主观念与法治意识。孝亲敬长，团结友爱，热心公益，具有集体主义精神，积极为社会做力所能及的贡献。热爱自然，保护环境，爱护动物，珍爱生命，树立公共卫生意识与生态文明观念。具有维护民族团结，捍卫国家主权、尊严和利益的意识。关心时事，热爱和平，尊重和理解文化的多样性，初步具有国际视野和人类命运共同体意识"。

李端菜先生就是一个注重"兴学济世，救时穷理和责任担当"的人，更是一个"有理想、有本领和有担当"的人。在他那个时代，为官一任，兴教一方；身居要职，情系民生；支持变法，改革教育，兴办学堂，都不为一己之私，更不是一时之举，而是立足国家前途、民族希望所做出的系统思考。他是一个能够将个人追求融入国家富强、民族复兴、人民幸福之中的典型。我们今天在研究端菜先生教育思想、开展"端菜后学"的系列活动时，应将先生的教育思想与新时代相结合，赋予时代的价值和意义。

附 录

端棻后辈李启泰先生接受李端棻研究院专访

苏 慧①

（贵阳学院李端棻研究院，贵州贵阳，邮编：550005）

2022 年 7 月 14 日星期四下午，夏日炎炎，晴空万里。应贵阳学院李端棻研究院的预约，贵州省环境科学研究设计院高级研究员李启泰先生在贵阳百花山路狮子组团小区住处接受了李端棻研究院院长周术槐教授一行的专访。

李启泰先生是贵州省气象局原副局长、省科协原副主席、清华大学气象学专业第一位学子李良骐先生的长子。李良骐先生的爷爷李端菜是李端棻先生的堂弟、李启泰先生的曾祖父。将李启泰先生归入"端棻后学"，当属实至名归。

专访在李启泰先生的个人工作室进行。李老虽已年过八旬，但精神矍铄，头脑清醒，思维清晰，待人谦和，情真意切。李老的老伴因参加同学聚会缺席采访现场，由李老亲自为到访的人员沏上了一杯满满的绿茶，让到访人员真实地感受到李老的热情与好客。

在专访现场，周术槐教授向李老简单介绍了贵阳学院李端棻研究院成立的背景、时间与目的。接着，李启泰先生接受了周教授的专访。专访的内容涉及家族先哲李端棻先生的总体评价问题、"端棻后学"的研究内容与研究方向、李良骐的求学历程与贡献、李启泰先生受家风影响的程度及工作业绩、

---

① 苏慧，女，贵阳学院李端棻研究院办公室主任，华中师范大学地理学在读博士。主要从事人文历史地理文化的研究。

家族逸事等。

对于先哲李端棻先生的总体评价，李启泰先生指出，李端棻先生遗训主要有两点：一是要明白读书的重要性；二是做人要有良知。就读书而言，李家一直有读书求学的传统，自李端棻以后的五代人中，就出了一批学有所成的人才。譬如，编写《贵阳李氏家谱》的李良格、李良筑，分别是清华大学、重庆大学的教授；在筑高校的专家有：贵州财经大学的李江副教授，贵州师范大学周欣二级教授，中共贵州省委党校博士尹静珏副教授等。李老认为，李端棻一心为公，将毕生的心血献身于教育改革与创新。在其临终之前，仍关心贵阳基础教育的发展，将仅有的一千两银子捐献贵州通省公立中学即贵阳一中。

对于"端棻后学"未来发展方向，李启泰先生指出，"端棻后学"概念的提出，为李端棻的研究开辟了一片广阔的天地。历史人物具有复杂的社会属性。离开社会这个大舞台，历史人物将一事无成。期待学界围绕"端棻后学"这一主题，展开更多的文化研究，取得更多的研究成果。

对于父亲李良骅的事迹，李启泰先生赞不绝口，充满钦佩与敬意。李启泰先生指出，父亲李良骅在成长的过程中，深受其姑奶奶李蕙仙和姑爷爷梁启超的教育与影响。自贵阳达德学校小学毕业后，父亲就跟随姑奶奶李蕙仙和姑爷爷梁启超前往天津南开中学求学。1930 年，父亲高中毕业，以优异成绩考取清华大学气象学本科专业，而且是清华大学气象学专业首届学生中的唯一一位本科专业学生。这一成就的取得，与姑奶奶李蕙仙和姑爷爷梁启超的精心教育与培养有着十分重要的关系。父亲毕业后，先后在南京、广西南宁、贵阳、华北地区工作过。"文化大革命"时期，父亲虽然受到影响与冲击，但一直未改对气象学专业的挚爱，为贵州乃至国家气象学专业的发展做出了重大贡献。

就李端棻家族优良家风的影响，李启泰先生更是感触良多。李老说，他于 1956 年高中毕业于李端棻先生创建的贵阳一中，报考北京大学气象学专业。他是当年贵州考取北京大学的唯一学子。另外一位贵州籍学子丁廷桢考取了清华大学化学专业。这在当时的贵州教育界被传为佳话。丁廷桢在清华大学本科毕业后留校执教；1963 年李老毕业后则被分配到了福建省气象局工作。在福建省气象局，李老是唯一一位拥有北京大学本科学历的工作人员。

在福建省气象局勤勤恳恳工作了近 20 年后，李老因思乡心切，调到贵州省气象局工作。后来，因工作需要，被调入贵州省环境科学研究设计院（简称"省环科院"）工作。综观李老的一生，无论是在省气象局，还是在省环科院，均以业务见长，成为所在单位的骨干。不仅承担了多项国家及贵州省的重大科研项目，而且还兼任省环科院硕士生导师，承担了贵州师范大学地理与环境科学学院专业课程的教学任务。李老的专业属于理工科，但其所学并不局限于理工科。因此，在培养硕士研究生的过程中，他特别强调应用文科方面的知识来培养学生。他认为，研究生要写好论文，一定要对中华优秀的诗词等有所了解。李老还强调，学生应该多听听中外古典音乐，从中领悟与吸取哲学思维，拓宽专业视野，提升研究能力。

在专访现场，李启泰先生还就家族中的相关逸事给专访人员进行了讲解，丰富了本次专访的内容，让大家受益良多。

专访结束后，李启泰先生向周教授赠送了父亲生前的照片。同时，将其撰写的相关回忆文章赠送给周教授。周术槐教授向李启泰先生表达了由衷的敬意与感谢，期待在李老方便的时候到学校给学生做专题讲座。李老欣然接受了周教授的邀请。

李端棻研究院的科研助理韦荣丽、张盈喜陪同周术槐院长进行了本次活动。

"纪念贵阳公立师范学堂创建 120 周年" 座谈会在我校召开

苏 慧①

（贵阳学院李端棻研究院，贵州贵阳，邮编：550005）

2022 年是贵州乡贤李端棻先生等人创建贵阳公立师范学堂 120 周年。为缅怀李端棻先生的伟大创举，弘扬李端棻先生的爱国精神，推进李端棻文化的研究与发展，2022 年 7 月 4 日下午，贵阳学院李端棻研究院、阳明学与黔学研究院在阳明学与黔学研究院仁文厅联合主办了"纪念贵阳公立师范学堂创建 120 周年"座谈会。出席本次活动的领导与嘉宾有：贵阳学院党委委员、宣传部部长杨方旭，贵州省文史研究馆原副馆长史继忠研究员，贵州省教育出版社原编审梁茂林研究员，贵州省文史研究馆研究员谭佛佑，贵阳学院退休教授刘宗棠，贵阳学院退休教授陈立生，贵阳学院退休副教授马筑生，首钢贵钢公司党委宣传部原部长李持平，贵阳市乌当区作协主席冯飞，贵州省人大办公厅文书处刘宝飞，贵阳学院阳明学与黔学研究院院长赵平略教授、副院长刘继平教授，贵阳学院食品与制药工程学院党委副书记张立新，贵阳学院经济管理学院党委副书记黄咏梅博士等。贵阳学院哲学专业的研究生代表秦玲、黄丽瑶、周会，本科生代表思想政治教育专业的张嫱也参加了本次活动。座谈会由贵阳学院李端棻研究院院长周术槐教授主持。

本次活动共分五个环节进行。首先，由活动主持人介绍参会的领导与嘉宾。其次，由贵阳学院党委宣传部部长杨方旭教授代表贵阳学院致辞。活动

---

① 苏慧，女，贵阳学院李端棻研究院办公室主任，华中师范大学地理学在读博士，主要从事人文历史地理的研究工作。

的第三环节，是与会人员合影留念。活动的第四环节，是参会专家围绕"贵阳公立师范学堂创建 120 周年"这一主题自由发言。活动的第五环节由主持人做总结讲话。

在致辞中，杨部长首先代表学校向参会的领导与嘉宾致以亲切的问候，感谢与会老同志长期以来对贵阳学院李端棻文化的研究与传播所做的积极贡献。

在致辞中，杨部长指出，120 年以前的 1902 年，以李端棻为代表的贵州乡贤在省城贵阳创建了贵州第一所新式师范学堂，也是全国第一所新式师范学堂。贵阳公立师范学堂的创建，开创了贵州与全国新式师范教育的先河，具有鲜明的示范效应。

杨部长指出，2009 年，贵阳师范学校并入贵阳学院，壮大了贵阳学院的办学力量，改善了贵阳学院的办学条件，为贵阳学院的发展增添了生机与活力。基于此，我们在研究贵阳学院办学的历史中，贵阳公立师范学堂即贵阳师范学校当之无愧是贵阳学院一段绕不开的史实。我们将贵阳学院的办学历史上溯到晚清时期的贵阳公立师范学堂，不是空穴来风，而是有一定的历史依据的。

杨部长强调，当年以李端棻先生为代表的一代先贤，为了贵州发展，为了振兴中华，勇立时代潮头，率先创建了贵阳公立师范学堂，这是极有历史远见的重大举措。饮水思源，我们应高举爱国主义的伟大旗帜，积极进取，不断创新，努力办好贵阳学院的高等教育，以优异的成绩迎接党的二十大的胜利召开！

在自由发言环节，专家们围绕本次活动的主题争先发言。在发言中，专家们既有对贵阳公立师范学堂办学历史的回忆，也有对贵阳公立师范学堂办学历史中的个案分析。有的专家以个案分析法，通过对一个个活生生案例的讲解，阐明贵阳公立师范学堂在贵州师范教育中的卓越贡献，给人们留下难忘的回忆。专家们指出，从贵阳师范学堂走出去的人才中，既有普通的人民教师，也有知名教育家和科学家；既有政界知名人士，也有英勇的革命烈士和伟大的爱国者。凡此种种，贵阳公立师范学堂的办学历史难以忘却！

从贵阳师范学校发展的历史轨迹来看，专家们认为，贵阳师范学校与贵阳学院在合并之前就已经有着十分密切的关系。譬如，贵阳师范学校与原贵阳师专联合开展大专师范人才的培养，贵阳师范学校为贵阳金筑大学的前身——贵阳教师业余大学、贵阳教师进修学校提供物力、人力等方面的积极支持等。历史表明，贵阳学院成立之前，贵阳师范学校与贵阳金筑大学、贵阳师专之间一直保持业务方面的友好合作关系。贵阳学院成立之后，贵阳师范学校与贵阳学院沿袭之前合作办学的传统，继续开展人才培养上的合作与交流，直至2009年贵阳师范学校整体融入贵阳学院，成为贵阳学院大家庭中的重要一员。

通过交流，专家们一致认为，贵阳公立师范学堂作为一所具有百年历史的学校，为贵州师范专业人才的培养做出了卓越贡献。专家们建议，贵阳学院应强化对贵阳公立师范学堂办学历史的研究。其中，尤其要强化对贵阳公立师范学堂杰出校友的研究，出版相关的专著或教材，提高人们对贵阳公立师范学堂的认识，扩大贵阳学院的社会影响，提升贵阳学院招生与就业的质量，为"强省会"做出积极贡献。

当天的活动持续了三个多小时。在活动的总结环节，李端菜研究院院长周术槐教授指出，在听取了大家的发言后，切实感受到贵阳公立师范学堂办学历史之厚重。历史是活的教科书，如何将贵阳公立师范学堂办学的历史转化为贵阳学院办学的动力与优势，这是李端菜研究院未来要思考与努力的方向。周教授期待以李端菜研究院为平台，以李端菜先生创办的贵阳公立师范学堂为载体，不断拓展李端菜文化研究的深度与广度，切实发挥历史文化研究机构在学校人才培养中应有的作用！

后 记

在 2022 年"李（端棻）梁（启超）交往与近代中国和贵州"全国学术研讨会中，我们共收到来自省内外专家学者的参会论文 74 篇近 60 万字，是历年参会论文最多的一次。后经专家评审，本着择优录用的原则，我们编辑整理成本论文集。

在所收录的论文中，主要涉及七个专题。分别是：李（端棻）、梁（启超）交往关系研究、梁启超婚姻与家庭建设研究、李端棻教育改革思想与家风建设思想研究、梁启超教育改革思想与道德教育思想研究、达德学校与贵阳师范学校研究、李端棻生平事迹研究、"端棻后学"研究。从七个专题的内容来看，可以说全方位、多角度地反映了"李（端棻）、梁（启超）交往"及"端棻后学"内容。其中，既有对李端棻个体的研究，也有对梁启超个体的研究；既有对李端棻社会关系的研究，也有对梁启超社会关系的研究，更有对"李（端棻）、梁（启超）交往"关系的研究。通过研究，进一步加深了人们对"端棻后学"这一概念的了解与认识，为日后李端棻文化的研究奠定一定的基础。

本论文集在编辑的过程中，先后得到贵阳学院、中共南明区委宣传部、贵州省政协《文史天地》杂志社、贵州师范大学、贵州省史学会等单位的领导与同人的大力支持，在此表示衷心的感谢。尤其感谢贵州师范大学党委委员、副校长欧阳恩良教授一直以来对李端棻文化研究的大力支持；感谢贵阳康养职业大学健康管理学院党委书记王利对历年李端棻全国学术研讨会的大力支持；感谢四川大学知名历史学家、博士生导师陈廷湘教授对李端棻文化研究的大力支持。

编者 2022 年寒冬于林城贵阳